电子信息与电气工程技术丛书

Chaos and Its Application in Information Security
混沌及其信息安全应用

孙克辉　王会海　贺少波　编著

清华大学出版社

北　京

内 容 简 介

本书在阐述混沌理论与应用研究进展、混沌研究分析方法和典型混沌系统模型的基础上,着重研究混沌在信息安全领域的应用,包括混沌同步控制、混沌保密通信、混沌密码学、混沌图像和音视频加密、混沌电路等。作者还总结了分数阶混沌系统的分析方法、仿真技术与最新研究进展。

本书是作者长期从事混沌理论及其信息安全应用研究的总结,书中包含课题组多年来所做的研究工作成果。

本书可作为电子信息、计算机、自动控制等专业本科生、研究生的教材或参考书,也可供理工科大学的师生阅读,还可供自然科学和工程技术领域的研究人员参考。

图书在版编目(CIP)数据

混沌及其信息安全应用/孙克辉,王会海,贺少波编著.—北京:清华大学出版社,2021.8
(电子信息与电气工程技术丛书)
ISBN 978-7-302-57536-8

Ⅰ.①混… Ⅱ.①孙… ②王… ③贺… Ⅲ.①混沌理论-应用-信息安全 Ⅳ.①G203

中国版本图书馆 CIP 数据核字(2021)第 022715 号

责任编辑:盛东亮　钟志芳
封面设计:李召霞
责任校对:时翠兰
责任印制:刘海龙

出版发行:清华大学出版社
　　　网　　址:http://www.tup.com.cn,http://www.wqbook.com
　　　地　　址:北京清华大学学研大厦 A 座　　　邮　　编:100084
　　　社 总 机:010-62770175　　　邮　　购:010-83470235
　　　投稿与读者服务:010-62776969,c-service@tup.tsinghua.edu.cn
　　　质量反馈:010-62772015,zhiliang@tup.tsinghua.edu.cn
　　　课件下载:http://www.tup.com.cn,010-83470236
印 装 者:天津安泰印刷有限公司
经　　销:全国新华书店
开　　本:185mm×260mm　　　印　张:22.5　　　字　　数:521 千字
版　　次:2021 年 9 月第 1 版　　　印　　次:2021 年 9 月第 1 次印刷
印　　数:1～1500
定　　价:89.00 元

产品编号:088569-01

前言

自从 1963 年气象学家 Lorenz 发现混沌现象以来,混沌得到了广泛而深入的研究,混沌理论被誉为 20 世纪继相对论、量子理论后的第三大科学理论革命。特别是 1990 年美国海军实验室的 Pecora 和 Carroll 发现混沌同步后,便掀起了混沌及其在信息安全领域研究的热潮,经过 30 多年的研究和发展,混沌保密通信、混沌密码学正成为信息安全技术领域中高新技术新的生长点。一方面,混沌的应用将不断促进人们对混沌本质的深刻认识;另一方面,混沌应用中提出的新问题也将进一步引领混沌研究的深入。虽然混沌保密通信与混沌信息安全技术离实际应用还有较长的路要走,但其应用前景广阔。

本书在《混沌保密通信原理与技术》的基础上进行了补充修订,全书共 10 章。第 1 章综述了混沌研究的历史,介绍了混沌发展中的重要人物与趣事,评述了混沌同步控制技术和混沌信息安全技术研究进展;第 2 章阐述了非线性系统的混沌特性分析方法;第 3 章介绍了典型混沌动力学系统模型;第 4 章通过实例讨论了混沌系统的同步控制原理与方法;第 5 章讨论了基于混沌同步的保密通信技术与方案;第 6 章讨论了基于混沌序列的信息加密技术;第 7 章研究了混沌数字图像加密算法设计与实现;第 8 章研究了基于混沌的音视频实时加密通信技术;第 9 章研究了分数阶混沌系统的最新研究进展、动力学特征分析与仿真方法;第 10 章研究了混沌系统的仿真与电路实现技术。为了方便读者掌握书中的重要知识点,作者在每章的最后列出了少量思考题,为教师安排课后训练提供便利。为了方便大家查找相关文献和及时发表研究成果,作者将混沌及其应用研究领域的主要学术期刊作为本书的附录 A;为了方便读者迅速掌握混沌研究方法,作者把课题组研究积累的有关分析算法程序进行了整理,作为本书的附录 B。

本书是作者在总结课题组从事该领域研究成果的基础上,参阅大量国内外相关文献资料编写而成的。在作者从事该领域的研究过程中,先后得到了美国威斯康星大学 J. C. Sprott 教授,华南理工大学丘水生教授,广东工业大学禹思敏教授,杭州电子科技大学王光义教授,湖南大学王春华教授,中南大学张泰山教授、盛利元教授和朱从旭教授的指导和帮助,作者对以上诸位先生的关怀和指导表示诚挚的谢意! 在本书的编写过程中,还得到历届研究生的积极参与和大力支持,在此表示衷心的感谢! 感谢国家自然科学基金项目(No. 61161006,61573383,11747150,61901530)的资助!

由于作者水平有限,书中难免有不妥之处,敬望读者不吝赐教。

孙克辉　王会海　贺少波

2021 年 7 月于长沙

目录

第 1 章　绪论 …………………………………………………………………… 1

1.1　线性、非线性与混沌 ……………………………………………………… 1

1.2　混沌研究历程 ……………………………………………………………… 2

1.3　混沌发展中的重要人物与趣事 …………………………………………… 4

1.4　混沌的定义与特征 ………………………………………………………… 9

1.5　混沌同步方法研究综述 …………………………………………………… 10

　　1.5.1　现有混沌同步方法及其特点 ……………………………………… 10

　　1.5.2　其他同步方法与问题 ……………………………………………… 12

1.6　混沌在信息安全中的应用研究综述 ……………………………………… 13

　　1.6.1　混沌模拟通信 ……………………………………………………… 13

　　1.6.2　混沌数字通信 ……………………………………………………… 14

　　1.6.3　基于混沌序列的加密通信 ………………………………………… 15

1.7　混沌研究方法与主要研究内容 …………………………………………… 15

思考题 …………………………………………………………………………… 16

参考文献 ………………………………………………………………………… 17

第 2 章　非线性系统的混沌特性分析方法 …………………………………… 20

2.1　相轨线(相图)分析法 ……………………………………………………… 20

2.2　自功率谱分析法 …………………………………………………………… 21

2.3　Poincaré 截面法 …………………………………………………………… 22

2.4　Lyapunov 特征指数法 …………………………………………………… 24

　　2.4.1　Lyapunov 指数的定义 ……………………………………………… 24

　　2.4.2　Lyapunov 指数谱 …………………………………………………… 25

　　2.4.3　Lyapunov 指数的物理意义 ………………………………………… 25

　　2.4.4　条件 Lyapunov 指数 ……………………………………………… 26

2.5　分数维分析法 ……………………………………………………………… 27

2.6　0-1 测试法 ………………………………………………………………… 27

　　2.6.1　0-1 测试算法 ……………………………………………………… 28

　　2.6.2　改进的 0-1 测试算法 ……………………………………………… 28

　　2.6.3　0-1 测试法应用 …………………………………………………… 29

2.7　分频采样法 ………………………………………………………………… 30

2.8　赝相空间法 ………………………………………………………………… 31

目录

2.9 复杂度测度法 ⋯⋯⋯⋯⋯⋯⋯⋯⋯⋯⋯⋯⋯⋯⋯⋯⋯⋯ 31

  2.9.1 谱熵复杂度算法 ⋯⋯⋯⋯⋯⋯⋯⋯⋯⋯⋯⋯⋯⋯ 32

  2.9.2 C_0 复杂度算法 ⋯⋯⋯⋯⋯⋯⋯⋯⋯⋯⋯⋯⋯⋯ 33

  2.9.3 排列熵算法 ⋯⋯⋯⋯⋯⋯⋯⋯⋯⋯⋯⋯⋯⋯⋯ 34

  2.9.4 网络排列熵算法 ⋯⋯⋯⋯⋯⋯⋯⋯⋯⋯⋯⋯⋯ 35

2.10 SALI 算法 ⋯⋯⋯⋯⋯⋯⋯⋯⋯⋯⋯⋯⋯⋯⋯⋯⋯⋯ 37

思考题 ⋯⋯⋯⋯⋯⋯⋯⋯⋯⋯⋯⋯⋯⋯⋯⋯⋯⋯⋯⋯⋯⋯⋯ 38

参考文献 ⋯⋯⋯⋯⋯⋯⋯⋯⋯⋯⋯⋯⋯⋯⋯⋯⋯⋯⋯⋯⋯⋯ 38

第 3 章 典型混沌动力学系统 ⋯⋯⋯⋯⋯⋯⋯⋯⋯⋯⋯⋯⋯ 40

3.1 离散混沌映射系统 ⋯⋯⋯⋯⋯⋯⋯⋯⋯⋯⋯⋯⋯⋯⋯ 40

  3.1.1 Logistic 映射 ⋯⋯⋯⋯⋯⋯⋯⋯⋯⋯⋯⋯⋯⋯ 40

  3.1.2 Tent 映射 ⋯⋯⋯⋯⋯⋯⋯⋯⋯⋯⋯⋯⋯⋯⋯ 42

  3.1.3 Hénon 映射 ⋯⋯⋯⋯⋯⋯⋯⋯⋯⋯⋯⋯⋯⋯ 42

  3.1.4 TD-ERCS 映射 ⋯⋯⋯⋯⋯⋯⋯⋯⋯⋯⋯⋯⋯ 43

3.2 连续混沌系统 ⋯⋯⋯⋯⋯⋯⋯⋯⋯⋯⋯⋯⋯⋯⋯⋯⋯ 44

  3.2.1 Duffing 振子 ⋯⋯⋯⋯⋯⋯⋯⋯⋯⋯⋯⋯⋯⋯ 44

  3.2.2 van der Pol 振子 ⋯⋯⋯⋯⋯⋯⋯⋯⋯⋯⋯⋯ 45

  3.2.3 Lorenz 系统 ⋯⋯⋯⋯⋯⋯⋯⋯⋯⋯⋯⋯⋯⋯ 46

  3.2.4 Rössler 系统 ⋯⋯⋯⋯⋯⋯⋯⋯⋯⋯⋯⋯⋯ 46

  3.2.5 蔡氏电路 ⋯⋯⋯⋯⋯⋯⋯⋯⋯⋯⋯⋯⋯⋯⋯ 47

  3.2.6 Chen 系统 ⋯⋯⋯⋯⋯⋯⋯⋯⋯⋯⋯⋯⋯⋯ 50

  3.2.7 Lü 系统 ⋯⋯⋯⋯⋯⋯⋯⋯⋯⋯⋯⋯⋯⋯⋯ 52

  3.2.8 统一混沌系统 ⋯⋯⋯⋯⋯⋯⋯⋯⋯⋯⋯⋯⋯ 52

  3.2.9 简化 Lorenz 系统 ⋯⋯⋯⋯⋯⋯⋯⋯⋯⋯⋯ 54

  3.2.10 新混沌系统的建议标准 ⋯⋯⋯⋯⋯⋯⋯⋯⋯ 58

3.3 超混沌系统 ⋯⋯⋯⋯⋯⋯⋯⋯⋯⋯⋯⋯⋯⋯⋯⋯⋯⋯ 58

  3.3.1 Rössler 超混沌系统 ⋯⋯⋯⋯⋯⋯⋯⋯⋯⋯ 58

  3.3.2 Chen 超混沌系统 ⋯⋯⋯⋯⋯⋯⋯⋯⋯⋯⋯ 59

  3.3.3 折叠毛巾超混沌映射 ⋯⋯⋯⋯⋯⋯⋯⋯⋯⋯ 60

  3.3.4 2D-SIMM 超混沌映射 ⋯⋯⋯⋯⋯⋯⋯⋯⋯ 60

思考题 ⋯⋯⋯⋯⋯⋯⋯⋯⋯⋯⋯⋯⋯⋯⋯⋯⋯⋯⋯⋯⋯⋯⋯ 61

参考文献 ⋯⋯⋯⋯⋯⋯⋯⋯⋯⋯⋯⋯⋯⋯⋯⋯⋯⋯⋯⋯⋯⋯ 61

目录

第 4 章　混沌系统的同步原理与方法 ……………………………………… **63**

4.1　混沌同步定义 ……………………………………………………… 63

4.2　混沌同步系统的性能指标 ………………………………………… 64

4.3　反馈同步控制原理与性能 ………………………………………… 65

  4.3.1　连续混沌系统的多变量驱动反馈同步 ………………… 65

  4.3.2　离散混沌系统的线性和非线性反馈同步 ……………… 68

4.4　基于 Pecora-Carroll 同步判据的参数自适应同步 …………… 75

  4.4.1　自适应同步原理 ………………………………………… 75

  4.4.2　控制律与控制参数的选择 ……………………………… 76

  4.4.3　控制常数边界与范围的确定 …………………………… 76

  4.4.4　系统仿真与结果讨论 …………………………………… 77

4.5　基于 Lyapunov 稳定性理论的自适应同步 …………………… 79

  4.5.1　确定参数的自适应同步 ………………………………… 79

  4.5.2　不确定参数的自适应同步 ……………………………… 80

4.6　间歇反馈同步 ……………………………………………………… 83

  4.6.1　不同系统间的间歇同步 ………………………………… 83

  4.6.2　同步仿真与性能分析 …………………………………… 85

4.7　基于状态观测器方法的混沌同步 ………………………………… 87

  4.7.1　状态观测器设计原理 …………………………………… 87

  4.7.2　统一混沌系统的状态观测器设计 ……………………… 88

  4.7.3　仿真与结果讨论 ………………………………………… 89

4.8　混沌观测器同步 …………………………………………………… 90

  4.8.1　混沌观测器设计原理 …………………………………… 90

  4.8.2　统一混沌系统的混沌观测器设计 ……………………… 91

  4.8.3　同步仿真与性能分析 …………………………………… 92

4.9　投影同步 …………………………………………………………… 94

  4.9.1　比例投影同步原理与仿真 ……………………………… 95

  4.9.2　函数投影同步原理与仿真 ……………………………… 97

  4.9.3　自适应函数投影同步与仿真 …………………………… 100

4.10　分数阶时延 Lorenz 混沌系统网络同步 ……………………… 106

  4.10.1　分数阶时延混沌系统环状网络同步算法 …………… 106

  4.10.2　分数阶时延 Lorenz 混沌系统网络同步求解 ……… 107

目录

4.10.3　分数阶时延 Lorenz 混沌系统网络同步仿真 ·············· 109

4.11　混沌同步存在的问题与研究热点 ·················· 111

思考题 ··· 112

参考文献 ·· 112

第 5 章　基于混沌同步的保密通信技术 ·················· 114

5.1　混沌掩盖通信 ··· 115

5.2　混沌键控通信 ··· 118

5.2.1　COOK ·· 118

5.2.2　CSK ·· 119

5.2.3　DCSK ··· 124

5.2.4　FM-DCSK ··· 124

5.2.5　QCSK ··· 125

5.3　混沌调制通信 ··· 128

5.4　混沌扩频通信 ··· 130

5.4.1　混沌直接序列扩频通信原理 ······················ 131

5.4.2　混沌扩频码的产生 ······························· 132

5.4.3　多用户混沌扩频系统仿真模块设计 ················ 134

5.4.4　基于 Rake 接收的多用户混沌扩频系统的设计与仿真 ······ 138

5.4.5　基于 Rake 接收的多用户混沌扩频系统的性能分析 ······ 140

思考题 ··· 142

参考文献 ·· 142

第 6 章　基于混沌序列的信息加密技术 ·················· 144

6.1　混沌密码学 ··· 144

6.1.1　传统密码体制 ··································· 144

6.1.2　混沌密码与传统密码的关系 ······················ 145

6.1.3　混沌序列加密原理 ······························· 146

6.2　基于混沌序列的信息加密算法 ························ 147

6.2.1　混沌加密算法的基本要求 ························ 147

6.2.2　Logistic 混沌系统及其统计特性 ·················· 149

6.2.3　混沌序列加密模型与算法 ························ 149

6.2.4　基于混沌序列的数据加密算法实现 ················ 150

6.2.5　系统调试与性能分析 ····························· 152

6.3 基于混沌映射的二值水印图像加密算法 ················· 155
　　6.3.1 混沌伪随机序列发生器的改进 ··············· 155
　　6.3.2 基于 TD-ERCS 混沌映射的二值水印图像加密算法 ····· 156
　　6.3.3 加密算法的性能分析 ···················· 157
6.4 基于混沌映射和小波变换的彩色图像水印算法 ··········· 160
　　6.4.1 小波变换算法及其应用 ·················· 160
　　6.4.2 水印嵌入与提取算法的设计与实现 ············ 164
　　6.4.3 数值仿真与性能分析 ···················· 167
思考题 ································· 172
参考文献 ······························· 172

第 7 章　混沌图像加密算法原理与设计 ················· **174**
7.1 混沌图像加密理论基础 ···················· 175
　　7.1.1 混沌图像加密算法基本原理 ··············· 175
　　7.1.2 混沌系统的选择 ····················· 177
　　7.1.3 图像加密算法的性能评估 ················ 178
7.2 基于循环移位的混沌图像快速加密算法 ············· 181
　　7.2.1 图像加解密算法设计 ·················· 181
　　7.2.2 安全性与时间复杂度分析 ················ 186
　　7.2.3 彩色图像拓展算法及其性能分析 ············· 190
7.3 基于 DNA 和混沌的图像加密算法 ··············· 193
　　7.3.1 DNA 运算规则 ····················· 193
　　7.3.2 DNA 加密算法设计 ··················· 194
　　7.3.3 图像加解密实验结果 ·················· 198
7.4 基于位水平的混沌图像加密算法 ················ 203
　　7.4.1 图像加解密算法设计 ·················· 204
　　7.4.2 算法的安全性分析 ··················· 207
　　7.4.3 算法的位水平方面分析 ················· 212
　　7.4.4 计算复杂度分析 ···················· 215
7.5 基于混沌和压缩感知的图像加密算法 ·············· 215
　　7.5.1 图像压缩与加密算法 ·················· 216
　　7.5.2 算法压缩性能分析 ··················· 219
　　7.5.3 算法安全性分析 ···················· 222

目录

7.5.4 算法实用性分析 ·· 226

思考题 ·· 228

参考文献 ·· 228

第8章 音视频混沌加密通信技术 ······························· **232**

8.1 实时语音加密通信原理 ·· 232

8.1.1 数字加密通信系统原理 ································ 232

8.1.2 实时语音加密通信系统 ································ 233

8.1.3 密码同步技术 ·· 234

8.2 实时数据流加密算法 ·· 235

8.2.1 3DES 加密算法 ··· 235

8.2.2 3DES 与混沌映射相结合的加密算法 ··············· 236

8.2.3 网络同步方法研究 ····································· 237

8.2.4 实时语音加密通信系统的安全性能分析 ··········· 239

8.3 实时语音加密通信系统的实现 ······························ 240

8.3.1 实时语音加密通信系统结构 ························· 240

8.3.2 实时传输协议及其数据结构 ························· 241

8.3.3 基于自适应通信环境的 RTP 实现 ·················· 242

8.3.4 系统调试与性能测试 ·································· 244

8.4 基于混沌序列的 MPEG 视频加密算法 ···················· 245

8.4.1 混沌加密系统的设计原则 ···························· 246

8.4.2 MPEG 视频数据加密原理与步骤 ··················· 247

8.4.3 基于混沌的流密码设计 ······························ 248

8.4.4 基于混沌的置乱算法设计 ···························· 250

8.4.5 加密实验与效果分析 ·································· 250

8.4.6 MPEG 视频加密系统性能分析 ····················· 251

8.5 基于混沌的 H.264 视频加密算法 ·························· 253

8.5.1 基于 TD-ERCS 的混沌流密码的构造 ··············· 253

8.5.2 H.264 视频加密方案 ·································· 254

8.5.3 视频加密性能分析 ····································· 256

思考题 ·· 257

参考文献 ·· 257

第 9 章　分数阶混沌系统的分析与仿真 ································· **259**

9.1　分数阶混沌系统的研究现状 ······························· 259

9.2　分数阶微积分定义及其物理意义 ························· 261

9.3　分数阶混沌系统的求解方法 ······························· 263

9.3.1　分数阶混沌系统的频域近似求解方法 ··········· 263

9.3.2　分数阶混沌系统的时域近似求解方法 ··········· 267

9.4　分数阶混沌系统仿真方法 ·································· 271

9.4.1　分数阶混沌系统动态仿真方法 ···················· 271

9.4.2　分数阶混沌系统电路仿真方法 ···················· 273

9.4.3　分数阶混沌系统数值仿真方法 ···················· 275

9.4.4　仿真方法对比与特点分析 ························· 277

9.5　基于频域法的分数阶统一系统动力学特性分析 ········· 278

9.5.1　分数阶统一混沌系统模型 ························· 278

9.5.2　分数阶统一混沌系统的动态仿真 ················· 279

9.5.3　参数固定时分数阶统一系统的动力学特性 ········ 281

9.5.4　参数变化时分数阶统一系统的动力学特性分析 ···· 283

9.6　基于时域法的分数阶非耗散 Lorenz 系统的动力学特性 ··· 285

9.6.1　分数阶非耗散 Lorenz 系统模型 ·················· 285

9.6.2　分数阶非耗散 Lorenz 系统的混沌特性 ··········· 286

9.6.3　系统控制参数 R 不同时的分岔特性分析 ········· 286

9.6.4　分数阶阶数不同时的分岔特性 ···················· 287

9.6.5　方程微分阶数不同时的分岔特性 ·················· 289

思考题 ·· 290

参考文献 ·· 290

第 10 章　混沌系统的仿真与电路实现 ····················· **293**

10.1　混沌系统的动态仿真 ···································· 293

10.1.1　Simulink 动态仿真步骤 ························· 293

10.1.2　仿真结果分析与性能改善 ······················ 294

10.2　混沌系统的电路仿真 ···································· 295

10.3　混沌模拟电路设计 ······································ 295

10.3.1　混沌模拟电路设计步骤 ························· 295

10.3.2　混沌电路模块化设计 ··························· 296

目录

　　　10.3.3　混沌电路的基本组成及元器件选型 ⋯⋯⋯⋯⋯ 297
　10.4　混沌电路的改进型模块化设计 ⋯⋯⋯⋯⋯⋯ 299
　　　10.4.1　基于 OA 器件的多涡卷 Jerk 电路设计 ⋯⋯⋯⋯⋯ 299
　　　10.4.2　基于 CC 器件的多涡卷 Jerk 电路设计 ⋯⋯⋯⋯⋯ 300
　　　10.4.3　多涡卷 Jerk 电路实现 ⋯⋯⋯⋯⋯⋯⋯ 302
　10.5　混沌系统的 DSP 设计与实现 ⋯⋯⋯⋯⋯ 303
　　　10.5.1　混沌系统的 DSP 实验平台 ⋯⋯⋯⋯⋯⋯ 303
　　　10.5.2　整数阶混沌系统的 DSP 实现 ⋯⋯⋯⋯⋯ 306
　　　10.5.3　分数阶混沌系统的 DSP 实现 ⋯⋯⋯⋯⋯ 307
　　　10.5.4　离散混沌系统的 DSP 实现 ⋯⋯⋯⋯⋯ 309
　10.6　混沌系统的 FPGA 设计与实现 ⋯⋯⋯⋯⋯ 310
　　　10.6.1　电路结构的设计与优化 ⋯⋯⋯⋯⋯⋯ 311
　　　10.6.2　分数阶简化 Lorenz 系统混沌信号发生器的设计 ⋯⋯⋯ 312
　　　10.6.3　实验结果与分析 ⋯⋯⋯⋯⋯⋯⋯⋯ 313
　思考题 ⋯⋯⋯⋯⋯⋯⋯⋯⋯⋯⋯⋯⋯ 315
　参考文献 ⋯⋯⋯⋯⋯⋯⋯⋯⋯⋯⋯⋯ 315
附录 A　混沌及其应用研究领域的主要学术期刊 ⋯⋯⋯⋯⋯ 316
附录 B　混沌特性分析 MATLAB 源程序 ⋯⋯⋯⋯⋯⋯ 317

经过几十年的发展，人们对混沌已不再陌生，但如何正确认识、理解和研究混沌及其应用，仍然是学界的主要任务。众所周知，混沌是非线性的，而我们所拥有的和熟知的知识是线性的，它们是什么关系呢？讨论就从这里开始。

1.1 线性、非线性与混沌

"线性"与"非线性"常用于区别函数 $y=f(x)$ 对自变量 x 的依赖关系，线性函数即一次函数，其图像为一条直线；其他函数则为非线性函数，其图像不是直线。更具体地说，线性是指量与量之间按比例、呈直线的关系，在空间和时间上代表规则和光滑的运动；而非线性则指不按比例、不呈直线的关系，代表不规则的运动和突变，如两个眼睛的视敏度是一个眼睛的几倍？很容易想到的是两倍，可实际是 $6\sim10$ 倍，这就是非线性，即 $1+1\neq2$。

非线性关系虽然千变万化、较为复杂，但还是具有某些不同于线性关系的共性。线性关系是互不相干的独立贡献，而非线性关系则是相互作用，而正是这种相互作用，使得整体不再是简单地等于部分之和，而可能出现不同于"线性叠加"的增益或亏损。如激光的产生就是非线性的，当外加电压较小时，激光器犹如普通电灯，光向四面八方散射；而当外加电压达到某一阈值时，会突然出现一种全新现象：受激原子好像听到"向右看齐"的命令，发射出相位和方向都一致的单色光，这就是激光。又如线性关系保持信号的频率成分不变，而非线性关系则使频率结构发生变化，只要存在非线性，哪怕是任意小的非线性，就会出现和频、差频、倍频等成分。非线性是引起行为突变的原因，对线性的微小偏离，一般并不会引起行为突变，而且可以从原来的线性情况出发，用修正的线性理论去描述和理解；但当非线性达到一定程度时，系统行为就可能发生突变。非线性系统往往在一系列参量阈值上发生突变，每次突变都伴随着某种新的频率成分，系统最终进入混沌状态。

从非线性的上述特点可以看到，若系统出现混沌现象，则系统必定是一个非线性系统。非线性系统进入混沌状态是一种突变行为，如何判断系统是否进入混沌状态,即如何区分系统是否呈现长周期现象,如何区分系统是否受到外来的随机干扰等,是研究混沌现象的重要问题。

与线性科学不同,混沌学属于非线性科学,而非线性科学研究似乎总是把人们对"正常"事物"正常"现象的认识转向对"反常"事物"反常"现象的探索。例如,孤波不是周期性振荡的规则传播;"多媒体"技术对信息储存、压缩、传播、转换和控制过程中遇到大量的"非常规"现象产生所采用的"非常规"的编辑新方法;混沌打破了确定性方程由初始条件严格确定系统未来运动的"常规",出现所谓各种"奇异吸引子"现象等。

在非线性科学中,"混沌"一词的含义和本意相似,但又不完全一致,非线性科学中的混沌现象指的是一种确定的但不可预测的运动状态,它的外在表现和纯粹的随机运动很相似,即都不可预测;但又与随机运动不同,混沌运动在动力学上是确定的,它的不可预测性来源于系统内部运动的不稳定性,或者说混沌系统对无限小的初值变动和微扰也具有敏感性,无论多小的扰动,经过一段时间演化以后,都会使系统彻底偏离原来的演化方向。混沌现象是自然界中的普遍现象,天气变化就是一个典型的混沌运动。混沌现象的一个显著特点就是蝴蝶效应,所以混沌是指确定性系统产生的一种对初始条件具有敏感依赖性的非周期运动,混沌、分形和孤子是非线性科学中最重要的三个概念。混沌理论隶属于非线性科学,只有非线性系统才能产生混沌运动。

1977 年,第一次国际混沌会议在意大利召开,标志着混沌科学的正式诞生。大会主持人之一物理学家 J. Ford 认为混沌学是 20 世纪物理学继相对论及量子力学后的第三次革命,他说[1]:"相对论消除了关于绝对空间与时间的幻象;量子力学消除了关于可控测量过程的牛顿式的梦;而混沌则消除了拉普拉斯关于决定论式可预测性的幻想"。

1.2　混沌研究历程

20 世纪下半叶,非线性科学得到了迅速发展,其中对混沌的研究占了极大的比重。"混沌"作为当今举世瞩目的前沿课题及学术热点,它揭示了自然界和人类社会中简单性与复杂性的统一、有序性与无序性的统一、确定性与随机性的统一,大大地拓宽了人们的视野,加深了人们对客观世界的认识。它在自然科学及社会科学等领域中,覆盖面之大、跨学科之多、综合性之强、发展前景之广及影响之深都是空前的,正在冲击和改变着几乎所有科学和技术领域,向人们提出了巨大的挑战。

20 世纪 60 年代初,科学家就开始探索自然界的一些捉摸不定的现象。1963 年麻省理工学院著名的气象学家洛伦兹(Lorenz)提出了确定性非周期流模型[2],后来他又提出了"蝴蝶效应"理论。1975 年,中国学者李天岩和美国数学家 J. Yorke 在 *America Mathematical Monthly* 杂志上发表了 *Period three implies chaos* 的著名文章[3],深刻揭示了从有序到混沌的演变过程,这也使"混沌"作为一个新的科学名词正式出现在文献之中。1976 年,美国生物学家 R. May 在英国 *Nature* 杂志上发表了 *Simple mathematical models with very complicated dynamics* 一文[4],文中指出,非常简单的一维迭代映射也能产生复杂的周期倍化和混沌运动,他向人们揭示了生态学中一些简单的确定性数学模型竟然也可以产生看似随机的混沌行为。1978 年和 1979 年 M. Feigenbaum 等在 R. May 的基础上独立地发现了倍周期分叉现象中的标度性和普适常数[5],从而奠定了混沌在现代科学中的坚实理论基础。洛伦兹对混沌进行了高度概括,他认为:混沌学是一门用分形几何分析研究从蝴蝶效应及非周期性等问题中表现出来的非线性动力学问题的科学。

20 世纪 80 年代,混沌科学得到了进一步发展,人们更着重研究系统如何从有序进入混沌,以及系统的混沌性质和特点。1981 年,F. Takens 提出了判定奇异吸引子的实验方法。1983 年,加拿大物理学家 L. Glass 在《物理学》杂志上发表了"计算奇异吸引子的奇异程度"的著名文章,由此掀起了人们计算时间序列维数的研究热潮。1987 年,P. Grassber 等提出重构动力学系统的理论和方法,通过由时间序列中提取分数维、Lyapunov 指数等特征量,从而使混沌理论研究进入实际应用阶段。

进入 20 世纪 90 年代,混沌与其他学科进一步相互渗透、相互促进、广泛应用,如混沌同步、混沌保密通信、混沌密码学、混沌神经网络、混沌经济学等研究领域都取得了可喜的研究成果。如何发掘混沌系统特有的性质、作用与功能而造福人类,是一个极其重大而又意义深远的课题。

从非线性动力学自身发展的逻辑来看,确定性混沌系统的研究大体经历了三个阶段:第一阶段是研究从有序到混沌,主要研究混沌产生的条件、机制和途径;第二阶段是研究混沌中的有序,主要研究混沌中的普适性、统计特性及分形结构;第三阶段是研究从混沌到有序,主要研究主动地控制混沌达到有序。而目前混沌研究的重点主要是如何控制和利用混沌。

由于混沌对初始条件的敏感依赖性,即使是两个完全相同的混沌系统从几乎相同的初始条件开始演化,经过一段时间后,它们的轨道也很快变得互不相关,这使得混沌信号具有长期不可预测性和抗截获能力;同时混沌系统本身又是确定性的,它由非线性系统的方程、参数和初始条件所完全确定,因此混沌信号易于产生和复制。混沌信号的高度随机性、不可预测性、高度复杂性、宽带特性和系统方程、参数及初始条件的确定性,以及易于实现性,使得它在信息安全中具有极好的应用前景,成为混沌应用研究的热点课题。

国际上从信息安全的角度研究混沌系统的特性和应用起源于 20 世纪 90 年代初期,现已经历了 30 多年的时间,并已成为目前信息科学界关注和研究热点之一。1990 年,美国海军实验室的 L. M. Pecora 和 T. L. Carroll 提出了一种混沌同步方法,并在电子线路上首次观察到混沌同步现象[6,7];同年,美国马里兰大学的 Ott、Grebogi 及 Yorke 首次实现了对混沌吸引子不稳定周期轨道的控制[8]。这些开创性的工作,极大地激起人们对混沌机理及应用研究的兴趣,迅速推动了混沌同步和混沌控制的理论和实验研究,拉开了将混沌应用于工程技术领域的序幕。

长期以来,一些发达国家的科研和军事部门投入了大量的人力物力开展混沌保密通信的理论和实验研究。将混沌理论引入信息安全领域是有效破解当前信息保密技术难题的方案之一,已引起各国的高度重视,如欧盟第六科技框架计划(2006—2009 年)启动 PICASSO 计划,对混沌通信系统中有源和无源器件进行研制;欧盟第七科技框架计划(2010—2013 年)投资 501.82 亿欧元,其国际合作领域的 10 个主题中第③项就是信息通信技术,与信息安全课题密切相关;我国《国家中长期科学与技术发展纲要(2006—2020 年)》在支持的重点领域及其优先主题"核心数学及其在交叉领域的应用"的主要研究方向就包括"离散问题、随机问题、量子问题以及大量非线性问题中的数学理论和方法等"。就研究单位而言,美国海军实验室、美国陆军实验室、麻省理工学院、华盛顿州立大学、加州大学伯克利分校、马里兰大学、俄罗斯科协无线电工程电子学会及莫斯科电力技术研究所、英国甘地夫威尔士大学及新汉普郡大学、德国哥廷根大学、瑞士联邦技术研究所等都竞相参与竞争,并投入大量的研究经费,以期望研制出高度保密的混沌通信系统,满足现代化战争对军事通信的要求。在我国,中国科学院、中国人民解放军电子工程学院及各重点大学如清华大学、浙江大学、上海交通大学、西安交通大学、南京大学、华南理工大学、中南大学等均有学者参与研究。事实上,混沌保密通信远非仅用于军事目的,随着全球经济一体化进程的加快,全球信息基础设施和各国信息基础设施的逐渐形成,国与国之间变得"近在咫尺";网络的快速普及、客户端软件多媒体化、协同计算、资源共享、远程管理、电子商务、金融电子等已成为网络时代生活现实。但是信息在公共网络上的存储、共享和传输,有可能被非法窃听、截取、篡改和毁坏而导致不可估量的损失,因此混沌加密通信将不仅在军事、国家安全及通信对抗等领域中扮演重要的角色,而且还将在商业领域以及人们的生活中发挥重要的作用,是未来信息安全技术发展的新趋势。

1.3　混沌发展中的重要人物与趣事

1. 洛伦兹与蝴蝶效应

爱德华·洛伦兹(Edward Norton Lorenz),1917 年 5 月 23 日出生于美国康涅狄格州的哈特福德,他从小喜欢科学,1940 年毕业于哈佛大学。第二次世界大战期间,洛伦兹作为预报员曾在美国陆军航空兵团服役;战后,他获得了气象学硕士和博士学位,后任教于美国麻省理工学院。1972 年,他提出了著名的"蝴蝶效应"理论;1975 年他成为美国国家科学院院士;1983 年获得有生态学诺贝尔奖之称的克拉福德(The Crafoord Price)奖;1991 年获得京都奖,评委认为他的混沌理论是"继牛顿之后,为人类自然观带来了最为戏剧性的改变"。2008 年 4 月 16 日,洛伦兹病逝于马萨诸塞州剑桥市的家中,享年 90 岁。

蝴蝶效应是他的重要科学贡献之一,其发现之路有趣且富于启发性。1961 年冬天,洛伦兹用计算机作数值预报运算,为了省事,他从原先输出的计算结果中选出一行数据(相当于某一天的天气状况)作为初始值再次运算,随后则离开了办公室去喝咖啡。中国的神话故事中有所谓"洞中方一日,世上已千年"的传说,洛伦兹的一杯咖啡就"喝"出了这样的境界。一个小时后,当他回到实验室时,数值计算已经运算出两个月后的预报结果。一看结果,他不禁大吃一惊:新的运算结果与原先的大相径庭!微小的偏差每隔四天就翻一番,直至新旧数据之间的相似性完全丧失为止。初始值小于千分之一的差异,最终却造成了第二次的计算结果和第一次的计算结果完全不同,这就是表现初值敏感性的"蝴蝶效应"。

1979 年 12 月,洛伦兹在美国科学发展学会第 139 次会议上发表了题为"蝴蝶效应"的演讲,提出一个貌似荒谬的论断:一只蝴蝶在巴西扇动翅膀,有可能会在美国的得克萨斯州引起一场龙卷风,并由此提出了天气的不可准确预报性。时至今日,这一论断仍为人们津津乐道,更重要的是,它激发了人们对混沌学的浓厚兴趣。今天,随着计算机技术的飞速发展,混沌学已发展成为一门影响深远、发展迅速的前沿科学。蝴蝶效应之所以令人着迷、令人激动、发人深省,不但在于其大胆的想象力和迷人的美学色彩,更在于其深刻的科学内涵和内在的哲学魅力。洛伦兹(Lorenz)的发现奠定了混沌理论的基础,此后,该理论不仅影响了气象学,还深刻地影响着科学大树的每个分支。

2. 李天岩与混沌概念

李天岩(1945—2020),祖籍湖南,1945 年 6 月出生于福建省沙县。他三岁时随父母及全家移居中国台湾省,在那里接受教育直至大学毕业,是台湾新竹"清华大学"数学系 68 级毕业生。1969 年赴美国马里兰大学数学系攻读博士学位,师从詹姆士·约克教授;1974—1976 年在美国犹他大学任讲师;1976 年起,在美国密歇根州立大学任教,直到 2020 年 6 月在家中安详离世,享年 75 岁。李天岩在应用数学与计算数学几个重要领域中做出了开创性工作,成就非凡,他与约克的论文"周期三意味着混沌"(*Period three implies chaos*),在科学中首次提出了"混沌"的概念。开拓了整个科学界对混沌动力学系统研究的新纪元。

李天岩教授生前长期遭受疾病的巨大痛苦,他全身麻醉的大手术有十次,局部麻醉手术则不计其数,全身都是开刀留下的伤痕;然而他在逆境中全力拼搏,以乐观的大无畏精神一次次战胜病魔。他是一个在逆境中求突破,"与病斗其乐无穷"的人,凭借着一股坚强的毅力及必胜的信念去克服一切困难,在最艰难的环境下做出了一流的研究工作。尽管病痛缠身,他却一直在从未间断过的美国国家自然科学基金会资助下高效多产地工作。

李天岩具有几十年如一日的严谨的治学态度[9],他常认为,他的成功之道除了有像约克教授这样的好导师,其不二法门无他,那就是坚持。他常常对他的学生说,自己并不聪明,而是否聪明过人其实并不重要,能将问题弄个水落石出才重要。他常强调他对问题的看法只不过是比别人多坚持了一分钟,那宝贵的一分钟可能就是造就成功之路的一分钟。一个问题,大人物解决不了,并不表示小人物也解决不了,大人物思考问题的路径也不等于解决问题的路径。"凭着一股牛劲,凡事坚持到底,绝不轻言放弃",是他叮咛学生们的名言。他也常说,读书做学问一定要作彻底的理解,尤其是数学,一知半解地记忆表面上的逻辑过程是没有用的。他曾举例说,一个矩阵的行秩为什么会等于列秩呢?其实学过线性代数的大二学生都会证明,然而它实际上所代表的几何意义是什么?物理上的含义又是什么?从不同的角度来看这个问题时,你将会得到意想不到的结果。

"混沌"一词的诞生见证了李天岩有趣的研究经历,*Period three implies chaos* 著名论文也经历了选题、研究、投稿、退稿、重新改写和发表的不平凡历程,最后发表在 *America Mathematical Monthly* 上[10]。论文着重讨论了区间迭代问题的意义,几个基本概念的定义和主要研究结果,而有一些证明,作为附录放在正文的后面。最注重明确性和精确性的数学家竟然谈论起"乱七八糟"来,这吸引了许多读者,物理学家和生物学家也很快接受了这篇他们感觉具有划时代意义的数学文章。从此,李天岩和约克首先采用的 chaos 一词成了混沌理论中的专门术语,甚至成为混沌理论本身的代名词。

3. 费根鲍姆与费根鲍姆常数

费根鲍姆(Feigenbaum M,1944—2019),美国康奈尔大学物理学教授。1964 年纽约市立大学毕业后,进入麻省理工学院研究生院,1970 年获基本粒子物理学博士学位,同年去康奈尔大学做博士后,两年未取得任何进展;后去了弗吉尼亚专科学院,两年毫无成就。原康奈尔大学教授 Carruthers P 慧眼识英才,招聘费根鲍姆到洛斯阿拉莫斯实验室(加州分校下属)做助手,开展自由研究。又过两年,竟然发现一个奇妙常数 4.6692…[5],称为费根鲍姆常数,1979 年他在美国 *Journal of Statistical Physics* 上发表两篇论文,一举成名!

倍周期分岔是通向混沌的道路之一,如图 1-1 所示;倍周期分叉的间距比值变化情况如表 1-1 所示。周期倍增分岔过程,蕴含着混沌的自相似性和普适性规律,从图 1-1 中可见,分岔的速度越来越快,但增快时似乎遵循某种规律。这不禁使我们想起另一个物理现象——自由落体,自由落体的速度越来越快,但加速度 g 却是保持不变的常数,且 g 的数值对任何下落的物体都一样,它还与万有引力常数 G 有关。所以,这个看起来层层相似的分岔图中似乎也蕴含着某种规律。

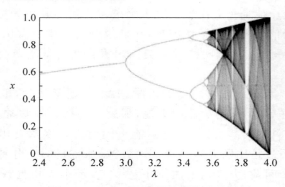

图 1-1　Logistic 系统的倍周期分岔图

表 1-1　倍周期分岔的间距比值变化情况($f(x)=\lambda x(1-x)$)

k	分叉情况	分叉值 λ_k	间距比值 $(\lambda_k-\lambda_{k-1})/(\lambda_{k+1}-\lambda_k)$
1	1 分为 $2=2^1$	3	
2	2 分为 $4=2^2$	3.449489743	4.751466
3	4 分为 $8=2^3$	3.544090359	4.656251
4	8 分为 $16=2^4$	3.564407266	4.668242
5	16 分为 $32=2^5$	3.468759420	4.66874
6	32 分为 $64=2^6$	3.569691610	4.6691
⋮	⋮	⋮	⋮
∞	周期解→混沌	3.569945972	4.669201609

费根鲍姆研究了倍周期分岔的间距比值变化情况,如表 1-1 所示,他发现,随着分岔次数 k 的增加,相邻两个分岔点的间距 Δk 组成一个等比数列

$$\delta = \lim_{n \to +\infty} \frac{k_n - k_{n-1}}{k_{n+1} - k_n} = 4.6692016091\cdots \tag{1-1}$$

分岔宽度 w_i 也组成一个等比数列

$$\alpha = \lim_{n \to +\infty} \frac{w_n}{w_{n+1}} = 2.5029078750\cdots \tag{1-2}$$

费根鲍姆常数计算如图 1-2 所示。

费根鲍姆常数的发现被誉为 20 世纪最伟大的发现之一，他找到了在周期倍增分岔
现象中更深层次的规律，从而揭示出非线性系统
从有序走向混沌的秘密。费根鲍姆发现的周期倍
增分岔现象和规律，极大地改变了人类对自然的
认识。他把混沌学研究从定性分析推进到了定量
计算的阶段，成了混沌学研究的一个重要里程碑。
众所周知，在物理理论的发展过程中，新理论的诞
生往往伴随着新常数的发现，如牛顿力学中的万
有引力常数 G，量子力学中的普朗克常数 h，相对
论中的光速 c 等。所以我们不难理解费根鲍姆常
数对混沌理论研究与发展的重要意义。

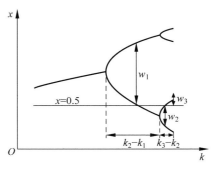

图 1-2　费根鲍姆常数计算示意图

4. 蔡少棠与蔡氏电路

蔡少棠(Leon Chua)，加州大学伯克利分校电气工程与计算机科学系教授。1936 年
6 月 28 日生于菲律宾华人家庭，1959 年，蔡少棠在菲律宾 Mapúa 理工学院获得电气工程
学士学位，1961 年和 1964 年分别在麻省理工学院和伊利诺伊大学厄巴纳-尚佩恩分校获
得硕士和博士学位，1964—1970 年在普度大学任教，1971 年，成为加州大学伯克利分
校电气工程与计算机科学系教授，IEEE Fellow(电气电子工程师学会会士)。他提出了
忆阻器、蔡氏电路和细胞式类神经网络等理论，被认为是非线性电路分析理论之父。
在他预测忆阻器存在的 37 年后，惠普公司 R. S. Williams 研究小组研制出了固态忆
阻器。

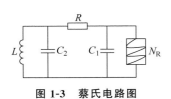

图 1-3　蔡氏电路图

蔡氏电路的发现为混沌理论与应用研究提供了硬件基
础，1983 年，蔡少棠教授在日本早稻田大学担任访问学者，
他设计了一种简单的非线性电子电路，如图 1-3 所示[11]。
该电路由能量存储元件(电容 C_1 和 C_2)、一个电感(L)、一
个有源电阻(R)和一个非线性电阻 N_R 组成，非线性电阻
由三个线性电阻和一个运算放大器构成。该电路可以表现
出混沌行为，其制作容易使它成为一个现实世界的混沌系统的典型例子，是混沌系统的
典型模型。

5. 陈关荣与陈氏吸引子

陈关荣，香港城市大学电子工程系教授。1948 年出生于广州，曾下乡 10 年，插队期
间长期坚持自学，后考入中山大学数学系第一届研究生班，1981 年毕业并获计算数学硕

士学位,随后出国留学,于 1987 年获美国德克萨斯 A&M 大学应用数学博士学位。1987—1990 年任美国莱斯大学访问助理教授;1990—2000 年先后任美国休斯敦大学助理教授、副教授、教授;1996 年,陈关荣教授因在混沌控制及分岔理论分析与应用方面的奠基性贡献而被选为 IEEE Fellow;2000 年至今任香港城市大学电子工程系讲座教授及该校混沌与复杂网络学术研究中心主任,研究工作主要集中在非线性系统的控制理论和动力学分析及其在复杂网络等相关领域中的应用。1999 年,他提出一个新的混沌吸引子[12],被称为陈氏吸引子,如图 1-4 所示,该吸引子已成为混沌理论与应用研究的重要模型。

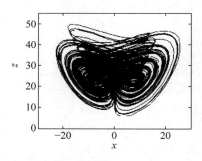

图 1-4 陈氏混沌吸引子(xz 平面)

6. 罗伯特·梅与 Logistic 映射

罗伯特·梅(Robert May),牛津大学动物学系教授、前英国政府首席科学顾问、前英国皇家学会主席。1936 年 1 月 8 日生于澳大利亚悉尼市,1956 年在悉尼大学获得理学学士学位,1959 年在悉尼大学获得理论物理学博士学位,1971 年在访问普林斯顿的高等协会后,改变了自己的研究方向,并把精力放在了动物种群动力学上。1979 年,被选入皇家科学院,1988—1995 年,任哈佛大学教授,1996 年获“福特奖”。因其学术成就和领导力,罗伯特·梅曾于 1995—2000 年担任英国首席科学顾问,于 2000—2005 年担任英国皇家学会主席,并于 2001 年受封为勋爵。2020 年 4 月 28 日逝世,享年 84 岁。

求学期间,罗伯特·梅先学化学,后转向数学和物理学,获得物理学博士学位。在学术生涯早期,他致力于将数学方法应用于自然群落研究,发现了生态系统中的混沌,促进了混沌理论的发展。又将生态学模型迁移到人类传染病的建模研究上。罗伯特·梅在物理学、天体物理学、理论生态学、种群生物学、传染病学、生物多样性等多个领域都有令人瞩目的成果。

罗伯特·梅是从数学着手研究生态学的,他提出了最有代表性的种群方程。1976 年发表了著名论文 *Simple mathematical models with very complicated dynamics*,在该论文中,他提出了单峰映射(Logistic map,又称逻辑映射),即著名的 Logistic 方程[4]

$$x_{n+1} = \mu x_n (1 - x_n) \tag{1-3}$$

其中,参数 $\mu \in (0, 4]$,变量 $x_n \in (0, 1)$。Logistic 方程是由简单非线性方程产生混沌现象的经典范例。该模型是对简单的种群增长模型的一种扩展,通过对参数的恰当取值就能出现混沌现象。这一发现不仅将混沌与生态系统联系起来,也让混沌学科迈入了更广泛的领域,为混沌学科的发展打下了坚实的基础。

1.4 混沌的定义与特征

由于混沌系统的奇异性和复杂性,至今混沌还没有一个统一的定义,不同的定义从不同的角度反映了混沌运动的性质,影响较大的是 Li-Yorke 混沌定义[3],它是从区间映射出发进行定义的。该定义描述如下:

Li-Yorke 定理 设 $f(x)$ 是 $[a,b]$ 上的连续自映射,若 $f(x)$ 有 3 周期点,则对任何正整数 n,$f(x)$ 有 n 周期点。

Li-Yorke 混沌定义 闭区间 I 上的连续自映射 $f(x)$,如果满足以下条件,便可确定它有混沌现象:

(1) f 的周期点的周期无上界;

(2) 闭区间 I 上存在不可数集 S 满足:① 对 $\forall x,y \in S$,且 $x \neq y$ 时,$\lim\limits_{n \to +\infty} \sup |f^n(x) - f^n(y)| > 0$;② 对 $\forall x,y \in S$,$\lim\limits_{n \to +\infty} \inf |f^n(x) - f^n(y)| = 0$;③ 对 $\forall x \in S$ 和 f 的任意周期点 y 有 $\lim\limits_{n \to +\infty} \sup |f^n(x) - f^n(y)| > 0$。

混沌是确定性非线性动力学系统对初始条件具有敏感性的非周期有界动态行为,混沌运动是在确定性系统中出现的类随机过程。混沌具有下述主要特征:

(1) 有界性。混沌是有界的,它的运动轨道始终局限于一个确定的区域,该区域称为混沌吸引域。无论混沌系统内部多么不稳定,它的运动轨迹都不会走出混沌吸引域,所以从整体上看,混沌系统是稳定的。

(2) 遍历性。混沌运动在其吸引域内是各态历经的,即在有限时间内混沌轨道经过混沌区内每个状态点。

(3) 随机性。混沌是由确定性系统产生的不确定性行为,具有内在随机性,与外部因素无关。尽管系统的方程是确定性的,但它的动态行为却难以确定,在它的吸引子中任意区域概率分布密度函数不为零,这就是确定性系统产生的随机性。实际上,混沌的不可预测性和对初值的敏感性导致了混沌的内在随机性性质,同时也说明混沌是局部不稳定的。

(4) 分维性。分维性是指混沌的运动轨道在相空间中的行为特征,维数是对吸引子几何结构复杂度的一种定量描述。分维性表示混沌运动状态具有多叶、多层结构,且叶层越分越细,表现为无限层次的自相似结构。

(5) 标度性。标度性是指混沌运动中无序中的有序态,其有序可理解为:只要数值或实验设备精度足够高,总可以在小尺度混沌区内看到其中有序的运动花样。

(6) 普适性。普适性是指不同系统在趋向混沌态时所表现出来的某些共同特征,它不依具体的系统方程或参数而变。具体表现为混沌系统的普适常数,如著名的费根鲍姆常数。普适性是混沌内在规律性的一种体现。

(7) 正的 Lyapunov 指数。它是对非线性系统产生的运动轨道相互间趋近或分离的整体效果进行的定量刻画,正的 Lyapunov 指数表明轨道在每个局部都是不稳定的,相邻轨道按指数分离;同时,正的 Lyapunov 指数也表示相邻点信息量的丢失,其值越大,信息量的丢失越严重,混沌程度越高。

1.5 混沌同步方法研究综述

对初值的极其敏感性使人们一度认为混沌同步几乎是不可能的,直到 1990 年,美国海军实验室的 Pecora L M 和 Carroll T L 提出混沌的自同步方法[6],首次利用驱动-响应法实现了两个初值不同的混沌系统之间的同步。这一突破性研究进展打破了混沌运动模式是不可控和有害的传统观念。研究表明,混沌不仅是可以实现控制和同步的,而且还可以作为信息传输与处理的动力学基础,从而使得混沌系统应用于信息保密通信领域成为可能。

混沌同步,从总体上说,属于混沌控制的范畴,并且通过 Chua 等人[13]的工作已将同步与控制问题合并成一个问题,即混沌同步问题可以看成一类让被控系统混沌轨道按目标系统轨道运动的控制问题。传统的混沌控制一般是将系统稳定在不稳定的周期轨道上,混沌的同步则是实现两个系统的混沌状态的完全重构。

1.5.1 现有混沌同步方法及其特点

人们借助于混沌控制方法,基于混沌同步原理,提出了许多混沌系统同步方案[14],如表 1-2 所示。

表 1-2 混沌同步方法一览表

时间混沌同步	时空混沌同步	超混沌同步
驱动-响应同步	反馈技术	驱动-响应同步
主动-被动同步	驱动变量反馈法	耦合型同步
相互耦合同步	其他	变量反馈同步
连续变量反馈同步		混合型同步
自适应同步		驱动加变量反馈法
脉冲同步		主动-被动反馈同步
投影同步		
D-B 同步		

驱动-响应同步 1990 年,Pacora-Carroll 以马里兰大学 Robert Newcomb 设计的电路为基础,运用驱动-响应同步方法,首次实现了两个混沌系统的同步;后来 Cuomo 和 Oppenheim 也成功地用电子线路模拟了 Lorenz 系统的同步[15];不久,Carroll 和 Pecora 将驱动-响应的混沌同步方法推广到高阶级联混沌系统[16]。驱动-响应同步方法最大的特点是两个非线性动力学系统之间存在驱动与响应关系,响应系统行为取决于驱动系统,而驱动系统的行为与响应系统的行为无关。但是,对于某些实际的非线性系统,由于物理本质或天然特性等原因,系统无法分解,这时,驱动-响应同步方法也就无能为力了。

主动-被动同步 1995 年,Kocarev L 和 Parlitoz V 提出了主动-被动的同步方法[17],该方法的优点是可以不受限制地选择驱动信号的函数,因此,十分灵活,且具有更大的普遍性和实用性,它把驱动-响应同步法作为特例包括在内。主动-被动同步方法特别适合于保密通信方面的应用，该方法还可用于超混沌系统的同步控制。

相互耦合同步 1990 年，Winful 和 Rahman 从理论上研究了激光混沌同步的可能性；1994 年，美国学者 Roy 与 Thornburg 及日本学 Suga-Wara、Tachikawa 等分别独立地从两个激光混沌系统的实验中观察到了同步现象。大量研究表明，相互耦合的混沌系统，在一定条件下可实现混沌同步。Kapitaniak 和 Chua 等用相互耦合的方法，使两个蔡氏电路实现了混沌同步[18]。相互耦合的非线性系统，动力学行为十分复杂，到目前为止尚无一般的普适性理论，但相互耦合的非线性系统在自然界中普遍存在，因此，对该同步方法的理论和实验研究具有重要意义。

连续变量反馈同步 1993 年，学者 Pyragas 提出了一种非线性连续混沌系统的控制方法[19]，后来这一思想被用来研究两个混沌系统的同步问题，称为连续变量反馈同步法。变量反馈同步法简单，易于实现，具有一定的实用价值。根据具体系统，可以灵活采用单变量、多变量甚至所有系统变量实现反馈微扰。研究表明，反馈变量的最小数目应等于无微扰系统的正的 Lyapunov 指数的数目，而且多变量反馈比单变量反馈更为有效，同步误差收敛的速度更快。

自适应同步 1990 年，Huberman 及 Lumer 提出用自适应控制混沌方法[20]，John 和 Amritker 将这一原理应用于混沌同步，实现了混沌系统的相空间轨迹与所期望的不稳定轨道的同步[21]，具体地说，自适应同步法就是采用自适应控制技术自动调整系统的某些参数以达到混沌同步的目的。应用该方法有两个前提条件：①系统至少有一个或多个参数可得到；②对于所期望的轨道，这些参数值是已知的。系统参数的调整取决于两个因素：①系统输出变量与所期望轨道的相应变量的差值；②受控参数值与所期望的相应的参数值之间的差值。

脉冲同步 1997 年，Yang T 等提出脉冲同步控制方法[22,23]，脉冲同步是把驱动信号化为一个个脉冲去驱动响应系统，由于传送的是一种不完全的混沌信号，因而具有更好的安全性，是一种很有前途的混沌同步方法。脉冲同步具有较强的抗噪声能力和鲁棒性。根据脉冲微分方程的基本理论，同步误差系统的稳定性取决于它的比较系统，当比较系统渐近稳定时，脉冲同步稳定，而且可求出其间隔。

投影同步 1999 年，Mainieri 等在研究部分线性混沌系统中观察到一种新的同步现象——投影同步[24]，即对于某些部分线性混沌系统，当选择适当的控制器时，不仅可以使驱动-响应系统状态的输出相位锁定，而且各对应状态的振幅还按某一比例关系演化，这种新的同步现象很快得到研究者的极大关注，提出了多种投影同步方案。最近，人们又提出了函数投影同步方法[25]，与一般的投影同步相比，函数投影同步意味着驱动系统和响应系统能够根据一定的函数比例关系进行同步，该性质对实现混沌保密通信具有重要意义。由于在工程实际当中，系统的参数有可能是未知的，为了实现对未知参数的混沌系统的参数识别，人们开始将自适应同步方法应用于具有未知参数混沌系统的同步研究。显然，将自适应控制与函数投影同步结合起来研究未知参数的混沌系统同步问题具有重要的理论价值和实际意义[26]。

D-B（Dead-Bead）同步 1995 年，Angeli 等提出了针对离散混沌系统的一种同步方法，即 D-B 同步法[27]，该方法的最大特点是只要若干步迭代，就可以准确地实现混沌同步。值得注意的是，前面介绍的几种同步方法在某些情形下，虽然可以推广到离散系统，但它们与 D-B 同步法是有区别的。首先，D-B 同步是准确同步，而其他的同步是在一定精度意义上的渐近同步；其次，D-B 同步法的同步时间为 N 步迭代所需要的时间（N 为状态空间的维数），而其他方法的同步时间不仅与系统某些参数密切相关，而且还取决于给定的精度范围。

不同同步方法的同步性能不同，基于 Lorenz 系统，采用驱动-响应同步、相互耦合同步、反馈微扰同步、自适应控制同步和脉冲同步在同步建立时间和对参数变化的敏感性方面进行仿真[28]，结果显示，Lorenz 系统的反馈微扰同步对参数变化的鲁棒性最好，同步建立最快，系统安全性好；而自适应同步和脉冲同步的同步建立时间比较长，对参数变化的鲁棒性差，采用的方法相对较复杂，但安全性最好。所以，从同步建立时间和对参数变化的鲁棒性来看，反馈微扰同步方法最优。

1.5.2 其他同步方法与问题

进入 21 世纪后，混沌同步研究呈现出新的趋势，其一是新的同步方法不断提出，除了对已有同步方法进行改进外，主要是将先进控制理论与技术引入混沌同步研究，如模糊控制[29]、遗传算法[30]、状态观测器方法[31]等，取得了良好的效果；其二是研究对象由连续混沌系统转向离散混沌系统，由低维一般混沌系统转向高维超混沌系统；其三是开始注意如何提高混沌同步性能方面的研究[32]，如利用系统辨识、神经网络等技术改善同步系统性能。

到目前为止，人们对系统同步性能的研究，由于缺乏深刻的理论基础而只作定性描述，至今，尚未建立统一的同步判定标准，更没有一个完整的同步性能指标体系，所以对混沌控制和混沌同步各种方法的比较没有建立统一的评价标准，这样不仅限制了混沌同步理论的研究，而且在实际应用方面也难有突破性进展。

混沌同步是实现混沌保密通信的关键，混沌同步的实现，使混沌通信成为可能，所以应用混沌同步实现保密通信是近年来研究得最多、竞争最激烈的混沌应用研究领域。混沌同步作为混沌保密通信的理论与技术基石，同时也是人们认识混沌机理的一个重要方面。也许很多种混沌同步方法不一定会很快能有实用价值，但每种新方法的提出都会给人们以新的启发，从而开辟一条新的研究途径。混沌同步理论的研究尽管已经提出了很多方法，但都没有达到成熟的地步，要在工程中实际应用，仍有许多理论和技术上的问题尚待研究解决。目前，混沌同步的研究，应从以下几方面展开。

（1）建立混沌同步理论体系。混沌同步的研究先是从实验中得到结果，然后才从理论上得到数学推导的。目前有些新的混沌同步方法，如基于遗传算法、神经网络、模糊控制理论的同步方法，还缺少普适性理论，其理论体系有待进一步建立与完善。

（2）提高混沌同步系统的同步性能。同步系统性能的研究直接关系到混沌的工程应用，开展同步性能的机理研究具有重要意义。在噪声影响和参数失配的情况下，混沌同步可能会丧失，应用控制中的鲁棒控制方法或动力学系统的稳定性方法，提高同步的稳定性，增大同步系统的抗干扰能力，是混沌保密通信的关键技术。本书第 4 章将做详细讨论。

（3）混沌网络同步方法的研究与探索。随着计算机技术、网络技术的发展，互联网络已成为人们传输信息的主要载体,它给人们带来便利的同时,也带来了巨大的信息安全隐患,如何实现信息的安全传输是目前人们研究的热点。结合网络传输协议,探索基于混沌网络同步的实时信息加密传输是实现信息安全的有效方法,具有广泛的应用前景。

(4) 结合其他混沌通信方法,共同推动混沌通信的发展。如上所述,除了混沌同步通信外,还有混沌编码通信等,可以将它们结合起来,对信息信号进行编码后再经混沌同步传送,从而有效地提高抗破译能力。本书第 5～8 章将深入研究基于混沌加密和混沌同步的实时混沌保密通信方案。

1.6 混沌在信息安全中的应用研究综述

1990 年以来,混沌保密通信和混沌加密技术已成为国际电子通信领域的一个热门课题[33-36]。迄今为止,混沌在保密通信中的应用大致可以分为三类[14]:第一类是直接利用混沌进行秘密通信;第二类是利用同步的混沌信号进行秘密通信;第三类是基于混沌序列的数字加密通信。对于第一类混沌通信国内研究较少;第二类混沌同步通信是当前国际上的一大研究热点,已成为高新技术的一个新领域;随着网络技术和计算机技术的发展,第三类混沌加密通信越来越受到人们的广泛关注,也是本书的研究重点之一。

迄今已经提出和发展了混沌同步通信的四大保密技术,即混沌掩盖[37]、混沌键控[38]、混沌调制[39]和混沌扩频[40,41]。第一类属于模拟通信,后三类属于数字通信,这是目前混沌保密通信研究中竞争最为激烈的四项技术。目前利用混沌实现保密通信主要有三种途径,即电路系统、激光系统和计算机网络,其中以电路系统的研究最多和较为成熟。这里,将着重综述基于电路系统的混沌同步保密技术和基于计算机网络的混沌加密技术的基本原理和研究进展。

1.6.1 混沌模拟通信

混沌模拟通信的典型技术是混沌掩盖,混沌掩盖是将消息信号直接叠加到混沌信号中,利用混沌信号的随机性将有用信号掩盖起来,它是最简单的混沌通信方式。Cuomo K 和 Oppenheium A V 用 Lorenz 系统构造了一个混沌掩盖保密通信系统[42,43],将两个响应子系统合成一个完整的响应系统,其结构与驱动系统完全相同,在发送器混沌信号的驱动下,接收器能复制发送器的所有状态而实现同步。在发送端,消息信号与幅度大得多的混沌信号叠加形成一个形似噪声的信号,有用信息被混沌信号完全遮掩而实现加密。在接收端,由响应系统复制混沌信号,并从接收的信号中减去由响应系统产生的混沌信号,就可还原消息信号。

混沌掩盖是利用混沌轨道的类随机性和宽带功率谱特性实现的,用低维同步混沌作为调制信号,把要传送的消息叠加在混沌信号中,从公开传送的功率谱或混沌时序上观察,不容易直接检测到要传送的消息。但该方法要求发送端和接收端混沌电路的参数严格匹配,以准确地提取消息信号,参数微小的差异将导致同步失败。因此,攻击者要想分析其参数密钥是十分困难的,但参数严格匹配也给电路设计提出了相当高的要求。

1.6.2　混沌数字通信

混沌数字通信包括混沌键控、混沌参数调制和混沌扩频通信三大类。混沌键控是一种适合于二进制数字通信的混沌通信方式,它可利用不同参数产生不同吸引子来编码二进制信号,例如,用 1 表示参数 μ_1 所对应的混沌吸引子 A_1,用 0 表示参数 μ_2 所对应的混沌吸引子 A_2,混沌系统的行为在 A_1 和 A_2 之间切换,由参数变化控制系统的响应时间。用二进制信号对发送端的某个参数进行调制,然后发送混沌驱动信号,在接收端由于参数调制将产生同步误差,也就是驱动信号和接收端产生的混沌信号之间的误差,利用同步误差可以在接收端检测到调制信号,从而还原真实信号。混沌键控法比混沌掩盖法具有更好的鲁棒性,因而抗干扰性能较好,但是信息传输速率低,可采用短时过零率分析解密原始信号,但安全性降低。于是,人们先后提出了改进型混沌键控数字通信制式,主要包括混沌通断键控(chaotic on-off-keying,COOK)、差分混沌键控(differential chaos shift keying,DCSK)和调频-差分混沌键控(frequency modulation differential chaos shift keying,FM-DCSK)等调制方式[44-46]。

混沌参数调制就是在发送端的混沌振荡器中,利用原始信号对混沌系统的某个参数进行调制,该参数的变化就反映了原始信号的变化,系统的接收端有一个与发送端同步的混沌系统,该混沌系统混沌状态的变化同样包含了原始信号的变化,利用非线性滤波器就可以检测和恢复原始信号。Yang 和 Chua 于 1996 年提出了一种适用于一般信号调制的混沌参数调制方案[39],全面分析了基于蔡氏电路参数调制的几种方法,仿真结果表明,对蔡氏电路的不同参数进行调制,信号的恢复精度不同,其中分别对电容和电阻调制所获得的信号恢复精度较高。

混沌扩频通信就是利用混沌伪随机序列代替扩频码,实现扩展频谱通信。传统的 CDMA 技术主要受 PN 码的周期特性以及可用的正交 PN 地址码个数的限制,而利用混沌对初始条件的敏感依赖性,通过演化可以产生大量相关特性良好的扩频序列,同时这些序列可利用混沌系统的确定性重复产生,利用混沌序列良好的统计特性,对实现混沌扩频码分多址通信是非常有效的。混沌序列只需一个映射公式和初始值就可以产生,不必储存各个序列点的值,因此更适合于扩频通信中的扩频码。近年来,混沌扩频序列码的设计成果已展现出广阔的应用前景[47]。

根据目前国内外大量文献研究的初步结果,混沌通信主要具有以下优点[14]:

(1) 保密性强。混沌通信的保密性主要来源于混沌系统复杂的动力学行为、对初始条件的敏感性以及动力学行为的长期不可预测性。

(2) 具有高容量的动态存储能力。

(3) 具有低功率和低观察性。

(4) 设备成本低廉。

基于以上的优点,混沌在保密通信和信息安全中的应用,虽然还处于研究的初步阶段,但已经引起了物理学、信息科学以及其他交叉学科等方面的关注和兴趣。可以预见,混沌保密通信将会在人们的生活,尤其是军事及国家信息安全中发挥重要作用。

1.6.3　基于混沌序列的加密通信

1989 年,英国数学家 Matthews 提出了一种新的加密方法——混沌加密方法[48],从而开始了对混沌密码学的研究。在过去的十多年中,随着对混沌理论研究的不断深入,混沌理论的应用范围也不断扩展,混沌在密码学中的应用也成了热门研究领域,并提出了大量混沌加密算法[49,50]。混沌系统可以产生具有良好随机性、相关性和复杂性的伪随机序列,由混沌系统产生的密钥序列不仅表现出许多优良的密码学性能,而且还具有丰富的源泉,此外,混沌加密方法极大地简化了传统序列密码的设计过程。这些很有吸引力的特性,使其有可能成为一种实际被选用的流密码体制。混沌在加密领域的独特优势吸引了世界上的许多学者和学术团体对它进行深入研究,并得到了飞速发展,已显示出在信息安全中的强大生命力。

与混沌模拟通信不同,混沌加密通信具有较高的抗破译能力,采用小信号调制的混沌模拟通信,抵抗不了神经网络和回归映射的攻击,而对于混沌加密通信,由于攻击者得不到完整的原始数据,也就无法通过神经网络或回归方法获得产生混沌信号的原始方程或回归映射重构。经过加密输出的信号,在不知道密钥的情况下,破译者将无法知道加密前的信号,也就无法破译,所以混沌加密信号是难以破译的,可以应用于需要高度保密的通信系统。

随着计算机技术、数字技术和网络技术的发展,混沌加密软件不断涌现[51,52],甚至已经出现了混沌加密的专门网站 Chaos Safety[53],利用 DSP、FPGA 技术硬件实现也有报道[54]。混沌加密采用数字化技术,对电路元件的精度要求不高,易于硬件实现,便于计算机处理,传输中信息损失少,通用性强,尤其是它可用于实时信号处理,加密的信息很难破译,具有很高的保密性,因而在信息安全领域显示出强大的生命力。

与传统分组加密系统相比,混沌加密系统具有以下特点:

(1) 复杂的密钥信号由简单非线性电路或迭代方程产生。

(2) 密钥信号是不可预测的,不存在唯一对应的明文密文对,而与同一明文对应的是各不相同且不相关的密文,类似一次一密。

(3) 密钥空间的设计方法和实现技术有待深入研究。

(4) 系统安全性主要依靠有限的数值算法检验。

1.7　混沌研究方法与主要研究内容

由于混沌的复杂性,对混沌运动的研究应同时采用包括理论分析、数值仿真、实验研究等多种方法进行。目前,研究混沌的理论分析方法主要有数值计算方法、符号动力学方法、Melnikov 和 Shilikov 方法、相空间重构方法等;常用的判断混沌状态的数值方法有计算 Lyapunov 指数、分维数、功率谱方法、Poincaré 截面、测度熵方法、直接观察法等,其中,Lyapunov 指数、分维数、测度熵是定量化描述,其余则是定性描述。功率谱密度是信号经傅里叶变换后,信号随频率变化的曲线,混沌信号的功率谱曲线是连续变化的。Poincaré 截面是相空间的某个截面,相轨迹每通过截面一次,就在该截面留下一个点,这

样可以把 n 维空间中的流简化为一个 $n-1$ 维映射,并保存原系统的许多性质,对混沌系统,这些点之间具有分形结构,不能填满整个截面。观察混沌演化是否存在蝴蝶效应是典型的直接观察法,比较混沌系统的时间序列,两个很相近的初值在较短时间之后的演化结果会有很大的差异,它形象地反映了混沌系统对初值的敏感性。对于已知动力学方程的混沌系统,可采用符号动力学方法来研究,本书第 2 章将重点研究混沌特性分析方法。

数值仿真是混沌理论与应用研究的重要手段。首先,数值仿真方法为混沌的理论分析提供了可与真实系统相联系的应用课题,拓宽了理论研究领域,仿真系统为理论研究提供了理想化的可塑实验模型,开拓了混沌应用研究的新领域;其次,仿真方法可为构造真实实用系统提供可行性依据,因为,仿真实验可以在理想化条件下对构造的新系统进行研究,对各种可能的影响系统行为的因素进行分别研究,逐步综合,最终为实现真实实用系统提供量化依据。本书第 3~5 章主要采用基于 MATLAB/Simulink 数值仿真方法。

实验研究是混沌走向实际应用的重要方法。20 世纪 90 年代以来所取得的大量理论研究成果主要都是建立在真实系统实验和应用基础之上的。真实实验包括电路实验和计算机实验。微电子技术的发展,为设计各种高精度的混沌元件与系统芯片提供了可能,而网络技术和计算机技术的发展为构造和测试各种混沌加密软件提供了实验平台,本书第 6~9 章将主要采用基于计算机系统与网络的实验研究方法,第 10 章主要为混沌系统的电路实现。

混沌的三种研究方法相互依赖、相互促进,不断推动混沌研究向前发展,本书采用理论分析、数值仿真和真实实验相结合的研究方法。本书将主要采用计算 Lyapunov 指数、条件 Lyapunov 指数、分维数等方法,进行理论研究;采用基于 MATLAB/Simulink 仿真平台,分析混沌系统同步控制机理,开展混沌同步系统的性能研究;通过计算机高级语言与计算机网络,开展实验研究,设计混沌加密软件,并对其进行测试和安全性分析。

本书在混沌同步控制研究中,坚持连续系统与离散系统并重,突出同步性能与控制参数的关系研究;在混沌系统的应用研究方面,注重混沌动力学、先进控制技术、现代密码学和现代通信技术之间的融合;把混沌系统的物理同步与计算机编程技术相结合,设计静态数据文件的加密软件。研究基于网络的自同步方法,采用高级语言设计混沌加密软件实现语音信号的实时保密传输,是课题组在混沌保密通信技术方面取得的主要成果。

思考题

(1) 什么是混沌学?混沌有哪些主要特征?

(2) 什么是蝴蝶效应?有何哲学意义?

(3) 费根鲍姆常数的定义与意义是什么?

(4) 混沌保密通信的主要技术有哪些?各有何特点?

(5) 为什么说混沌同步是保密通信的关键技术?

参考文献

[1] Ford J. Chaos：Solving the Unsolvable，Predicting the Unpredictable，in Chaotic Dynamic and Fractal [M]. New York：Academic Press，1986.

[2] Lorenz E N. Deterministic nonperiodic flows [J]. J. Atmos. Sci.，1963，20：130-141.

[3] Li T Y，Yorke J A. Period three implies chaos [J]. America Mathematical Monthly，1975，82(10)：985-992.

[4] May R. Simple mathematical models with very complicated dynamics [J]. Nature 1976，261：459-467.

[5] Feigenbaum M. The universal metric properties of non-linear transformations [J]. Journal of Statistical Physics，1979，21(6)：669-706.

[6] Pecora L M，Carroll T L. Synchronization in chaotic systems [J]. Physical Review Letters，1990，64(8)：821-824.

[7] Pecora L M，Carroll T L. Driving systems with chaotic signals [J]. Physical Review A，1991，44(4)：2374-2383.

[8] Ott E，Grebogi C，Yorke J A. Controlling chaos [J]. Physical Review Letters，1990，64(11)：1196-1199.

[9] 丁玖. 智者的困惑——混沌分形漫谈[M]. 北京：高等教育出版社，2013.

[10] 梁美灵，王则柯. 混沌与均衡纵横谈[M]. 大连：大连理工大学出版社，2008.

[11] Matsumoto T，Chua L O，Tanaka S. Simplest chaotic nonautonomous circuit [J]. Physical Review A，1984，30：1155-1157.

[12] Chen G R，Ueta T. Yet another chaotic attractor[J]. Int. J. Bifurcation and Chaos. 1999，9(7)：1465-1466.

[13] Wu C W，Chua L O. A unified framework for synchronization and control of dynamical systems [J]. Int. J. Bifurcation and Chaos，1994，4(4)：979-998.

[14] 方锦清. 驾驭混沌与发展高新技术[M]. 北京：原子能出版社，2002.

[15] Cuomo K M. Circuit implementation of synchronized chaos with application to communication [J]. Physical Review Letters，1995，74(1)：65-68.

[16] Carroll T L，Pecora L M. Cascading synchronized chaotic systems [J]. Physica D，1993，67(1)：126-140.

[17] Kocarev L，Parlitz U. General synchronization with application to communication [J]. Physical Review Letters，1995，74(25)：5028-5031.

[18] Chua L O，Kocarev L，Eckert K. Experimental chaos synchronization in Chua's circuits [J]. Int. J. Bifurcation and Chaos，1992，2(3)：705-708.

[19] Pyragas K，Tamasevicius A. Experimental control of chaos by delayed self-controlling feedback [J]. Physics Letter A，1993，180：99-102.

[20] Huberman A. Dynamics of adaptive systems [J]. IEEE Transactions on CAS，1990，37：547-550.

[21] John J K，Amritkar R E. Synchronization of unstable orbits using adaptive control [J]. Physical Review E，1994，49(6)：4843-4848.

[22] Yang T，Chua L O. Impulsive stabilization for control and synchronization of chaotic systems：Theory and application to secure communication [J]. IEEE Transactions on CAS-I，1997，144(10)：976-988.

[23] Yang T，Chua L O. Impulsive control and synchronization of nonlinear dynamical systems and

application to secure communication [J]. Int. J. Bifurcation and Chaos, 1997, 7(3): 645-664.

[24] Mainieri R, Rehacek J. Projective synchronization in three-dimensional chaotic systems [J]. Phys. Rev. Lett., 1999, 82(15): 3042-3045.

[25] Du H Y, Zeng Q S, Wang C H. Function projective synchronization of different chaotic systems with uncertain parameters [J]. Physics Letters A, 2008, 372: 5402-5410.

[26] Park J H. Adaptive control for modified projective synchronization of a four-dimensional chaotic system with uncertain parameters [J]. Journal of Computational and Applied Mathematics, 2008, 213: 288-293.

[27] Angeli A D, Genesio R, Tesi A. Dead-beat chaos synchronization in discrete time system [J]. IEEE Transactions on CAS-I, 1995, 42(1): 54-56.

[28] 兰祝刚,彭巍,丘水生. 混沌同步方法的研究[J]. 通信技术, 2001, 1: 28-31.

[29] Vasegh N, Khellat F. Takagi-Sugeno fuzzy modeling and chaos control of partial differential systems [J]. Chaos, 2013, 23(4): 42-101.

[30] Shieh C S, Hung R T. Hybrid control for synchronizing a chaotic system [J]. Applied Mathematical Modelling, 2011, 35(8): 3751-3758.

[31] 孙克辉,牟俊,周家令. 统一系统的混沌观测器同步控制及其应用研究[J]. 控制理论与应用, 2008, 25(4): 794-798.

[32] 孙克辉. 混沌同步控制理论及其在信息加密中的应用[D]. 长沙: 中南大学, 2005.

[33] Kennedy M, Kolumbon G. Special issue on noncoherent chaotic communication [J]. IEEE Transactions on CAS-I, 2000, 47(12): 1661-1732.

[34] Kocarev L, Maggio G, Ogorzalerk M. Special issue on applications of chaos in modern communication systems[J]. IEEE Transactions on CAS-I, 2001, 48(12): 1385-1527.

[35] Hasler M, Mazzini G. Special issue on applications of nonlinear dynamics to electronic and information engineering [J]. Proceedings of the IEEE, 2002, 90(5): 631-640.

[36] 王兴元. 混沌系统的同步及其在保密通信中的应用[M]. 北京: 科学出版社, 2012.

[37] Yin Y. Experimental demonstration of chaotic synchronization in the modified Chua's oscillators [J]. Int. J. Bifurcation and Chaos, 1997, 7(6): 1401-1410.

[38] Dedieu H D, Kennedy M P, Hasler M. Chaos shift-keying: modulation and demodulation of a chaotic carrier using self-synchronizing Chua's circuits [J]. IEEE Transactions on CAS-II, 1993, 40(10): 634-642.

[39] Yang T, Chua L O. Secure communication via chaotic parameter modulation [J]. IEEE Transactions on CAS-I, 1996, 43(9): 817-819.

[40] Batini G H, McGillem C D. A chaotic direct sequence spread spectrum communication system [J]. IEEE Transactions on Communication, 1994, 42(2): 1524-1527.

[41] Itoh M. Spread spectrum communication via chaos [J]. Int. J. Bifurcation and Chaos, 1999, 9(1): 155-213.

[42] Cuomo K M, Oppenheim A V, Strogatz S H. Synchronization of Lorenz-based chaotic circuits with applications to communications [J]. IEEE Transactions on CAS-II, 1993, 40(10): 626-632.

[43] Cuomo K M, Oppenheim A V. Circuit implementation of synchronized chaos with application to communications [J]. Physical Review Letters, 1993, 71: 65-68.

[44] Kennedy M P, Kolumban G. Digital communications using chaos [C]. CRC PRESS'99, 1-24.

[45] Kolumban G, Kennedy M P, Kis G, et al. FM-DCSK: A robust modulation scheme for chaotic communications [J]. IEICE, 1998, E81-A: 1798-1802.

[46] Kolumban G. Differential chaos shift keying: A robust coding for chaos communication [C].

NDES'96，87-92.

[47] 孙克辉,周家令,牟俊. 多用户混沌序列扩频通信系统设计与性能分析[J]. 电子与信息学报，2007，29(10)：2436-2440.

[48] Mathews R. On the derivation of a chaotic encryption algorithm [J]. Cryptrologia，1989，29-42.

[49] Baptista M S. Cryptography with chaos [J]. Physics Letters A，1998，240：50-54.

[50] Wong W K. A fast chaotic cryptographic with dynamic look-up table [J]. Physics Letters A，2002，298：238-242.

[51] Wong W K，Ho S W，Yung C K. A chaotic cryptography scheme for generating short ciphertext [J]. Physics Letters A，2003，310：67-73.

[52] 李红达,冯登国. 复合离散混沌动力系统与序列密码体系[J]. 电子学报，2003，31(8)：1209-1212.

[53] Chaos Safety. http://www.inresgroug.com/index.htm.

[54] Utami D，Suwastio H，Sumadjudin B B. FPGA implementation of digital chaotic cryptography [J]. Lecture Notes in Computer Science，2002，25(10)：239-247.

由于非线性系统动力学特性的复杂性,如何判断非线性系统中的混沌行为,一直是混沌学研究的重要课题。一般地,判断系统混沌特性的方法有相轨线(相图)分析法、自功率谱分析法、Lyapunov 特征指数法、分数维分析法、分频采样法、赝相空间法、Poincaré 截面法、0-1 测试法和复杂度测度法等。

2.1 相轨线(相图)分析法

相图分析法是一种直接观测法,混沌运动的往复非周期运动特性可以利用相平面图的几何方法表示出来。周期运动每隔一个周期就要重复以前的运动,其运动的相轨迹曲线是一条封闭的曲线。混沌运动是非周期性运动,因而混沌运动的相轨迹曲线是一条永不封闭的曲线,而运动的往复性则反映在相轨迹曲线局限于一个有界的区域内,不会发散到无穷远,也不会收敛于稳定点,从而形成奇异吸引子。所以,如果对非线性系统进行仿真,画出系统的相图,就可以直观地初步确定非线性系统的动力学行为,包括极限环、周期运动和混沌运动等。相轨线图的缺点是,当周期运动的周期很长时,仅根据相平面图难以准确区分周期运动和混沌运动。

混沌吸引子具有复杂的拉伸、折叠和伸缩结构,使得按指数规律发散的系统保持在有限的空间内,它是动力学系统整体稳定性和局部不稳定性共同作用的结果。由于整体的稳定性,导致一切位于吸引子之外的运动都向吸引子靠拢,运动轨道收敛到吸引子上;而局部的不稳定,导致一切到达吸引子内部的运动轨道相互排斥,在某些方向上发散,成为不稳定的因素。微小的扰动对混沌吸引子来说都是稳定的,终将到达吸引子上。但是,在混沌吸引子内部,系统运动状态对初始条件非常敏感,即进入混沌吸引子的位置稍有差别,随着时间演化,这一差别会以指数形式增长,最终导致混沌轨道的截然不同。混沌吸引子又具有分形性质,是一个分形集;混沌吸引子具有无穷嵌套的自相似性结构;混沌吸引子具有分维性,它是对我们所熟知的整数维空间中维数概念的扩展。

如文献[1]研究的周期性受迫符号非线性系统,其方程为

$$\ddot{x} + a\dot{x} - x + b\,\mathrm{sgn}(x) = F\sin(\omega t) \qquad (2\text{-}1)$$

其中，a、b、F、ω 是正常数，$\mathrm{sgn}(x)$ 为符号函数。当 $a=1.05$，$b=1$，$F=1.1$ 和 $\omega=1$ 时，系统在 xy 平面的似"洋葱"的混沌吸引子如图 2-1 所示。

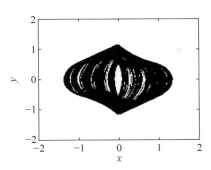

图 2-1　系统（2-1）在 xy 平面的吸引子

2.2　自功率谱分析法

　　为刻画混沌运动的随机性，人们常常采用功率谱密度函数。功率谱表示随机运动过程在各频率成分上的统计特性，是研究非线性系统中混沌运动的基本方法。为描述混沌的随机性，可以应用研究随机振动的频谱分析方法识别混沌。混沌运动是有界的非周期运动，可以视为它是由无限多个不同频率的周期运动叠加而成的，其功率谱具有随机信号的特征。显然，混沌运动的功率谱为连续谱。采用功率谱分析能确定运动是否为随机的，但无法确定这种随机运动是由于外界的随机扰动造成，还是由于确定性非线性系统的内部随机性形成，因此，功率谱分析难以区分混沌运动和真正的随机运动。

　　一个信号的时域描述和频域描述是一一对应的，功率谱分析能够提供信号的频域信息，采用功率谱分析可以观察到系统是否具有混沌特征。对于周期运动，功率谱为离散谱；对于混沌运动，功率谱则为连续谱，所以可以通过绘出系统的功率谱图初步判断系统是否是混沌系统。

　　根据傅里叶变换理论，对任一时间函数 $x(t)$，$-\infty < t < +\infty$，若 $x(t)$ 满足狄里赫利条件

$$\int_{-\infty}^{+\infty} |\,x(t)\,|\,\mathrm{d}t < +\infty \qquad (2\text{-}2)$$

对所有的 t，有

$$x(t) = \int_{-\infty}^{+\infty} F(f)\mathrm{e}^{\mathrm{j}2\pi ft}\,\mathrm{d}f \qquad (2\text{-}3)$$

其中，$F(f) = \int_{-\infty}^{+\infty} x(t)\mathrm{e}^{-\mathrm{j}2\pi ft}\mathrm{d}t$，称 $F(f)$ 为 $x(t)$ 的傅里叶变换，或称为 $x(t)$ 的频率谱。在 $F(f)$ 和 $x(t)$ 之间还有如下关系：

$$\int_{-\infty}^{+\infty} |\,x\,|^2\mathrm{d}t = \int_{-\infty}^{+\infty} |\,F(f)\,|^2\mathrm{d}f \qquad (2\text{-}4)$$

其中，式(2-4)左边项代表 $x(t)$ 在 $(-\infty, +\infty)$ 上的总能量，而右边项的被积函数 $|F(f)|^2$

则代表时间函数 $x(t)$ 的能谱密度,它表明在频率 f 尺度上每单位间隔的能量或功率。式(2-4)称为时间函数总能量的谱表示式。频率尺度上每单位间隔的平均功率为

$$G(f) = \lim_{T \to +\infty} \frac{1}{2T} | F(f) |^2 \tag{2-5}$$

又称为时间函数 $x(t)$ 的平均功率谱密度。

根据傅里叶分析,任何周期为 T 的周期信号 $x(t)$,都可以展开成傅里叶级数,其物理意义是任何周期运动可以看成是基频 $\omega_0 = 2\pi/T$ 和一系列泛谐振 $n\omega_0$ 的叠加,即

$$x(t) = \sum_{n=-\infty}^{+\infty} c_n e^{jn\omega_0 t} \tag{2-6}$$

其中,

$$c_n = \frac{1}{T} \int_{-T/2}^{T/2} x(t) e^{-jn\omega_0 t} dt \tag{2-7}$$

准周期运动也可以分解为一系列频率不可约的正弦振动的叠加,二者都具有离散谱特征。

对于任意非周期运动的信号 $x(t)$,若满足绝对可积条件(式(2-2)),则其可以展开为傅里叶积分

$$x(t) = \frac{1}{2\pi} \int_{-\infty}^{+\infty} X(\omega) e^{j\omega t} d\omega \tag{2-8}$$

$$X(\omega) = \int_{-\infty}^{+\infty} x(t) e^{-j\omega t} dt \tag{2-9}$$

即非周期运动信号的频谱是连续谱。

为了表示混沌信号的频域特征,可求其自相关函数 $R_{xx}(\tau)$ 的傅里叶变换,根据其自功率谱密度函数 $S_{xx}(f)$ 分析其频域特征,即

$$R_{xx}(\tau) = \int_{-\infty}^{+\infty} S_{xx}(f) e^{-j2\pi f\tau} df \tag{2-10}$$

对周期运动,功率谱只在基频及其倍频处出现尖峰,准周期对应的功率谱在几个不可约的基频以及它们叠加所在频率处出现尖峰;不同带宽的噪声自功率谱的带宽可以展示噪声的频带宽窄的特点。发生倍周期分岔时,功率谱中将出现分频及其倍频,在这些频率点上功率谱图也都具有尖峰;混沌运动的特征为在功率谱中出现噪声背景宽峰的连续谱,其中含有与周期运动对应的尖峰,这表示混沌运动轨道"访问"各个混沌带的平均周期。根据这些特点,可以初步地识别某系统的运动特征是周期的还是准周期的、随机的或混沌的。

为了获得可靠的功率谱,需对若干个相继的采样序列的谱作平均。另外,在开始采样前必须等待过渡过程消失,如果原始数据来自包含大量噪声与外部干扰的测量数据,还应当考虑进行适当的滤波或光滑化处理。

2.3 Poincaré 截面法

Poincaré 截面由 Poincaré 于 19 世纪末提出,主要用来对多变量自治系统的运动特性进行分析。

Poincaré 映射相图能很好地刻画混沌的往复非周期特性,如果 Poincaré 映射既不是有限点集也不是封闭曲线,则对应的系统运动就是混沌运动。更具体地,如果系统没有外部噪声扰动,又有一定阻尼,则 Poincaré 映射的图形将是具有某种细致结构的点集;如果系统受外部噪声扰动或阻尼很小,Poincaré 映射的图形将是模糊一片的点集;如果 Poincaré 映射是有限点集,则对应的系统运动就是周期运动。由于 Poincaré 映射的分辨率高于相平面图,故 Poincaré 映射成为混沌动力学特性分析中普遍采用的方法。

在相空间中适当选取一截面(要有利于观察系统的运动特征和变化,如截面不能与轨线相切,更不能包含轨线),在此截面上某一对共轭变量取固定值,称此截面为 Poincaré 截面,其中,相空间的连续轨迹与 Poincaré 截面的交点称为截点。通过观察 Poincaré 截面上截点的分布情况,就可判断是否发生混沌现象。当 Poincaré 截面上有且只有一个不动点或少数离散点时,其运动是周期的;当 Poincaré 截面上是一个封闭曲线时,其运动是准周期的;当 Poincaré 截面上是一些成片的具有分形结构的密集点时,其运动便是混沌的。

为了观察系统(2-1)通向混沌的道路,选参数 $a=b=1$,控制参数 F 变化所得系统的相图和 Poincaré 截面如图 2-2 所示。值得指出的 Poincaré 截面为 $z \bmod 2\pi =1$。随着参数 F 的增加,首先可以观察到极限环相图,如图 2-2(a_1)所示,其对应的 Poincaré 截面上是一个点,如图 2-2(a_2)所示;继续增加参数 F,得到倍周期的极限环相图(图 2-2(c_1)),对应的 Poincaré 截面上是两个点(图 2-2(c_2));继续增加参数 F,得到再次倍周期的极限环相图(图 2-2(d_1)),对应的 Poincaré 截面上是 4 个点(图 2-2(d_2));最后,得到混沌吸引子相图(图 2-2(e_1)),对应的 Poincaré 截面上的无限点(图 2-2(e_2))。从而从相图和 Poincaré 截面两方面展示了系统式(2-1)通过倍周期分岔而进入混沌的过程。

同时,随着参数 F 从 0.65 增加到 1.045,可以观察到叉式分岔,即产生一对共存的极限环(左右两个,由具有对称性的两个初始值演化而得),如图 2-2(b)所示,然后这两个共存的吸引子分别经过倍周期和扩展,如图 2-2(c)和(d)所示,最后通过倍周期分岔而进入混沌,如图 2-2(e)所示。

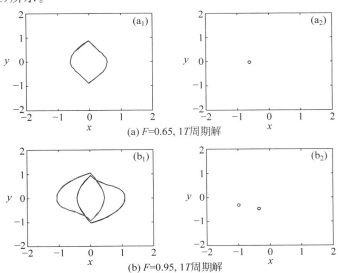

图 2-2 系统(2-1)的相图(左)和对应的 Poincaré 截面(右)

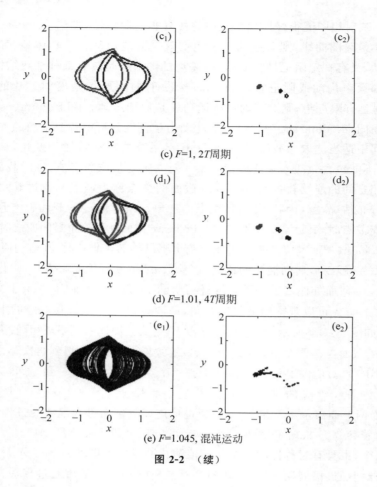

(c) $F=1$, $2T$周期

(d) $F=1.01$, $4T$周期

(e) $F=1.045$, 混沌运动

图 2-2 （续）

2.4 Lyapunov 特征指数法

为了能够定量地刻画混沌系统对初值的敏感性,需要引入 Lyapunov 指数与 Lyapunov 指数谱。

2.4.1 Lyapunov 指数的定义

Lyapunov 指数是指在相空间中相互靠近的两条轨线随着时间的推移,按指数分离或聚合的平均变化率。实际应用中,最大 Lyapunov 指数 λ_1 具有重要意义,其计算也比较容易在计算机上实现,计算公式为

$$\lambda_1 = \frac{1}{t_m - t_0} \sum_{k=1}^{M} \ln \frac{D(t_k)}{D(t_{k-1})} \tag{2-11}$$

其中,$D(t_k)$ 表示 t_k 时刻最邻近两点间的距离;M 为迭代总步数。λ_1 不仅是区别是否是混沌吸引子定量指标,而且是混沌系统对初始确定性放大率的定量描述。此外,它的倒数通常被认为是度量系统状态的最大可预报的时间尺度。

2.4.2 Lyapunov 指数谱

对于维数大于 1 的系统,存在 Lyapunov 指数的集合,通常称为 Lyapunov 指数谱,其中每个 Lyapunov 指数刻画轨迹在某一方向的演化特性。

这里给出 Lyapunov 指数谱的一种定义。给定一个 n 维相空间的连续耗散动力学系统,假定系统的初始条件中一个无穷小的 n 维圆球的长期演变是可以控制的,并且由于演变过程中的自然变形,圆球将变成椭球。如果在 $t=0$ 时刻,圆球的中心在吸引子上椭球的所有主轴按最快到最慢增加速度的顺序排列,那么第 i 个 Lyapunov 指数就是根据第 i 个轴的增加速率 $p_i(t)$ 定义的,

$$\lambda_i = \lim_{t \to +\infty} \frac{1}{t} \ln \frac{p_i(t)}{p_0(t)} \qquad (2-12)$$

注意,椭圆的线性范围按 $e^{\lambda_1 t}$ 增加,由前两个主轴定义的区域按 $e^{(\lambda_1+\lambda_2)t}$ 增加,前三个主轴定义的体积按 $e^{(\lambda_1+\lambda_2+\lambda_3)t}$ 增加,如此等等。该特征事实上表达了 Lyapunov 指数谱的这样一种特点,即前 j 个指数的和由前 j 个主轴定义的体积的指数增加的长期平均速率确定,如果能够考虑球面上所有的点的演变,就能够使相空间的行为可视化。

如简化 Lorenz(洛伦兹)系统方程为[2]

$$\begin{cases} \dot{x} = 10(y-x) \\ \dot{y} = -xz + (24-4c)x + cy \\ \dot{z} = xy - 8z/3 \end{cases} \qquad (2-13)$$

其中,c 为系统参数,当 $c \in [-1.59, 7.75]$ 时,系统处于混沌态。其前两个 Lyapunov 指数谱如图 2-3 所示。当 $\lambda_1 > 0, \lambda_2 = 0, \lambda_3 < 0$ 时,系统为混沌态;当 $\lambda_1 = 0, \lambda_2 < 0, \lambda_3 < 0$ 时,系统为极限环(周期态);当 $\lambda_1 < 0, \lambda_2 < 0, \lambda_3 < 0$ 时,系统为收敛态。

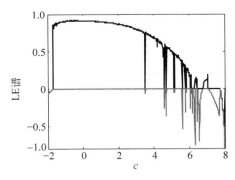

图 2-3 简化 Lorenz 系统的两个 Lyapunov 指数随参数 c 变化曲线

2.4.3 Lyapunov 指数的物理意义

系统的 Lyapunov 指数谱可有效地表征系统随时间演化时系统对初值的敏感性。Lyapunov 指数为负,说明系统的相体积在该方向上是收缩的,此方向的运动是稳定的;

对于讨论的非线性耗散系统来说,总的 Lyapunov 指数和一定为负,说明在相空间中系统的整体运动是稳定的、收缩的;而其中正的 Lyapunov 指数值则表明了系统的相体积在"某个方向"上不断膨胀和折叠,以致吸引子中本来邻近的轨线变得越来越不相关,从而使初态有任何不确定性的系统的长期行为成为不可预测,即所谓的初值敏感性,此时,运动是混沌状态,具有奇异吸引子。所以混沌系统至少有一个 Lyapunov 指数大于零。

Lyapunov 指数能够刻画奇异吸引子,奇异吸引子是在相空间具有分形结构的相图。由于混沌吸引子往往具有非整数维数,所以奇异吸引子的确认对于研究混沌运动具有重要意义。假设某一连续系统的 Lyapunov 指数谱为 $\lambda_1, \lambda_2, \cdots, \lambda_n$(从大到小排列),若该系统具有混沌吸引子,则必须同时满足以下条件:

(1) 至少存在一个正 Lyapunov 指数。

(2) 至少存在某一 $\lambda_i = 0, 1 < i < n$。

(3) Lyapunov 指数之和为负,即 $\sum\limits_{i=1}^{n} \lambda_i < 0$。

以上条件中的条件(1)表明在相空间某一方向上相邻轨道呈指数率分离,系统对初值极为敏感,这是混沌的突出特征。所以 Lyapunov 指数谱必有分量为正,这成为判别奇异吸引子的重要标志。系统所有正的 Lyapunov 指数的和定义为 Kolmogorov 熵,是系统无序程度的量度,也是混沌的一个表征量;条件(2)是混沌吸引子周期性的表现,其周期为无穷大;条件(3)表明系统的相体积是收缩的,从而确保系统在整体上的稳定性。对于三维混沌系统,由以上分析可知其混沌态 Lyapunov 指数谱的结果只有一种情况,即 $(+, 0, -)$,且需满足 $\lambda_1 < -\lambda_3$。

2.4.4 条件 Lyapunov 指数

Lyapunov 指数是反映系统动力学特性的一个重要定量指标,而条件 Lyapunov 指数(Condition Lyapunov Exponent,CLE)是 Lyapunov 指数在混沌同步系统中的推广。在混沌同步的研究中,条件 Lyapunov 指数是不可缺少的重要定量指标,对保证同步实现具有重要作用。现在用 Pecora-Carroll 混沌同步方法说明条件 Lyapunov 指数。

Pecora 和 Carroll(P-C)的混沌同步方法是将一个 n 维自治动力系统

$$\dot{\boldsymbol{u}} = \boldsymbol{f}(\boldsymbol{u}) \tag{2-14}$$

分成两个子系统

$$\dot{\boldsymbol{v}} = \boldsymbol{g}(\boldsymbol{v}, \boldsymbol{w}), \quad \dot{\boldsymbol{w}} = \boldsymbol{h}(\boldsymbol{v}, \boldsymbol{w}) \tag{2-15}$$

其中,第 1 个子系统变量 $\boldsymbol{v} = (u_1, u_2, \cdots, u_m)$,第 2 个子系统变量 $\boldsymbol{v} = (u_{m+1}, u_{m+2}, \cdots, u_n)$,$\boldsymbol{g} = (f_1(u), f_2(u), \cdots, f_m(u))$,$\boldsymbol{h} = (f_{m+1}(u), f_{m+2}(u), \cdots, f_n(u))$,复制一个新的系统

$$\dot{\boldsymbol{w}}' = \boldsymbol{h}(\boldsymbol{v}, \boldsymbol{w}') \tag{2-16}$$

它和系统 $\boldsymbol{w}$ 完全相同,显然有 $\boldsymbol{w}'$ 和 $\boldsymbol{w}$ 同步的条件是当 $t \rightarrow +\infty$ 时,误差 $\boldsymbol{w}' - \boldsymbol{w} = \Delta \boldsymbol{w} \rightarrow 0$。

如果 $\boldsymbol{D}_w \boldsymbol{h}$ 是子系统的 Jacobi 矩阵,它仅对 $\boldsymbol{w}$ 求导,相应的 Lyapunov 指数就称为子系统 w 的条件 Lyapunov 指数,定义为

$$\lambda_j = \lim_{t \rightarrow +\infty} \frac{1}{t} \ln \| (\boldsymbol{D}_w \boldsymbol{h}')_{x_0} \boldsymbol{v} \| \tag{2-17}$$

其中，$j=m+1, m+2, \cdots, n$；$\boldsymbol{v}$ 取单位阵；$(\boldsymbol{D}_w \boldsymbol{h}')_{x_0} = (\boldsymbol{D}_w \boldsymbol{h})_{x_t} (\boldsymbol{D}_w \boldsymbol{h})_{x_{t-1}}, \cdots, (\boldsymbol{D}_w \boldsymbol{h})_{x_0}$

当且仅当所有的条件 Lyapunov 指数都为负时，w' 才能与 w 同步。

2.5 分数维分析法

维数是非线性系统的一个重要的几何特征量，混沌系统的轨道发散性使系统的相轨线不能填满整个相空间，所以混沌吸引子具有非整数维数。理论上讲，混沌吸引子具有无穷层次自相似结构，这种自相似的几何结构是一种离散的结构，可以用维数刻画它的离散程度。相轨道的自相似结构使其不能填满整个相空间，形成混沌系统特有的分形结构，这种分形结构具有分维数的特征。因此，分维数也是判别混沌运动的有效参量。

维数的定义有很多种，例如容量维数、关联维数、信息维数和相似维数。一般讨论的混沌系统的分数维是指它的容量维数，容量维数的定义是：用一边长为 ε 的 N 维立方体去测量给定的空间，所测得的立方体个数为 $L(\varepsilon)$，则容量维定义为

$$D_c = \lim_{\varepsilon \to 0} \frac{\ln L(\varepsilon)}{\ln(1/\varepsilon)} \tag{2-18}$$

容量维和 Lyapunov 指数谱的关系为

$$D_c = j + \sum_{i=1}^{j} \frac{\lambda_i}{-\lambda_{i+1}+1} \tag{2-19}$$

其中，j 满足 $\lambda_1 \geqslant \lambda_2 \geqslant \cdots > \lambda_j \geqslant 0 \geqslant \lambda_{j+1}, \cdots, \geqslant \lambda_N$。如果式(2-19)包含等于 0 的 λ，则 j 中还应该加上这些等于 0 的 λ 个数。

简化 Lorenz 系统的分数维随系统参数 c 变化的曲线如图 2-4 所示。显然，当 $D=0$ 时，系统收敛于平衡点；当 $D=1$ 时，系统处于周期状态（极限环）；当 $D>2$ 时，系统处于混沌态。所以分数维和 Lyapunov 指数一样可以用来描述非线性系统的动力学状态。

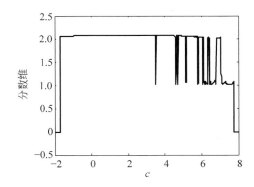

图 2-4　简化 Lorenz 系统的分数维随系统参数 c 变化曲线

2.6 0-1 测试法

迄今为止，测试一个系统是否为混沌，用得最多的方法是计算该系统的最大 Lyapunov 指数，该方法普遍应用于系统方程已知的非线性系统。但是，当系统方程未知或者系统为分数阶系统时，必须根据嵌入理论，在系统完成相空间重构后，由时间序

列计算最大的 Lyapunov 指数。最近，Gottwald G A 和 Melbourne I[3,4] 提出了一种可靠且有效的检验系统是否混沌的二进制测试方法，称为"0-1 测试"，基本的思路是为数据建立一个随机动态过程，然后研究该随机过程的规模是如何随着时间的推移而变化的。下面介绍这种方法，并利用该方法对分数阶简化 Lorenz 系统的混沌特性进行测试分析。

2.6.1　0-1 测试算法

考虑一组表征动态系统的连续时间序列 $x(t)$，并令 $\phi(x)$ 代表可观测数据集。该测试方法完全独立于 $\phi(x)$ 的具体形式，即任何形式的 ϕ 都能满足条件。例如，若 $x=(x_1, x_2, \cdots, x_n)$，则 $\phi(x)=x_1$ 是满足条件的，同样 $\phi(x)=x_2$ 或 $\phi(x)=x_1+x_2$ 也是满足条件的。选择一个任意常数 $c>0$，且定义如下等式

$$\theta(t)=ct+\int_0^t \phi(x(s))\mathrm{d}s \tag{2-20}$$

$$p(t)=\int_0^t \phi(x(s))\cos(\theta(s))\mathrm{d}s \tag{2-21}$$

可见，式(2-21)中的 $p(t)$ 仅仅与观测数据集 $\phi(x)$ 有关，充分表明了该测试方法的普遍性；该测试算法与系统的自然原始数据及系统维数均无关。由上面的定义，可以得到如下两个结论：

（1）若系统不是混沌的，则 $p(t)$ 是有界运动。

（2）若系统是混沌的，则 $p(t)$ 的运动是类似于布朗运动的无界运动。

为了表征函数 $p(t)$ 的增长，定义 $p(t)$ 的均方根位移为

$$M(t)=\lim_{T\to+\infty}\frac{1}{T}\int_0^T \left[p(t+\tau)-p(\tau)\right]^2\mathrm{d}\tau \tag{2-22}$$

若 $p(t)$ 的运动为布朗运动，则 $M(t)$ 随时间线性增长；若 $p(t)$ 的运动是有界的，则 $M(t)$ 也是有界的。定义 $M(t)$ 的异步增长率为

$$K=\lim_{t\to+\infty}\lg M(t)/\lg t \tag{2-23}$$

当积分时间 t 足够长时，可得到 $K=0$ 或者 $K=1$，以此分别表征非混沌运动或混沌运动。

由于积分仅仅适用于连续系统，并且矢量积分的求解不是很方便，下面介绍一种改进的 0-1 测试算法，用求和代替积分，使之具有更广泛的应用范围。

2.6.2　改进的 0-1 测试算法

考虑一系列离散数据 $\phi(n)$（采样时刻为 $n=1,2,\cdots$）代表一维动态系统的可观测数据集，选择一个任意常数 $c\in R^+$，且定义如下两个等式

$$p(n)=\sum_{j=1}^n \phi(j)\cos(\theta(j)), \quad n=1,2,\cdots \tag{2-24}$$

$$s(n)=\sum_{j=1}^n \phi(j)\sin(\theta(j)), \quad n=1,2,\cdots \tag{2-25}$$

这里,

$$\theta(j) = jc + \sum_{i=1}^{j} \phi(i), \quad j = 1, 2, \cdots, n \tag{2-26}$$

在函数 $p(n)$（或 $s(n)$）的基础上,定义均方根位移为

$$M(n) = \lim_{N \to +\infty} \frac{1}{N} \sum_{j=1}^{N} [p(j+n) - p(j)]^2, \quad n = 1, 2, \cdots \tag{2-27}$$

显然,它是有界的或者随时间线性增长的,特别地,如果 $p(n)$（$s(n)$ 也一样）的行为是布朗运动的,则 $M(n)$ 随时间线性增长;如果 $p(n)$（$s(n)$ 也一样）的行为是有界的,则 $M(n)$ 也是有界的。最后,应该检验异步增长率

$$K = \lim_{n \to +\infty} \frac{\lg M(n)}{\lg n} \tag{2-28}$$

是接近 0 还是 1。当 K 接近于 0 时,运动是规则的（即为周期或准周期的）;当 K 接近于 1 时,运动是混沌的。假设有一个有限数据集合 $\phi(n), n = 1, 2, \cdots, N(N \geqslant 1)$,并定义为

$$M(n) = \frac{1}{N-n} \sum_{j=1}^{N-n} [p(j+n) - p(j)]^2 \tag{2-29}$$

如果 $1 \leqslant n \leqslant N$,则 $M(n)$ 的规模与定义中描述的情况类似。因此,当 $1 \leqslant n \leqslant N/10$ 时,为了避免负对数,通过描绘 $\lg(M(n) + 1)$ 与 $\lg n$ 的比,该测试仍旧是检验 K 是接近 0（规则运动）还是接近于 1（混沌运动）。

应该注意到,"0-1 测试"展示了另一个有趣的特征:无论动态系统是混沌的还是非混沌的,都为该动态系统在 (p, s) 平面内轨迹的检验提供了一个简单的可视化测试,即在 (p, s) 平面内的有界轨迹,表明了该系统是一个规则动态系统,而类似于布朗运动的无界轨迹,则表明了该系统是一个混沌的动态系统。

该测试是一个二进制测试,结果为 0 或者 1,理论上是不存在"灰色地带"的。但是在实际操作中,"灰色地带"往往是不可避免的,选择好的参数,只能减少"灰色地带",但并不能完全避免。

2.6.3　0-1 测试法应用

简化 Lorenz 系统的数学模型为

$$\begin{cases} \dot{x} = 10(y - x) \\ \dot{y} = (24 - 4c)x - xz + cy \\ \dot{z} = xy - 8z/3 \end{cases} \tag{2-30}$$

其中, c 为系统参数。当 $c \in [-1.59, 7.75]$ 时,系统呈现混沌态。现在分别对系统参数 $c = 7.2$ 和 $c = -1$ 时进行 0-1 测试,得到当 $c = 7.2$ 时 $K = 0.0736$（判为"0"）,当 $c = -1$ 时 $K = 0.7630$（判为"1"）,分别对应周期状态和混沌状态,其状态空间图如图 2-5 所示,分别为极限环和混沌吸引子,其 (p, s) 图如图 2-6 所示,分别对应周期运动和布朗运动。显然 0-1 测试结果与 Lyapunov 指数和相图分析结果是一致的[5]。

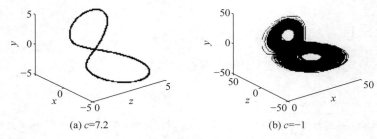

图 2-5 简化洛伦兹系统的状态空间图

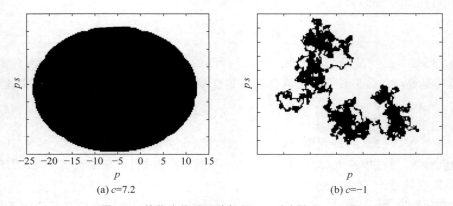

图 2-6 简化洛伦兹系统相图 2-5 对应的 (p, s) 图

2.7 分频采样法

为了避免复杂运动在相空间中的轨迹混乱不清,可以只观察隔一定时间间隔(即采样周期)在相空间的代表点(即采样点),这样,原来在相空间的连续轨迹就由一系列离散点表示。分频采样法是实验物理学中闪烁采样法的推广,是目前辨认长周期混沌态的最有效方法,主要用于研究在周期外力作用下的非线性振子的倍周期分岔和混沌现象。

对于受迫振动,采样周期常取为外控力周期,当采样结果为一点时,系统运动为周期运动(特殊情况下为稳态);当采样结果为 n 个离散点时,系统运动也是周期的,其运动周期是外控力周期的 n 倍;当采样结果是无穷多离散点集时,系统运动是随机的;当采样结果只是在一定区域内密集的点且具有层次结构时,则系统运动是混沌的。不断加大分辨能力,可得到不断重复原分布形态的细微几何结构,这种无穷层次的自相似也就是非线性系统的标度不变性。

分频采样法适用于一切由周期外力驱动的非线性系统,具有远高于其他方法的分辨能力,其分辨能力的进一步提高将受计算机字长的限制。但该方法也存在两个缺点:一是解不唯一;二是不能分辨比采样频率更高的频率。

2.8 赝相空间法

当分析数学模型未知的动力系统的混沌特征时,分频采样法和 Poincaré 截面法就不适用了。而且,在试验过程中,有时只便于对某一个变量进行测量,这时可利用测得的时间序列重构相空间。嵌入定理解决了怎样才能从单一的时间序列建立和描述有限维的吸引子及怎样重构动力系统这一问题。重构相空间即赝相空间法的维数即嵌入维数应满足 $m \geqslant 2n+1$,其中 n 为相空间的真实维数。设测得的时间序列为 $\{x(k), k=1,2,\cdots, N\}$,适当选取一时间延迟量 τ,其中 τ 为采样周期的整数倍,取 $x(k), x(k+\tau), x(k+2\tau),\cdots, x(k+(m-1)\tau)$ 为坐标轴,画出赝相空间轨迹。

上述重构吸引子的过程相当于将时间序列 $\{x(k)\}$ 映射到 m 维的欧拉空间 R^m 中,并希望 R^m 空间中的点能保持原有未知吸引子的拓扑特性。赝相空间法虽然是用一个变量在不同时刻的值构成相空间,但动力系统的一个变量的变化自然与此变量与系统的其他变量的相互关系有关,即此变量随时间的变化隐含着整个系统的动力学特性。因此,重构相空间的轨线也能反映系统状态的演化规律。对于稳定态,通过这种方法得到的结果仍是一定点;对于周期运动,结果是有限个点;而对于混沌系统,所得到的结果便是一些具有一定分布形式或结构的离散点。

2.9 复杂度测度法

复杂性的研究涉及各个领域,各领域学者对复杂性的认识也不一样。到目前为止,尚无统一的复杂性概念。复杂度指的是度量值,具有比较意义,即复杂度是采用一定方法得到的关于复杂性的定量描述,不同复杂度算法表征复杂性的不同方面。由于词典中的解释过于笼统,不能满足各科学领域复杂性解释要求,所以各研究领域都有着自己对复杂性的理解与解释。Horgan J 在其著作中指出,目前关于复杂性的定义至少有 45 种之多,如时间复杂度、空间复杂度、语义复杂度、Kolmogorov 复杂度等[6]。

混沌系统复杂度是指采用相关算法衡量混沌序列接近随机序列的程度,复杂度值越大,序列越接近随机序列,相应的应用系统的安全性也就越高。从本质上讲,混沌系统的复杂度属于混沌动力学复杂性研究范畴。

混沌序列的复杂度分为行为复杂度和结构复杂度[7]。行为复杂度是指从混沌序列本身出发,利用一定方法度量短时间窗口内序列产生新模式概率的大小,产生新模式概率越大则序列越复杂。目前,计算混沌伪随机序列行为复杂度的算法比较多,且均以 Kolmogorov 方法和 Shannon 熵为基础,如 Lempl-Ziv 算法[8]、近似熵算法(ApEn)[9,10]、模糊熵算法(FuzzyEn)[11,12]、强度统计(LMC)算法[13,14]和符号熵(SymEn)算法[15]。结构复杂度是指通过变换域内的频率特性、能量谱特性等分析序列的复杂程度,序列变换域内能量谱分布越均衡,表示原序列越接近随机信号,即序列复杂性越大,结合香农熵概念即可计算出相应的谱熵值。结构复杂度对变换域能量特征进行分析,其针对的是序列的全局而不是局部,因而与行为复杂度算法相比,其结果具有全局统计意义。

目前,基于傅里叶变换和小波变换的结构复杂度算法有谱熵算法[16]和小波熵算法[17],已应用于离散混沌系统、脑电信号的复杂性分析。此外,基于快速傅里叶变换(FFT)的 C_0 算法[18],其计算速度快,在生物医学领域中,对脑电信号、大脑光学图片进行复杂度分析,取得了比较好的效果,文献[19]证明了 C_0 算法的重要性质,表明 C_0 算法可以描述时间序列随机程度,即可描述复杂度大小,文献[20]对 C_0 算法进行了改进,改进后的 C_0 算法性能更优。

事实上,混沌系统的复杂度也是刻画混沌系统动力学特性的方法之一,具有与Lyapunov 指数、分岔图、耗散性、相图观测等方法类似的效果[21]。这里主要介绍谱熵(spectral entropy,SE)算法和 C_0 算法。

2.9.1 谱熵复杂度算法

谱熵复杂度采用傅里叶变换,通过傅里叶变换域内能量分布,结合香农熵得出相应谱熵值,其算法描述如下[22]。

第 1 步 去直流。对长度为 N 的离散时间序列 $\{x(n), n=0, 1, 2, \cdots, N-1\}$,采用下式去掉直流部分,使得频谱能更有效地体现信号能量信息,即

$$x(n) = x(n) - \bar{x} \tag{2-31}$$

其中,$\bar{x} = \dfrac{1}{N} \sum\limits_{n=0}^{N-1} x(n)$。

第 2 步 傅里叶变换。对序列 $x(n)$ 进行离散傅里叶变换

$$X(k) = \sum_{n=0}^{N-1} x(n) e^{-j\frac{2\pi}{N}nk} = \sum_{n=0}^{N-1} x(n) W_N^{nk} \tag{2-32}$$

其中,$k=0, 1, 2, \cdots, N-1$。

第 3 步 计算相对功率谱。对于变换后的 $X(k)$ 序列,取前面一半进行计算,依据Paserval 定理,计算某一个频率点的功率谱值为

$$p(k) = \frac{1}{N} |X(k)|^2 \tag{2-33}$$

其中,$k=0, 1, 2, \cdots, N/2-1$,序列的总功率可定义为

$$p_{tot} = \frac{1}{N} \sum_{k=0}^{N/2-1} |X(k)|^2 \tag{2-34}$$

则序列的相对功率谱概率 P_k 为

$$P_k = \frac{p(k)}{p_{tot}} = \frac{\dfrac{1}{N} |X(k)|^2}{\dfrac{1}{N} \sum\limits_{k=0}^{N/2-1} |X(k)|^2} = \frac{|X(k)|^2}{\sum\limits_{k=0}^{N/2-1} |X(k)|^2} \tag{2-35}$$

易知,$\sum\limits_{k=0}^{N/2-1} P_k = 1$。

第 4 步 计算谱熵。利用相对功率谱密度 P_k,结合 Shannon(香农)熵概念,求得信号的谱熵 se 为

$$se = -\sum_{k=0}^{N/2-1} P_k \ln P_k \qquad (2-36)$$

其中,如果 P_k 为 0,则定义 $P_k \ln P_k$ 为 0。可以证明,谱熵收敛于 $\ln(N/2)$,为了便于对比分析,将谱熵归一化,得到归一化谱熵 SE 为

$$SE(N) = \frac{se}{\ln(N/2)} \qquad (2-37)$$

可见,当序列功率谱分布越不均衡时,序列频谱结构越简单,信号中具有明显的振荡规律,得到的 SE 测度值越小,即复杂度越小,否则复杂度越大。

由 SE 算法计算步骤得算法流程如图 2-7 所示,首先要减去序列平均值,即去掉信号中的直流部分,接下来进行 FFT。通过香农熵计算变换域能量分布均衡性,归一化后即可得到序列的 SE 复杂度。

这里,计算 SE 复杂度时,采用 MATLAB 函数 $Y = fft(X)$ 进行傅里叶变换,该函数采用快速傅里叶变换算法,计算速度非常快;变换后的频谱为对称谱,所以只取前面 $N/2$ 个点进行运算即可。

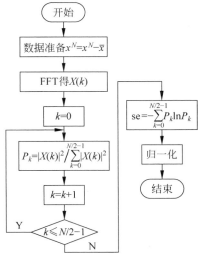

图 2-7 SE 算法流程图

2.9.2 C_0 复杂度算法

C_0 复杂度主要计算思想是将序列分解成规则和不规则成分,其测度值为序列中非规则成分所占的比例。算法计算步骤如下[23]。

第 1 步 离散傅里叶变换。对给定的长度为 N 的离散时间序列 $\{x(n), n = 0, 1, 2, \cdots, N-1\}$,进行离散傅里叶变换,即

$$X(k) = \sum_{n=0}^{N-1} x(n) e^{-j\frac{2\pi}{N}nk} = \sum_{n=0}^{N-1} x(n) W_N^{nk} \qquad (2-38)$$

其中,$k = 0, 1, 2, \cdots, N-1$。

第 2 步 去掉非规则部分。设 $\{X(k), k = 0, 1, 2, \cdots, N-1\}$ 的均方值为

$$G_N = \frac{1}{N} \sum_{k=0}^{N-1} |X(k)|^2 \qquad (2-39)$$

引入参数 r,保留超过均方值 r 倍的频谱,而将其余部分置为零,即

$$\widetilde{X}(k) = \begin{cases} X(k) & |X(k)|^2 > rG_N \\ 0 & |X(k)|^2 \leqslant rG_N \end{cases} \qquad (2-40)$$

第 3 步 傅里叶逆变换。对 $\widetilde{X}(k)$ 作傅里叶逆变换,有

$$\tilde{x}(n) = \frac{1}{N} \sum_{k=0}^{N-1} \widetilde{X}(k) e^{j\frac{2\pi}{N}nk} = \frac{1}{N} \sum_{k=0}^{N-1} \widetilde{X}(k) W_N^{-nk} \qquad (2-41)$$

其中,$n = 0, 1, 2, \cdots, N-1$。

第 4 步 定义 C_0 复杂度测度。定义 C_0 复杂度为

$$C_0(r,N) = \sum_{n=0}^{N-1} | x(n) - \tilde{x}(n) |^2 \Big/ \sum_{n=0}^{N-1} | x(n) |^2 \qquad (2\text{-}42)$$

基于 FFT 的 C_0 复杂度算法,将信号变换域规则部分去掉,留下非规则部分。序列中非规则部分能量所占比例越大,即对应时域信号越接近随机序列,复杂度越大,且 C_0 算法具有许多优良性质。

同样,可在 MATLAB 环境中实现 C_0 算法,其流程图如图 2-8 所示。FFT 和傅里叶逆变换(IFFT)分别采用 $Y=\text{fft}(X)$ 和 $Y=\text{ifft}(X)$ 函数进行,使得算法计算速度非常快。

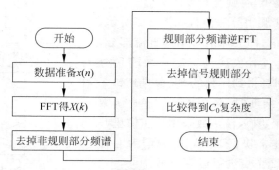

图 2-8 C_0 算法流程图

还有一些其他的混沌动力学特性分析方法,如测度熵法。在实际研究非线性系统的混沌特性中,为了获得更加准确的结论,常常不是单纯使用上述的某一种方法,而是采用定性分析方法(如相图观察法、分频采样法或 Poincaré 截面法)和定量的分析方法(如 Lyapunov 指数分析法、自功率谱密度分析法或"0-1"测试法等)相结合的方法。

2.9.3 排列熵算法

Bandt-Pompe 设计了计算非线性时间序列复杂度的排列熵算法[24],其分析步骤如下。

第 1 步 相空间重构以及 Bandt-Pompe 排列模式获取。给定时间序列 $\{x(n),n=0,1,2,\cdots,N-1\}$ 和一个嵌入维 $d>1$,对每个时刻 $i(i=1,2,\cdots,T-d+1)$,其 d 阶顺次模式是由时刻 $(i,i+1,\cdots,i+d-1)$ 的值构成的 d 维向量

$$(s) \rightarrow (x_i, x_{i+1}, \cdots, x_{i+d-1}) \qquad (2\text{-}43)$$

显然,d 越大,向量提供的信息越多。通过和时刻 i 联系的"顺次模式",定义 $(0,1,2,\cdots,d-1)$ 的一个排列 $\pi=(r_0,r_1,r_2,\cdots,r_{d-1})$ 为

$$x_{i+r_0} \leqslant x_{i+r_1} \leqslant \cdots \leqslant x_{i+r_{d-1}} \qquad (2\text{-}44)$$

若 $x_{i+r_i} = x_{i+r_{i-1}}$,则 $r_i < r_{i-1}$。

第 2 步 概率统计。对所有可能的 $d!$ 个 d 阶排列 π,概率分布 $P=\{p(\pi)\}$ 定义为

$$p(\pi) = \frac{\#\{s \mid i \leqslant T-d+1; (s),有类型 \pi\}}{T-d+1} \qquad (2\text{-}45)$$

符号♯代表"数目"。

  第 3 步 计算归一化 Shannon 熵。根据第 1 步得到的概率分布 P,由 Shannon 定理得归一化 Shannon 熵为

$$\mathrm{PE}(x^N, d) = -\frac{1}{\ln(d!)} \sum_{j=1}^{d!} p_j(\pi) \ln(p_j(\pi)) \tag{2-46}$$

  因此,给定时间序列以及相应的嵌入维数 d,则可以计算得到相应序列的排列熵。在实际应用中,d 取值为 $3,4,\cdots,7$。虽然排列熵算法已被广泛应用于不同类型非线性时间序列复杂度分析,但其仍然存在一些不足之处。

  在实际运算中,模式获取可以将不同的模式给定不同的值。例如,对于模式 $\{\pi_2, x_1 \leqslant x_3 \leqslant x_2\}$,$\mathrm{index}=[r_0, r_1, r_2]=[1,3,2]$。因此,该模式可以赋值为 $r_0 \times 10^2 + r_1 \times 10^1 + r_2 \times 10^0 = 132$。Bandt-Pompe 排列模式幅值算法如算法 2-1 所示。

算法 2-1 Bandt-Pompe 排列模式幅值算法,函数名为 GetPatter(·)

输入:X(向量),d

输出:s

  $g = \mathrm{zeros}(1, d)$;

  for $i=1 \rightarrow d$ **do**

    $g(i) = 10^{d-i}$;

  end for

  $[\mathrm{temp}, \mathrm{index}] = \mathrm{sort}(X)$;

  $s = g * \mathrm{index}^{\mathrm{T}}$;

2.9.4 网络排列熵算法

  为了改进排列熵算法,使其能够更好地测度非线性时间序列的复杂性并识别不同状态时间序列,设计了网络排列熵(network PE,NPE)。该算法的关键在于设计不同向量之间的连接,因此需要用到复杂网络这一概念。对于给定的时间序列 $\{x(n), n=1, 2, \cdots, N\}$,NPE 计算步骤如下。

  第 1 步 相空间重构,并计算每个向量的 Bandt-Pompe 排列模式值,得到排列模式值序列 $\{s(i), i=1,2,\cdots, N-d+1\}$。

  第 2 步 计算序列每个重构向量 $\boldsymbol{X}(i)$ 的权重,其计算式如下

$$w_i = \frac{1}{d} \sum_{k=1}^{d} \left[x(i+k-1) - \overline{X}(i) \right]^2 \tag{2-47}$$

其中,$\overline{X}(i)$ 为向量的内部元素的均值。因此可以得到权重序列 $\{w(i), i=1,2,\cdots, N-d+1\}$。为了决定权重的正负值,通过下式

$$\mathrm{flag}_i = \mathrm{mean}(X(i, 2:d-1)) - \mathrm{mean}(X(i, :)) \tag{2-48}$$

如果 $\mathrm{flag}_i \geqslant 0$,则设置 $w(i)$ 为正值,否则设置 $w(i)$ 为负值。

  第 3 步 对于第 $i(i \geqslant 2)$ 个向量 $\boldsymbol{X}(i, :)$,检测该向量之前的向量 $\boldsymbol{X}(j, :)(j=1,$

$2,\cdots,i-1$)与其是否关联。如果检测到第一个向量($X(n,:),n\in[1,2,\cdots,i-1]$)与向量 $X(i,:)$ 之间存在

$$\begin{cases} s(i)=s(n) \\ |w(i)-w(n)|\leqslant \mathrm{error} \end{cases} \tag{2-49}$$

则表明两个向量之间存在连接。

第 4 步 统计复杂网络连接信息。如果第 3 步中连接存在,首先,采用序列 $\{P(i),i=1,2,\cdots,N-d+1\}$ 记录得到的概率分布并初始化为一个很小的数值,即 $P(i)=10^{-5}$。然后,采用矩阵 $\{M(i,j),i,j=1,2,\cdots,N-d+1\}$ 记录复杂网络连接信息,本矩阵初值化为全零矩阵。在第 3 步中,如果两个向量 $X(i,:)$ 与 $X(n,:)$ 存在连接,则

$$\begin{cases} P(n)=P(n)+1 \\ M(i,n)=1 \\ M(n,i)=1 \end{cases} \tag{2-50}$$

矩阵 M 可以用于绘制序列的复杂网络图,P 可以用于进一步的概率分布。此轮搜索停止,增加 i 的值($i=i+1$),并重复第 2 步与第 3 步,直到 $i=N-d+1$。

第 5 步 归一化概率分布

$$p(i)=\frac{P(i)}{\sum_{i=1}^{N-d+1}P(i)} \tag{2-51}$$

其中,$i=1,2,\cdots,N-d+1$。因此,NPE 可以定义为

$$\mathrm{NPE}(x^N,d,\mathrm{error})=-\frac{1}{\lg(N-d+1)}\sum_{i=1}^{N-d+1}p(i)\lg(p(i)) \tag{2-52}$$

算法搜索连接示意图如图 2-9 所示。这里采用序列 $\{x(n):1\ 3\ 4\ 5\ 4\ 5\ 3\ 1\ 2\ 4\ 5\ 3\}$ 做一个例子,进一步阐述算法原理。当 $d=3$ 时,其重构的向量为 $\{X(n)=[x(n,n+1,n+2)]\},n=1,2,\cdots,10$。相应的 Bandt-Pompe 排列模式序列为 $\{s(n):123,123,132,213,312,321,231,123,123,312\}$,权重序列为 $\{w(n):1.5556,0.6667,0.2222,-0.2222,0.6667,2.6667,-0.6667,-1.5556,1.5556,0.6667\}$。设置误差 $\mathrm{error}=0.5$。当 $i=2$ 时,经检查 $s(1)=s(2),|w(1)-w(2)|=0.8889>\mathrm{error}$,所以连接没有找到。然后令 i 分别取值为 $3\sim7$,检查 $s(i)$ 以及 $s(1\rightarrow i-1)$ 之间是否存在连接,并发现连接不存在。当 $i=8$ 与 9,具有 $s(8,9)=s(1)$,但是只有 $|w(9)-w(1)|<\mathrm{error}$。至此,第一个连接点已找到。当 $i=10$ 时,$s(10)=s(5),|w(5)-w(10)|=0<\mathrm{error}$,因此找到第二个连接点,存在于 $X(10)$ 与 $X(5)$ 之间。

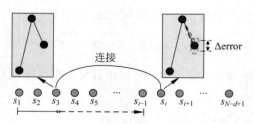

图 2-9 NPE 算法搜索连接示意图

本质上,向量的权重值为向量方差,即得到的权重值越大,向量内部元素距均值分布相差越大,反之,向量内部元素距均值越近。权重值能够很好地反映向量内部元素的分布情况,克服排列熵算法只能够反映排列模式的问题。因此算法的特点体现在以下几个方面。

(1) 提出了基于 Bandt-Pompe 模式及其权重的 NPE 算法。从而包含了 PE 算法和 WPE 算法的特点。

(2) 对连接进行检查,建立概率分布。在这种方法中,error 越小,越难找到连接,因此需要设置合适的 error 值。

根据矩阵 $\boldsymbol{M}$,绘制出相应的网络,进而从复杂网络理论方面表征出时间序列的复杂性。

2.10 SALI 算法

SALI(smaller alignment index)是一种基于非线性系统切空间,可用于检测混沌与稳定周期环的新型混沌检测算法[25]。该算法主要用于检测哈密顿系统中的混沌现象,而如何将该算法引入混沌系统,特别是分数阶混沌系统,是一个新挑战。本节将设计可以适用于连续分数阶混沌系统以及离散分数阶混沌系统混沌状态检测以及动力学特性分析的 SALI 算法。

对于连续分数阶混沌系统,假设其定义为

$$D_{t_0}^q \boldsymbol{x} = f(\boldsymbol{x}, t) \tag{2-53}$$

则其相应的切系统可以表示为

$$D_{t_0}^q \boldsymbol{z} = J(\boldsymbol{x}, t) \boldsymbol{z} \tag{2-54}$$

其中,$D_{t_0}^q$ 为分数阶微分算子,$J(\boldsymbol{x}, t)$ 为该系统的 Jacobi(雅克比)矩阵。

假设离散分数阶混沌映射定义为

$$^{C}\Delta_{t_0}^\nu \boldsymbol{x}(i) = g(\boldsymbol{x}(i+\nu-1)) - \boldsymbol{x}(i+\nu-1) \tag{2-55}$$

其中,$g(\boldsymbol{x}(i-1))$ 为非线性混沌映射方程,ν 为分数阶差分算子阶数,则其切映射可定义为

$$^{C}\Delta_{t_0}^\nu \boldsymbol{z}(i) = J(\boldsymbol{x}(i+\nu-1))\boldsymbol{z}(i+\nu-1) - \boldsymbol{z}(i+\nu-1) \tag{2-56}$$

此处,$J(\cdot)$ 为系统的 Jacobi 矩阵。

SALI 算法定义基于系统切空间中的两个基于不同初值的偏移向量 $\boldsymbol{z}_1$ 与 $\boldsymbol{z}_2$。平行对齐指数(parallel alignment index)定义为

$$d_- = \frac{\boldsymbol{z}_1}{\|\boldsymbol{z}_1\|} - \frac{\boldsymbol{z}_2}{\|\boldsymbol{z}_2\|} \tag{2-57}$$

非平行对齐指数(antiparallel alignment index)定义为

$$d_+ = \frac{\boldsymbol{z}_1}{\|\boldsymbol{z}_1\|} + \frac{\boldsymbol{z}_2}{\|\boldsymbol{z}_2\|} \tag{2-58}$$

其中,$\|\cdot\|$ 为欧几里得范数。显然,当时偏移向量 $\boldsymbol{z}_1$ 与 $\boldsymbol{z}_2$ 同向平行时有 $d_- = 0$ 与 $d_+ = 2$,而当 $d_+ = 0$ 时,偏移向量 $\boldsymbol{z}_1$ 与 $\boldsymbol{z}_2$ 反向平行时有 $d_- = 2$ 与 $d_+ = 0$。实际中,时偏移向量 $\boldsymbol{z}_1$ 与 $\boldsymbol{z}_2$ 总是成一定的夹角,其角度分布范围为 $0 \sim 180°$。分数阶 SALI 定义为

$$SALI(t) = \min\{\|d_-\|, \|d_+\|\} \tag{2-59}$$

显然，SALI 为两对齐指数较小的一个指数。对于混沌系统，SALI 理论上最终会趋于零，而对于非混沌态(周期态、收敛态)SALI 将趋于一个常数值。不难理解，因为混沌系统具有遍历性、复杂性，其偏移向量夹角也具有遍历性与复杂性，SALI 指数最终会趋于零。而对于周期系统以及收敛系统，其偏移向量夹角呈周期性或有规律的变化，SALI 指数将趋于常数值。

在实际应用中，SALI 一般采用绘制并观测曲线的方式检测系统状态，其效果与 0-1 测试的 p-s 图类似。因此其并不适合于分析分数阶混沌系统参数与阶数连续变化时的动力学特性。针对实际仿真时，混沌系统 SALI 将趋于一个很小的值，例如 10^{-20} 次方数量级的值，提取数量级参数，用于进一步分析。首先，取 $SALI(t)$ 全域最小值，并定义为 $SALI(t)_{\min}$；然后，定义 SALI 指数为

$$S = -\lg(SALI(t)_{\min}) \tag{2-60}$$

可见，当系统为混沌系统且 $SALI(t)_{\min} = 10^{-20}$，则 $S = 20$，当系统为周期系统时，例如 $SALI(t)_{\min} = 0.1$，则 $S = 1$，即系统为混沌态时具有更大的测度结果。我们基于 MATLAB 实现了该算法，并附在附录中同时上传到了 Mathworks 网站(https://ww2.mathworks.cn/matlabcentral/fileexchange/77308-sali-code-for-detecting-chaos-in-the-fo-chaotic-systems)，方便感兴趣的研究者学习与应用。

思考题

（1）简述 Lyapunov 指数谱与容量维的关系。

（2）什么是条件 Lyapunov 指数？有何意义？

（3）简述混沌动力学特性分析中的 0-1 测试方法的特点与不足。

（4）什么是混沌系统的复杂度？如何测度？

参考文献

[1] Sun K H, Sprott J C. Periodically forced chaotic system with signum nonlinearity [J]. Int. J. Bifurcation Chaos，2010，20(5)：1499-1507.

[2] Sun K H, Sprott J C. Dynamics of a simplified Lorenz system [J]. Int. J. Bifurcation Chaos，2009，19(4)：1357-1366.

[3] Gottwald G A, Melbourne I. A new test for chaos in deterministic systems [C]//Proc. R. Soc. Lond. A，2004，460：603-611.

[4] Gottwald G A, Melbourne I. Testing for chaos in deterministic systems with noise [J]. Physica D，2005，212：100-110.

[5] Sun K H, Liu X, Zhu C X. The 0-1 test algorithm for chaos and its applications [J]. Chinese Physics B，2010，19(11)：110510.

[6] Horgan J. From complexity to perplexity [J]. Sci. Amer.，1995，272(6)：104-109.

[7] 谈国强. 离散混沌系统的复杂性算法研究[D]. 长沙：中南大学，2007.

[8] Lempel A，Ziv J. On The complexity of finite sequence [J]. IEEE Trans. on information theory，

1976，IT-22：75-79.

[9] Pincus S M. Approximate entropy as a complexity measure [J]. Chaos，1995，5(1)：110-117.

[10] 孙克辉，谈国强，盛利元. TD-ERCS 离散混沌伪随机序列的复杂性分析[J]. 物理学报，2008，57(6)：3359-3368.

[11] Chen W T，Zhuang J，Yu W X，et al. Measuring complexity using FuzzyEn，ApEn，and SampEn [J]. Med. Eng. Phys.，2009，31(1)：61-68.

[12] 孙克辉，贺少波，尹林子，等.模糊熵算法在混沌序列复杂度分析中的应用[J].物理学报，2012，61(13)：130507-1-7.

[13] Larrondo H A，González C M，Martin M T，et al. Intensive statistical complexity measure of pseudorandom number generators [J]. Physics A，2005，356：133-138.

[14] 孙克辉，贺少波，盛利元.基于强度统计算法的混沌序列复杂度分析[J].物理学报，2011，60(2)：020505.

[15] Rajeev K A，Subba J R，Ramaswamy R. Information-entropic analysis of chaotic time series：determination of time-delays and dynamical coupling [J]. Chaos，Solitons & Fractals，2002，14(4)：633-641.

[16] Malihe S，Serajeddin K，Reza B. Entropy and complexity measures for EEG signal classification of schizophrenic and control participants [J]. Artificial Intelligence in Medicine，2009，47(3)：263-274.

[17] Abdulnasir Y，Mehmet A，Mustafa P. Application of adaptive neuro-fuzzy inference system for vigilance level estimation by using wavelet-entropy feature extraction[J]. Expert Systems with Applications，2009，36(4)：7390-7399.

[18] Chen F，Xu J H，Gu F J. Dynamic process of information transmission complexity in human brains[J]. Biological Cybernetics，2000，83 (4)：355-366.

[19] Shen E H，Cai Z J，Gu F J. Mathematical foundation of a new complexity measure[J]. Applied Mathematics and Mechanics，2005，26(9)：1188-1196.

[20] 蔡志杰，孙洁. 改进的 C_0 复杂度及其应用[J].复旦学报(自然科学版)，2008，47(6)：791-796.

[21] 贺少波.复杂度算法及其在强化混沌系统分析中的应用[D].长沙：中南大学，2013.

[22] 孙克辉，贺少波，何毅，等.混沌伪随机序列的谱熵复杂性分析[J].物理学报，2013，62(1)：010501.

[23] 孙克辉，贺少波，朱丛旭，等.基于 C_0 算法的混沌系统复杂度特性分析[J].电子学报，2013，41(9)：1765-1771.

[24] Bantc，Pompe B. Permutation Entropy：A natural complexity measure for time series[J]. Phys. Rev. Lett.，2002，88：1741：1743.

[25] He S B，Sun K H，Peng Y X. Detecting chaos in fractional order nonlinear systems using the smaller alignment index[J]. Phys. Lett. A，2019，383(19)：2267-2271.

混沌广泛存在于自然界,在混沌学的研究发展过程中,人们发现并提出了许多混沌动力学模型,其中有些混沌模型很有代表性,是混沌理论与应用研究的常用模型,包括离散混沌映射系统、连续混沌系统和超混沌系统,我们称之为典型混沌动力学系统。下面讨论其数学模型及其主要特性。

3.1 离散混沌映射系统

首先,给出离散混沌映射系统的定义。考虑如下非线性系统

$$x(k+1) = G_{u(k)} \circ F(x(k)) \quad x(0) = x_0 \tag{3-1}$$

其中,"$\circ$"表示两函数间的复合运算,$x(k) \in M \subset \mathbf{R}, u(k) \in \mathbf{R}^P, \{G_u\} u \in \mathbf{R}^P$ 是 M 上的具有 p 个参数的微分同胚群,$F: M \to M$ 为一微分同胚,若 $x(k)$ 是混沌的,$x_0 \in M$,则称光滑的 n 维状态流形 M 上所有通过 x_0 的 $x(k)$ 为离散混沌,其物理意义是由非线性差分方程描述的离散映射产生的混沌,离散映射通常可由计算机软件或者采样器实现。

3.1.1 Logistic 映射

Logistic 映射是目前应用最广泛的一类非线性动力学离散混沌系统,其映射方程为[1]

$$x_{n+1} = \mu x_n (1 - x_n) \quad n = 1, 2, \cdots \tag{3-2}$$

其中,参数 $\mu \in (0,4]$,$x_n \in (0,1)$,当 $3.5699\cdots < \mu \leqslant 4$ 时,系统处于混沌状态。当系统参数 μ 变化时,系统的动力学状态随之变化,具体体现在如下几方面:

(1) $\mu \in (0,1]$时,系统存在 $x_n \to 0$ 的不动点。

(2) $\mu \in [1,3)$时,系统存在 $x_n \to 0$ 和 $x_n \to 1 - 1/\mu$ 的不动点,此为周期 1 解。

(3) $\mu \in [3, \mu')$时,这里 $\mu' = 3.569945672\cdots$,依次出现轨道周期变化 $1 \to 2 \to 4 \to 8\cdots$,即倍周期分岔现象。

(4) 当 $\mu \in [\mu', 4]$时,系统出现混沌现象。

系统随参数变化的分岔图如图 3-1 所示,迭代初始值 $x_0 = 0.6$,迭

代次数 $N = 2000$,省略前 1800 个点,参数 μ 的变化步长为 0.01。由图 3-1 可见,当时间序列依次经历稳定不动点→不稳定不动点→周期→混沌四个不同的演化阶段时,系统复杂性依次明显增加。当 $\mu = 4.0$ 时,Logistic 系统复杂性最大。这一点也可以通过 Logistic 系统的 Lyapunov 指数体现,Logistic 系统的 Lyapunov 指数曲线如图 3-2 所示。当 $\mu = 4.0$ 时,Logistic 系统的 Lyapunov 指数达到最大值 0.69。

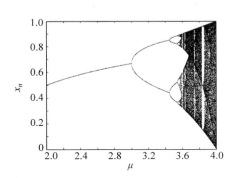 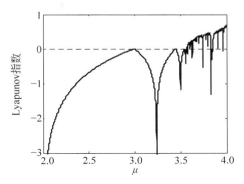

图 3-1 Logistic 映射的分岔图　　　　图 3-2 Logistic 映射的 Lyapunov 指数图

下面讨论 Logistic 映射的统计特性。

Logistic 映射的概率密度函数为

$$\rho(x) = \begin{cases} \dfrac{1}{\pi\sqrt{x(1-x)}} & 0 < x < 1 \\ 0 & \text{其他} \end{cases} \tag{3-3}$$

均值为

$$\bar{x} = \lim_{N \to +\infty} \sum_{i=1}^{N} x_i = \frac{1}{2} \tag{3-4}$$

自相关函数为

$$R_{aa}(\tau) = \lim_{N \to +\infty} \frac{1}{N} \sum_{n=0}^{N-1} a_n a_{n+\tau} = \begin{cases} 0.125 & \tau = 0 \\ 0 & \tau \neq 0 \end{cases} \tag{3-5}$$

互相关函数为

$$R_{ab}(\tau) = \lim_{N \to +\infty} \frac{1}{N} \sum_{n=0}^{N-1} a_n b_{n+\tau} = 0 \tag{3-6}$$

改进型 Logistic 映射又称 Improved Logistic 映射,其表达式为

$$x_{n+1} = 1 - 2(x_n)^2 \quad x_n \in (-1, 1) \tag{3-7}$$

其概率密度函数为

$$\rho(x) = \begin{cases} \dfrac{1}{\pi\sqrt{1-x^2}} & x \in (-1, 1) \\ 0 & \text{其他} \end{cases} \tag{3-8}$$

均值为

$$\bar{x} = \lim_{N \to +\infty} \sum_{i=1}^{N} x_i = 0 \tag{3-9}$$

自相关函数为

$$R_{aa}(\tau)=\lim_{N\to+\infty}\frac{1}{N}\sum_{n=0}^{N-1}a_na_{n+\tau}=\begin{cases}0.5 & \tau=0\\0 & \tau\neq 0\end{cases} \tag{3-10}$$

互相关函数为

$$R_{ab}(\tau)=\lim_{N\to+\infty}\frac{1}{N}\sum_{n=0}^{N-1}a_nb_{n+\tau}=0 \tag{3-11}$$

3.1.2 Tent 映射

Tent 映射也是一个应用比较广泛的离散混沌映射系统。目前,由 Tent 构成的混沌序列已经广泛应用于混沌扩频码的产生、混沌加密系统构造和混沌优化算法的实现等领域中。Tent 映射方程为

$$x_{n+1}=\begin{cases}x_n/q & 0<x_n\leqslant q\\(1-x_n)/(1-q) & q<x_n<1\end{cases} \tag{3-12}$$

其中,系统参数 $q\in(0,1)$,$x_n\in(0,1)$,它与 Logistic 互为拓扑共轭映射。当 q 在区间 $(0,1)$ 变化时,系统处于混沌状态;特别值得注意的是,当 $q=0.5$ 时,系统呈现短周期状态,如$(0.2,0.4,0.8,0.4,\cdots)$,由于短周期的存在,系统的结构比较简单,其复杂度比较小。另外,对于 Tent 系统,系统初值不能选取和系统参数 q 相同,如果相同,那么系统将演化成为一个周期系统。因此,在应用 Tent 系统时,应合理选择系统参数 q 和系统初值 x_0。Tent 映射系统具有以下统计特性。

均值为

$$\bar{x}=\lim_{N\to+\infty}\sum_{i=1}^{N}x_i=\frac{1}{2} \tag{3-13}$$

自相关函数为

$$R_{aa}(\tau)=\lim_{N\to+\infty}\frac{1}{N}\sum_{n=0}^{N-1}a_na_{n+\tau}=\begin{cases}1/12 & \tau=0\\0 & \tau\neq 0\end{cases} \tag{3-14}$$

互相关函数为

$$R_{ab}(\tau)=\lim_{N\to+\infty}\frac{1}{N}\sum_{n=0}^{N-1}a_nb_{n+\tau}=0 \tag{3-15}$$

3.1.3 Hénon 映射

Hénon 映射是 1976 年由 Hénon 提出来的一个二维离散混沌系统,其映射方程为[2]

$$\begin{cases}x_{n+1}=1-ax_n^2+y_n\\y_{n+1}=bx_n\end{cases} \tag{3-16}$$

当 $1.07\leqslant a\leqslant 1.4$,$b=0.3$ 时,系统处于混沌状态。变量 $x_n\in(-1.5,1.5)$,当 $a=1.4$ 时,系统复杂度最大。在一般的混沌同步、加密研究中,系统参数一般取 $a=1.4$,$b=0.3$。图 3-3 为 Hénon 映射的奇异吸引子,很像天上的银河,其中初值 $x_n(0)=y_n(0)=0.5$,迭代

1000 次。当初值 $x_n(0) = y_n(0) = 0.5$，参数 $b = 0.3$，$a \in [0, 1.5]$ 时，得 Hénon 映射系统的分岔图如图 3-4 所示，显然该映射系统由倍周期而进入混沌。

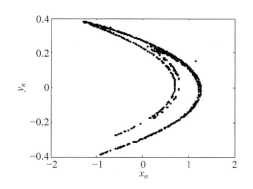

图 3-3　Hénon 映射的奇异吸引子

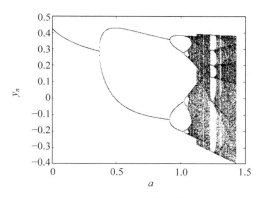

图 3-4　Hénon 映射分岔图

3.1.4　TD-ERCS 映射

随着对混沌研究的不断深入，人们提出了各类新型的混沌系统。2004 年，盛利元等提出了基于切延迟的椭圆反射腔离散混沌系统（tangent delay-ellipse reflecting cavity map system，TD-ERCS）[3]。TD-ERCS 系统的映射方程为

$$\begin{cases} x_n = -\dfrac{2k_{n-1}y_{n-1} + x_{n-1}(\mu^2 - k_{n-1}^2)}{\mu^2 + k_{n-1}^2} & \\[2mm] k_n = \dfrac{2k'_n - k_{n-1} + k_{n-1}k_n^{'2}}{1 + 2k_{n-1}k'_n - k_n^{'2}} & n = 1, 2, \cdots \\[2mm] k'_{n-m} = -\dfrac{x_{n-m}}{y_{n-m}}\mu^2 & m \leqslant n \\[2mm] y_n = k_{n-1}(x_n - x_{n-1}) + y_{n-1} & \end{cases} \tag{3-17}$$

式中，系统参数 $\mu \in (0, 1]$，变量 $|x_n| \leqslant 1$，$|y_n| \leqslant 1$，m 为整数，代表切线延迟数，k'_{n-m} 为延迟 m 后椭圆切线的斜率。k_0 可由入射角 α 确定，方法如下。

首先，由系统的初始值 x_0 及系统参数 μ 计算出 y_0 及斜率 k'_0

$$y_0 = \mu \sqrt{1 - x_0^2} \tag{3-18}$$

$$k'_0 = -\frac{x_0}{y_0}\mu^2 \tag{3-19}$$

然后利用三角函数关系，求得

$$k_0 = \frac{\tan\alpha + k'_0}{1 - k'_0 \tan\alpha} \tag{3-20}$$

因此，给定系统参数值 μ、m 和初值 x_0、α，就可以得到一组混沌序列 $\{x_n, k_n\}$。当切延迟 $m = 0$ 时，该系统演化为椭圆反射腔映射系统（ellipse reflecting cavity map system，ERCS）；当切延迟 $m \geqslant 1$ 时，该系统就为 TD-ERCS 系统，此时，系统处于混沌状态。

Lyapunov 指数随系统参数 μ 变化的情况如图 3-5 所示,曲线形态似飞翔的大雁,故称之为"大雁图",其中迭代次数 $n=400000$。显然 $\mu=1$ 处有最大值 $LE_1=0.92$(也是极大值);$\mu=0.5$ 处有极小值 $LE=0.33$;由此可见,在 μ 的定义域内 Lyapunov 指数均大于零,表明 TD-ERCS 具有全域性混沌特性。

$m=1$ 时,TD-ERCS 存在一个方形吸引子,如图 3-6 所示,其中参数取值为 $\mu=0.8123,x_0=0.7654,a=0.9876$,迭代次数 $n=1500$。迭代初期,相点不在吸引子上,随着迭代次数的增加,相点最终将落在方形吸引子上。实验表明,在 $0<\mu<1$ 时,方形吸引子的位置不变,与初值无关,即系统的极限状态将落在一个固定的正方形上,它给出了 θ 与 β 之间的简单线性关系。$\mu=1$ 时,吸引子位置与初值有关,但所有相点都在吸引子上。

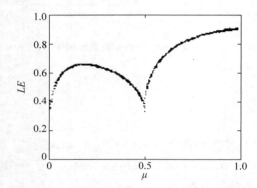

图 3-5　TD-ERCS 系统的 Lyapunov 指数(大雁)图
$(x_0=0.7654,a=0.9876)$

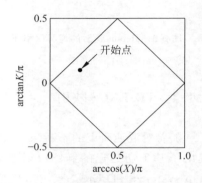

图 3-6　$m=1$ 时 TD-ERCS 的方形吸引子

3.2　连续混沌系统

首先,给出连续混沌系统的定义。考虑非线性系统

$$\dot{x}=F(x,\mu,t),\quad x(t_0)=x_0 \tag{3-21}$$

的解 $x(t)\in M\subset \mathbf{R}^n$ 为向量场 $\mathbf{F}$ 的通过点 x_0 的积分曲线,$x_0\in M,\mu\subset \mathbf{R}^P$ 为参数向量,如果 $x(t)$ 是混沌的,则称光滑的 n 维流形 M 上所有经过 x_0 的 $x(t)$ 为连续混沌。

从物理意义上看,连续混沌系统是由微分方程 $\dot{y}=F(x)$ 描述的、能产生混沌现象的非线性动力系统,通常可由模拟电路实现。

连续混沌系统分为两类,一类是自治系统,如 Lorenz 系统、Rössler 系统、Chua 电路系统等;另一类是非自治系统,其中具有代表性的系统有 Duffing 振子、van der Pol 振子。

3.2.1　Duffing 振子

Duffing 方程是非线性动力学系统强迫振动的典型方程,属于非线性振动问题。例如研究一个两端固定的铁片在外力驱动下的振动,考虑一端固定,另一端自由的铁片处

于两端磁铁之间在外力驱动下的运动,则有如下形式的 Duffing 方程[4]

$$\ddot{x} + k\dot{x} - f(x) = e(t) \qquad (3\text{-}22)$$

其中,k 为阻尼系数,$f(x)$ 是一个非线性函数,$e(t)$ 是周期为 T 的驱动项。当 $f(x)$、$e(t)$ 取不同的形式时,便可得出不同形式的 Duffing 方程。这里,考虑如下形式的 Duffing 方程

$$\ddot{x} + k\dot{x} - x + x^3 = F\cos\omega t \qquad (3\text{-}23)$$

其中,k 为系统的耗散系数,F 和 ω 为周期强迫力的振幅和频率,这是非线性振动中出现混沌解的一种重要模型。

令 $\dot{x} = y$,则式(3-23)可写为

$$\begin{cases} \dot{x} = y \\ \dot{y} = -ky + x - x^3 + F\cos\omega t \end{cases} \qquad (3\text{-}24)$$

令式(3-24)中各系数分别为 $k = 0.1, F = 1.5, \omega = 1$,可得该系统的吸引子如图 3-7 所示。

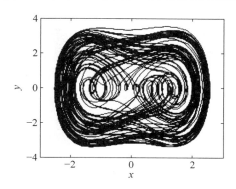

图 3-7   Duffing 系统在 xy 平面的奇异吸引子

3.2.2   van der Pol 振子

1926 年,van der Pol 提出了一个受外力驱动的非线性非自治系统,其方程为[5]

$$\begin{cases} \dot{x} = y \\ \dot{y} = -x + b(1 - x^2)y + A\sin\Omega t \end{cases} \qquad (3\text{-}25)$$

当参数 $b = 3, A = 5, \Omega = 1.788$ 时,该系统的混沌吸引子如图 3-8 所示。

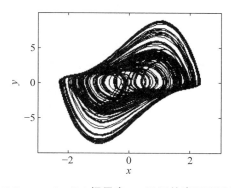

图 3-8   van der Pol 振子在 xy 平面的奇异吸引子

3.2.3 Lorenz 系统

美国气象学家 Lorenz 在研究大气对流模型时,所提炼的三维方程及其表现的"蝴蝶效应"动力学行为,为混沌学的创立奠定了基础。Lorenz 系统的数学模型是三元一阶非线性微分方程组,它是当今被讨论和引证最多的非线性动力学系统的典型例子之一。Lorenz 系统既有分岔、混沌现象,也有各种稳定现象,如倍周期、不动点等。

Lorenz 系统方程为[6]

$$\begin{cases} \dot{x} = \sigma(y-x) \\ \dot{y} = rx - y - xz \\ \dot{z} = xy - bz \end{cases} \tag{3-26}$$

其中 σ, r, b 为系统参数。该三阶常微分方程组以无限平板间流体热对流运动的简化模型为基础,由于它的变量不显含时间 t,故称作自治方程。式中 x 表示对流强度,y 表示向上流和向下流在单位元之间的温度差,z 表示垂直方向温度分布的非线性强度,r 表示引起对流和湍流的驱动因素和抑制对流因素之比,是系统的主要控制参数。$\sigma = v/k$ 是普朗特数(v 和 k 分别为分子黏性系数和热传导系数),b 代表与对流纵横比有关的外形比,且 σ 和 b 为无量纲常数。

数值研究结果表明,当 $\sigma = 10, b = 8/3, 28 \leqslant r < \infty$,除在一些 b 值($b = 100, 160, 260$ 等)的附近外,Lorenz 系统均处于混沌状态。取参数 $\sigma = 10, r = 28, b = 8/3$ 对 Lorenz 系统进行数值仿真,得到著名的"蝴蝶"吸引子,如图 3-9 所示。这种"蝴蝶"吸引子表现为它有两个不动点,轨线围绕两个不动点随机演化,形成螺旋状,恰像两个蝴蝶的翅膀。

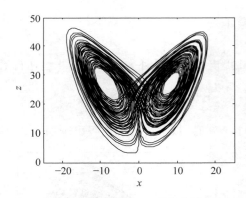

图 3-9　Lorenz 系统在 xz 平面的奇异吸引子

3.2.4 Rössler 系统

Rössler 方程是以一位德国内科医生 Otto E Rössler 的名字命名的。他曾对自己发现的混沌现象迷惑不解,把方程产生的奇异吸引子认定为自然界的物体,定名为"眼镜蛇"。该方程很像 Lorenz 系统方程,但只有一个非线性交叉项,也是保密通信研究的典型系统之一。

Rössler 系统的数学模型是用三元一阶微分方程组描述的[7],即

$$\begin{cases} \dot{x} = -y - z \\ \dot{y} = x + ay \\ \dot{z} = b + z(x - c) \end{cases} \tag{3-27}$$

其中,a,b,c 为系统参数,当 $a=b=0.2,c=5.7$ 时,系统处于混沌态,这时系统的 Lyapunov 指数谱为 $(0.0714,0,-5.3943)$。随着过程的演化,方程组的三维状态空间轨迹为 Rössler 系统确定了一个奇异吸引子,该吸引子描绘了系统的复杂性。Rössler 系统在 xy 平面的吸引子如图 3-10 所示。

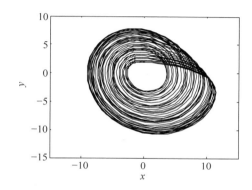

图 3-10　**Rössler** 系统在 xy 平面的奇异吸引子

3.2.5　蔡氏电路

1983 年,蔡少棠教授首次构建了著名的非线性混沌电路,学界称为蔡氏电路,它是迄今为止能产生最丰富复杂动力学行为,而电路结构相对简单的混沌系统,因此,已成为研究混沌控制和混沌保密通信的经典对象。调节蔡氏电路的参数可以产生倍周期分岔、单涡卷、周期 3 和双涡卷吸引子等复杂的非线性动力学行为。在蔡氏电路的基础上,目前对多涡卷蔡氏混沌吸引子的研究成为研究热点。

蔡氏电路混沌吸引子的归一化状态方程为[8]

$$\begin{cases} \dot{x} = \alpha[y - h(x)] \\ \dot{y} = x - y + z \\ \dot{z} = -\beta y \end{cases} \tag{3-28}$$

其中,$h(x)$ 是分段线性函数,其波形如图 3-11 所示;当 $h(x)$ 取不同的分段线性函数时,可产生双涡卷和多涡卷混沌吸引子。从保密通信的角度来讲,涡卷越多,混沌系统保密性越强。这里仅对双涡卷、3 涡卷、5 涡卷、7 涡卷混沌系统进行仿真。

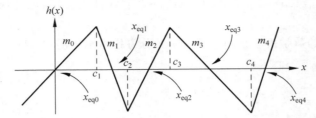

图 3-11　分段线性函数 $h(x)$ 示意图

1. 双涡卷蔡氏混沌吸引子

在双涡卷中,式(3-28)中的 $h(x)$ 及各参数表示为

$$
\begin{cases}
h(x) = m_{2q-1}x + \dfrac{1}{2}\displaystyle\sum_{i=1}^{2q-1}(m_{i-1}-m_i)\cdot(\,|\,x+c_i\,|-|\,x-c\,|\,) \\
q = 1,\alpha = 9,\beta = 100/7 \\
m = [m_0;\ m_1] = [-1/7;\ 2/7] \\
c = [c_1] = [1]
\end{cases}
\tag{3-29}
$$

用 MATLAB 仿真所得的混沌吸引子如图 3-12 所示,双涡卷混沌吸引子是目前人们最熟悉、也是研究得最为彻底的混沌电路。

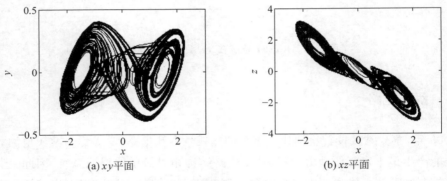

(a) xy 平面　　　　　　　　　　　(b) xz 平面

图 3-12　双涡卷混沌吸引子

2. 3 涡卷蔡氏混沌吸引子

在 3 涡卷中,式(3-28)中的 $h(x)$ 及各参数表示为

$$
\begin{cases}
h(x) = m_{2q-1}x + \dfrac{1}{2}\displaystyle\sum_{i=1}^{2q-1}(m_{i-1}-m_i)\cdot(\,|\,x+c_i\,|-|\,x-c_i\,|\,) \\
q = 2,\alpha = 9,\beta = 100/7 \\
m = [m_0,m_1,m_2,m_3] = [0.9/7,-3/7,3.5/7,-2.4/7] \\
c = [c_1,c_2,c_3] = [1,2.15,4]
\end{cases}
\tag{3-30a}
$$

或

$$\begin{cases} m=[m_0,m_1,m_2,m_3]=[-1/7,2/7,-4/7,2/7] \\ c=[1,2.15,3.6] \end{cases} \quad\text{(3-30b)}$$

通过 MATLAB 仿真所得非线性函数和 3 涡卷混沌吸引子如图 3-13 所示。

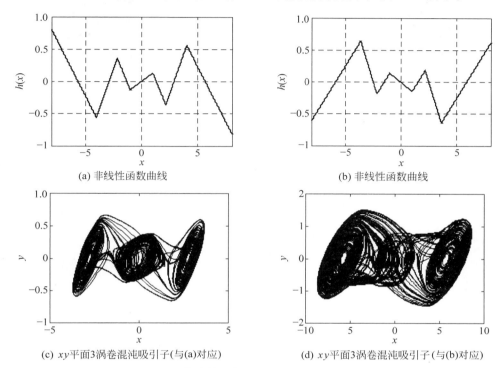

(a) 非线性函数曲线　　　　　　　　　(b) 非线性函数曲线

(c) xy平面3涡卷混沌吸引子(与(a)对应)　　　(d) xy平面3涡卷混沌吸引子(与(b)对应)

图 3-13　非线性函数曲线与 3 涡卷混沌吸引子

3.5 涡卷蔡氏混沌吸引子

在 5 涡卷中,式(3-28)中的 $h(x)$ 及各参数表示为

$$\begin{cases} h(x)=m_{2q-1}x+\dfrac{1}{2}\displaystyle\sum_{i=1}^{2q-1}(m_{i-1}-m_i)\cdot(|x+c_i|-|x-c_i|) \\ q=3,\alpha=9,\beta=100/7 \\ m=[m_0,m_1,m_2,m_3,m_4,m_5] \\ \quad=[0.9/7,-3/7,3.5/7,-2.7/7,4/7,-2.4/7] \\ c=[c_1,c_2,c_3,c_4,c_5]=[1,2.15,3.6,6.2,9] \end{cases} \quad\text{(3-31a)}$$

或

$$\begin{cases} m=[m_0,m_1,m_2,m_3,m_4,m_5]=\left[-\dfrac{1}{7},\dfrac{2}{7},-\dfrac{4}{7},\dfrac{2}{7},-\dfrac{4}{7},\dfrac{2}{7}\right] \\ c=[c_1,c_2,c_3,c_4,c_5]=[1,2.15,3.6,6.2,9] \end{cases} \quad\text{(3-31b)}$$

通过 MATLAB 仿真得到 5 涡卷混沌吸引子如图 3-14 所示。

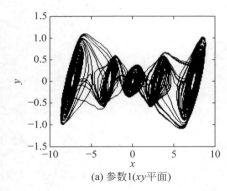
(a) 参数1(xy平面)

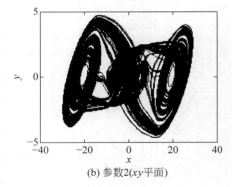
(b) 参数2(xy平面)

图 3-14　5 涡卷蔡氏混沌吸引子

4. 7 涡卷蔡氏混沌吸引子

在 7 涡卷中,式(3-28)中的 $h(x)$ 及各参数表示为

$$\begin{cases} h(x) = m_{2q-1}x + \dfrac{1}{2}\displaystyle\sum_{i=1}^{2q-1}(m_{i-1} - m_i) \cdot (|x + c_i| - |x - c_i|) \\ q = 4, \alpha = 9, \beta = 100/7 \\ m = [m_0, m_1, m_2, m_3, m_4, m_5, m_6, m_7] \\ \quad = [0.9/7, -3/7, 3.5/7, -2.4/7, 2.52/7, -1.68/7, 2.52/7, -1.68/7] \\ c = [c_1, c_2, c_3, c_4, c_5, c_6, c_7] = [1, 2.15, 3.6, 6.2, 9, 14, 25] \end{cases} \quad (3\text{-}32)$$

通过 MATLAB 仿真得到 7 涡卷混沌吸引子如图 3-15 所示。

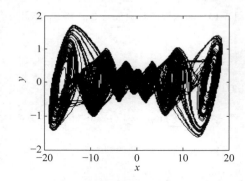

图 3-15　7 涡卷蔡氏混沌吸引子(xy 平面)

3.2.6　Chen 系统

1999 年,在研究混沌的反控制的过程中,即利用反馈控制产生混沌的问题时,香港城市大学的陈关荣教授发现了一个新的混沌吸引子,从系统的相图看,它与 Lorenz"蝴蝶"吸引子相比,在相空间上更加复杂一些。

陈氏吸引子的数学模型为[9]

$$\begin{cases} \dot{x} = a\,(y-x) \\ \dot{y} = (c-a)\,x - xz + cy \\ \dot{z} = xy - bz \end{cases} \qquad (3\text{-}33)$$

其中，$X = (x,y,z)^{\mathrm{T}} \in \mathbf{R}^3$ 为系统的状态，$a>0, b>0, c>0$ 为系统的参数。尽管陈氏系统在形式上与另两个著名的混沌系统——Lorenz 系统和 Rössler 系统有相似之处，但陈关荣教授证明了该系统与这两个混沌系统都不是拓扑等价的，该系统的吸引子不同于以往任何一个混沌系统的吸引子，并对该吸引子的特性，如分岔、通向混沌的途径等进行了定性分析。当参数值取 $a=35$、$b=3$、$c=28$ 时，陈氏混沌系统在 x-z 平面的奇怪吸引子如图 3-16 所示。

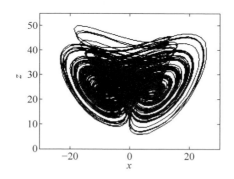

图 **3-16**　陈氏混沌吸引子在 x-z 平面相图

文献[10]对 Chen 系统进行了硬件电路设计与实验，电路图及其实验结果分别如图 3-17 和图 3-18 所示。显然，实验结果与仿真结果一致。

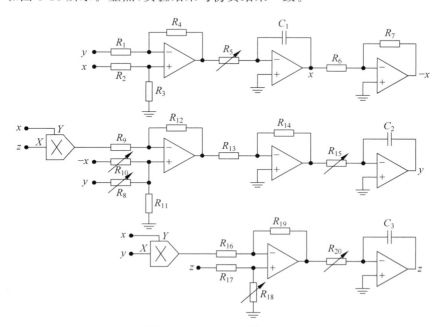

图 **3-17**　Chen 系统的电路图

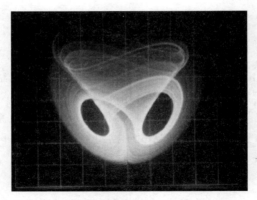

图 3-18　示波器显示的 Chen 电路混沌吸引子

3.2.7　Lü 系统

2002 年,吕金虎等发现了一个新的混沌吸引子,它连接了著名的 Lorenz 吸引子和 Chen 吸引子,其数学模型为[11]

$$\begin{cases} \dot{x} = a(y-x) \\ \dot{y} = -xz + cy \\ \dot{z} = xy - bz \end{cases} \tag{3-34}$$

其中 a、b、c 为系统参数,当参数 $a=36$、$b=3$、$c=20$ 时,系统处于混沌态。系统在 x-z 平面的混沌吸引子如图 3-19 所示。

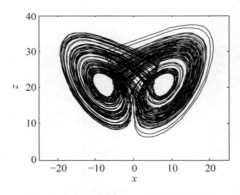

图 3-19　Lü 系统在 x-z 平面的吸引子

3.2.8　统一混沌系统

2002 年,吕金虎、陈关荣等又提出了一个新的混沌系统,该系统将 Lorenz 吸引子和 Chen 吸引子连接起来,而 Lü 系统只是它的一个特例,故称其为统一混沌系统。根据 Vaněček 和 Čelikovský 的定义[12],Lorenz 系统、Chen 系统和 Lü 系统分属于不同的拓扑

类型。统一混沌系统的数学模型为[13]

$$\begin{cases} \dot{x} = (25\alpha + 10)(y - x) \\ \dot{y} = (28 - 35\alpha)x - xz + (29\alpha - 1)y \\ \dot{z} = xy - (8 + \alpha)z/3 \end{cases} \qquad (3\text{-}35)$$

其中系统参数 $\alpha \in [0,1]$。在此范围内统一混沌系统具有全域性混沌特性，根据 Vaněček 和 Čelikovský 在文献[12]中的定义，当 $\alpha \in [0,0.8)$ 时，统一混沌系统属于广义 Lorenz 系统；当 $\alpha \in (0.8,1]$ 时，统一混沌系统属于广义 Chen 系统；而当 $\alpha = 0.8$ 时，统一混沌系统属于 Lü 系统。所以统一混沌系统具有连接 Lorenz 系统和 Chen 系统的重要作用，而且是单参数连续混沌系统，即只用一个参数 α 就可以控制整个系统，当 α 由零逐渐增加到 1 时，系统也由广义的 Lorenz 系统逐渐过渡到广义的 Chen 系统[14]。不同参数下的统一混沌系统在 x-z 平面的混沌吸引子如图 3-20 所示。统一混沌系统参数 α 在 $[0,1]$ 的范围内的最大 Lyapunov 指数如图 3-21 所示，除了三个明显的周期窗口，即 $W_1 = [0.369,\ 0.371]$，$W_2 = [0.468,\ 0.470]$，$W_3 = [0.575,\ 0.597]$，最大 Lyapunov 指数在 $\alpha \in [0,1]$ 均大于零。所以统一混沌系统具有全域性混沌特性。鉴于统一混沌系统具有其他非线性模型无法比拟的优异性能，该系统的控制与同步是目前混沌研究的热点[15]，其在保密通信领域具有广泛的应用前景[16]。

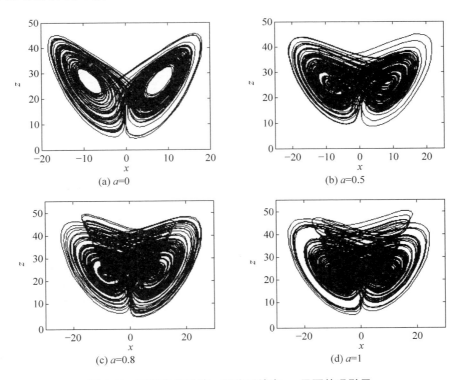

(a) a=0 (b) a=0.5

(c) a=0.8 (d) a=1

图 3-20　不同参数时统一混沌系统在 xz 平面的吸引子

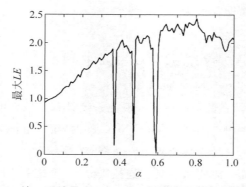

图 3-21 统一系统最大 Lyapunov 指数随参数而变化的曲线

3.2.9 简化 Lorenz 系统

简化 Lorenz 系统的动力学方程为[17]

$$\begin{cases} \dot{x} = 10(y - x) \\ \dot{y} = -xz + (24 - 4c)x + cy \\ \dot{z} = xy - 8z/3 \end{cases} \tag{3-36}$$

其中 c 是系统的分岔参数。简化 Lorenz 系统的最大 Lyapunov 指数如图 3-22 所示,显然系统在 $c \in [-1.59, 7.75]$ 内处于混沌态,但至少存在 9 个周期窗口,即 $W_1 = [3.507, 3.509]$,$W_2 = [4.581, 4.612]$,$W_3 = [4.6911, 4.722]$,$W_4 = [5.122, 5.127]$,$W_5 = [5.167, 5.169]$,$W_6 = [5.599, 5.600]$,$W_7 = [5.7601, 5.770]$,$W_8 = [5.820, 5.830]$ 和 $W_9 = [6.415, 6.425]$。

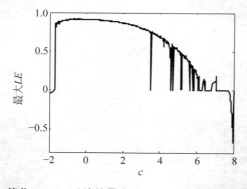

图 3-22 简化 Lorenz 系统的最大 Lyapunov 指数随参数变化曲线

简化 Lorenz 系统的随系统参数 c 变化的分岔图如图 3-23 所示。简化 Lorenz 系统的混沌吸引子如图 3-24 所示。简化 Lorenz 系统具有如下性质:

(1) 在 $c \in [-1.59, 7.75]$ 的大部分区间里系统是混沌的。

(2) 当 $c = -1$ 时,它是具有标准参数的普通 Lorenz 系统。

(3) 当 $c = 0$ 时,第二个方程中没有变量 y。

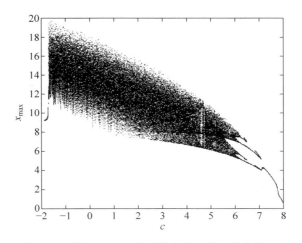

图 3-23 简化 Lorenz 系统随参数 c 变化的分岔图

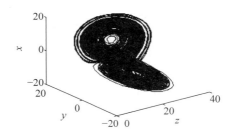

图 3-24 简化 Lorenz 系统的吸引子($c=2$)

（4）当 $c=6$ 时，第二个方程中没有变量 x。

（5）当 c 在其范围内变化时它有非常丰富的分岔集。

（6）根据 Vaněček 和 Čelikovský 的拓扑定义，简化 Lorenz 系统原点的线性化产生一个 3×3 偏微分的常数矩阵 $\boldsymbol{A}=[a_{ij}]_{3\times3}$，其中 $a_{12}a_{21}$ 的符号可以区分不等价的拓扑结构。根据该准则，$c<6$ 时，$a_{12}a_{21}>0$；$c=6$ 时，$a_{12}a_{21}=0$；$c>6$ 时，$a_{12}a_{21}<0$。尽管简化 Lorenz 系统包含三个不同的拓扑结构，但在标准值 $c=6$ 时没有发现特殊的分岔，所以拓扑结构和动力学特性之间的关系有待深入研究。

简化 Lorenz 系统具有如下几个重要特性。

1. 对称性和不变性

简化 Lorenz 系统在变换 $(x，y，z)\rightarrow(-x，-y，z)$ 下是对称的和不可变的，即，关于 z 轴对称。对称性对于所有的 $c\in(-\infty，+\infty)$ 适用。z 轴本身是一个轨道（一个不变的流），即，如果 $t=t_0，x=y=0$，则对于所有的 $t\geqslant t_0，x=y=0$；而且，当 $t\rightarrow\infty$ 时，z 轴上的轨道趋于原点，对于这样一条轨道，$\dot{x}=\dot{y}=0，\dot{z}=-8z/3$。因此简化 Lorenz 系统对于所有的参数 c 都具有对称性和不变性。

2. 耗散性和吸引子的存在性

体积收缩比率由 Lie 导数给出

$$\frac{1}{V}\frac{dV}{dt} = \sum \frac{\partial \Phi_i}{\partial \Phi_i}, \quad i = 1, 2, 3, \quad \Phi_1 = x, \quad \Phi_2 = y, \quad \Phi_3 = z \tag{3-37}$$

由简化 Lorenz 系统(3-36)可得

$$\frac{1}{V}\frac{dV}{dt} = \frac{\partial \dot{x}}{\partial x} + \frac{\partial \dot{y}}{\partial y} + \frac{\partial \dot{z}}{\partial z} = \frac{3c-38}{3} = p \tag{3-38}$$

这样,可求解得

$$V(t) = V(0)e^{pt} \tag{3-39}$$

当 $c < 38/3$,p 为负值,则简化 Lorenz 动力学系统是耗散的,对 $t \to +\infty$,它以指速率 e^{pt} 收缩于 0 体积,该 0 点可能是一个平衡点,一个有限区间,或者一个奇异吸引子。

3. 平衡点和稳定性

简化 Lorenz 系统的平衡点可以通过求解三个方程 $\dot{x} = \dot{y} = \dot{z} = 0$ 得到,即 $10(y-x) = 0$,$-xz + (24-4c)x + cy = 0$,$xy - 8z/3 = 0$。从而可得三个平衡点,即 $S_0(0, 0, 0)$,$S_-(-\sqrt{64-8c}, -\sqrt{64-8c}, 24-3c)$,$S_+(+\sqrt{64-8c}, +\sqrt{64-8c}, 24-3c)$,其中两个平衡点 S_-、S_+ 是关于 z 轴对称的。

系统在平衡点 S_0 附近线性化,则系统有一个特征值 $\lambda_1 = -8/3$ 以及其他两个特征值满足的特征方程

$$f(\lambda) = \lambda^2 + (10-c)\lambda + 30c - 240 = 0 \tag{3-40}$$

如果 $c \in (8, 10)$,则 $10 - c > 0$ 和 $30c - 240 > 0$,则方程式(3-40)的两个特征值均为负数,原点平衡点是一个螺旋结点,对于 $c \in (-\infty, 8)$ 或 $c \in (10, +\infty)$,方程式(3-36)的根总是满足 $\lambda_2 > 0 > \lambda_3$,因此平衡点 S_0 在三维状态空间是一个鞍点。

下面,对系统在其他两个平衡点进行线性化,得到以下特征方程

$$f(\lambda) = \lambda^3 + (38/3 - c)\lambda^2 + (272/3 - 32c/3)\lambda + 20(64 - 8c) \tag{3-41}$$

这两个平衡点 $S_\pm$ 具有同样的稳定特性。令 $A = 38/3 - c$,$B = 272/3 - 32c/3$,$C = 20(64 - 8c)$。对于 $c \in (-1.59, 7.75)$ 或 $c \in (8, +\infty)$,有 $A > 0$,$B > 0$,$C > 0$ 和 $A \times B < C$。这样,式(3-41)不满足 Routh-Hurwitz 规则,而且存在一对复数共轭特征值,其实部为正值,这两个平衡点 $S_\pm$ 是螺旋鞍点。如果 $c \in (-\infty, -1.59)$ 或 $c \in (7.75, 8)$,则 $A \times B > C$。式(3-41)满足 Routh-Hurwitz 规则,而且两个复数根的实部也都是负的,且两个平衡点 $S_\pm$ 也都是螺旋结点。该系统的平衡点的分类如表 3-1 所示。

表 3-1   不同 c 值时的平衡点分类

平衡点	c	特征值符号	分 类
S_0	$(8, 10)$	$- - -$	螺旋结点(收敛)
	$(-\infty, 8)$ & $(10, +\infty)$	$+ - -$	鞍点(指标 1)
$S_\pm$	$(-\infty, -1.59)$ & $(7.75, 8)$	$- - -$	螺旋结点
	$(-1.59, 7.75)$	$+ + -$	螺旋鞍点(指标 2)
	$(8, +\infty)$	$+ - -$	鞍点(指标 1)

简化 Lorenz 系统可用模拟电路实现,其中的非线性部分通过采用运放 LM741 和乘法器 AD633 来实现。由系统的仿真图知其状态变量的变化范围均超出了运放、乘法器

的电源电压提供范围,故系统的状态变量不能直接作为电压变量,在具体电路实现时需将系统的状态变量进行适当的比例变换。简化 Lorenz 系统电路如图 3-25 所示[18],其中 c 为简化 Lorenz 系统的系统参数,这样,改变 R_{14} 的值等价于改变系统参数 c 的值。图 3-26 为示波器显示的吸引子相图。

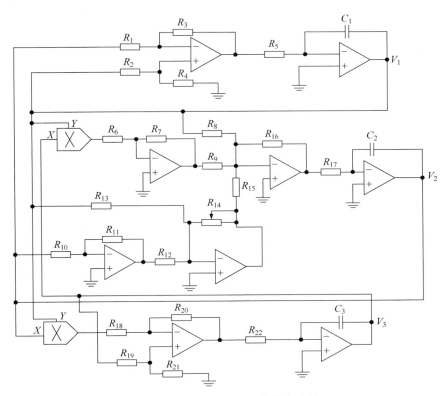

图 3-25 简化 Lorenz 系统的电路图

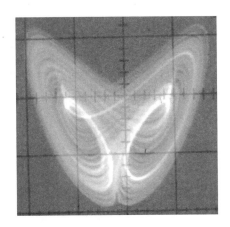

图 3-26 示波器显示的简化 Lorenz 系统的吸引子 xz 平面相图($c=4.678$)

3.2.10 新混沌系统的建议标准

目前,已经提出了许多低维离散时间和连续时间混沌数学模型,且其解均为混沌态,由一个正的 Lyapunov 指数可证明这点。人们不断地发现新的混沌并发表在一大堆非线性动力学期刊上,这些论文的内容只是详细地报道了在状态空间非周期轨道到分岔图特征,计算系统的 Lyapunov 指数谱,在参数空间系统通向混沌的道路,以及其他一些动力学和拓扑性质等。显然这些论文几乎都没有错,但是它们通常提供的仅仅是众所周知、理解透彻的又一个混沌例子的行为,不能称其为新的混沌系统。

针对这一现象,Sprott 教授认为[19],要想认定提出的系统是新的混沌系统,则该系统必须至少满足下面标准中的一项:

(1) 系统应能可靠地模拟一些自然界重要的未解决的问题,并对该问题进行解释。

(2) 系统必须展示一些以前没有观察到的动力学行为。

(3) 系统必须比所有已存在,并观察到相同行为的已知系统更简单。

以上标准为新混沌系统的论文发表提供了一个必要非充分的条件,著名的 Lorenz 系统在首次发表时就完全满足这三个标准,因为它涉及大气湍流,提出了初值敏感条件,并且在当时是拥有这些性质的最简单的系统。

3.3 超混沌系统

对于高维偏微分方程中出现的混沌运动,在许多情形下可能具有多于一个方向的不稳定性,即超混沌。超混沌系统具有两个以上的正的 Lyapunov 特征指数,具有较一般混沌系统更复杂的动力学行为。

3.3.1 Rössler 超混沌系统

Rössler 超混沌系统是 Rössler 于 1979 年发现的一个简单的四维振荡器模型,该系统能在两个方向上产生双曲不稳定的超混沌吸引子。Rössler 系统的动力学方程为[20]

$$\begin{cases} \dot{x}_1 = -x_2 - x_3 \\ \dot{x}_2 = x_1 + ax_2 + x_4 \\ \dot{x}_3 = b + x_1 x_3 \\ \dot{x}_4 = -cx_3 + dx_4 \end{cases} \tag{3-42}$$

当系统参数 $a = 0.25, b = 3.0, c = 0.5, d = 0.05$ 时,系统处于超混沌态,其 Lyapunov 指数谱为 $(0.112, 0.019, 0, -25.188)$,其吸引子如图 3-27 所示。

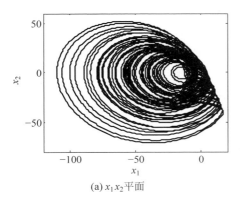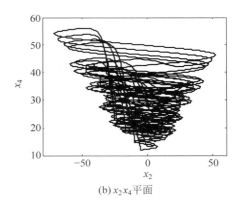

(a) x_1x_2平面   (b) x_2x_4平面

图 3-27 Rössler 超混沌吸引子相图

3.3.2 Chen 超混沌系统

2005 年,Li 等通过状态反馈控制构建了超混沌 Chen 系统,其方程为[21]

$$\begin{cases} \dot{x} = a(y-x) + w \\ \dot{y} = dx - xz + cy \\ \dot{z} = xy - bz \\ \dot{w} = yz - rw \end{cases} \tag{3-43}$$

其中,x、y、z 和 w 为系统的状态变量,a、b、c、d 和 r 为系统的控制参数,在 $a=35$、$b=3$、$c=12$、$d=7$ 条件下,r 处于区间 $[0, 0.1085]$、$(0.1085, 0.1798]$、$(0.1798, 0.1900]$ 时,系统(3-43)分别表现为混沌运动、超混沌运动、周期性运动。当 $a=35$、$b=3$、$c=12$、$d=7$ 和 $r=0.16$ 时,超混沌系统具有两个正的 Lyapunov 指数,分别为 0.1567 和 0.1126,该系统的吸引子如图 3-28 所示。

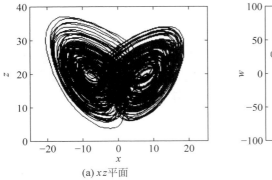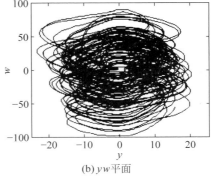

(a) xz平面   (b) yw平面

图 3-28 Chen 超混沌吸引子相图

3.3.3　折叠毛巾超混沌映射

1979 年,Rössler 提出了一个三维超混沌映射[20],它具有折叠毛巾状的吸引子,其映射方程为

$$\begin{cases} x_{n+1} = ax_n(1-x_n) - 0.05(y_n - 0.35)(1-2z_n) \\ y_{n+1} = 0.1((y_n+0.35)(1+2z_n)-1)(1-1.9x_n) \\ z_{n+1} = 3.78z_n(1-z_n) + by_n \end{cases} \qquad (3\text{-}44)$$

其中,a、b 为控制参数,x、y、z 为系统变量。当 $a=3.8$,$b=0.2$ 时,系统是超混沌的,其 Lyapunov 指数谱为 $(0.418, 0.373, -2.502)$[22]。当 $a=3.8$,$b=0.2$,$x_0=0.1$,$y_0=0.2$ 和 $z_0=0.3$ 时,折叠毛巾映射的三维混沌吸引子相图如图 3-29 所示。

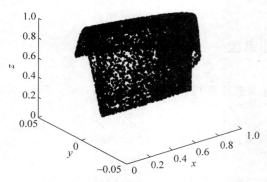

图 3-29　折叠毛巾映射的三维混沌吸引子像图

3.3.4　2D-SIMM 超混沌映射

基于 Sine 映射和 ICMIC 映射,采用闭环调制耦合模型[23],可得到二维 sine ICMIC 调制映射(two-dimensional sine ICMIC modulation map,2D-SIMM)[24],其系统方程为

$$\begin{cases} x(n+1) = a\sin[\omega y(n)]\sin[c/x(n)] \\ y(n+1) = a\sin[\omega x(n+1)]\sin[c/y(n)] \end{cases} \qquad (3\text{-}45)$$

其中,x、y 为系统状态变量,参数 a 表示幅度,ω 表示频率,c 表示内部扰动频率。值得注意的是,x_n、$y_n \neq 0$。否则,系统方程(3-45)无意义。因此,系统的初始条件 x_0、$y_0 \neq k\pi$ 或 $c/k\pi$,$k \in \mathbf{N}$。当参数取 $a=1$,$\omega=\pi$,$c=3$ 时,系统具有两个正的 LEs $(3.8307, 2.7737)$,呈超混沌态,其吸引子相图如图 3-30 所示。

混沌系统模型远不止这些,本章介绍的只是典型混沌系统,是混沌理论与应用研究的常用模型,这些模型不仅具有实际物理意义,而且具有独有的特征,是人们研究混沌理论及其应用的常用对象。随着混沌学研究的深入,人们还将不断揭示和发现自然界中的混沌系统模型及其动力学特性。

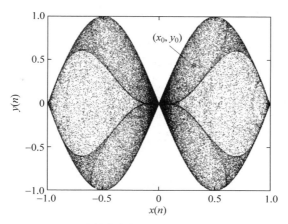

图 3-30　2D-SIMM 映射在参数 $a=1, \omega=\pi, c=3$ 的吸引子相图

思考题

（1）尝试构建一个新的混沌模型。

（2）一个新的混沌系统应具有什么样的特征？

（3）计算映射 $x_{n+1}=x_n^2+c$ 的分岔图，其中 $-2<c<0.3$，并近似验证费根鲍姆常数。

（4）什么是超混沌系统？有何特征？

参考文献

[1]　May R. Simple mathematical models with very complicated dynamic [J]. Nature, 1976, 261: 459-467.

[2]　Hénon M. A two-dimensional mapping with a strange attractor [J]. Communication in Mathematical Physics, 1976, 50, 291-312.

[3]　盛利元,孙克辉,李传兵.基于切延迟的椭圆反射腔离散混沌系统及其性能研究[J].物理学报, 2004. 53(9): 2871-2806.

[4]　Duffing G. Erzwungene Schwingungen bei Veränderlicher Eigenfrequenz [M]. Braunschweig: Vieweg, 1918.

[5]　van der Pol B. On relaxation oscillations [J]. Philosophical Magazine, 1926, 2: 978-992.

[6]　Lorenz E N. Deterministic nonperiodic flow [J]. Journal of Atmospheric Sciences, 20: 130-141.

[7]　Rössler O E. An equation for continuous chaos [J]. Physics Letters A, 1976, 57(5): 397-398.

[8]　Matsumoto T, Chua L O, Tanaka S. Simplest chaotic nonautonomous circuit [J]. Physical Review A, 1984, 30: 1155-1157.

[9]　Chen G, Ueta T. Yet another chaotic attractor [J]. International Journal of Bifurcation and Chaos, 1999, 9: 1465-1466.

[10]　Zhong G Q, Tang K S. Circuitry implementation and synchronization of Chen's attractor [J]. International Journal of Bifurcation and Chaos, 2002, 12(6): 1423-1427.

[11]　Lü J H, Chen G R. A new chaotic attractor coined [J]. International Journal of Bifurcation and Chaos, 2002, 12(3): 659-661.

［12］ Vanecek A，Celikovsky S. Control Systems：From linear analysis to synthesis of chaos ［M］. London：Pretice-Hall，1996.

［13］ Lü J H，Chen G R，Cheng D Z，et al. Bridge the gap between the Lorenz system and the Chen system ［J］. International Journal of. Bifurcation and Chaos，2002，12(12)，2917-2926.

［14］ Lü J H，Zhou T，Chen G R，et al. The compound structure of Chen's attractor ［J］. International Journal of Bifurcation and Chaos，2002，12(4)：855-858.

［15］ Yang Y S，Liao T Lu，Yan J J. Sliding mode control design for generalized projective synchronization of unified chaotic systems containing nonlinear inputs ［J］. Journal of Vibration and Control，2012，18(6)：808-816.

［16］ Cheng C J. Robust synchronization of uncertain unified chaotic systems subject to noise and its application to secure communication ［J］. Applied Mathematics and Computation，2012，219(5)：2698-2712.

［17］ Sun K H，Sprott J C. Dynamics of a simplified Lorenz system ［J］. International Journal of Bifurcation and Chaos，2009，19(4)：1357-1366.

［18］ 孙克辉,杨静利,丁家峰,等. 单参数 Lorenz 混沌系统的电路设计与实现[J].物理学报，2010，59(12)：8385-8392.

［19］ Sprott J C. A proposed standard for the publication of new chaotic systems ［J］. International Journal of Bifurcation and Chaos，2011，21(9)：2391-2394.

［20］ Rössler O E. An equation for hyperchaos ［J］. Physics Letters A，1979，71(2-3)：155-157.

［21］ Li Y，Chen G，Tang K S. Generating hyperchaos via state feedback control ［J］. International Journal of Bifurcation and Chaos，2005，15(10)：3367-3375.

［22］ Zgliczynski P. Symbolic dynamics for the Rössler folded towel map ［J］. Banach Center Publications，1999，47(1)：253-258.

［23］ Liu W,Sun K,Zhu C. A fast image encryption algorithm based on chaotic map[J]. Optics and Lasers in Engineering,2016,84：26-36.

［24］ Liu W,Sun K,He S. SF-SIMM high-dimensional hyperchaotic map and its performance analyse[J]. Nonlinear Dynamics,2017,89(4)：2521-2532.

对初值的极其敏感性使人们一度认为混沌同步是不可能的,直到1990年,美国海军实验室的 Pecora L M 和 Carroll T L 提出混沌的自同步方法[1],首次利用驱动-响应法实现了两个混沌系统的同步[2]。同年,美国科学家 Ott,Grebogi 和 Yorke 提出了实现混沌控制的 OGY 方法[3],这一突破性的研究进展打破了混沌运动模式是不可控和危险的传统观念,证明了混沌不仅是可以实现控制和同步的,而且还可以作为信息传输与处理的动力学基础,从而使得混沌系统应用于信息安全领域成为可能,由此揭开了混沌信息安全应用研究的序幕。

混沌同步,从总体上说,属于混沌控制的范畴,即混沌同步问题可以看成一类让被控系统的混沌轨道按目标系统轨道运动的控制问题。传统的混沌控制一般是将系统稳定在不稳定的周期轨道上,混沌的同步则是实现两个系统的混沌状态的完全重构。

本章将在阐述混沌同步定义和混沌同步系统性能指标的基础上,结合实例,研究多种混沌同步控制方法的原理与性能,为后续混沌保密通信应用研究奠定技术基础。

4.1 混沌同步定义

定义 4-1[4] 考虑如下两个非线性动力学系统

$$\dot{x} = F(t, x) \tag{4-1}$$

$$\dot{y} = F'(t, y) + U(t, x, y) \tag{4-2}$$

其中,$x, y \in \mathbf{R}^n$ 分别为系统的状态变量,F、F'：$[\mathbf{R}_+ \times \mathbf{R}^n] \rightarrow \mathbf{R}^n$ 为非线性映射,U：$[\mathbf{R}_+ \times \mathbf{R}^n \times \mathbf{R}^n] \rightarrow \mathbf{R}^n$ 为混沌系统的同步控制量,$\mathbf{R}_+$ 为非负实数集。如果存在 $D(t_0) \subseteq \mathbf{R}^n, \forall x_0, y_0 \in D(t_0)$,当 $t \rightarrow \infty$ 时有 $\lim \| x(t; t_0, x_0) - y(t; t_0, y_0) \| = 0$ 成立,则系统(4-2)和系统(4-1)同步。称系统(4-1)为驱动系统,系统(4-2)为响应系统,$D(t_0)$ 为同步区域。若 $D(t_0)$ 支撑着整个空间 $\mathbf{R}^n$,则同步定义为全局(完全)同步,若 $D(t_0)$ 是 $\mathbf{R}^n$ 的一个子集,则该同步定义为局域(部分)同步。如果 $F = F'$,则称为自同步。

若令 $e = x - y$ 为误差向量,则由系统(4-1)和系统(4-2)得到其同步误差系统为

$$\dot{e} = F(t, x) - F'(t, y) - U(t, x, y) = G(t, e, x) \tag{4-3}$$

相应地,由误差系统(4-3)在原点处的稳定性原理,可推导出系统同步稳定性条件。

在混沌同步研究中,主要用 Lyapunov 稳定性原理或由 Pecora 和 Carroll 提出的条件 Lyapunov 指数来判断同步系统的稳定性。以前者为主要判据,后者是同步的一个必要条件,但线性稳定性定理表明,对大多数动力学系统来说,该必要条件也是充分条件,故在研究中也被用作判据[5]。

以上同步定义不仅适合于混沌系统同步,而且也适合于非混沌(即周期等)系统同步;既适合于自治系统的同步,也适合于非自治系统的同步,甚至可以推广到超混沌系统的同步和时空混沌系统的同步。

4.2　混沌同步系统的性能指标

同步系统性能的研究直接关系到混沌系统的实际应用,开展同步性能的机理研究具有重大意义。混沌同步控制器的控制参数对系统同步性能有较大的影响,如何选择控制参数使同步性能最优是混沌同步研究的重要内容,如通过合理选择系统初值、控制参数可改善系统的同步性能,如缩短同步建立时间、提高同步系统的稳定性和收敛速度、增大同步系统的抗干扰能力等。这里首先系统地提出混沌同步系统的性能指标,同步性能指标主要包括同步稳定性、同步鲁棒性、同步稳态误差、同步精度、同步建立时间、同步化区域、同步动态特性等[6]。

定义 4-2　**同步稳定性**是指不同初态的混沌同步系统满足 Lyapunov 渐近稳定条件,即系统方程的解具有收敛性。它是混沌同步系统的首要特性,是同步系统正常工作的必要条件,是实现保密通信应用的关键。稳定性又分为大范围(全局)渐近稳定性和小范围(局部)渐近稳定性。

定义 4-3　**同步鲁棒性**是指驱动系统与响应系统在系统参数失配的情况下,系统仍然保持稳定同步的性能。从系统实用的角度来看,系统的鲁棒性越好,则系统越容易实现;但从通信保密的角度来看,系统的鲁棒性越好,则保密性越差,这是一对矛盾,实际应用当中必须折中考虑。

定义 4-4　**同步稳态误差**是指混沌系统达到同步后,同步的两混沌信号实现同步的准确程度,一般用 $\Delta\varphi$ 表示。

定义 4-5　**同步精度**是指受控系统产生的混沌信号与目标系统产生的混沌信号在幅度、相位上的一致程度,用 δ 表示。它与同步稳态误差的关系为 $\delta = 10^{[\lg\Delta\varphi]}$,其中 $[x]$ 表示不大于 x 的最小整数[7]。

定义 4-6　**同步建立时间**是实现混沌保密通信应用的重要指标,它是指响应信号满足给定同步精度所经历的过渡时间,用 T_s 表示。为描述混沌系统的同步,可采用如下方法计算同步精度

$$p = \left[\sum_{i=1}^{n} (y_i - x_i)^2\right]^{\frac{1}{2}} \tag{4-4}$$

或

$$p = \max\{|y_i - x_i|, i = 1, 2, \cdots, n\} \tag{4-5}$$

其中,n 为混沌系统的变量数。当 $p \leqslant \delta$ 时,就认为达到了同步。文献[5]指出同步建立时间与条件 Lyapunov 指数的绝对值的倒数为毫秒量级一致。

定义 4-7 同步化区域是指能使混沌系统同步的初值范围,He 和 Vaidya 已证明[8]:混沌系统初值在一定区域内(同步化区域内),响应系统的解是渐近稳定的,即响应系统最终将与驱动系统同步。显然,一种成功的或有实际意义的同步方式应具有足够大的同步化区域。

定义 4-8 同步动态特性又称为同步建立的过渡特性或瞬态特性,同步动态特性一般表现为单调衰减或非单调衰减,非单调衰减说明同步过程中存在非同步化趋势,应尽量克服。

研究表明,控制参数与同步性能指标密切相关,合理选择控制参数可使响应系统的条件 Lyapunov 指数(CLE)由正变负,使响应系统可控;响应系统的 CLE 全负是实现混沌同步控制的充分条件,在大多数情况下,也是必要条件;CLE 负得越多,即 CLE 越小,则误差响应收敛越快,同步建立时间越短,如表 4-1 所示,表中最大 CLE 采用第 2 章所述的计算方法计算,理论值由文献[9]给出。当响应系统 CLE 全负,并且显著小于零时,一般可保证有足够大的同步化区域[10]。可见,控制参数主要通过改变系统的 CLE 来达到改善系统的同步性能之目的。

表 4-1 最大条件 Lyapunov 指数与同步建立时间对比表

混沌系统	驱动变量	最大 CLE	最大 CLE 理论值	同步建立时间/s
Lorenz 系统 1	x	-1.81	-1.86	2.8
($\sigma=10$, $b=8/3$, $r=28$)	y	-2.67	-9.99	1.8
Lorenz 系统 2	x	-2.50	-2.50	2.0
($\sigma=16$, $b=4$, $r=45.92$)	y	-3.95	-16.00	1.4

4.3 反馈同步控制原理与性能

4.3.1 连续混沌系统的多变量驱动反馈同步

设有如下两个相同结构、不同初值的连续混沌系统,其动力学方程为
驱动系统

$$\begin{cases} \dot{X} = AX + Bf(X) \\ X(0) \in \mathbf{R}^n \end{cases} \tag{4-6}$$

响应系统

$$\begin{cases} \dot{Y} = AY + Bf(Y) + U(X, Y) \\ Y(0) \in \mathbf{R}^n \end{cases} \tag{4-7}$$

其中,驱动变量 $X \in \mathbf{R}^n$,$Y \in \mathbf{R}^n$,矩阵 $A \in \mathbf{R}^{n \times m}$,$B \in \mathbf{R}^{n \times m}$,$F: \mathbf{R}^n \times \mathbf{R} \to \mathbf{R}^m$ 为非线性函数,AX 为线性部分,$Bf(X)$ 为非线性部分,控制变量 $U \in \mathbf{R}^m$,(A, B) 可控。令状态变量误差 $E = X - Y$,则响应系统(4-7)与驱动系统(4-6)的同步问题,就是寻找一个合适的控制律

$U(X,Y)$，使得

$$\lim_{t \to +\infty} \| X - Y \| = \lim_{t \to +\infty} \| E \| = 0 \qquad (4\text{-}8)$$

可见，两连续混沌系统的同步控制问题可转化为对误差系统的控制问题。

根据 Lyapunov 渐近稳定性定理，设计正定二次型函数 $V(E) = E^{\mathrm{T}}PE$ 作为 Lyapunov 函数，若有 $\dot{V}(E) = -E^{\mathrm{T}}QE$，只要 Q 正定（即 $\dot{V}(E)$ 负定），则系统是大范围渐近稳定的。由式(4-6)和式(4-7)组成的同步误差系统的动力学方程为

$$\dot{E} = AE + B(f(X) - f(Y)) - U(X,Y) \qquad (4\text{-}9)$$

所以两系统同步问题转化为控制律以及控制参数的选择问题。另外，如何从一定参数范围中选取一组控制参数，则必须以系统同步性能最优为原则，这一点，无论是从同步控制本身的研究，还是同步系统的实际应用都是至关重要的。

1. 反馈控制器的控制律

连续混沌系统多变量驱动反馈控制同步原理如图 4-1 所示。响应系统受驱动系统的所有变量驱动，误差反馈控制器由线性部分和非线性部分组成。

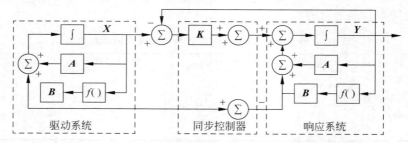

图 4-1　连续混沌系统多变量驱动反馈控制同步原理框图

定理 4-1　对于 n 维连续混沌系统与它的复制系统，采用多变量驱动误差反馈控制同步方法，驱动系统为 $\dot{X} = AX + Bf(X)$，响应系统为 $\dot{Y} = AY + Bf(Y) + U$。其中 $X,Y \in \mathbf{R}^n$，$K \in \mathbf{R}^{n \times m}$，控制变量 $U = K(X - Y) + B(f(X) - f(Y))$。当参数控制矩阵 K 中的元素满足：当 $i = j$ 时，$k_{ij} > a_{ij}$；当 $i \neq j$ 时，$k_{ij} = a_{ij}$。则响应系统与驱动系统渐近稳定同步。

证明　对于混沌同步系统，令 $E = X - Y$，则误差系统方程 $\dot{E} = AE + B(f(X) - f(Y)) - U(X,Y)$，若反馈控制器的控制律为 $U = KE + B(f(X) - f(Y))$，则 $\dot{E} = (A - K)E$。

取正定二次型函数 $V(E)$ 作为 Lyapunov 函数

$$V(E) = E^{\mathrm{T}}PE \geqslant 0 \qquad (4\text{-}10)$$

其中，P 为正定阵，其微分为

$$\dot{V}(E) = \dot{E}^{\mathrm{T}}PE + E^{\mathrm{T}}P\dot{E} = [(A - K)E]^{\mathrm{T}}PE + E^{\mathrm{T}}P[(A - K)E]$$
$$= E^{\mathrm{T}}[(A - K)^{\mathrm{T}}P + P(A - K)]E = -E^{\mathrm{T}}QE \qquad (4\text{-}11)$$

显然，只要反馈控制参数 k_{ij} 满足：当 $i = j$ 时，$k_{ij} > a_{ij}$；当 $i \neq j$ 时，$k_{ij} = a_{ij}$。则 $Q = (A - K)^{\mathrm{T}}P + P(A - K)$ 正定，即 $\dot{V}(E)$ 负定。当且仅当 $E = 0$ 时，等号成立。即驱动-响应系统渐近稳定同步。证毕。

推论 4-1 当 $i=j$ 时，$k_{ij}>a_{ij}$；当 $i\neq j$ 时，若有 $a_{ij}=a_{ji}$，则 $k_{ij}=k_{ji}=0$，系统可实现渐近稳定同步，并使控制器结构简化，同样可以用 Lyapunov 稳定性理论证明（略）。

由于响应系统受所有驱动系统变量驱动，通过线性和非线性反馈控制实现两系统同步，故称其为多变量驱动反馈控制同步法。该方法不需要分解系统，不仅适用于简单混沌系统，如 Lorenz 混沌系统，同样可适用于超混沌系统，如 Rössler 超混沌系统。该方法给出了反馈参数的选择区间，通过合理选择反馈控制参数可以有效改善系统的同步性能。

2. 同步仿真与结果讨论

实例 1 Rössler 超混沌系统的多变量驱动反馈同步控制。由 3.3.1 节可知，Rössler 超混沌系统的动力学方程为

$$\begin{cases} \dot{x}_1 = x_2 - x_3 \\ \dot{x}_2 = x_1 + ax_2 + x_4 \\ \dot{x}_3 = b + x_1 x_3 \\ \dot{x}_4 = -dx_3 + cx_4 \end{cases} \tag{4-12}$$

当系统参数 $a=0.25,b=3.0,c=0.05,d=0.5$ 时，Rössler 系统处于超混沌态。

按照定理 4-1 和推论 4-1 对其进行同步设计，则驱动系统为

$$\dot{\boldsymbol{X}} = \begin{bmatrix} 0 & 1 & -1 & 0 \\ 1 & a & 0 & 1 \\ 0 & 0 & 0 & 0 \\ 0 & 0 & -d & c \end{bmatrix} \boldsymbol{X} + \begin{bmatrix} 0 \\ 0 \\ 1 \\ 0 \end{bmatrix} (b + x_1 x_3) \tag{4-13}$$

其响应系统为

$$\dot{\boldsymbol{Y}} = \begin{bmatrix} 0 & 1 & -1 & 0 \\ 1 & a & 0 & 1 \\ 0 & 0 & 0 & 0 \\ 0 & 0 & -d & c \end{bmatrix} \boldsymbol{Y} + \begin{bmatrix} 0 \\ 0 \\ 1 \\ 0 \end{bmatrix} (b + y_1 y_3) + \boldsymbol{U} \tag{4-14}$$

系统同步控制律为

$$\boldsymbol{U} = \begin{bmatrix} k_{11} & 0 & -1 & 0 \\ 0 & k_{22} & 0 & 1 \\ 0 & 0 & k_{33} & 0 \\ 0 & 0 & -d & k_{44} \end{bmatrix} \boldsymbol{E} + \begin{bmatrix} 0 \\ 0 \\ 1 \\ 0 \end{bmatrix} (x_1 x_3 - y_1 y_3) \tag{4-15}$$

其中，反馈参数满足 $k_{11}>0,k_{22}>a,k_{33}>0,k_{44}>c$ 时，驱动系统与响应系统同步。当驱动系统与响应系统初值分别为 $(-20,-30,20,45)$ 和 $(-40,25,40,15)$，控制参数 $k_{ii}=1$，仿真时间为 20s 时，x_1 与 y_1 的李萨育图形如图 4-2 所示。

系统的初值相同，控制参数不同时，得到误差收敛曲线如图 4-3 所示，其中误差 $|\boldsymbol{E}| = [(x_1-y_1)^2 + (x_2-y_2)^2 + (x_3-y_3)^2 + (x_4-y_4)^2]^{\frac{1}{2}}$，图中曲线 a、b、c 所对应的反馈控制参数分别为 $(0.6,0.6,0.6,0.6)$、$(1,1,1,1)$ 和 $(2,2,2,2)$。可见，在一定范围内，控制参数越大，即控制能量越大，在一定的误差范围内，同步建立时间越短，动态性

能越好。仿真研究表明,多变量驱动的误差反馈控制可以实现两超混沌系统的同步;为了实现同步控制,必须选择合适的反馈控制参数,使响应系统是可控的;在能够实现同步控制的控制参数范围内,选择合适的控制参数可以改善超混沌同步系统的同步性能。

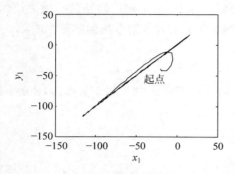

图 4-2　Rössler 超混沌系统的李萨育图形

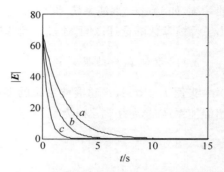

图 4-3　不同控制参数的误差收敛曲线

4.3.2　离散混沌系统的线性和非线性反馈同步

考虑 m 维离散混沌系统(驱动系统)为

$$X_{n+1} = F(X_n) = AX_n + Bf(X_n) \tag{4-16}$$

则响应系统为

$$Y_{n+1} = F(Y_n) + U(X_n, Y_n) = AY_n + Bf(Y_n) + U(X_n, Y_n) \tag{4-17}$$

控制律为

$$U(X_n, Y_n) = K(X_n - Y_n) + P(f(X_n) - f(Y_n)) \tag{4-18}$$

其中,$X_n, Y_n \in \mathbf{R}^m$;$f$ 为非线性函数;U 为反馈控制律,反馈系数 $K = \mathrm{diag}[k_1, k_2, \cdots, k_m]$,$P = \mathrm{diag}[p_1, p_2, \cdots, p_m]$,$k_i \geqslant 0, p_i \geqslant 0 (i = 1, 2, \cdots, m)$。响应系统与驱动系统的同步问题实际上就是同步流形 $S = \{(X_n, Y_n): Y_n = X_n\}$ 的稳定问题。

下面利用局部线性化分析该问题。令

$$Y_n = X_n + \delta_n \tag{4-19}$$

式中,δ_n 为微小同步误差。由式(4-16)~式(4-19)得到同步误差的线性演化方程为

$$\delta_{n+1} = \left[(A - K) + (B - P) \frac{\partial f}{\partial Y} \Big|_{Y = X_n} \right] \delta_n = D_n \delta_n \tag{4-20}$$

显然,若 D_n 为常数方阵,且所有的特征根都在单位圆内,则当 $n \to +\infty$ 时,$\delta_n \to 0$,即 $Y_n \to X_n$,同步流形稳定,两个系统将实现同步。但如果式(4-20)中的 D_n 为一个时变矩阵时,上述方法就不能使用了。

目前,常用的混沌同步判据有两类,其一是利用连续系统、离散系统的稳定性判据,即劳斯准则和朱里准则,这两大准则均是系统收敛的充要条件;另一类就是大多数文献采用的条件 Lyapunov 指数判据。这里采用 Pecora-Carroll 混沌同步定理进行分析,即通过定义最大条件 Lyapunov 指数来合理选择反馈系数,实现两混沌系统的同步。

Pecora-Carroll 混沌同步定理　在所有的时刻 t，具有 $O(\boldsymbol{x}, t)$ 的非线性非稳恒系统 $\dot{\boldsymbol{x}} = \boldsymbol{A}(t)\boldsymbol{x} + O(\boldsymbol{x}, t)$ 的零解将是渐近稳定的，只要该系统满足下列条件：

(1) 对于 t，$\lim\limits_{\|\boldsymbol{x}\| \to 0} \|O(\boldsymbol{x}, t)\| / \|\boldsymbol{x}\| = 0$ 都成立。

(2) 对于所有的 t，$\boldsymbol{A}(t)$ 都是有界的。

(3) 线性系统 $\dot{\boldsymbol{x}} = \boldsymbol{A}(t)\boldsymbol{x}$ 的零解是渐近稳定的。

即 Pecora-Carroll 混沌同步定理可归结为：只有当响应系统的所有条件 Lyapunov 指数都为负时，才能达到响应系统与驱动系统的混沌同步。该定理是同步的充分条件，但线性稳定性的基本定理证明，对于许多动力学系统，该充分条件同时也是必要条件，故在同步研究中被用作判据。

定义响应系统(4-17)的最大条件 Lyapunov 指数为

$$\lambda = \lim_{n \to +\infty} \frac{1}{n} \ln \frac{|\delta_n|}{|\delta_0|} \tag{4-21}$$

显然，λ 是一种平均统计量，它反映系统的全局特性，决定系统的演化行为。当 $\lambda > 0$ 时，微小误差 δ_n 将按指数规律增长；当 $\lambda < 0$ 时，微小误差 δ_n 将按指数规律减少，最终使 $\delta_n = 0$，即

$$\lim_{n \to +\infty} |Y_n - X_n| = 0 \tag{4-22}$$

响应系统与驱动系统达到同步。因此，可通过计算最大 CLE 来判断响应、驱动系统能否同步，同时得到能使系统同步的反馈参数的选择范围。

由于控制律 $\boldsymbol{U}(X_n, Y_n)$ 由线性反馈和非线性反馈组成，故称之为线性和非线性反馈同步方法，该方法具有结构简单，系统不需要进行分解，参数可选和同步速度快等优点。

1. 同步控制器的控制律

离散混沌系统线性和非线性反馈控制同步原理如图 4-4 所示，响应系统受驱动系统变量驱动，反馈控制器由线性部分和非线性部分组成。

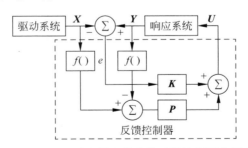

图 4-4　离散混沌系统线性和非线性反馈控制同步原理框图

经分析可知，要判断两个子系统能否同步，需要计算式(4-21)定义的 λ。事实上，对任意的 m 维离散混沌系统，只要参数 $\boldsymbol{K}$、$\boldsymbol{P}$ 选取适当，线性和非线性反馈控制方法都能使响应系统和驱动系统实现同步。下面根据稳定性判据，给出能使两离散混沌系统同步的参数选取定理。

定理 4-2　对于 m 维离散混沌系统：$X_{n+1} = \boldsymbol{A}X_n + \boldsymbol{B}f(X_n)$，其响应系统为 $Y_{n+1} = \boldsymbol{A}Y_n + \boldsymbol{B}f(Y_n) + \boldsymbol{U}(X_n, Y_n)$，采用线性和非线性反馈控制同步方法，选择控制律为 $\boldsymbol{U}(X_n, Y_n) =$

$\boldsymbol{K}(\boldsymbol{X}_n - \boldsymbol{Y}_n) + \boldsymbol{P}(f(\boldsymbol{X}_n) - f(\boldsymbol{Y}_n))$，其中 $\boldsymbol{X}_n, \boldsymbol{Y}_n \in \mathbf{R}^m, \boldsymbol{K} = \mathrm{diag}[k_1, k_2, \cdots, k_m]$，当 $\boldsymbol{P} = \boldsymbol{B}$ 时，响应系统和驱动系统实现同步的充要条件是特征多项式 $T(z) = |\boldsymbol{I}z - (\boldsymbol{A} - \boldsymbol{K})|$ 的所有极点均位于单位圆内。

证明 对于驱动系统和响应系统，其误差系统方程为

$$\delta_{n+1} = \left[(\boldsymbol{A} - \boldsymbol{K}) + (\boldsymbol{B} - \boldsymbol{P})\frac{\partial f}{\partial \boldsymbol{Y}}\Big|_{\boldsymbol{Y} = \boldsymbol{X}_n}\right]\delta_n \tag{4-23}$$

若 $\boldsymbol{P} = \boldsymbol{B}$，则有

$$\delta_{n+1} = (\boldsymbol{A} - \boldsymbol{K})\delta_n \tag{4-24}$$

显然，误差系统的特征多项式的系数是线性反馈系数 $\boldsymbol{K}$ 的函数，与初值无关。如果 $T(z) = |\boldsymbol{I}z - (\boldsymbol{A} - \boldsymbol{K})|$ 是 Hurwitz 多项式，则方阵 $\boldsymbol{A} - \boldsymbol{K}$ 的所有特征根都在单位圆内。当 $n \to \infty$ 时，$\delta_n \to 0$，即 $\boldsymbol{Y}_n \to \boldsymbol{X}_n$，响应系统与驱动系统同步。证毕。

定理 4-3 对一维离散混沌系统 $x_{n+1} = ax_n + bf(x_n)$，其响应系统为 $y_{n+1} = ay_n + bf(y_n) + u(x_n, y_n)$，采用线性和非线性反馈控制同步方法，选择控制律为 $u(x_n, y_n) = k(x_n - y_n) + p(f(x_n) - f(y_n))$，其中 $x_n, y_n \in \mathbf{R}$，当 $k \geqslant 0, p = b$ 时，响应系统和驱动系统能实现渐近稳定同步的充分条件是 $|a - k| < 1$。

证明 对于一维离散混沌系统，驱动系统和响应系统的误差系统方程为

$$\delta_{n+1} = \left[(a - k) + (b - p)\frac{\partial f}{\partial y}\Big|_{y = x_n}\right]\delta_n \tag{4-25}$$

从而得到

$$\delta_n = \prod_{i=1}^{n}\left[(a - k) + (b - p)\frac{\partial f}{\partial y}\Big|_{y = f_{(x_0)}^{(i)}}\right]\delta_0 \tag{4-26}$$

其中，$f_{(x_0)}^{(i)}$ 表示从 x_0 开始的第 i 次迭代。根据式（4-21）定义的最大 CLE 得

$$\lambda = \lim_{n \to +\infty}\frac{1}{n}\ln\frac{|\delta_n|}{|\delta_0|} = \lim_{n \to +\infty}\frac{1}{n}\ln\left|\prod_{i=1}^{n}\left[(a - k) + (b - p)\frac{\partial f}{\partial y}\Big|_{y = f_{(x_0)}^{(i)}}\right]\right| \tag{4-27}$$

若 $p = b$，则有

$$\lambda = \lim_{n \to +\infty}\frac{1}{n}\ln\frac{|\delta_n|}{|\delta_0|} = \lim_{n \to +\infty}\frac{1}{n}\ln\left|[(a - k)]^n\right| = \ln|a - k| \tag{4-28}$$

显然，CLE 是线性反馈系数 k 的函数，与初值无关。如果要使 $\lambda < 0$，由式（4-28）可知，只要 k 满足 $|a - k| < 1$ 即可。证毕。

定理 4-4 对于 m 维离散混沌系统 $\boldsymbol{X}_{n+1} = \boldsymbol{A}\boldsymbol{X}_n + \boldsymbol{B}f(\boldsymbol{X}_n)$，其响应系统为 $\boldsymbol{Y}_{n+1} = \boldsymbol{A}\boldsymbol{Y}_n + \boldsymbol{B}f(\boldsymbol{Y}_n) + \boldsymbol{U}(\boldsymbol{X}_n, \boldsymbol{Y}_n)$，使用线性和非线性反馈控制同步方法，选择控制律 $\boldsymbol{U}(\boldsymbol{X}_n, \boldsymbol{Y}_n) = \boldsymbol{K}(\boldsymbol{X}_n - \boldsymbol{Y}_n) + \boldsymbol{P}(f(\boldsymbol{X}_n) - f(\boldsymbol{Y}_n))$，其中 $\boldsymbol{X}_n, \boldsymbol{Y}_n \in \mathbf{R}^m$，当 $\boldsymbol{K} = d\boldsymbol{A}, \boldsymbol{P} = d\boldsymbol{B}, d > 0$ 时。响应系统和驱动系统能实现渐近稳定同步的充分条件是 $1 - \mathrm{e}^{-\lambda'} < d < 1 + \mathrm{e}^{-\lambda'}$。这里 λ' 为驱动系统的最大 Lyapunov 指数，显然有 $\lambda' > 0$（证明略）。

对一维离散混沌系统，与文献[11]研究的结论相同，有如下定理。

定理 4-5 对于一维离散混沌系统 $x_{n+1} = ax_n + bf(x_n)$，其响应系统为 $y_{n+1} = ay_n + bf(y_n) + u(x_n, y_n)$，使用线性和非线性反馈控制同步方法，选择控制律 $u(x_n, y_n) = k(x_n - y_n) + p(f(x_n) - f(y_n))$，其中 $x_n, y_n \in \mathbf{R}, k = ma, p = mb, m > 0$，响应系统和驱动系统能实现渐近稳定同步的充分条件为 $a - a\mathrm{e}^{-\lambda'} < k < a + a\mathrm{e}^{-\lambda'}, b - b\mathrm{e}^{-\lambda'} < p < b + b\mathrm{e}^{-\lambda'}$，即 $1 - \mathrm{e}^{-\lambda'} < m < 1 + \mathrm{e}^{-\lambda'}$。这里 λ' 为驱动系统的最大 Lyapunov 指数，且 $\lambda' > 0$。

根据以上定理选择适当的反馈系数,采用线性和非线性反馈控制能使两离散混沌系统实现同步。因为当 $\boldsymbol{P}=\boldsymbol{0}$ 时,该方法为线性反馈法;当 $\boldsymbol{K}=\boldsymbol{0}$ 时,该方法为非线性反馈法;当 $\boldsymbol{K}\neq\boldsymbol{0},\boldsymbol{P}\neq\boldsymbol{0}$ 时,该方法为线性和非线性反馈。所以该方法具有普遍性。实验研究表明,同时引入线性反馈和非线性反馈,有利于改善混沌同步系统的性能。虽然定理 4-4、定理 4-5 只是保证系统同步的充分条件,但线性稳定性的基本定理表明,对于许多动力学系统,该充分条件同时也是必要条件。值得指出的是,其同步速度很快,当 $d=1$ 或 $m=1$ 时,可以达到 D-B 同步。

2. 数值仿真与结果讨论

实例 2 Logistic 离散混沌系统的线性和非线性反馈同步控制。

Logistic 映射方程为

$$x_{n+1}=\mu x_n(1-x_n) \tag{4-29}$$

其中,$x\in(0,1),\mu\in(0,4]$。当 $\mu=4$ 时系统处于混沌态。设仿真条件如下:初值为 0.2,参数 p 或 k 的变化步长为 0.05,每个值迭代 40000 次。

驱动系统为

$$x_{n+1}=F(x_n)=4x_n-4x_n^2 \tag{4-30}$$

响应系统为

$$y_{n+1}=F(y_n)=4y_n-4y_n^2+u(x_n,y_n) \tag{4-31}$$

控制律为

$$u(x_n,y_n)=k(x_n-y_n)-p(x_n^2-y_n^2) \tag{4-32}$$

(1) 当 $p=0$ 时,即只采用线性反馈控制策略。响应系统的最大条件 Lyapunov 指数 λ 随线性反馈系数 k 变化如图 4-5 所示。显然,无论 k 任取何值,λ 始终大于零,因此两离散系统不能实现同步。

(2) 当 $k=0$ 时,即只采用非线性反馈控制策略。响应系统的最大条件 Lyapunov 指数 λ 随线性反馈系数 p 变化如图 4-6 所示。无论 p 取何值,λ 也不能满足小于零的要求,因此两离散系统也不能实现同步。

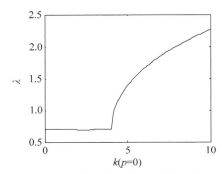

图 4-5　CLE 与反馈系数 k 的关系曲线

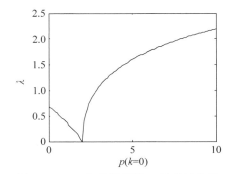

图 4-6　CLE 与反馈系数 p 的关系曲线

(3) 当 $k\neq0,p\neq0$ 时,即同时采用线性反馈和非线性反馈策略。根据定理 4-3,当 $p=4$ 时,若 $3<k<5$,则条件 Lyapunov 指数 $\lambda<0$,两系统可实现同步。响应系统的最大条件 Lyapunov 指数 λ 随线性反馈系数 k 变化如图 4-7 所示。

（4）当 $k=ma$，$p=mb$ 时，根据定理 4-5，当 $4-4\mathrm{e}^{-\lambda'}<k=p<4+4\mathrm{e}^{-\lambda'}$ 时，两系统可实现同步。由于 Logistic 系统的 $\lambda'=0.6931$，故 $2<k=p<6$。响应系统最大条件 Lyapunov 指数 λ 随反馈控制参数变化如图 4-8 所示。

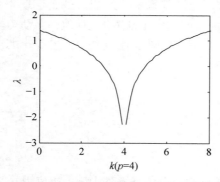

图 4-7　CLE 与反馈系数 k 的关系曲线

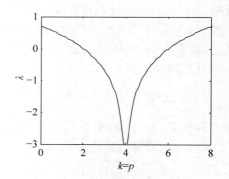

图 4-8　CLE 与反馈系数的关系曲线

（5）系统的同步性能与控制参数的选择有关。实验表明，当选择控制参数使响应系统最大 CLE 负得越多，则误差收敛越快，同步建立时间越短。不同反馈系数的误差收敛情况如图 4-9 所示。当驱动、响应系统初值分别为 0.1 和 0.8，$k=p=3.2$ 时，$\lambda=-1$，仿真同步时间为 4s，如图 4-9（a）所示；当 $k=p=4$ 时，$\lambda=-3$，同步时间为 1s，如图 4-9（b）所示，同步速度快，实现了 D-B 同步。

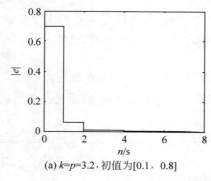

(a) $k=p=3.2$，初值为[0.1，0.8]

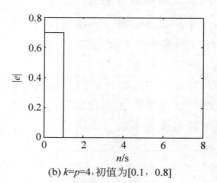

(b) $k=p=4$，初值为[0.1，0.8]

图 4-9　不同反馈系数的同步误差收敛曲线

实例 3　Hénon 离散混沌系统的线性和非线性反馈同步控制。

Hénon 映射系统方程为

$$\begin{cases} x_{n+1}=1-ax_n^2+y_n \\ y_{n+1}=bx_n \end{cases} \tag{4-33}$$

当 $a=1.4$，$b=0.3$ 时，系统处于混沌态。下面将定理 4-2 应用于 Hénon 混沌映射系统。

驱动系统为

$$\boldsymbol{X}_{n+1}=\begin{pmatrix} 0 & 1 \\ 0.3 & 0 \end{pmatrix}\boldsymbol{X}_n+\begin{pmatrix} 1 \\ 0 \end{pmatrix}(1-1.4x_{1n}^2) \tag{4-34}$$

响应系统

$$Y_{n+1} = \begin{pmatrix} 0 & 1 \\ 0.3 & 0 \end{pmatrix} Y_n + \begin{pmatrix} 1 \\ 0 \end{pmatrix} (1 - 1.4y_{1n}^2) + U(X_n, Y_n) \qquad (4\text{-}35)$$

控制律

$$U(X_n, Y_n) = \begin{pmatrix} k_1 & 0 \\ 0 & k_2 \end{pmatrix} (X_n - Y_n) + \begin{pmatrix} 1.4 \\ 0 \end{pmatrix} (y_{1n}^2 - x_{1n}^2) \qquad (4\text{-}36)$$

则误差系统方程为

$$\delta_{n+1} = \begin{pmatrix} -k_1 & 1 \\ 0.3 & -k_2 \end{pmatrix} \delta_n = D\delta_n \qquad (4\text{-}37)$$

显然，矩阵 D 的特征方程为

$$T(z) = |Iz - D| = \begin{vmatrix} z + k_1 & -1 \\ -0.3 & z + k_2 \end{vmatrix} = z^2 + (k_1 + k_2)z + k_1 k_2 - 0.3 \qquad (4\text{-}38)$$

由朱里稳定性准则可知 $T(z)$ 所有特征根均在单位圆内的充要条件是

$$\begin{cases} T(1) > 0 \\ T(-1) > 0 \\ 1 > |k_1 k_2 - 0.3| \end{cases} \quad 即 \quad \begin{cases} k_1 k_2 + k_1 + k_2 > -0.7 \\ k_1 k_2 - (k_1 + k_2) > -0.7 \\ -0.7 < k_1 k_2 < 1.3 \end{cases} \qquad (4\text{-}39)$$

由式(4-39)可知，当 $k_1 = 0$ 时，$|k_2| < 0.7$；当 $k_2 = 0$ 时，$|k_1| < 0.7$；当 $k_1 = k_2 = k$ 时，$|k| < 0.4522$。在这三种情况下，误差系统是渐近稳定的，即都能实现响应系统与驱动系统同步。当初值分别为 $[0.1, 1.0]^T$ 和 $[0, 0.1]^T$，控制参数 $k_1 = 0$，$k_2 = 0.2$，$P = B$ 时，两系统误差收敛曲线如图 4-10(a)所示，同步过程存在非同步化趋势，当稳态误差 $\Delta\varphi = 10^{-4}$ 时，仿真同步时间约为 22s。值得指出的是，以上同步参数范围是保证两离散混沌系统同步的充要条件。在参数选择空间中选择合适的参数，可以改善同步系统的同步性能，如当控制参数 $k_1 = k_2 = 0$，$P = B$ 时，两系统误差收敛曲线如图 4-10(b)所示，其同步速度加快，同步建立时间缩短，在相同稳态误差下，仿真同步时间约为 17s，并实现了单调同步。

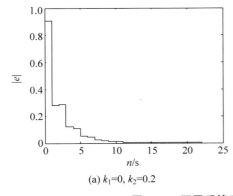
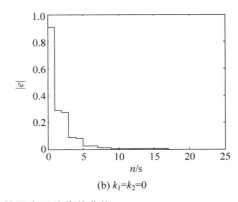

(a) $k_1 = 0$, $k_2 = 0.2$ (b) $k_1 = k_2 = 0$

图 4-10 不同反馈系数的同步误差收敛曲线

将定理 4-4 应用于 Hénon 混沌映射系统，并设仿真条件的初值为 $[0.1, 0.5]^T$，参数 k 变化步长为 0.05，每个值迭代 40000 次。

对式(4-34)的驱动系统和式(4-35)的响应系统，选择控制律为

$$U(\boldsymbol{X}_n, \boldsymbol{Y}_n) = k\boldsymbol{A}(\boldsymbol{X}_n - \boldsymbol{Y}_n) + p\boldsymbol{B}(f(\boldsymbol{X}_n) - f(\boldsymbol{Y}_n)) \qquad (4\text{-}40)$$

(1) 当 $p=0$ 时，即只采用线性反馈控制策略。最大条件 Lyapunov 指数 λ 随线性反馈系数 k 变化如图 4-11(a) 所示。显然，无论 k 取何值，λ 始终大于零，因此两离散混沌系统不能达到同步。

(2) 当 $k=0$ 时，即只采用非线性反馈控制策略。响应系统的最大条件 Lyapunov 指数 λ 随非线性反馈系数 p 变化如图 4-11(b) 所示。无论 p 取何值，λ 也不能满足小于零的要求，因此两系统也不能达到同步。

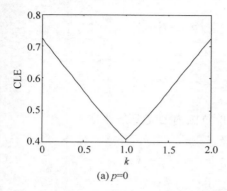 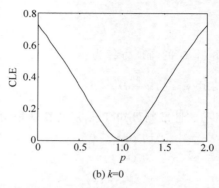

(a) $p=0$ (b) $k=0$

图 4-11　线性、非线性反馈时的最大 CLE 曲线

(3) 当 $k\neq0$, $p\neq0$ 时，即同时采用线性反馈和非线性反馈策略，合理选择控制参数可使条件 Lyapunov 指数 $\lambda<0$，因此两系统可以实现同步。根据定理 4-4，当 $p=1$ 时，最大 CLE λ 随线性反馈系数 k 变化如图 4-12(a) 所示。由图可知，当 $0<k<2$ 时，有 $\lambda<0$。

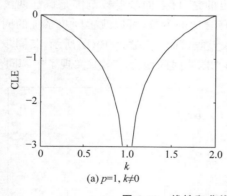 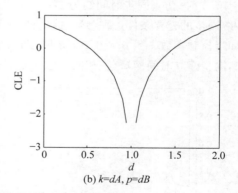

(a) $p=1$, $k\neq0$ (b) $k=dA$, $p=dB$

图 4-12　线性和非线性反馈时最大 CLE 曲线

(4) 当 $\boldsymbol{K}=d\cdot\boldsymbol{A}$, $\boldsymbol{P}=d\cdot\boldsymbol{B}$ 时，根据定理 4-4，若要使 $\lambda<0$，只要满足 $1-e^{-\lambda'}<d<1+e^{-\lambda'}$ 即可。由于原 Hénon 系统的最大 Lyapunov 指数 $\lambda'=0.7258$，故 $0.52<d<1.48$。响应系统最大 CLE λ 随反馈控制参数变化如图 4-12(b) 所示(初值为 $[0.1, 0.5]^{\mathrm{T}}$，参数变化步长为 0.05，每值迭代 40000 次)。

(5) 系统的同步性能与控制参数的选择有关。实验表明，当选择控制参数使最大 CLE 负得越多，则误差收敛越快，同步时间越短。当 $d=1$ 时，CLE 最小(无穷小量)，此时，只要迭代一步即可实现混沌同步，如图 4-13 所示，相当于 D-B 同步。

基于离散系统稳定性准则和 Pecora-Carroll 渐近同步定理得到的参数选择范围都能使两离散混沌系统实现同步，但也有所不同。由离散系统稳定性准则得到的控制参数选择范围是系统同步的充要条件，而根据 Pecora-Carroll 渐近稳定的混沌同步定理得到的控制参数选择范围只是系统同步的一个充分条件，即，另外还可能存在一些参数的选择空间可使驱动系统与响应系统同步，但其最大 CLE 并不为负。如 Hénon 系统，当 $K =$ diag$[k,k]$，且 $P = B$ 时，响应系统的最大 CLE 大于零，如图 4-14 所示。但由定理 4-2 可知，当 $|k| < 0.4522$ 时，响应系统与驱动系统是可以实现同步的。

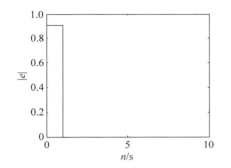

图 4-13　$K = A$，$P = B$ 时同步误差收敛曲线

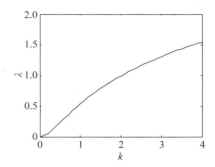

图 4-14　CLE 与 k 的关系曲线

4.4　基于 Pecora-Carroll 同步判据的参数自适应同步

4.4.1　自适应同步原理

考虑自治系统

$$\dot{x} = f(x, \alpha) \tag{4-41}$$

其中，状态变量 $x \in \mathbf{R}^n$，可得到的系统参数 $\alpha \in R^m$，非线性函数 $f: \mathbf{R}^{n \times m} \rightarrow \mathbf{R}^n$。

产生期望轨道的给定系统为

$$\dot{y} = f(y, \alpha) \tag{4-42}$$

式中，$y \in \mathbf{R}^n$，$\alpha \in R^m$，y 从某个初值出发并在确定的参数 α^* 下作自由演化，在 $\mathbf{R}^n$ 中得到一条轨道 $O(y)$，称为期望轨道或参考轨道；产生该轨道的给定系统(4-42)称为目标系统或参考系统。自适应控制同步方法就是对系统(4-41)的参数 α 引进一种控制机制，使系统(4-41)从任意初值出发的轨道 $O(x)$ 跟随目标系统的轨道 $O(y)$ 演化。系统(4-41)称为受控系统或响应系统。若有 $\lim \| y - x \| = 0$ 成立，则称受控系统与目标系统实现了同步。

对系统(4-41)中可得到的参数 α_j 引入一定量的微扰来修改其轨道的演化，可使 $O(x)$ 与 $O(y)$ 实现同步。对参数 α_j 引入控制律

$$\dot{\alpha}_j = -\varepsilon \sum h \left[(x_i - y_i), \text{sgn} \left[\frac{\mathrm{d} f_i}{\mathrm{d} \alpha_j} \right] \right] - \delta g (\alpha_j - \alpha_j^*) \tag{4-43}$$

其中，$i = 1, 2, \cdots, L, L \leqslant n$；$j = 1, 2, \cdots, k, k \leqslant m$。$\alpha_j^*$ 为产生期望轨道的参数值，$h(\cdot, \cdot)$ 和 $g(\cdot)$ 分别为控制律，ε、δ 为大于零的控制常数。

当控制律选定后,改变 ε 和 δ,使系统(4-41)与式(4-43)在 y 输入下的组合系统为

$$\begin{cases} \dot{x} = f(x, \alpha) \\ \dot{\alpha}_j = -\varepsilon \sum h\left[(x_i - y_i), \operatorname{sgn}\left[\dfrac{\mathrm{d}f_i}{\mathrm{d}\alpha_j}\right]\right] - \delta g(\alpha_j - \alpha_j^*) \end{cases} \tag{4-44}$$

其中,$i = 1, 2, \cdots, L, L \leqslant n$;$j = 1, 2, \cdots, k, k \leqslant m$。如果满足所有条件 Lyapunov 指数均小于零,则可实现两自治混沌系统的同步控制。

4.4.2　控制律与控制参数的选择

式(4-43)仅给出了一般的参数控制律,并没有对函数 h 和 g 的选择做出具体的说明;组合系统的所有条件 Lyapunov 指数小于零,只是对混沌系统实现同步控制的充分条件。因此,为实现混沌系统的同步控制,有必要作进一步的讨论。

在随后的模拟仿真中,选择控制律函数形式为

$$h\left[(x_i - y_i), \operatorname{sgn}\left(\dfrac{\mathrm{d}f_i}{\mathrm{d}\alpha_i}\right)\right] = (x_i - y_i)\operatorname{sgn}\left(\dfrac{\mathrm{d}f_i}{\mathrm{d}\alpha_j}\right) \tag{4-45}$$

$$g(\alpha_j - \alpha_j^*) = (\alpha_j - \alpha_j^*) \tag{4-46}$$

故可控参数自适应控制律为

$$\dot{\alpha}_j = -\varepsilon \sum (x_i - y_i)\operatorname{sgn}\left(\dfrac{\mathrm{d}f_i}{\mathrm{d}\alpha_j}\right) - \delta(\alpha_j - \alpha_j^*) \tag{4-47}$$

由式(4-47)可知,受控参数的变化依赖于两个因素:一是式(4-41)的状态变量 x 与期望轨道的相应变量 y 之差$(x_i - y_i)$;二是受控参数的值与期望轨道相应的参数值之差$(\alpha_j - \alpha_j^*)$。

以单参数统一混沌系统为例来说明其原理。为了实现两统一混沌系统的同步控制,对单参数 α 采用由式(4-45)和式(4-46)给出的自适应控制律进行控制。即

$$\dot{\alpha} = -\varepsilon\left[(x_1 - y_1)\operatorname{sgn}(25(x_2 - x_1)) + (x_2 - y_2)\operatorname{sgn}(-35x_1 + 29x_2) + (x_3 - y_3)\operatorname{sgn}(-x_3/3)\right] - \delta(\alpha - \alpha^*) \tag{4-48}$$

根据 Pecora-Carroll 同步稳定性判据,实现两个不同参数的统一混沌系统同步的充分条件是由统一混沌系统与式(4-48)组成的组合系统的最大条件 Lyapunov 指数小于零。控制原理框图如图 4-15 所示。

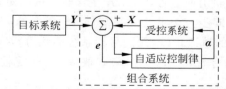

图 4-15　统一混沌系统参数自适应同步控制原理框图

4.4.3　控制常数边界与范围的确定

根据以上分析可知,当参数自适应控制律式(4-48)确定后,ε 和 δ 的大小成了能否实现同步的关键,其变化范围可通过数值计算和理论分析两种方法确定。

数值计算法主要是通过计算由统一混沌系统和式(4-48)组成的组合系统的条件 Lyapunov 指数为负来确定 ε 和 δ 的取值范围；由组合系统最大条件 Lyapunov 指数为零来确定常数 ε、δ 的边界。

理论分析法描述如下：设参考系统处于平衡点状态，并令 $\boldsymbol{y} = \boldsymbol{y}^*$ 是参考系统的平衡点，$\boldsymbol{\alpha}^*$ 为相应于 $\boldsymbol{y}^*$ 的参数。因此 $\boldsymbol{\alpha}^*$ 和 $\boldsymbol{y}^*$ 满足 $f(\boldsymbol{y}^*, \boldsymbol{\alpha}^*)$。显然，实现控制的最基本的要求是组合系统在 $\boldsymbol{y}^*$ 的邻域内的线性化系统是稳定的，即应保证组合系统的 Jacobi 矩阵的所有特征值都具有负实部，或 Jacobi 矩阵的特征多项式是 Hurwitz 多项式。从而求出控制常数 ε 和 δ 的范围。这里，组合系统的 Jacobi 矩阵为

$$J = \begin{bmatrix} -a & a & 0 & b \\ 28-35\alpha-x_3 & 29\alpha-1 & -x_1 & c \\ x_2 & x_1 & d & e \\ -\varepsilon \operatorname{sgn}(b) & -\varepsilon \operatorname{sgn}(c) & -\varepsilon \operatorname{sgn}(e) & -\delta \end{bmatrix} \tag{4-49}$$

其中，$a = 25\alpha + 10$，$b = 25(x_2 - x_1)$，$c = -35x_1 + 29x_2$，$d = -(8+\alpha)/3$，$e = -x_3/3$。显然，由于 Jacobi 矩阵中不仅含有变量，还含有符号函数，求出的特征多项式很复杂，据此来确定 ε 和 δ 的范围有一定难度，所以这里采用第 2 章提出的计算最大 CLE 的数值计算方法来确定 ε 和 δ 的范围。

研究表明，对统一混沌系统的控制参数 α，采用参数控制律，使组合系统的最大 CLE 小于零，系统总是可控的，即同步控制总是可以实现的。选择合适的控制常数，使响应系统的最大 CLE 远小于零，则可实现两系统的大范围渐近同步。通过改变 ε 和 δ，可以改善系统的同步性能。

4.4.4 系统仿真与结果讨论

对于统一混沌系统，当 $\alpha \in [0,1]$ 时，参考系统处于混沌态。选取受控系统（响应系统）的初值为 $(10, 10, 10)$，受控系统参数初值为 $\alpha(0) = 0.5$。参考系统（驱动系统）的初值为 $(-5, -5, -5)$，参考系统参数 $\alpha^* = 0.3$，考查驱动系统与响应系统的同步效果时，令误差 $|e| = [(x_1 - y_1)^2 + (x_2 - y_2)^2 + (x_3 - y_3)^2]^{1/2}$，得到如下结论。

(1) 实现同步所需的平均演化时间 τ 与常数 ε 和 δ 以及期望参数 α^* 有关，即 $\bar{\tau} = \tau(\varepsilon, \delta, \alpha^*)$。

(2) 当 ε 一定时，δ 存在一个范围，即存在 δ 的下界 δ_{min} 和上界 δ_{max}，$\delta < \delta_{min}$ 或 $\delta > \delta_{max}$ 时，不能实现两混沌系统的同步控制。同样，当 δ 一定时，ε 存在一个范围，即存在 ε 的下界 ε_{min} 和上界 ε_{max}，$\varepsilon < \varepsilon_{min}$ 或 $\varepsilon > \varepsilon_{max}$ 时，不能实现两混沌系统的同步控制，如表 4-2 所示。

表 4-2 期望参数不同时，可实现同步的 ε 和 δ 值

α^*	ε	δ	最大 CLE
0	50	161~297	−1.7894
	39~95	230	−1.5513
0.3	50	145~328	−2.0530
	35~126	230	−4.3644

α^*	ε	δ	最大 CLE
0.6	50	170~267	−4.1972
	14~49	230	−2.2715
0.9	25	195~340	−1.3862
	18~33	230	−1.5510

（3）如图 4-16 所示，当 ε 一定时，在 δ 范围内，δ 越大，即控制能量越大，则同步性能越好。

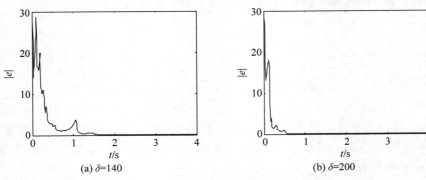

图 4-16　$\varepsilon=40$，改变 δ 时的误差收敛曲线

（4）当 ε 增加时，$\delta_{\min}$ 和 $\delta_{\max}$ 变大，δ 的范围增加，且增加的幅度较大。同理，当 δ 增加时，$\varepsilon_{\min}$ 和 $\varepsilon_{\max}$ 变大，ε 的范围增加，但增加的幅度很小，如表 4-3 所示。这说明控制常数 ε 的控制效果优于控制常数 δ 的控制效果。

表 4-3　$\alpha^*=0.9$ 时，ε 与 δ 的变化关系

ε	δ	$\Delta\delta$	δ	ε	$\Delta\varepsilon$
10	80~110	30	200	16~26	10
20	155~255	100	210	17~27	10
30	228~380	150	220	17~28	11
40	300~530	230	230	18~30	12
50	380~700	320	240	19~31	12

（5）如图 4-17 所示，当 δ 一定时，在 ε 范围内，ε 越大，即控制能量越大，则同步性能越好。

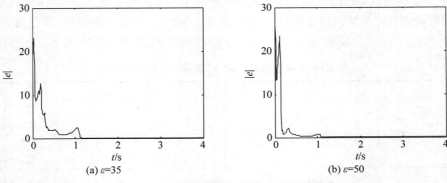

图 4-17　$\delta=220$，改变 ε 时的误差收敛曲线

4.5　基于 **Lyapunov** 稳定性理论的自适应同步

4.5.1　确定参数的自适应同步

为了考查两个不同初值、不同已知参数的统一混沌系统的同步行为，设驱动系统和响应系统的参数分别为 α_1 和 α_2。同步系统的驱动系统方程为

$$
\begin{cases}
\dot{x}_1 = (25\alpha_1 + 10)(y_1 - x_1) \\
\dot{y}_1 = (28 - 35\alpha_1)x_1 - x_1 z_1 + (29\alpha_1 - 1)y_1 \\
\dot{z}_1 = x_1 y_1 - (8 + \alpha_1)z_1/3
\end{cases}
\tag{4-50}
$$

响应系统方程为

$$
\begin{cases}
\dot{x}_2 = (25\alpha_2 + 10)(y_2 - x_2) \\
\dot{y}_2 = (28 - 35\alpha_2)x_2 - x_2 z_2 + (29\alpha_2 - 1)y_2 \\
\dot{z}_2 = x_2 y_2 - (8 + \alpha_2)z_2/3
\end{cases}
\tag{4-51}
$$

为了实现响应系统与驱动系统同步，在响应系统的每个方程右边加控制器 $u_1(t)$、$u_2(t)$、$u_3(t)$，则响应系统方程为

$$
\begin{cases}
\dot{x}_2 = (25\alpha_2 + 10)(y_2 - x_2) + u_1(t) \\
\dot{y}_2 = (28 - 35\alpha_2)x_2 - x_2 z_2 + (29\alpha_2 - 1)y_2 + u_2(t) \\
\dot{z}_2 = x_2 y_2 - (8 + \alpha_2)z_2/3 + u_3(t)
\end{cases}
\tag{4-52}
$$

由式(4-50)和式(4-52)相减可得同步误差系统方程为

$$
\begin{cases}
\dot{e}_1 = 25\alpha_1(e_2 - e_1) + 25(\alpha_2 - \alpha_1)(y_2 - x_2) + 10(e_2 - e_1) + u_1(t) \\
\dot{e}_2 = (28 - 35\alpha_1)e_1 + 29y_2 + (29\alpha_1 - 1)e_2 - 35(\alpha_2 - \alpha_1)x_2 - \\
\qquad x_2 z_2 + x_1 z_1 + u_2(t) \\
\dot{e}_3 = x_2 y_2 - x_1 y_1 - (8 + \alpha_1)e_3/3 - (\alpha_2 - \alpha_1)z_2/3 + u_3(t)
\end{cases}
\tag{4-53}
$$

其中，$e_1 = x_2 - x_1, e_2 = y_2 - y_1, e_3 = z_2 - z_1$。显然，两个不同参数的混沌系统的同步问题转化为误差系统式(4-53)在原点 $e_1 = 0$、$e_2 = 0$、$e_3 = 0$ 的稳定性问题。若选取适当的控制变量 $u = [u_1(t), u_2(t), u_3(t)]^T$ 使误差系统(4-53)稳定，则响应系统(4-51)与驱动系统(4-50)同步。

定理 4-6　对于驱动系统(4-50)和响应系统(4-51)，若选取系统的控制函数为

$$
\begin{cases}
u_1(t) = -25\hat{a}(e_2 - e_1) - 10e_2 - 25(\alpha_2 - \alpha_1)(y_2 - x_2) \\
u_2(t) = (35\hat{a} - 28)e_1 + x_2 z_2 - x_1 z_1 + 35(\alpha_2 - \alpha_1)x_2 - \\
\qquad 29(\alpha_2 - \alpha_1)y_2 - 29\hat{a}e_2 \\
u_3(t) = -x_2 y_2 + x_1 y_1 + (\hat{a} + 5)e_3/3 + (\alpha_2 - \alpha_1)z_2/3
\end{cases}
\tag{4-54}
$$

其中，参数 $\hat{a}$ 是对参数 α_1 的估计，且估计参数的自适应律为 $\dot{\hat{a}} = -10e_1 e_2 - 25e_1^2 + 29e_2^2 - e_3^2/3 + \lambda(\alpha_1 - \hat{a})$，若控制参数 $\lambda \geqslant 0$，则误差系统存在平衡点 $e = 0$ 和 $\alpha_1 = \hat{a}$，响应系统与驱

动系统大范围渐近同步,即对于任意初始值有 $\lim\limits_{t \to +\infty} \| e(t) \| = 0$。

证明 把控制函数式(4-54)代入误差系统(4-53)并整理得

$$\begin{cases} \dot{e}_1 = 25(\alpha_1 - \hat{a})(e_2 - e_1) - 10e_1 \\ \dot{e}_2 = -35(\alpha_1 - \hat{a})e_1 + 29(\alpha_1 - \hat{a})e_2 - e_2 \\ \dot{e}_3 = -(\alpha_1 - \hat{a})e_3/3 - e_3 \end{cases} \tag{4-55}$$

可见误差动力学系统(4-55)与响应系统参数 α_2 无关。只要使误差系统稳定,就可以实现两个不同参数的混沌系统同步。根据 Lyapunov 稳定性理论,以 e_1、e_2、e_3 和 $\alpha_1 - \hat{a}$ 为变量构造 Lyapunov 函数为

$$E(e, \tilde{\alpha}) = \frac{1}{2}e^{\mathrm{T}}e + \frac{1}{2}\tilde{\alpha}^2 \tag{4-56}$$

其中,$e = [e_1, e_2, e_3]^{\mathrm{T}}$,$\tilde{\alpha} = \alpha_1 - \hat{a}$,$\hat{a}$ 是 α_1 的估计值,若估计参数的自适应律为

$$\dot{\hat{a}} = -10e_1e_2 - 25e_1^2 + 29e_2^2 - e_3^2/3 + \lambda(\alpha_1 - \hat{a}) \tag{4-57}$$

则方程式(4-56)的导数为

$$\dot{E} = e_1\dot{e}_1 + e_2\dot{e}_2 + e_3\dot{e}_3 - (\alpha_1 - \hat{a})\dot{\hat{a}} \tag{4-58}$$

将式(4-55)和式(4-57)代入式(4-58),并整理得

$$\dot{E} = -[10e_1^2 + e_2^2 + e_3^2 + \lambda(\alpha_1 - \hat{a})^2] \tag{4-59}$$

由 Lyapunov 稳定性理论可知,当 $\lambda \geqslant 0$ 时,$\dot{E} \leqslant 0$,则有平衡点 $e = 0$,$\alpha_1 = \hat{a}$。误差系统是渐近稳定的,所以两系统同步。鉴于只有一个平衡态,该非线性系统是大范围渐近稳定的。证毕。

用 MATLAB/Simulink 进行数值仿真。对驱动系统(4-50)取参数 $\alpha_1 = 0.8$,此时驱动系统处于混沌态。对响应系统(4-52),取参数 $\alpha_2 = 0.3$,去掉控制函数,响应系统也是混沌的。取系统初始值分别为 $x_1(0) = 10$、$y_1(0) = 10$、$z_1(0) = 10$,$x_2(0) = -5$、$y_2(0) = -5$、$z_2(0) = -5$;取 $\hat{a}$ 的初值为 $\hat{a}(0) = 0.5$。对参数 $\lambda = 0$、$\lambda = 1$、$\lambda = 5$ 和 $\lambda = 0.1$ 分别作数值仿真,两个不同控制参数下的混沌系统同步误差收敛曲线如图 4-18 所示。

由理论分析和仿真得到以下几点结论:

(1) 由于系统是大范围渐近稳定,所以状态变量初值可以任选;

(2) 控制参数 λ 增大,可以改善同步系统的性能,实现两系统的单调同步,如图 4-18(b)~图 4-18(d)所示;

(3) 自适应参数初值的选取对同步结果无影响,如参数为 $\alpha_1 = 0.3$,$\hat{a}(0) = 2$,$\lambda = 5$ 时的同步误差曲线,与参数为 $\alpha_1 = 0.8$,$\hat{a}(0) = 0.5$,$\lambda = 5$ 时的误差曲线图 4-18(d)相同;

(4) 由 Lyapunov 稳定性理论推导出的同步条件只是同步的充分条件,即存在不满足同步条件的 λ 可使两系统同步[12],如图 4-18(a)所示,但此时同步性能较差。

4.5.2 不确定参数的自适应同步

下面以统一混沌系统为例,讨论当两个混沌系统的参数均未知时的同步问题。

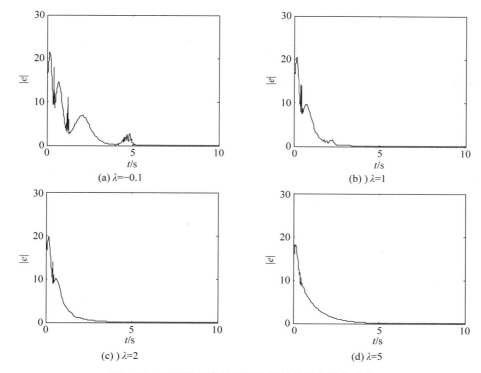

图 4-18　不同控制参数时混沌系统的同步误差曲线

当两个系统参数未知时,基于统一混沌系统的驱动、响应系统分别为

$$\begin{cases} \dot{x}_1 = (25\alpha + 10)(y_1 - x_1) \\ \dot{y}_1 = (28 - 35\alpha)x_1 - x_1 z_1 + (29\alpha - 1)y_1 \\ \dot{z}_1 = x_1 y_1 - (8 + \alpha)z_1/3 \end{cases} \tag{4-60}$$

$$\begin{cases} \dot{x}_2 = (25\alpha + 10)(y_2 - x_2) + v_1(t) \\ \dot{y}_2 = (28 - 35\alpha)x_2 - x_2 z_2 + (29\alpha - 1)y_2 + v_2(t) \\ \dot{z}_2 = x_2 y_2 - (8 + \alpha)z_2/3 + v_3(t) \end{cases} \tag{4-61}$$

其中,$v = [v_1, v_2, v_3]^T$ 为控制变量,α 为系统未知参数。设系统误差变量为 $e_1 = x_2 - x_1$、$e_2 = y_2 - y_1$、$e_3 = z_2 - z_1$,则系统(4-60)和(4-61)的误差系统为

$$\begin{cases} \dot{e}_1 = (25\alpha + 10)(e_2 - e_1) + v_1(t) \\ \dot{e}_2 = (28 - 35\alpha)e_1 + x_1 z_1 - x_2 z_2 + (29\alpha - 1)e_2 + v_2(t) \\ \dot{e}_3 = x_2 y_2 - x_1 y_1 - (8 + \alpha)e_3/3 + v_3(t) \end{cases} \tag{4-62}$$

为了使误差系统稳定,实现两系统同步,对控制函数和估计参数应满足如下定理。

定理 4-7　对于驱动系统(4-60)和响应系统(4-61),若选取系统的控制函数为

$$\begin{cases} v_1(t) = -(38 - 10\alpha)e_2 \\ v_2(t) = -29\hat{\alpha}e_2 + e_1 z_2 + e_3 x_1 \\ v_3(t) = e_1 y_2 + e_2 x_1 \end{cases} \tag{4-63}$$

其中,参数 $\hat{\alpha}$ 是对参数 α 的估计,且估计参数的自适应律为 $\dot{\hat{\alpha}} = 29e_2^2$,则误差系统存在平衡点 $e = 0$ 和 $\alpha = \hat{\alpha}$,响应系统与驱动系统大范围渐近同步,即对于任意初始值有 $\lim\limits_{t \to +\infty} \| e(t) \| = 0$。

证明 把控制函数式(4-63)代入误差系统(4-62),并整理得

$$\begin{cases} \dot{e}_1 = (35\alpha - 28)e_2 - (25\alpha + 10)e_1 \\ \dot{e}_2 = (28 - 35\alpha)e_1 + (29\alpha - 1)e_2 - 29\hat{\alpha}e_2 \\ \dot{e}_3 = -(\alpha_1 - \hat{\alpha})e_3/3 \end{cases} \tag{4-64}$$

只要误差系统稳定,就可以实现两未知参数的统一混沌系统同步。根据 Lyapunov 稳定性理论,以 e_1、e_2、e_3 和 $\tilde{\alpha}$ 为变量构造 Lyapunov 函数 V 为

$$V(e, \tilde{\alpha}) = \frac{1}{2}e^{\mathrm{T}}e + \frac{1}{2}\tilde{\alpha}^2 \tag{4-65}$$

其中,$\tilde{\alpha} = \alpha - \hat{\alpha}$,$\hat{\alpha}$ 是未知参数 α 的估计值。若选择估计参数的自适应律为 $\dot{\hat{\alpha}} = 29e_2^2$,则方程式(4-65)的一阶导数为

$$\dot{V}(e, \tilde{\alpha}) = -(25\alpha + 10)e_1^2 - e_2^2 - (8 + \alpha)e_3^2/3 \tag{4-66}$$

因 V 为正定,而统一混沌系统的参数 $\alpha \geqslant 0$,则 $\dot{V}$ 为负定。根据 Lyapunov 稳定性定理可知,误差系统存在平衡点 $e = 0$ 和 $\alpha = \hat{\alpha}$,即

$$\lim\limits_{t \to +\infty} \| e(t) \| = 0, \quad \alpha \in [0, 1] \tag{4-67}$$

响应系统与驱动系统同步。同样由于系统只有一个平衡态,该非线性系统是大范围渐近稳定的。证毕。

用 MATLAB 进行数值仿真,当 $\alpha \in [0, 1]$ 时,驱动系统(4-60)和去掉控制函数后的响应系统(4-61)处于混沌态。取系统初始值分别为 $x_1(0) = 10$、$y_1(0) = 10$、$z_1(0) = 10$;$x_2(0) = -5$、$y_2(0) = -5$、$z_2(0) = -5$;α 可取 $[0, 1]$ 中的任意值,$\hat{\alpha}$ 的初值为 $\hat{\alpha}(0) = 0.5$,作数值仿真,两未知参数混沌同步系统误差收敛曲线如图 4-19 所示,变量 x_1 与 x_2 的李萨育图形如图 4-20 所示。

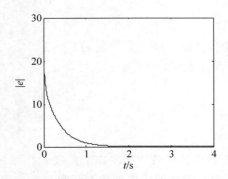

图 4-19 未知参数时混沌系统的同步误差曲线

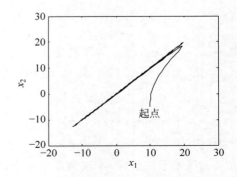

图 4-20 变量 x_1 与 x_2 的李萨育图形

由理论分析和仿真得到以下几点结论:

(1) 由于系统是大范围渐近稳定,所以变量初值可以任选;

（2）系统同步性能稳定，由图 4-19 可知，当同步稳态误差为 $\Delta\varphi = 10^{-4}$ 数量级时，系统同步建立时间短（$t < 2s$），且可实现两系统的单调同步；

（3）自适应参数初值的选取对同步结果无影响。如参数为 $\hat{\alpha}(0) = 2$ 时，同步误差曲线与参数为 $\hat{\alpha}(0) = 0.5$ 时的同步误差曲线相同；

（4）由 Lyapunov 稳定性理论推导出的同步条件只是同步的充分条件。

4.6 间歇反馈同步

在多种同步控制方法中，间歇反馈控制方法由于可用较低的代价获得预定的同步要求，且简单易行而备受关注。下面以统一混沌系统与其变形系统之间的间歇同步为例阐述间歇同步控制原理。

4.6.1 不同系统间的间歇同步

讨论两个具有拓扑相似性的异结构混沌系统间的间歇同步控制问题。对于统一混沌系统

$$\begin{cases} \dot{x}_1 = (25\alpha + 10)(x_2 - x_1) \\ \dot{x}_2 = (28 - 35\alpha)x_1 - x_1 x_3 + (29\alpha - 1)x_2 \\ \dot{x}_3 = x_1 x_2 - (8 + \alpha)x_3/3 \end{cases} \tag{4-68}$$

当参数 $\alpha \in [0,1]$ 时，系统处于混沌态。

对方程的非线性项进行替换，在保持系统参数 α 不变的同时，用 x_1^2 替换掉 $x_1 x_2$ 项，并改用 y 表示变量，就得到统一混沌系统的一种变形系统[13]

$$\begin{cases} \dot{y}_1 = (25\alpha + 10)(y_2 - y_1) \\ \dot{y}_2 = (28 - 35\alpha)y_1 - y_1 y_3 + (29\alpha - 1)y_2 \\ \dot{y}_3 = y_1^2 - (8 + \alpha)y_3/3 \end{cases} \tag{4-69}$$

相应地，当 $\alpha = 0.8$ 时，系统（4-68）和系统（4-69）分别称为 Lü 系统和变形 Lü 系统。当初始值为 $[-1,1,0]$ 时，其相空间的演化轨迹如图 4-21 所示。比较图 4-21(a) 和图 4-21(b) 可见，Lü 系统与变形 Lü 系统的相轨迹曲线具有一定的相似性，但变形系统在相空间的演化轨迹更加发散，系统更复杂。

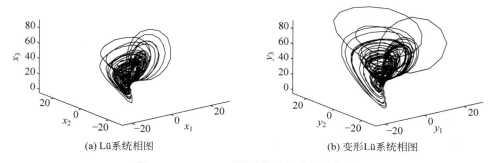

(a) Lü系统相图   (b) 变形Lü系统相图

图 4-21 $\alpha = 0.8$ 时两系统的相空间演化图

为了实现混沌系统(4-68)和变形系统(4-69)的同步,对式(4-69)加入同步控制信号 $u_i(t)$,则式(4-69)变为

$$
\begin{cases}
\dot{y}_1 = (25\alpha + 10)(y_2 - y_1) + u_1(t) \\
\dot{y}_2 = (28 - 35\alpha)y_1 - y_1 y_3 + (29\alpha - 1)y_2 + u_2(t) \\
\dot{y}_3 = y_1^2 - (8 + \alpha)y_3/3 + u_3(t)
\end{cases} \tag{4-70}
$$

下面推导式(4-68)和式(4-69)实现同步的条件。

令误差变量为 $e_i = x_i - y_i$,则由式(4-68)和式(4-70)组成的同步系统的误差系统方程为

$$
\begin{cases}
\dot{e}_1 = (25\alpha + 10)(e_2 - e_1) - u_1(t) \\
\dot{e}_2 = (28 - 35\alpha - x_3)e_1 + (29\alpha - 1)e_2 - y_1 e_3 - u_2(t) \\
\dot{e}_3 = (x_1 x_2 - x_1^2) + 2x_1 e_1 - e_1^2 - (8 + \alpha)e_3/3 - u_3(t)
\end{cases} \tag{4-71}
$$

设控制变量为

$$
\begin{cases}
u_1(t) = 0 \\
u_2(t) = -x_3 e_1 p(t) + k e_2 p(t) - y_1 e_3 p(t) \\
u_3(t) = (x_1 x_2 - x_1^2) + 2x_1 e_1 p(t) + k e_3 p(t)
\end{cases} \tag{4-72}
$$

其中,$p(t)$ 是脉冲长度和脉冲周期比值 D 一定、周期为 T 的脉冲信号,其表达式为

$$
p(t) = \begin{cases}
1 & iT \leqslant t \leqslant iT + TD \\
0 & iT + TD < t < (i+1)T
\end{cases} \tag{4-73}
$$

可见,式(4-72)是由非线性连续反馈与线性间歇反馈构成的复合控制器。这样,式(4-71)变为

$$
\begin{cases}
\dot{e}_1 = (25\alpha + 10)(e_2 - e_1) \\
\dot{e}_2 = (28 - 35\alpha - x_3 + x_3 p(t))e_1 + (29\alpha - 1 - k p(t))e_2 - y_1(1 - p(t))e_3 \\
\dot{e}_3 = 2x_1 e_1(1 - p(t)) - e_1^2 - (8 + \alpha)e_3/3 - k e_3 p(t)
\end{cases} \tag{4-74}
$$

若式(4-74)在原点处渐近稳定,即 $\lim\limits_{t \to +\infty} \| e(t) \| = 0$,则系统(4-68)和系统(4-70)就可实现同步。下面给出两系统的同步定理。

定理 4-8　对于统一混沌系统(4-68)及其变形系统(4-69),在如式(4-72)的控制律作用下,当反馈系数 k 满足 $k > 27 - 6\alpha$,且 $D \geqslant 0.4$ 时,受控的变形系统(4-70)和统一混沌系统(4-68)可以实现渐近稳定同步。

证明　把误差系统方程式(4-74)进行分解,当 $iT \leqslant t \leqslant iT + TD$ 时,有

$$
\begin{bmatrix}
\dot{e}_1 \\
\dot{e}_2 \\
\dot{e}_3
\end{bmatrix} = \boldsymbol{A}_1 \begin{bmatrix}
e_1 \\
e_2 \\
e_3
\end{bmatrix} + \begin{bmatrix}
0 \\
0 \\
-e_1^2
\end{bmatrix} \tag{4-75}
$$

其中,$\boldsymbol{A}_1$ 为有控制脉冲时误差系统的 Jacobi 矩阵

$$
\boldsymbol{A}_1 = \begin{bmatrix}
-25\alpha - 10 & 25\alpha + 10 & 0 \\
28 - 35\alpha & 29\alpha - 1 - k & 0 \\
0 & 0 & -(8 + \alpha)/3 - k
\end{bmatrix} \tag{4-76}
$$

当 $iT+TD<t<(i+1)T$ 时,有

$$\begin{bmatrix} \dot{e}_1 \\ \dot{e}_2 \\ \dot{e}_3 \end{bmatrix} = \boldsymbol{A}_2 \begin{bmatrix} e_1 \\ e_2 \\ e_3 \end{bmatrix} + \begin{bmatrix} 0 \\ 0 \\ -e_1^2 \end{bmatrix} \tag{4-77}$$

其中 $\boldsymbol{A}_2$ 为无控制脉冲时误差系统的 Jacobi 矩阵

$$\boldsymbol{A}_2 = \begin{bmatrix} -25\alpha-10 & 25\alpha+10 & 0 \\ 28-35\alpha-x_3 & 29\alpha-1 & -y_1 \\ 2x_1 & 0 & (8+\alpha)/3 \end{bmatrix} \tag{4-78}$$

误差系统的非线性项为 $-e_1^2$,因为对所有的 t 都满足当 $\parallel e \parallel \to 0$ 时,$\parallel -e_1^2 \parallel / \parallel e \parallel \to 0$,所以误差的演化依赖于 $\boldsymbol{A}_1$ 和 $\boldsymbol{A}_2$。在 $iT \leqslant t \leqslant iT+TD$ 时间内,e 的演化受 $\boldsymbol{A}_1$ 控制,因为 $\alpha \in [0,1]$,根据连续系统的稳定性准则计算得,如果 k 满足 $k>27-6\alpha$ 时,则矩阵 $\boldsymbol{A}_1$ 的特征值都具有负实部,故此时误差系统的零点渐近稳定。在 $iT+TD<t<(i+1)T$ 时间内,受控系统失去部分外加反馈,e 的演化受 $\boldsymbol{A}_2$ 控制。由于 $\boldsymbol{A}_2$ 不满足稳定条件,此时两个系统的轨迹将指数度发散,出现失步,但只要保证 e 还在足够小的范围内,再继续施加控制脉冲,仍可保证 e 不会偏离很远,使两系统渐近达到同步状态。将连续系统离散化后,误差的方程可写成

$$\begin{bmatrix} e_1(i) \\ e_2(i) \\ e_3(i) \end{bmatrix} = (\boldsymbol{A}_1)^{m_1} (\boldsymbol{A}_2)^{m_2} \begin{bmatrix} e_1(i-1) \\ e_2(i-1) \\ e_3(i-1) \end{bmatrix} \tag{4-79}$$

其中,$e(i)$ 是第 i 个脉冲周期的误差向量。$DT=m_1 h$,$(1-D)T=m_2 h$,h 是积分步长,m_1,m_2 是有脉冲和无脉冲时对应的积分迭代次数。可见,由于 $(\boldsymbol{A}_2)^{m_2}$ 的存在,在同步过程中将产生振荡,同步过程的稳定性将依赖于 $|(\boldsymbol{A}_1)^{m_1}(\boldsymbol{A}_2)^{m_2}|$,如果满足 $|(\boldsymbol{A}_1)^{m_1}(\boldsymbol{A}_2)^{m_2}| = |\boldsymbol{J}|<1$,误差方程将趋于稳定[14]。可通过数值实验获得 D 值确切范围,对不同的 α 值,都取满足 $k>27-6\alpha$ 的最小 k 值,数值仿真表明,一般只要满足 $D \geqslant 0.4$,就可以保证在 10s 内达到精确同步。证毕。

4.6.2 同步仿真与性能分析

在 MATLAB 仿真平台上,对统一混沌系统及其变形系统的同步控制和同步性能改善进行研究,下面主要从系统初值、反馈系数 k 值、比例因子 D、步长 h 和系统参数 α 等方面分析同步建立时间性能的变化。

1. 系统初值对同步性能的影响

取 $\alpha=0.8$,$k=40$,$T=0.1\text{s}$,$D=0.6$,$h=0.001$,系统初值分别为:① $X(0)=[20,20,20]$,$Y(0)=[-2,1,0]$;② $X(0)=[10,10,10]$,$Y(0)=[-2,1,0]$;③ $X(0)=[5,5,5]$,$Y(0)=[-2,1,0]$ 时,系统的同步误差收敛曲线如图 4-22 所示。可见,两系统在 1.5s 内就能建立同步;同步建立过程中出现振荡现象,这与 $\boldsymbol{A}_2$ 的特征值有关,因在刚开始的 $iT+TD<t<(i+1)T$ 时间内,误差 e 还未达到稳定状态。此外,初值③

的振荡最小,初值①的振荡最大,可见,两系统的初值相差越大,产生的振荡越大,建立精确同步的时间越长。但总体来说,即使在初值相差较大的情况下,也能达到令人满意的同步效果。

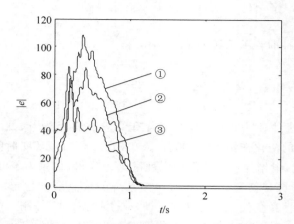

图 4-22　不同初值条件下的同步误差收敛曲线

2. 不同 k 值, D 值和步长 h 对系统同步性能的影响

取 $\alpha=0.8, T=0.1\text{s}, D=0.8, h=0.0001$,初值 $X(0)=[5,5,5], Y(0)=[-2,1,0]$,当 k 值分别为 $42,32,27$ (此时 k 满足 $k>27-6\alpha$)时,系统的同步误差收敛曲线如图 4-23 所示。可见,不同 k 值对应的曲线收敛程度是不一样的, $k=27$ 收敛最慢, $k=42$ 收敛最快,同步建立时间随着 k 增大而减小,与理论分析相符。因此,满足 $k>27-6\alpha$ 的前提下,可通过调节 k 的大小来调节同步建立时间。实际应用中,考虑到成本和实现难易等因素, k 也不宜取得过大。

为了实现同步, D 的调节同样至关重要。数值实验研究表明,与 k 值相似,同步建立时间同样随着 D 增大而减小。进一步实验还表明,选取的步长 h 越小,振荡时间越小,误差曲线收敛速度越快。

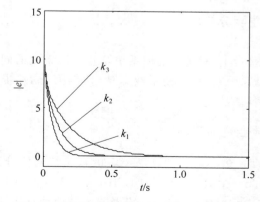

图 4-23　不同 k 值条件下的同步误差收敛曲线

3. 参数值 α 对系统同步性能的影响

取 $k=45$，$T=0.1\text{s}$，$D=0.6$，$h=0.0001$，初值 $x(0)=[15,15,15]$，$y(0)=[-15,-15,-15]$，建立精确同步的时间 t_b 随参数值 α 变化的关系如图 4-24 所示。可见，当 $\alpha\in[0,1]$ 时，在此条件下，统一混沌系统与其变形系统基本都能在 4s 内实现同步，且同步建立时间随参数 α 的增加而减小。总体来说，当参数 α 取不同值时，同步性能良好。

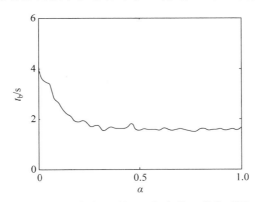

图 4-24 同步建立时间 t_b 与参数 α 的关系图

4.7 基于状态观测器方法的混沌同步

基于观测器的同步方法，由于不需要计算同步系统的条件 Lyapunov 指数，同时，同步的两个混沌系统也不需要初始状态处于同一吸引域，因而受到了广泛关注。

4.7.1 状态观测器设计原理

考虑如下一类非线性反馈混沌系统

$$\begin{cases} \dot{x}=Ax+Bu+Ew \\ y=C^{\mathrm{T}}x \\ u=f(x) \end{cases} \tag{4-80}$$

式中，$x\in\mathbf{R}^n$，$u\in\mathbf{R}^k$，$w\in\mathbf{R}^m$ 分别为系统的状态变量，非线性反馈输入及系统的随机噪声干扰；y 为发射端系统的输出；A、B、C、E 是已知的定常矩阵。

在接收端，当非线性输入反馈 u 可测时，则系统的状态观测器可表示为[15]

$$\begin{cases} \dot{z}=Fz+Gu+Hy \\ \hat{x}=z-Jy \end{cases} \tag{4-81}$$

式中，$z\in\mathbf{R}^n$，$\hat{x}\in\mathbf{R}^n$；F、G、H、J 是未知的定常矩阵。

设 I_n 为 n 阶单位矩阵，定义观测器误差为 $e=\hat{x}-x=z-(I_n+JC^{\mathrm{T}})x$，同时令 $M=I_n+JC^{\mathrm{T}}$，则误差系统的动力学方程为

$$\dot{e}=Fe+(HC^{\mathrm{T}}-MA+FM)x+(G-MB)u-MEw \tag{4-82}$$

当误差系统(4-82)满足

$$\begin{cases} \boldsymbol{HC}^{\mathrm{T}} - \boldsymbol{MA} + \boldsymbol{FM} = 0 \\ \boldsymbol{G} - \boldsymbol{MB} = 0 \\ (\boldsymbol{I}_n + \boldsymbol{JC}^{\mathrm{T}})\boldsymbol{E} = 0 \end{cases} \tag{4-83}$$

则观测器误差系统变为 $\dot{\boldsymbol{e}} = \boldsymbol{Fe}$。显然,若矩阵 $\boldsymbol{F}$ 的所有特征值均小于零,则 $\hat{\boldsymbol{x}}$ 必将指数收敛于 $\boldsymbol{x}$。

将 $\boldsymbol{M} = \boldsymbol{I}_n + \boldsymbol{JC}^{\mathrm{T}}$ 代入 $\boldsymbol{HC}^{\mathrm{T}} - \boldsymbol{MA} + \boldsymbol{FM} = \boldsymbol{0}$ 中第三项,则有

$$\boldsymbol{F} = \boldsymbol{MA} - (\boldsymbol{H} + \boldsymbol{FJ})\boldsymbol{C}^{\mathrm{T}} \tag{4-84}$$

令

$$\boldsymbol{N} = \boldsymbol{H} + \boldsymbol{FJ} \tag{4-85}$$

并将式(4-84)代入式(4-85)中,可得

$$\boldsymbol{H} = \boldsymbol{N} + \boldsymbol{NC}^{\mathrm{T}}\boldsymbol{J} - \boldsymbol{MAJ} \tag{4-86}$$

此时状态观测器方程变为

$$\dot{\boldsymbol{z}} = (\boldsymbol{MA} - \boldsymbol{NC}^{\mathrm{T}})\boldsymbol{z} + \boldsymbol{Gu} + \boldsymbol{Hy} \tag{4-87}$$

这样,在随机扰动下的状态观测器设计问题变为寻找合适的 $\boldsymbol{J}$,使其满足 $(\boldsymbol{I}_n + \boldsymbol{JC}^{\mathrm{T}})\boldsymbol{E} = \boldsymbol{0}$,和寻找适当的 $\boldsymbol{N}$ 使其满足 $\boldsymbol{F}$ 的特征值均小于零的问题。

因 $\boldsymbol{F} = \boldsymbol{MA} - \boldsymbol{NC}^{\mathrm{T}}$,故通过选择适当的 $\boldsymbol{N}$,使得 $\boldsymbol{MA} - \boldsymbol{NC}^{\mathrm{T}}$ 的特征值可任意配置,则必可满足 $\boldsymbol{F}$ 的特征值均小于零的条件。也就是说,在这种情况下,总可以找到一个合适的 $\boldsymbol{N}$,使得当 $t \to +\infty$ 时,$\hat{\boldsymbol{x}}$ 指数收敛于 $\boldsymbol{x}$。

又由式(4-83)得 $\boldsymbol{JC}^{\mathrm{T}}\boldsymbol{E} = -\boldsymbol{E}$,由矩阵知识有

$$\boldsymbol{J} = -\boldsymbol{E}(\boldsymbol{C}^{\mathrm{T}}\boldsymbol{E})^+ + \boldsymbol{V}(\boldsymbol{I}_p - (\boldsymbol{C}^{\mathrm{T}}\boldsymbol{E})(\boldsymbol{C}^{\mathrm{T}}\boldsymbol{E})^+) \tag{4-88}$$

式中,$(\boldsymbol{C}^{\mathrm{T}}\boldsymbol{E})^+$ 为 $(\boldsymbol{C}^{\mathrm{T}}\boldsymbol{E})$ 的广义逆;$\boldsymbol{V}$ 为合适维数的矩阵。为应用方便起见,常取 $\boldsymbol{V} = 0$。此时可得 $\boldsymbol{J} = -\boldsymbol{E}(\boldsymbol{C}^{\mathrm{T}}\boldsymbol{E})^+$。同时,还可求得 $\boldsymbol{M} = \boldsymbol{I}_p + \boldsymbol{JC}^{\mathrm{T}}$。

4.7.2 统一混沌系统的状态观测器设计

将状态观测器方法应用于统一混沌系统,则发送端的矩阵描述为

$$\boldsymbol{A} = \begin{bmatrix} -25\alpha - 10 & 25\alpha + 10 & 0 \\ 28 - 35\alpha & 29\alpha - 1 & 0 \\ 0 & 0 & -(8+\alpha)/3 \end{bmatrix}, \quad \boldsymbol{B} = \begin{bmatrix} 1 & 0 & 0 \\ 0 & -1 & 0 \\ 0 & 0 & 1 \end{bmatrix}, \quad \boldsymbol{u} = \begin{bmatrix} 0 \\ x_1 x_3 \\ x_1 x_2 \end{bmatrix}, \quad \boldsymbol{E} = \begin{bmatrix} 0 \\ 1 \\ 0 \end{bmatrix}$$

$$\boldsymbol{C}^{\mathrm{T}} = \begin{bmatrix} 0 & 1 & 0 \end{bmatrix}$$

接收端系统的方程为

$$\begin{cases} \dot{\boldsymbol{z}} = \boldsymbol{Fz} + \begin{bmatrix} 1 & 0 & 0 \\ 0 & 0 & 0 \\ 0 & 0 & 1 \end{bmatrix} \boldsymbol{u} + \begin{bmatrix} 25\alpha + 10 \\ 0 \\ 0 \end{bmatrix} \boldsymbol{y} \\ \\ \hat{\boldsymbol{x}} = \boldsymbol{z} - \begin{bmatrix} 0 \\ -1 \\ 0 \end{bmatrix} \boldsymbol{y} \end{cases} \tag{4-89}$$

其中

$$\boldsymbol{F} = \begin{bmatrix} -25\alpha - 10 & 25\alpha + 10 - n_1 & 0 \\ 0 & -n_2 & 0 \\ 0 & -n_3 & -(8+\alpha)/3 \end{bmatrix} \tag{4-90}$$

式中，n_1、n_2、n_3 为一维列向量 $\boldsymbol{N}$ 的任意三个取值，取值的原则就是要保证矩阵 $\boldsymbol{F}$ 的特征值要小于零，这样才能使得 $\dot{\boldsymbol{e}} = \boldsymbol{Fe}$ 中同步误差最终为零。为使计算简便，取 $n_1 = 25\alpha + 10$、$n_2 > 0$、$n_3 = 0$，此时可得，$\boldsymbol{F}$ 的三个特征值均小于零。故当 $t \to +\infty$ 时，$\hat{\boldsymbol{x}}$ 指数收敛于 $\boldsymbol{x}$。

4.7.3 仿真与结果讨论

在 MATLAB 仿真平台上，对统一混沌系统同步进行仿真研究，取系统初值 $x_1(0) = 15$，$x_2(0) = 15$，$x_3(0) = 15$；$\hat{x}_1(0) = 10^{-10}$，$\hat{x}_2(0) = -10$，$\hat{x}_3(0) = 10^{-10}$；$n_1 = 25\alpha + 10$，$n_3 = 0$。令同步误差信号为

$$|\boldsymbol{e}| = \left[\sum_{i=1}^{3} (\hat{x}_i - x_i)^2 \right]^{\frac{1}{2}} \tag{4-91}$$

下面从系统参数、噪声干扰、初值、n_2 取值等方面，研究同步系统的同步性能。

1. 不同参数 α 值对系统同步性能的影响

取 $n_2 = 3$，$w(t) = 100\sin(3t)$ 时，对 $\alpha = 0.5$、$\alpha = 0.8$、$\alpha = 0.9$ 进行同步仿真研究，同步误差曲线如图 4-25 所示。可见，虽然两者初值相差很大，但是在不同系统参数下，系统在约 $t = 2\text{s}$ 内均能实现同步，且同步曲线重合。说明该同步系统对参数变化具有较强的鲁棒性。

2. 噪声干扰对系统同步性能的影响

当取 $n_2 = 3$，$\alpha = 0.8$，分别分析三种情况，即正弦小噪声 $w(t) = 5\sin(3t)$、正弦大噪声 $w(t) = 100\sin(3t)$、白噪声，可得同步误差信号如图 4-26 所示。由图 4-26 可知，噪声的种类和大小对同步误差信号影响小，系统约在 $t = 2\text{s}$ 内达到精确同步，可见该同步方法具有较强的抗噪声干扰性能。

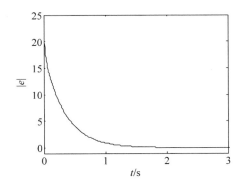

图 4-25　不同 α 取值时的同步误差收敛曲线

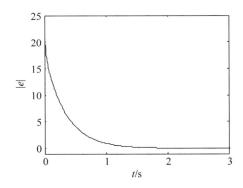

图 4-26　不同噪声干扰下的同步误差收敛曲线

3. 系统初值对系统同步性能的影响

当取 $n_2=3,a=0.8,w(t)=100\sin(3t)$,分别分析以下三种不同初值情况下的同步误差信号的变化,三种情况下系统的同步误差曲线如图 4-27 所示。

(1) $X(0)=[15,15,15],\hat{X}(0)=[10^{-10},-10,10^{-10}]$;

(2) $X(0)=[50,50,50],\hat{X}(0)=[10^{-10},-10,10^{-10}]$;

(3) $X(0)=[15,15,15],\hat{X}(0)=[10,5,10]$。

由图 4-27 可见,(2)中系统达到同步所需的时间最长,而(3)中系统达到同步所需的时间最短,这是由于同步误差信号 $e(t)$ 是指数衰减的,所以决定精确同步所需的时间仅仅与初始条件下发送端的统一混沌系统和接收端的状态观测器之间两者初值差的大小有关。显然,第二种初值条件下发送端与接收端的初值相差最远,所以它达到精确同步所需要的时间也就最长。

4. n_2 取值对系统同步性能的影响

取 $w(t)=100\sin(3t),\alpha=0.8$,当取 $n_2=1$、$n_2=5$、$n_2=50$ 时,系统的同步误差信号如图 4-28 所示。可见,在 $n_2>0$ 时,n_2 取值越大,系统实现同步所需时间越短,但当 n_2 超过一定值后,再增大 n_2 的取值,并不能显著减小同步所需的时间。

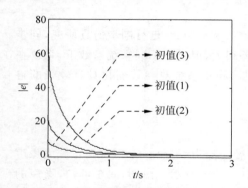

图 4-27　不同初值条件下的同步误差收敛曲线

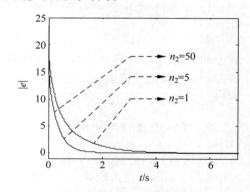

图 4-28　不同 n_2 取值时的同步误差收敛曲线

4.8　混沌观测器同步

单变量微分状态观测器混沌同步原理由周平[16]和杨晓松[17]等提出,该方法由于具有广泛的应用前景,所以受到了广泛关注。

4.8.1　混沌观测器设计原理

对于如下混沌系统

$$\begin{cases} \dot{x}=F(x) \\ s=h(x) \end{cases}$$

(4-92)

其中,$x \in \mathbf{R}^n$,$\mathbf{F}: \mathbf{R}^n \rightarrow \mathbf{R}^n$,$s$ 是系统的标量输出。设 $k(\mathbf{x})$ 是一个标量可微函数,$\mathbf{V}(\mathbf{x})$ 是一个矢量场,$\mathbf{V}: \mathbf{R}^n \rightarrow \mathbf{R}^n$。标量可微函数 $k(\mathbf{x})$ 沿矢量场 $\mathbf{V}(\mathbf{x})$ 的李导数定义为 $\mathbf{L}_v k$,则 $\mathbf{L}_v k = <\mathbf{V}(\mathbf{x}) \cdot \mathrm{grad} k(\mathbf{x})>$,其中 $< \cdot >$ 为欧几里得内积,标量可微函数 $k(\mathbf{x})$ 沿矢量场 $\mathbf{V}(\mathbf{x})$ 的第 i 次李导数定义为 $\mathbf{L}_v^i k = <\mathbf{V}(\mathbf{x}) \cdot \mathrm{grad} \mathbf{L}_v^{i-1} k(\mathbf{x})>$。

引理 4-1[16] 若映射 $\boldsymbol{\phi} = [h(\mathbf{x}), L_f h(\mathbf{x}), \cdots, L_f^{n-1} h(\mathbf{x})]^\mathrm{T}$ 是微分同胚的,则利用标量输出 s 和它的 $i(i \leqslant n-1)$ 次李导数可以观测混沌系统(4-92)的所有状态变量,同时 $\mathbf{x} = \boldsymbol{\phi}^{-1}[s(t), s^{(1)}(t), \cdots, s^{(n-1)}(t)]^\mathrm{T}$。

如果选择某一状态变量 x_i 作为系统(4-92)的输出,则系统(4-92)其余状态变量可表示为 $x_j = g_i(x_i, \dot{x}_i, \cdots, x_i^{(n-1)})$,其中 $j \neq i$。故系统(4-92)可改写为

$$\dot{\mathbf{x}} = \mathbf{A}\mathbf{x} + \mathbf{g}(x_i, \dot{x}_i, \cdots, x_i^{(n-1)}) \tag{4-93}$$

其中,$\mathbf{A}$ 为常数矩阵,$\mathbf{g}(x_i, \dot{x}_i, \cdots, x_i^{(n-1)})$ 是包含了系统(4-92)的所有非线性项的 $n \times 1$ 阶矩阵。

引理 4-2[17] 设系统(4-92)的输出为

$$\begin{aligned}
\mathbf{s}(\mathbf{x}) = {} & \mathbf{g}(x_i, \dot{x}_i, \cdots, x_i^{(n-1)}) + \mathbf{B} \times [g_1(x_i, \dot{x}_i, \cdots, x_i^{(n-1)}), \cdots, \\
& x_i, \cdots, g_n(x_i, \dot{x}_i, \cdots, x_i^{(n-1)})]^\mathrm{T}
\end{aligned} \tag{4-94}$$

其中,$\mathbf{B} = \mathrm{diag}[b_1, b_2, \cdots, b_n]$。适当选择对角矩阵 $\mathbf{B}$,使矩阵 $\mathbf{A} - \mathbf{B}$ 的特征值具有负实部,则系统 $\dot{\mathbf{y}} = \mathbf{F}(\mathbf{y}) + \mathbf{s}(\mathbf{x}) - \mathbf{s}(\mathbf{y})$ 是混沌系统(4-92)的混沌观测器,其中

$$\begin{aligned}
\mathbf{s}(\mathbf{y}) = {} & \mathbf{g}(y_i, \dot{y}_i, \cdots, y_i^{(n-1)}) + \mathbf{B} \times [g_1(y_i, \dot{y}_i, \cdots, y_i^{(n-1)}), \cdots, \\
& y_i, \cdots, g_n(y_i, \dot{y}_i, \cdots, y_i^{(n-1)})]^\mathrm{T}
\end{aligned}$$

4.8.2 统一混沌系统的混沌观测器设计

将上述状态观测器同步方案应用于统一混沌系统,此时,可得出

$$\mathbf{A} = \begin{bmatrix} -25\alpha - 10 & 25\alpha + 10 & 0 \\ 28 - 35\alpha & 29\alpha - 1 & 0 \\ 0 & 0 & -(8+\alpha)/3 \end{bmatrix}$$

$$\begin{cases} x_1 = g_1(x_1, \dot{x}_1, \ddot{x}_1) = x_1 \\ x_2 = g_2(x_1, \dot{x}_1, \ddot{x}_1) = \dfrac{\dot{x}_1}{25\alpha + 10} + x_1 \\ x_3 = g_3(x_1, \dot{x}_1, \ddot{x}_1) = \left[\dfrac{-\ddot{x}_1}{25\alpha + 10} + \dfrac{4\alpha - 11}{25\alpha + 10} \dot{x}_1 + (27 - 6\alpha) x_1 \right] / x_1 \end{cases}$$

则此时,驱动系统的驱动量为

$$\mathbf{s}(\mathbf{x}) = \mathbf{g}(x_1, \dot{x}_1, \ddot{x}_1) + \mathbf{B} \times [x_1, g_2(x_1, \dot{x}_1, \ddot{x}), g_3(x_1, \dot{x}_1, \ddot{x})]$$

$$= \begin{bmatrix} 0 \\ \dfrac{-\ddot{x}_1}{25\alpha + 10} + \dfrac{4\alpha - 11}{25\alpha + 10} \dot{x}_1 + (27 - 6\alpha) x_1 \\ \dfrac{x_1 \dot{x}_1}{25\alpha + 10} + x_1^2 \end{bmatrix} + \mathbf{B} \times \begin{bmatrix} x_1 \\ \dfrac{x_1 \dot{x}_1}{25\alpha + 10} + x_1 \\ \dfrac{\dfrac{-\ddot{x}_1}{25\alpha + 10} + \dfrac{4\alpha - 11}{25\alpha + 10} \dot{x}_1 + (27 - 6\alpha) x_1}{x_1} \end{bmatrix}$$

其中

$$\boldsymbol{B} = \begin{bmatrix} b_{11} & b_{12} & b_{13} \\ b_{21} & b_{22} & b_{23} \\ b_{31} & b_{32} & b_{33} \end{bmatrix}$$

接收端状态观测器系统可相应表示为

$$\dot{\boldsymbol{y}} = \boldsymbol{f}(\boldsymbol{y}) + \boldsymbol{s}(\boldsymbol{x}) - \boldsymbol{s}(\boldsymbol{y}) \tag{4-95}$$

其中，$\boldsymbol{f}(\boldsymbol{y}) = \boldsymbol{A}\boldsymbol{y} + \boldsymbol{g}(y_1, \dot{y}_1, \ddot{y}_1, \cdots, y_1^{(n-1)})$；$\boldsymbol{s}(\boldsymbol{y})$ 与 $\boldsymbol{s}(\boldsymbol{x})$ 表达式相似。

由式(4-95)可知，当取合适的 $\boldsymbol{B}$ 时，使得 $\boldsymbol{A} - \boldsymbol{B}$ 的特征值实部为负，那么发送端混沌系统与接收端状态观测器之间可实现精确同步。

4.8.3 同步仿真与性能分析

在 MATLAB 仿真平台上，对统一混沌系统同步进行仿真研究，取系统初值分别为

$$x_1(0) = 1, x_2(0) = 1, x_3(0) = 1, \hat{x}_1(0) = 15, \hat{x}_2(0) = 15, \hat{x}_3(0) = 15$$

$$\boldsymbol{B} = \begin{bmatrix} 0 & 25\alpha + 10 & 0 \\ 28 - 35\alpha & b_{22} & 0 \\ 0 & 0 & 0 \end{bmatrix}$$

其中，$b_{22} > 29\alpha - 1$，并设 $e_i = (\hat{x}_i - x_i)$。下面从系统参数、初值、b_{22} 取值等方面，研究同步系统的同步性能。

1. 不同 α 参数值对系统同步性能的影响

分别取 $\alpha = 0.5, \alpha = 0.8, \alpha = 0.9$（此时系统分别属于广义 Lorenz 系统，广义 Lü 系统和广义 Chen 系统）进行同步仿真研究，得同步误差曲线如图 4-29 所示。可见，当 α 取不同值时，发送端统一混沌系统与接收端状态观测器之间最终都将实现精确同步，但是同步性能却不完全相同，这主要是由于采用了单参数传输后，x_2 与 $\hat{x}_2$ 之间存在复杂的函数计算关系，这种计算在 α 取值不同的时候将会对 x_2 与 $\hat{x}_2$ 之间的同步产生较大影响。总体来说，当 α 取不同值时，同步性能良好。

2. 系统初值对系统同步性能的影响

当取 $b_{22} = 29, a = 0.8$，分别分析以下三种不同初值情况下的同步误差信号的变化，三种情况下系统的同步误差曲线如图 4-30 所示。

(1) $X(0) = [15, 15, 15], \hat{X}(0) = [10^{-10}, -10, 10^{-10}]$；

(2) $X(0) = [50, 50, 50], \hat{X}(0) = [10^{-10}, -10, 10^{-10}]$；

(3) $X(0) = [15, 15, 15], \hat{X}(0) = [10, 5, 10]$。

由图 4-30 可知，当发送端统一混沌系统与接收端状态观测器之间初值相差越远，则同步时所形成的振荡就越明显，而且同步所需的时间也就越长，这和前面讨论的状态观测器方法得到的结论是一致的。但是，即使两者初值相差比较远的时候，系统仍然可达到精确同步。

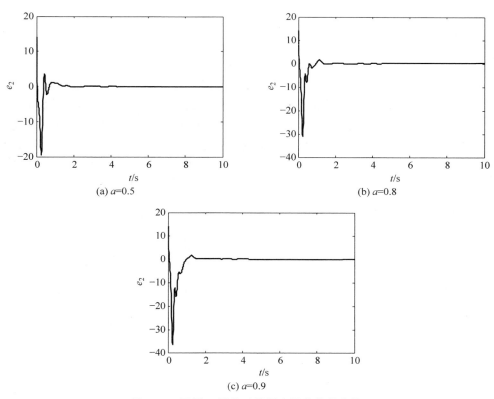

图 4-29 不同 α 取值时的同步误差收敛曲线

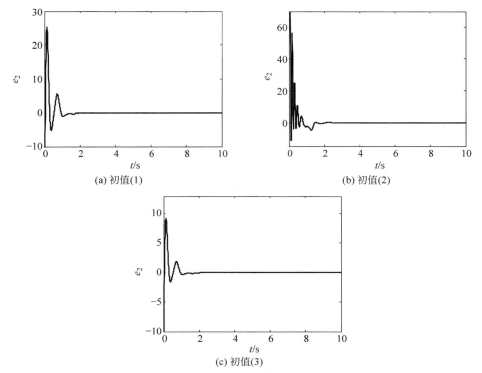

图 4-30 不同初值时的同步误差收敛曲线

3. 不同 b_{22} 取值对系统同步性能的影响

取 $\alpha=0.8$，系统初值 $x_1(0)=1$、$x_2(0)=1$、$x_3(0)=1$，$\hat{x}_1(0)=15$，$\hat{x}_2(0)=15$，$\hat{x}_3(0)=15$；此时分别取 $b_{22}=24$、$b_{22}=30$、$b_{22}=50$，三种情况下系统的同步误差曲线如图 4-31 所示。由图 4-31 可知，随着 b_{22} 取值的增大，系统在达到同步之前形成的振荡幅度越来越小，达到同步所需要的时间也越来越短，但是，相应的对硬件的要求也会越来越高。所以，在实际应用中，适当的增大 b_{22} 的取值对改善系统同步性能是有好处的。总体来说，只要满足系统同步所必需的 $b_{22}>29\alpha-1$ 条件，系统都能在一定的时间内达到精确的同步。

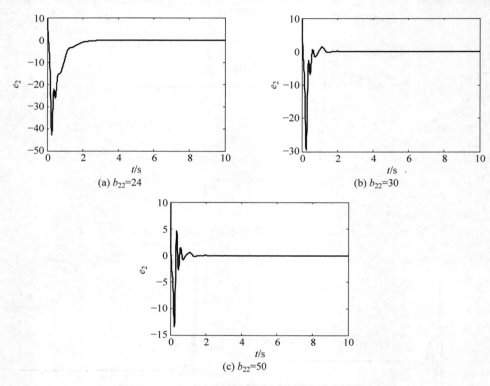

图 4-31　不同 b_{22} 取值时的同步误差收敛曲线

混沌状态观测器混沌同步方案，实际上是基于状态空间重构技术，设计和计算比较简单，在同步过程中，采用单参数传输，而在接收端导出其他参数信号，这样，就大大地提高了信道利用率。就同步性能而言，该方案同步时间短，同步性能良好。但是，同步曲线不是单调变化的，振荡比较明显，所以，在实际应用中，为了使系统同步性能优化，系统参数的选择比较关键。

4.9　投影同步

1999 年，Mainieri[18] 等在研究部分线性混沌系统中观察到一种新的同步现象——投影同步，即对于某些部分线性混沌系统，当选择适当的控制器时，不仅可以使驱动-

响应系统状态的输出相位锁定,而且各对应状态的振幅还按某一比例关系演化,这种新的同步现象很快得到研究者的极大关注,提出了多种投影同步方案[19-23]。最近,文献[24]提出了函数投影同步方法,与一般的投影同步相比,函数投影同步意味着驱动系统和响应系统能够根据一定的函数关系进行同步,该性质对实现混沌保密通信具有重要意义。由于在工程实际当中,系统的参数有可能是未知的,为了实现对未知参数的混沌系统的参数识别,人们开始将自适应同步方法应用于具有未知参数混沌系统的同步研究[25-27]。所以开展混沌系统的投影同步控制研究,特别是将自适应控制与函数投影同步结合起来研究未知参数的混沌系统同步问题具有重要的理论价值和实际意义。

4.9.1　比例投影同步原理与仿真

考虑如下连续混沌系统

$$\dot{X} = F(X) \tag{4-96}$$

其中,$X = (x_1, x_2, \cdots, x_n)^T \in \mathbf{R}^n$ 为状态变量,$F: \mathbf{R}^n \to \mathbf{R}^n$ 为连续向量函数,把函数 $F(X)$ 分解为

$$F(X) = \tilde{A}X + \tilde{H}(X) \tag{4-97}$$

$\tilde{A}X$ 为 $F(X)$ 的线性部分,$\tilde{H}(X)$ 为 $F(X)$ 的非线性部分。再把 $\tilde{A}X$ 分解成

$$\tilde{A}X = AX + \bar{A}X \tag{4-98}$$

A 是常满秩矩阵,且其特征值实部均为负。令

$$H(X) = \bar{A}X + \tilde{H}(X) \tag{4-99}$$

则式(4-96)可重写为

$$\dot{X} = AX + H(X) \tag{4-100}$$

以系统式(4-100)为驱动系统,采用投影同步控制策略,则响应系统为

$$\dot{Y} = AY + H(X)/\alpha \tag{4-101}$$

其中,$Y \in \mathbf{R}^n$ 是响应系统的 n 维状态向量,α 是设定的比例系数。设驱动系统(4-100)与响应系统(4-101)的同步误差为 $E = X - \alpha Y$,则同步误差动力学方程为

$$\dot{E} = \dot{X} - \dot{Y} = A(X - \alpha Y) = AE \tag{4-102}$$

因矩阵 A 的所有特征值的实部均为负,所以根据线性系统的稳定性准则可知,同步误差系统(4-102)在原点处是渐近稳定的,即 $\lim_{t \to +\infty} |E(t)| = 0$,响应系统(4-101)与驱动系统(4-100)实现同步。

将投影同步方法应用于简化 Lorenz 混沌系统,其驱动系统为

$$\begin{cases} \dot{x}_1 = 10(x_2 - x_1) \\ \dot{x}_2 = (24 - 4c)x_1 + cx_2 - x_1 x_3 \\ \dot{x}_3 = x_1 x_2 - 8x_3/3 \end{cases} \tag{4-103}$$

相应的响应系统为

$$\begin{cases} \dot{y}_1 = 10(y_2 - y_1) \\ \dot{y}_2 = (24 - 4c)y_1 + by_2 + \dfrac{1}{\alpha}((c-b)x_2 - x_1x_3) \\ \dot{y}_3 = -8y_3/3 + \dfrac{1}{\alpha}x_1x_2 \end{cases} \tag{4-104}$$

其中,α 为比例系数($\alpha \neq 0$),b 为同步系统的控制参数。对于由系统(4-103)和系统(4-104)组成的同步系统有如下同步定理。

定理 4-9 对于由驱动系统(4-103)和响应系统(4-104)构成的投影同步系统,若同步控制参数 $b < \min[10, 4c-24]$,则系统的同步误差在原点处是渐近稳定的,即响应系统(4-104)将按比例 α 与驱动系统(4-103)实现同步。

证明 根据投影同步原理,对于由驱动系统(4-103)和响应系统(4-104)构成的投影同步系统,其满秩矩阵 A 和 $H(X)$ 项分别为

$$A = \begin{bmatrix} -10 & 10 & 0 \\ 24-4c & b & 0 \\ 0 & 0 & -8/3 \end{bmatrix}, \quad H(X) = \begin{bmatrix} 0 \\ (c-b)x_2 - x_1x_3 \\ x_1x_2 \end{bmatrix}$$

设满秩矩阵 A 的特征值为 λ,则有

$$|\lambda I - A| = \begin{vmatrix} \lambda+10 & -10 & 0 \\ 4c-24 & \lambda-b & 0 \\ 0 & 0 & \lambda+8/3 \end{vmatrix} = 0 \tag{4-105}$$

则有特征值 $\lambda_1 = -8/3$,另两个特征根满足方程

$$\lambda^2 + (10-b)\lambda - 10b + 40c - 240 = 0 \tag{4-106}$$

根据劳斯-霍尔维兹准则,若式(4-106)的系数满足 $10-b > 0$,$-10b + 40c - 240 > 0$,即要求同步控制参数 $b < \min[10, 4c-24]$ 时,则式(4-106)的根的实部均为负。由于简化 Lorenz 混沌系统(4-103)的参数 $c \in [-1.59, 7.75]$,所以 $b < -17.64$,即当同步系统的控制参数 $b < -17.64$ 时,同步误差系统的矩阵 A 的所有特征值的实部均为负,同步系统的同步误差 $\lim\limits_{t \to +\infty} |E(t)| = 0$。响应系统(4-104)将按设定的比例 α 与驱动系统(4-103)实现同步。证毕。

在 Simulink 动态仿真平台上进行仿真,设系统参数 $c=5$,根据定理 4-9 可知,控制参数 $b < -4$ 即可实现系统同步,这里设 $b=-5$,比例系数 $\alpha=-2$,系统初始值为 $x_1(0) = 4.4356$、$x_2(0) = 6.1771$、$x_3(0) = 7.2330$,$y_1(0) = 2.0883$、$y_2(0) = 0.4535$、$y_3(0) = -5.8578$。进行数值仿真,两混沌同步系统误差收敛曲线、吸引子和变量演化波形如图 4-32 所示,其中系统误差 $|E| = \left(\sum\limits_{i=1}^{3}(x_i - \alpha y_i)^2\right)^{1/2}$。由图 4-32(a)可知,不同初值的两混沌系统在约 7.0s 内可实现投影同步,且同步动态特性较好,具有单调衰减特性;由图 4-32(b)可知,响应系统与驱动系统反相,其大小比例为 2∶1;由图 4-32(c)可知,响应系统变量 y_3 按投影比例与驱动系统变量 x_3 同步。

下面分析同步系统控制参数 b 取不同值时对同步系统的同步性能影响。设系统参数 $c=5$,比例系数 $\alpha=-2$,系统初始值与图 4-32 的相同,取 $b=-5$,$b=-6$,$b=-15$ 分别

进行同步仿真研究,同步误差曲线如图 4-33 所示,图中,(a)$b=-5$,(b)$b=-6$,(c)$b=-15$。可见,当 $b<-4$ 时,b 取值越小,系统实现同步所需时间越短,但当 b 超过一定值后,再减小 b 的取值,并不能显著减小同步所需的时间。由式(4-106)可知,b 值越小,同步误差系统的特征值的实部负得越多,极点离虚轴越远,则同步系统收敛越快,所以同步建立时间越短。

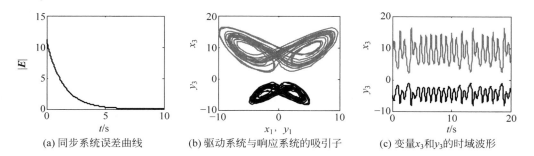

(a) 同步系统误差曲线　　(b) 驱动系统与响应系统的吸引子　　(c) 变量 x_3 和 y_3 的时域波形

图 4-32　系统(4-103)和系统(4-104)投影同步仿真结果

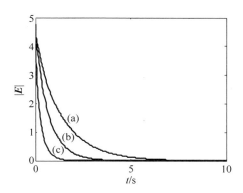

图 4-33　同步控制参数 b 取不同值时的同步误差曲线

4.9.2　函数投影同步原理与仿真

考虑如下连续混沌系统作为驱动系统

$$\dot{X}=AX+F(X) \tag{4-107}$$

其中,$X=(x_1,x_2,\cdots,x_n)^{\mathrm{T}}\in \mathbf{R}^n$ 为状态变量,AX 为系统的线性部分,$F(X)$ 为系统的非线性部分。将式(4-107)复制,并在系统中加入控制器 $U:\mathbf{R}^{2n}\rightarrow\mathbf{R}^n$,则响应系统为

$$\dot{Y}=BY+G(Y)+U(X,Y) \tag{4-108}$$

其中,$Y=(y_1,y_2,\cdots,y_n)^{\mathrm{T}}\in \mathbf{R}^n$ 为状态矢量。设函数矩阵为 $\boldsymbol{\Phi}(t)$,且同步系统的误差函数为 $E=X-\boldsymbol{\Phi}(t)Y$,通过设计控制器 $U(X,Y)$,使得 $\lim\limits_{t\rightarrow+\infty}\|E\|=\lim\limits_{t\rightarrow+\infty}\|X-\boldsymbol{\Phi}(t)Y\|=0$,则称系统(4-107)与系统(4-108)实现了广义函数投影同步。

将广义函数投影同步方法应用于简化 Lorenz 系统,则驱动、响应系统分别为

$$\dot{\boldsymbol{X}} = \boldsymbol{A}\boldsymbol{X} + \boldsymbol{F}(\boldsymbol{X}) = \begin{bmatrix} -10 & 10 & 0 \\ 24-4c & c & 0 \\ 0 & 0 & -8/3 \end{bmatrix} \begin{bmatrix} x_1 \\ x_2 \\ x_3 \end{bmatrix} + \begin{bmatrix} 0 \\ -x_1 x_3 \\ x_1 x_2 \end{bmatrix} \tag{4-109}$$

$$\dot{\boldsymbol{Y}} = \boldsymbol{B}\boldsymbol{Y} + \boldsymbol{G}(\boldsymbol{Y}) + \boldsymbol{U}(\boldsymbol{X},\boldsymbol{Y}) = \begin{bmatrix} -10 & 10 & 0 \\ 24-4c & c & 0 \\ 0 & 0 & -8/3 \end{bmatrix} \begin{bmatrix} y_1 \\ y_2 \\ y_3 \end{bmatrix} + \begin{bmatrix} 0 \\ -y_1 y_3 \\ y_1 y_2 \end{bmatrix} + \boldsymbol{U}(\boldsymbol{X},\boldsymbol{Y})$$
$$\tag{4-110}$$

其中,c 为系统参数,$\boldsymbol{U} = [u_1, u_2, u_3]$ 为非线性控制器。对于由系统(4-109)和系统(4-110)组成的同步系统有如下同步定理。

定理 4-10 对于由驱动系统(4-109)和响应系统(4-110)构成的函数投影同步系统,若选取系统控制律为

$$\boldsymbol{U}(\boldsymbol{X},\boldsymbol{Y}) = \boldsymbol{\Phi}^{-1}(t)\big[-\dot{\boldsymbol{\Phi}}(t)\boldsymbol{Y} + \boldsymbol{F}(\boldsymbol{X}) - \boldsymbol{\Phi}(t)\boldsymbol{G}(\boldsymbol{Y}) + (\boldsymbol{A}-\boldsymbol{B})\boldsymbol{X} + \boldsymbol{D}\boldsymbol{E}\big]$$

其中,$\boldsymbol{\Phi}(t)$ 为投影函数,$\boldsymbol{D} = \mathrm{diag}[d_1, d_2, d_3]$ 为控制参数矩阵。当控制器参数同时满足 $d_1 + d_2 > c-10$,$d_1 d_2 - d_1 c + 10d_2 > 240-30c$ 和 $d_3 > -8/3$ 时,系统(4-109)与系统(4-110)可实现函数投影同步,即对于任意初始值有 $\lim\limits_{t \to +\infty} \| \boldsymbol{E} \| = 0$。

证明 设驱动系统(4-109)与响应系统(4-110)组成的同步系统的误差函数为

$$\boldsymbol{E} = \boldsymbol{X} - \boldsymbol{\Phi}(t)\boldsymbol{Y} \tag{4-111}$$

其中,$\boldsymbol{\Phi}(t)$ 为对角函数矩阵,则同步系统的误差动力学方程为

$$\dot{\boldsymbol{E}} = \dot{\boldsymbol{X}} - \dot{\boldsymbol{\Phi}}(t)\boldsymbol{Y} - \boldsymbol{\Phi}(t)\dot{\boldsymbol{Y}} \tag{4-112}$$

将式(4-109)和式(4-110)代入上式,有

$$\dot{\boldsymbol{E}} = \boldsymbol{A}\boldsymbol{X} + \boldsymbol{F}(\boldsymbol{X}) - \boldsymbol{B}\boldsymbol{Y} - \boldsymbol{G}(\boldsymbol{Y}) - \boldsymbol{U}(\boldsymbol{X},\boldsymbol{Y}) \tag{4-113}$$

设控制器 $\boldsymbol{U}(\boldsymbol{X},\boldsymbol{Y}) = \boldsymbol{\Phi}^{-1}(t)\big[-\dot{\boldsymbol{\Phi}}(t)\boldsymbol{Y} + \boldsymbol{F}(\boldsymbol{X}) - \boldsymbol{\Phi}(t)\boldsymbol{G}(\boldsymbol{Y}) + (\boldsymbol{A}-\boldsymbol{B})\boldsymbol{X} + \boldsymbol{D}\boldsymbol{E}\big]$,则有

$$\dot{\boldsymbol{E}} = (\boldsymbol{B} - \boldsymbol{D})\boldsymbol{E} \tag{4-114}$$

构建 Lyapunov 函数 $V(t)$ 为

$$V = \frac{1}{2}\boldsymbol{E}^{\mathrm{T}}\boldsymbol{E} \tag{4-115}$$

则其微分系统为

$$\dot{V} = \boldsymbol{E}^{\mathrm{T}}\dot{\boldsymbol{E}} \tag{4-116}$$

将式(4-114)代入式(4-116),可得

$$\dot{V} = -\boldsymbol{E}^{\mathrm{T}}(\boldsymbol{D} - \boldsymbol{B})\boldsymbol{E} \tag{4-117}$$

设控制矩阵 $\boldsymbol{D} = \mathrm{diag}[d_1, d_2, d_3]$,当

$$d_1 + d_2 > c-10, \quad d_1 d_2 - d_1 c + 10d_2 > 240-30c, \quad d_3 > -8/3$$

时,$\boldsymbol{D} - \boldsymbol{B}$ 正定,则 $\dot{V} \leqslant 0$,当且仅当 $\boldsymbol{E} = 0$ 时,等号成立,由 Lyapunov 稳定性定理可得驱动响应系统的误差系统在原点渐近稳定,即 $\lim\limits_{t \to +\infty} \| \boldsymbol{E} \| = 0$,两系统实现函数投影同步。证毕。

在 Simulink 动态仿真平台上进行仿真,设系统参数 $c=5$,根据定理 4-10 可知,控制参数分别为 $d_1=40$、$d_2=20$、$d_3=-2$ 时,即可实现同步。设投影函数 $\boldsymbol{\Phi}(t) = -3+2\sin t$,系统初始值分别为 $x_1(0)=4.4356$、$x_2(0)=6.1771$、$x_3(0)=7.2330$,$y_1(0)=-1.8028$、

$y_2(0) = -2.3247$、$y_3(0) = -2.2974$，进行数值仿真，得两混沌同步系统误差收敛曲线、吸引子和变量演化波形如图 4-34 所示，其中系统误差 $|\boldsymbol{E}| = \left(\sum_{i=1}^{3}(x_i - \Phi(t)y_i)^2\right)^{1/2}$。

由图 4-34(a)可知，不同初值的两混沌系统在约 4.8s 内可实现函数投影同步，且同步动态特性较好，具有单调衰减特性；由图 4-34(b)可知，响应系统与驱动系统反相，其比例满足投影函数关系；由图 4-34(c)可知，响应系统变量 y_3 按投影函数规律与驱动系统变量 x_3 同步。

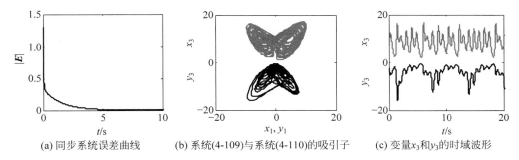

(a) 同步系统误差曲线　　　　(b) 系统(4-109)与系统(4-110)的吸引子　　　　(c) 变量x_3和y_3的时域波形

图 4-34　系统(4-109)和系统(4-110)实现函数投影同步时图形

下面分析同步控制参数 d_1、d_2、d_3 取不同值时对同步系统的同步性能的影响，设系统参数 $c=5$，投影函数为 $\Phi(t) = -3 + 2\sin t$，系统初始值分别为 $x_1(0) = 4.4356$、$x_2(0) = 6.1771$、$x_3(0) = 7.2330$，$y_1(0) = -1.8028$、$y_2(0) = -2.3247$、$y_3(0) = -2.2974$。

(1) 当 $d_2 = 20$、$d_3 = -2$ 时，由定理 4-10 可知 $d_1 > -7.3$；对 $d_1 = -7$、$d_1 = -6.7$、$d_1 = -5$ 分别进行同步仿真研究，同步误差曲线如图 4-35(a)所示。可见，当 $d_1 > -7.3$ 时，d_1 取值越大，系统实现同步所需时间越短，但当 d_1 超过一定值后，再增大 d_1，并不能显著减小同步所需的时间。

(2) 当 $d_1 = 40$、$d_3 = -2$ 时，由定理 4-10 可知 $d_2 > 5.8$；对 $d_2 = 6.15$、$d_2 = 6.5$、$d_2 = 7$ 分别进行同步仿真研究，同步误差曲线如图 4-35(b)所示。可见，当 $d_2 > 5.8$ 时，d_2 取值越大，系统实现同步所需时间越短，但当 d_2 超过一定值后，再增大 d_2，并不能显著减小同步所需的时间。

(3) 当 $d_1 = 40$、$d_2 = 20$ 时，由定理 4-10 可知 $d_3 > -8/3$；对 $d_3 = -2.3$、$d_3 = -2$、$d_3 = 0$ 分别进行同步仿真研究，同步误差曲线如图 4-35(c)所示。可见，当 $d_3 > -8/3$ 时，d_3 取值越大，系统实现同步所需时间越短，但当 d_3 超过一定值后，再增大 d_3，并不能显著减小同步所需的时间。

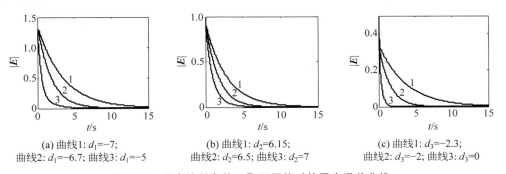

(a) 曲线1: $d_1 = -7$；　　　　(b) 曲线1: $d_2 = 6.15$；　　　　(c) 曲线1: $d_3 = -2.3$；
曲线2: $d_1 = -6.7$; 曲线3: $d_1 = -5$　　曲线2: $d_2 = 6.5$; 曲线3: $d_2 = 7$　　曲线2: $d_3 = -2$; 曲线3: $d_3 = 0$

图 4-35　同步控制参数 d 取不同值时的同步误差曲线

4.9.3 自适应函数投影同步与仿真

考虑如下形式的驱动系统与响应系统

$$\dot{X} = AX + f(X) + F(X)\theta \tag{4-118}$$

$$\dot{Y} = BY + g(Y) + G(Y)\delta + U(X,Y) \tag{4-119}$$

其中,θ 和 δ 分别为驱动系统和响应系统中的未知参数向量,$f(X)$,$g(Y)$ 分别为状态变量 X,Y 的连续向量函数,$F(X)$、$G(Y)$ 为函数矩阵,$U(X,Y)$ 为控制律。

设投影函数为 $\Phi(t)$,且同步系统的误差函数为 $E = X - \Phi(t)Y$,则同步系统的误差动力学方程为

$$\dot{E} = \dot{X} - \dot{\Phi}(t)Y - \Phi(t)\dot{Y} \tag{4-120}$$

由式(4-118)和式(4-119),可得

$$\dot{E} = \dot{X} - \dot{\Phi}(t)Y - \Phi(t)\dot{Y} = M(X,Y) + F(X)\theta - \dot{\Phi}(t)Y + \\ BE - \Phi(t)G(Y)\delta - \Phi(t)U(X,Y) \tag{4-121}$$

其中,$M(X,Y) = f(X) - \Phi(t)g(Y) + (A - B)X$。可见,驱动系统(4-118)和响应系统(4-119)的自适应函数投影同步问题转化为式(4-121)的稳定性问题。通过设计控制器 $U(X,Y)$ 和参数自适应律,使得 $\lim\limits_{t \to +\infty} \|E\| \lim\limits_{t \to +\infty} \|X - \Phi(t)Y\| = 0$,则称系统(4-118)与(4-119)可实现自适应函数投影同步以及未知参数的辨识。

定理 4-11 对于由驱动系统(4-118)和响应系统(4-119)构成的参数未知的混沌同步系统,若选取系统的控制器函数为

$$U(X,Y) = \Phi^{-1}(t)[M(X,Y) + F(X)\hat{\theta} - \dot{\Phi}(t)Y - \Phi(t)G(Y)\hat{\delta} + DE]$$

其中,$M(X,Y) = f(X) - \Phi(t)g(Y) + (A - B)X$,$D = \text{diag}[d_1, d_2, d_3]$;若选择合适的控制参数和系统参数的自适应律为

$$\dot{\hat{\theta}} = F^{\mathrm{T}}(X)E + \Delta\theta, \quad \dot{\hat{\delta}} = -\Phi(t)G^{\mathrm{T}}(Y)E + \Delta\delta$$

其中,$\bar{\theta} = \theta - \hat{\theta}$,$\bar{\delta} = \delta - \hat{\delta}$,则系统(4-118)与系统(4-119)可实现函数投影同步与未知参数的正确辨识,即对于任意初始值有 $\lim\limits_{t \to +\infty} \|E\| = 0$,$\hat{\theta} = \theta$,$\hat{\delta} = \delta$。

证明 在控制律 $U(X,Y) = \Phi^{-1}(t)[M(X,Y) + F(X)\hat{\theta} - \dot{\Phi}(t)Y - \Phi(t)G(Y)\hat{\delta} + DE]$ 作用下,同步系统的误差动力学方程(4-121)变为

$$\dot{E} = F(X)\bar{\theta} - \Phi(t)G(Y)\bar{\delta} - (D - B)E \tag{4-122}$$

构建 Lyapunov 函数

$$V = \frac{1}{2}E^{\mathrm{T}}E + \frac{1}{2}\bar{\theta}^{\mathrm{T}}\bar{\theta} + \frac{1}{2}\bar{\delta}^{\mathrm{T}}\bar{\delta} \tag{4-123}$$

其中,$\bar{\theta} = \theta - \hat{\theta}$,$\bar{\delta} = \delta - \hat{\delta}$,则其微分方程为

$$\dot{V} = E^{\mathrm{T}}\dot{E} + \bar{\theta}^{\mathrm{T}}\dot{\bar{\delta}} + \bar{\delta}^{\mathrm{T}}\dot{\bar{\delta}} = E^{\mathrm{T}}\dot{E} - \bar{\theta}^{\mathrm{T}}\dot{\hat{\theta}} - \bar{\delta}^{\mathrm{T}}\dot{\hat{\delta}} \tag{4-124}$$

令参数自适应律为 $\dot{\hat{\boldsymbol{\theta}}} = \boldsymbol{F}^{\mathrm{T}}(\boldsymbol{X})\boldsymbol{E} + \boldsymbol{\theta}$, $\dot{\hat{\boldsymbol{\delta}}} = -\boldsymbol{\Phi}(t)\boldsymbol{G}^{\mathrm{T}}(\boldsymbol{Y})\boldsymbol{E} + \bar{\boldsymbol{\delta}}$, 并将式(4-121)代入式(4-124), 可得

$$\dot{V} = -(\boldsymbol{D} - \boldsymbol{B})\boldsymbol{E}^{\mathrm{T}}\boldsymbol{E} - \boldsymbol{\theta}^{\mathrm{T}}\boldsymbol{\theta} - \bar{\boldsymbol{\delta}}^{\mathrm{T}}\bar{\boldsymbol{\delta}} \tag{4-125}$$

显然, 若选择控制参数 d_1、d_2、d_3, 使 $(\boldsymbol{D} - \boldsymbol{B})$ 正定, 则 $\dot{V} \leqslant 0$, 当且仅当 $\boldsymbol{E} = 0$, $\boldsymbol{\theta} = 0$, $\bar{\boldsymbol{\delta}} = 0$ 时, 等号成立。由 Lyapunov 稳定性定理可得, 驱动响应系统的误差系统在原点渐近稳定, 即 $\lim\limits_{t \to +\infty} \|\boldsymbol{E}\| = 0$, 两系统实现自适应函数投影同步, 同时有当 $t \to \infty$ 时, 未知参数 $\hat{\boldsymbol{\theta}} \to \boldsymbol{\theta}$, $\hat{\boldsymbol{\delta}} \to \boldsymbol{\delta}$, 即实现了未知参数的正确识别。证毕。

注1　若 $A = B$, $f(\cdot) = g(\cdot)$, 且 $F(\cdot) = G(\cdot)$, 此时两混沌系统为同构系统, 反之为异构系统, 因此该自适应函数投影同步定理对具有未知参数的同构、异构系统均适用。

注2　若驱动系统或响应系统的参数是已知的, 运用上述控制方法, 去掉其中的参数自适应律, 即可实现相应的广义函数投影同步。

1. 驱动系统参数未知的自适应函数投影同步控制与仿真

将自适应函数投影同步方法应用于简化 Lorenz 系统, 则驱动、响应系统分别定义为

$$\dot{\boldsymbol{X}} = \boldsymbol{A}\boldsymbol{X} + f(\boldsymbol{X}) + \boldsymbol{F}(\boldsymbol{X})\boldsymbol{\theta} = \begin{bmatrix} -10 & 10 & 0 \\ 0 & 0 & 0 \\ 0 & 0 & -8/3 \end{bmatrix} \begin{bmatrix} x_1 \\ x_2 \\ x_3 \end{bmatrix} + \begin{bmatrix} 0 \\ -x_1 x_3 \\ x_1 x_2 \end{bmatrix} + \begin{bmatrix} 0 & 0 & 0 \\ x_1 & x_2 & 0 \\ 0 & 0 & 0 \end{bmatrix} \begin{bmatrix} \theta_1 \\ \theta_2 \\ \theta_3 \end{bmatrix}$$
$$\tag{4-126}$$

$$\dot{\boldsymbol{Y}} = \boldsymbol{B}\boldsymbol{Y} + g(\boldsymbol{Y}) + \boldsymbol{U}(\boldsymbol{X},\boldsymbol{Y}) = \begin{bmatrix} -10 & 10 & 0 \\ 24-4c & c & 0 \\ 0 & 0 & -8/3 \end{bmatrix} \begin{bmatrix} y_1 \\ y_2 \\ y_3 \end{bmatrix} + \begin{bmatrix} 0 \\ -y_1 y_3 \\ y_1 y_2 \end{bmatrix} + \boldsymbol{U}(\boldsymbol{X},\boldsymbol{Y})$$
$$\tag{4-127}$$

其中, c 为系统参数, $\boldsymbol{\theta} = [\theta_1, \theta_2, \theta_3]^{\mathrm{T}}$ 为驱动系统的未知参数, $\boldsymbol{U} = [u_1, u_2, u_3]^{\mathrm{T}}$ 为非线性控制器。设投影函数为 $\Phi(t) = -3 + 2\sin(t)$, 根据定理 4-11, 对于由系统(4-126)和系统(4-127)组成的同步系统的控制律和参数自适应律为

$$\boldsymbol{U} = \frac{1}{\Phi(t)} \begin{bmatrix} -\dot{\Phi}(t)y_1 + d_1 e_1 \\ (\hat{\theta}_1 - 24 + 4c)x_1 + (\hat{\theta}_2 - c)x_2 - \dot{\Phi}(t)y_2 - x_1 x_3 + \Phi(t)y_1 y_3 + d_2 e_2 \\ -\dot{\Phi}(t)y_3 + x_1 x_2 - \Phi(t)y_1 y_2 + d_3 e_3 \end{bmatrix}$$
$$\tag{4-128}$$

$$\dot{\hat{\boldsymbol{\theta}}} = \begin{bmatrix} x_1 e_2 + \theta_1 - \hat{\theta}_1 \\ x_2 e_2 + \theta_2 - \hat{\theta}_2 \\ 0 \end{bmatrix} \tag{4-129}$$

对于由系统(4-126)和系统(4-127)组成的同步系统有如下推论。

推论 4-2 对于由驱动系统(4-126)和响应系统(4-127)构成的自适应函数投影同步系统,当控制器参数同时满足 $d_1+d_2>c-10$、$d_1d_2-d_1c+10d_2>240-30c$ 和 $d_3>-8/3$ 时,系统(4-126)与系统(4-127)可实现自适应函数投影同步,即对于任意初始值有 $\lim\limits_{t\to+\infty}\|\boldsymbol{E}\|=0$。证明略。

在 Simulink 动态仿真平台上进行仿真,设系统参数 $c=5$,根据推论 4-2 可知,控制参数分别为 $d_1=40$、$d_2=20$、$d_3=-2$ 时,即可实现同步。设投影函数 $\varPhi(t)=-3+2\sin t$,系统初始值分别为 $\boldsymbol{X}(0)=[4.4356,\ 6.1771,\ 7.2330]^{\mathrm{T}}$,$\boldsymbol{Y}(0)=[0.5431,\ 0.0995,\ 2.8096]^{\mathrm{T}}$,$\hat{\theta}_1(0)=-1$,$\hat{\theta}_2(0)=-1$,进行数值仿真,得两混沌同步系统误差收敛曲线、吸引子和估计参数的时域演化波形如图 4-36 所示。由图 4-36(a)可知,不同初值的两混沌系统在约 4s 内可实现函数投影同步,且同步动态特性好,具有单调衰减特性;由图 4-36(b)可知,响应系统与驱动系统反相,其比例满足投影函数关系;由图 4-36(c)可知,在较短的时间内(约 2s),估计参数 $\hat{\theta}_1$ 和 $\hat{\theta}_2$ 收敛至目标值,实现了对未知参数的辨识。

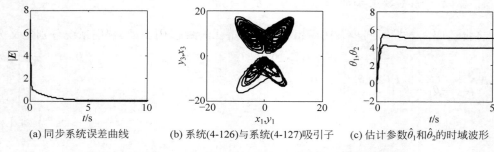

(a) 同步系统误差曲线   (b) 系统(4-126)与系统(4-127)吸引子   (c) 估计参数 $\hat{\theta}_1$ 和 $\hat{\theta}_2$ 的时域波形

图 4-36　系统(4-126)和系统(4-127)实现函数投影同步时图形

下面分析同步系统控制参数 d_1、d_2、d_3 取不同值时对同步系统的同步性能的影响,当 $d_2=20$、$d_3=-2$ 时,由推论 4-2 可知 $d_1>-7.3$,对 $d_1=-7$、$d_1=-6.7$、$d_1=-5$ 分别进行同步仿真研究,同步误差曲线如图 4-37 所示。可见,当 $d_1>-7.3$ 时,d_1 取值越大,系统实现同步所需时间越短,但当 d_1 超过一定值后,再增大 d_1,并不能显著减小同步所需的时间。同理,当 d_1 和 d_3 一定,d_2 变化,或 d_1 和 d_2 一定,d_3 变化时,有同样的规律。

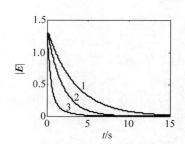

图 4-37　同步控制参数 d_3 取不同值时的同步误差曲线

2. 参数未知的同构混沌系统的同步控制与仿真

将自适应函数投影同步方法应用于两个参数未知的简化 Lorenz 混沌系统,则驱动、响应系统分别定义为

$$\dot{X} = AX + f(X) + F(X)\theta = \begin{bmatrix} -10 & 10 & 0 \\ 0 & 0 & 0 \\ 0 & 0 & -8/3 \end{bmatrix} \begin{bmatrix} x_1 \\ x_2 \\ x_3 \end{bmatrix} + \begin{bmatrix} 0 \\ -x_1 x_3 \\ x_1 x_2 \end{bmatrix} + \begin{bmatrix} 0 & 0 & 0 \\ x_1 & x_2 & 0 \\ 0 & 0 & 0 \end{bmatrix} \begin{bmatrix} \theta_1 \\ \theta_2 \\ \theta_3 \end{bmatrix}$$

$$\tag{4-130}$$

$$\dot{Y} = BY + g(Y) + G(Y)\delta + U(X,Y)$$

$$= \begin{bmatrix} -10 & 10 & 0 \\ 0 & 0 & 0 \\ 0 & 0 & -8/3 \end{bmatrix} \begin{bmatrix} y_1 \\ y_2 \\ y_3 \end{bmatrix} + \begin{bmatrix} 0 \\ -y_1 y_3 \\ y_1 y_2 \end{bmatrix} + \begin{bmatrix} 0 & 0 & 0 \\ y_1 & y_2 & 0 \\ 0 & 0 & 0 \end{bmatrix} \begin{bmatrix} \delta_1 \\ \delta_2 \\ \delta_3 \end{bmatrix} + U(X,Y) \tag{4-131}$$

其中,$\theta = [\theta_1, \theta_2, \theta_3]^{\mathrm{T}}$,$\delta = [\delta_1, \delta_2, \delta_3]^{\mathrm{T}}$ 为混沌系统的未知参数,$U = [u_1, u_2, u_3]^{\mathrm{T}}$ 为非线性控制器。设投影函数为 $\Phi(t) = -3 + 2\sin(t)$,则根据定理 4-11,对于由系统(4-130)和系统(4-131)组成的同步系统的控制律和参数自适应律分别为

$$U = \frac{1}{\Phi(t)} \begin{bmatrix} -\dot{\Phi}(t)y_1 + d_1 e_1 \\ -x_1 x_3 + \Phi(t)y_1 y_3 + x_1\hat{\theta}_1 + x_2\hat{\theta}_2 - \dot{\Phi}(t)y_2 - \Phi(t)(y_1\hat{\delta}_1 + y_2\hat{\delta}_2) + d_2 e_2 \\ x_1 x_2 - \Phi(t)y_1 y_2 - \dot{\Phi}(t)y_3 + d_3 e_3 \end{bmatrix}$$

$$\tag{4-132}$$

$$\dot{\hat{\theta}} = \begin{bmatrix} x_1 e_2 + \theta_1 - \hat{\theta}_1 \\ x_2 e_2 + \theta_2 - \hat{\theta}_2 \\ 0 \end{bmatrix} \tag{4-133}$$

$$\dot{\hat{\delta}} = \begin{bmatrix} -\Phi(t)y_1 e_2 + \delta_1 - \hat{\delta}_1 \\ -\Phi(t)y_2 e_2 + \delta_2 - \hat{\delta}_2 \\ 0 \end{bmatrix} \tag{4-134}$$

在 Simulink 动态仿真平台上进行同步仿真,选择简化 Lorenz 系统的未知参数 $c = 5$,即要估计的参数的真值 $\theta = \delta = [4, 5, 0]^{\mathrm{T}}$,选取驱动-响应系统状态及未知参数的初值分别为 $X(0) = [4.4356, 6.1771, 7.2330]^{\mathrm{T}}$,$Y(0) = [-0.5431, 0.0995, -2.8096]^{\mathrm{T}}$,$\hat{\theta}(0) = [-1, -1, 0]^{\mathrm{T}}$,$\hat{\delta}(0) = [-2, -2, 0]^{\mathrm{T}}$;取 $d_1 = d_2 = d_3 = 5$,进行动态仿真,得两混沌同步系统误差收敛曲线、吸引子和估计参数误差波形如图 4-38 所示。由图 4-38(a)可知,参数未知、不同初值的两简化 Lorenz 混沌系统在约 2.5s 内实现了函数投影同步,同步动态特性具有振荡衰减特性;由图 4-38(b)可知,响应系统与驱动系统反相,其同步比例满足投影函数关系;由图 4-38(c)和(d)可知,在较短的时间内,估计参数 $\hat{\theta}_1$、$\hat{\theta}_2$ 和 $\hat{\delta}_1$、$\hat{\delta}_2$ 的误差收敛至零,实现了对未知参数的辨识。仿真还表明,当控制参数 d_i 越大时,同步系统的同步性能越好,即同步建立时间越短,这对于实现保密通信很重要。

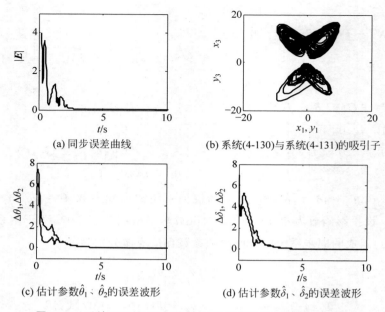

(a) 同步误差曲线　　(b) 系统(4-130)与系统(4-131)的吸引子

(c) 估计参数$\hat{\theta}_1$、$\hat{\theta}_2$的误差波形　　(d) 估计参数$\hat{\delta}_1$、$\hat{\delta}_2$的误差波形

图 4-38　系统(4-130)和系统(4-131)实现函数投影同步时图形

3. 参数未知的异构混沌系统的同步控制与仿真

将自适应函数投影同步方法应用于参数未知的简化 Lorenz 系统和 Chen 系统,则驱动、响应系统分别为

$$\dot{X} = AX + f(X) + F(X)\theta$$

$$= \begin{bmatrix} -10 & 10 & 0 \\ 0 & 0 & 0 \\ 0 & 0 & -8/3 \end{bmatrix} \begin{bmatrix} x_1 \\ x_2 \\ x_3 \end{bmatrix} + \begin{bmatrix} 0 \\ -x_1 x_3 \\ x_1 x_2 \end{bmatrix} + \begin{bmatrix} 0 & 0 & 0 \\ x_1 & x_2 & 0 \\ 0 & 0 & 0 \end{bmatrix} \begin{bmatrix} \theta_1 \\ \theta_2 \\ \theta_3 \end{bmatrix} \quad (4\text{-}135)$$

$$\dot{Y} = BY + g(Y) + G(Y)\delta + U(X,Y)$$

$$= \begin{bmatrix} -10 & 10 & 0 \\ -10 & 0 & 0 \\ 0 & 0 & -8/3 \end{bmatrix} \begin{bmatrix} y_1 \\ y_2 \\ y_3 \end{bmatrix} + \begin{bmatrix} 0 \\ -y_1 y_3 \\ y_1 y_2 \end{bmatrix} + \begin{bmatrix} y_2-y_1 & 0 & 0 \\ -y_1 & y_1+y_2 & 0 \\ 0 & 0 & -y_3 \end{bmatrix} \begin{bmatrix} \delta_1 \\ \delta_2 \\ \delta_3 \end{bmatrix} + U(X,Y) \quad (4\text{-}136)$$

其中,$\theta = [\theta_1, \theta_2, \theta_3]^T$,$\delta = [\delta_1, \delta_2, \delta_3]^T$ 为两系统的未知参数,$U = [u_1, u_2, u_3]^T$ 为非线性控制器。设投影函数为 $\Phi(t) = -3 + 2\sin(t)$,则根据定理 4-11,对于由系统(4-135)和系统(4-136)组成的同步系统的控制律和参数自适应律分别为

$$U = \frac{1}{\Phi(t)} \begin{bmatrix} -\dot{\Phi}(t)y_1 - \Phi(t)(y_2-y_1)\hat{\delta} + d_1 e_1 \\ 10x_1 - x_1 x_3 + \Phi(t)y_1 y_3 + x_1\hat{\theta}_1 + x_2\hat{\theta}_2 - \dot{\Phi}(t)y_2 - \Phi(t)[-y_1\hat{\delta}_1 + (y_1+y_2)\hat{\delta}_2] + d_2 e_2 \\ x_1 x_2 - \Phi(t)y_1 y_2 - \dot{\Phi}(t)y_3 + \Phi(t)y_3\hat{\delta}_3 + d_3 e_3 \end{bmatrix} \quad (4\text{-}137)$$

$$\dot{\hat{\boldsymbol{\theta}}} = \begin{bmatrix} x_1 e_2 + \theta_1 - \hat{\theta}_1 \\ x_2 e_2 + \theta_2 - \hat{\theta}_2 \\ 0 \end{bmatrix} \tag{4-138}$$

$$\dot{\hat{\boldsymbol{\delta}}} = \begin{bmatrix} -\Phi(t)\big[(y_2 - y_1)e_1 - y_1 e_2\big] + \delta_1 - \hat{\delta}_1 \\ -\Phi(t)(y_1 + y_2)e_2 + \delta_2 - \hat{\delta}_2 \\ \Phi(t)y_3 e_3 + \delta_3 - \hat{\delta}_3 \end{bmatrix} \tag{4-139}$$

在 Simulink 动态仿真平台上进行同步仿真，选择简化 Lorenz 系统的未知参数 $c=5$，即要估计的参数的真值 $\boldsymbol{\theta} = [4, 5, 0]^{\mathrm{T}}$，选择 Chen 系统的未知参数的真值为 $\boldsymbol{\delta} = [25, 28, 1/3]^{\mathrm{T}}$，设驱动-响应系统状态及未知参数的初值分别为 $\boldsymbol{X}(0) = [4.4356,$ $6.1771, 7.2330]^{\mathrm{T}}$、$\boldsymbol{Y}(0) = [-0.62, -0.4261, -4.0838]^{\mathrm{T}}$、$\hat{\boldsymbol{\theta}}(0) = [-1, -1, 0]^{\mathrm{T}}$、$\hat{\boldsymbol{\delta}}(0) = [2, 2, 2]^{\mathrm{T}}$，取 $d_1 = d_2 = d_3 = 5$，进行动态仿真，得两混沌同步系统误差收敛曲线、吸引子和估计参数误差演化波形如图 4-39 所示。由图 4-39(a)可知，参数未知的不同初值的两简化 Lorenz 混沌系统在约 2s 内可实现函数投影同步，同步动态特性具有振荡衰减特性；由图 4-39(b)可知，响应系统与驱动系统反相，其同步比例满足投影函数关系；由图 4-39(c)和(d)可知，在较短的时间内，估计参数 $\hat{\theta}_1$、$\hat{\theta}_2$ 和 $\hat{\delta}_1$、$\hat{\delta}_2$、$\hat{\delta}_3$ 的误差收敛至零，实现了对未知参数的辨识。仿真还表明，当控制参数 d_i 越大时，同步系统的同步性能越好，且同步建立时间越短。

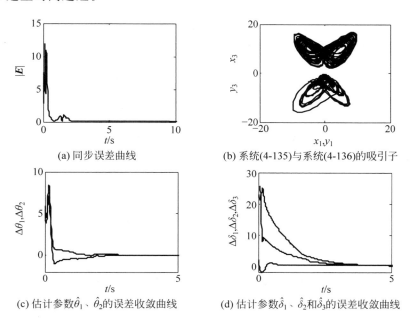

(a) 同步误差曲线　　　　　　(b) 系统(4-135)与系统(4-136)的吸引子

(c) 估计参数 $\hat{\theta}_1$、$\hat{\theta}_2$ 的误差收敛曲线　　(d) 估计参数 $\hat{\delta}_1$、$\hat{\delta}_2$ 和 $\hat{\delta}_3$ 的误差收敛曲线

图 4-39　系统(4-135)和系统(4-136)实现函数投影同步时图形

4.10　分数阶时延 Lorenz 混沌系统网络同步

随着复杂性科学以及 Internet 技术的迅速发展,各种复杂网络已经出现在人类社会生活中,如 Internet、万维网(WWW)、科学引文网、新陈代谢网、生物网络、社会网络等。混沌系统构成的复杂网络在实际保密通信中具有重要的研究意义,其同步已引起了广大研究者的关注。

4.10.1　分数阶时延混沌系统环状网络同步算法

考虑一个由 N 个分数阶时延混沌系统构成的环状双向耦合复杂网络,其定义为

$$
\begin{cases}
D_{t_0}^q \boldsymbol{x}_1(t) = L(\boldsymbol{x}_1, \boldsymbol{x}_1(t-\tau)) + N(\boldsymbol{x}_1(t), \boldsymbol{x}_1(t-\tau)) + \rho(\boldsymbol{x}_N + \boldsymbol{x}_2 - 2\boldsymbol{x}_1) \\
D_{t_0}^q \boldsymbol{x}_2(t) = L(\boldsymbol{x}_2, \boldsymbol{x}_2(t-\tau)) + N(\boldsymbol{x}_2(t), \boldsymbol{x}_2(t-\tau)) + \rho(\boldsymbol{x}_1 + \boldsymbol{x}_3 - 2\boldsymbol{x}_2) \\
\quad\vdots \\
D_{t_0}^q \boldsymbol{x}_{N-1}(t) = L(\boldsymbol{x}_{N-1}, \boldsymbol{x}_{N-1}(t-\tau)) + N(\boldsymbol{x}_{N-1}(t), \boldsymbol{x}_{N-1}(t-\tau)) + \rho(\boldsymbol{x}_{N-2} + \boldsymbol{x}_N - 2\boldsymbol{x}_{N-1}) \\
D_{t_0}^q \boldsymbol{x}_N(t) = L(\boldsymbol{x}_N, \boldsymbol{x}_N(t-\tau)) + N(\boldsymbol{x}_N(t), \boldsymbol{x}_N(t-\tau)) + \rho(\boldsymbol{x}_{N-1} + \boldsymbol{x}_1 - 2\boldsymbol{x}_N)
\end{cases}
$$

$$(4\text{-}140)$$

其中,$\boldsymbol{x}_1, \boldsymbol{x}_2, \cdots, \boldsymbol{x}_N \in \mathbf{R}^n$ 为各分数阶时延混沌系统的状态变量,ρ 为耦合强度。$L(\boldsymbol{x}_i, \boldsymbol{x}_i(t-\tau))$ 为第 i 个时延混沌系统的线性部分,$N(\boldsymbol{x}_i, \boldsymbol{x}_i(t-\tau))$ 为第 i 个时延混沌系统的非统线性部分。环状网络结构是一种具有代表性的但又比较简单的网络结构,另一方面,耦合同步算法相较于其他算法更易于物理实现,因此研究这种结构具有实际意义。环状网络结构如图 4-40 所示,可见,信道中每个节点为一个分数阶混沌系统,且只与相邻的两个系统进行信息交互。

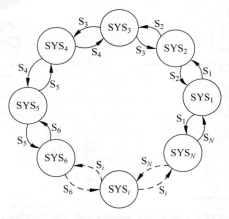

图 4-40　双向耦合环状耦合网络结构示意图

定理 4-12　定义误差 $e_i = \boldsymbol{x}_i - \boldsymbol{x}_{i+1}(i=1,2,\cdots,N-1)$,当 $i=N$ 时,$e_N = \boldsymbol{x}_N - \boldsymbol{x}_1$,当 $t \to +\infty$ 时,对于每个 $\| e_i \| \to 0$,该网络实现同步,其中 $\| e_i \| = \sum\limits_{j=1}^p |e_{ij}| =$

$$\sum_{j=1}^{p} | x_{ij} - x_{(i+1)j} | , p \text{ 为系统的维数。}$$

定理 4-12 表明,当混沌网络中每个节点(分数阶混沌系统)的动力学行为具有一致性时,则实现了分数阶混沌系统的网络同步。

定理 4-13 对于任意的耦合强度 $\rho > 0$,如式(4-140)所示的双向环状耦合网络能实现同步。

证明 根据定理 4-13,定义如下所示的 Lyapunov 函数

$$V(t) = \sum_{i=1}^{N} \| \boldsymbol{e}_i \| \tag{4-141}$$

显然,$V(t)$ 为该网络的同步误差。引入分数阶微积分算子,得到

$$
\begin{aligned}
D_{t_0}^q V(t) &= \sum_{i=1}^{N} D_{t_0}^q \| \boldsymbol{e}_i \| \\
&= \sum_{j=1}^{p} D_{t_0}^q | e_{1j} | + \sum_{j=1}^{p} D_{t_0}^q | e_{2j} | + \cdots + \sum_{j=1}^{p} D_{t_0}^q | e_{Nj} |
\end{aligned} \tag{4-142}
$$

因此,有

$$
\begin{aligned}
D_{t_0}^q V(t) &= \sum_{j=1}^{p} \mathrm{sgn}(e_{1j}) D_{t_0}^q e_{1j} + \sum_{j=1}^{p} \mathrm{sgn}(e_{1j}) D_{t_0}^q e_{2j} + \cdots + \sum_{j=1}^{p} \mathrm{sgn}(e_{1j}) D_{t_0}^q e_{Nj} \\
&= \sum_{j=1}^{p} \mathrm{sgn}(e_{1j}) [D_{t_0}^q x_{1j} - D_{t_0}^q x_{2j}] + \sum_{j=1}^{p} \mathrm{sgn}(e_{2j}) [D_{t_0}^q x_{2j} - D_{t_0}^q x_{3j}] + \cdots + \\
&\quad \sum_{j=1}^{p} \mathrm{sgn}(e_{Nj}) [D_{t_0}^q x_{Nj} - D_{t_0}^q x_{1j}] \\
&\leqslant \sum_{j=1}^{p} [D_{t_0}^q x_{1j} - D_{t_0}^q x_{2j}] + \sum_{j=1}^{p} [D_{t_0}^q x_{2j} - D_{t_0}^q x_{3j}] + \cdots + \\
&\quad \sum_{j=1}^{p} [D_{t_0}^q x_{Nj} - D_{t_0}^q x_{1j}] \\
&= 0
\end{aligned} \tag{4-143}
$$

当 $D_{t_0}^q V(t) = 0$ 时,意味着 $i = 1, 2, \cdots, N$ 和 $j = 1, 2, \cdots, p$ 时,所有 $e_{ij} \geqslant 0$,即 $D_{t_0}^q x_{1i} \geqslant D_{t_0}^q x_{2i}$, $D_{t_0}^q x_{2i} \geqslant D_{t_0}^q x_{2i}$, $\cdots$, $D_{t_0}^q x_{(N-1)i} \geqslant D_{t_0}^q x_{Ni}$, $D_{t_0}^q x_{Ni} \geqslant D_{t_0}^q x_{1i}$。 所以当且仅当 $D_{t_0}^q x_{1i} = D_{t_0}^q x_{2i} = \cdots = D_{t_0}^q x_{Ni}$ $(i = 1, 2, \cdots, N)$ 都成立时,$D_{t_0}^q V(t) = 0$ 成立,否则 $D_{t_0}^q V(t) < 0$。 这就意味着 $t \to +\infty$ 时,$V(t) \to 0$。 因此,双向耦合环状网络能实现同步。

注: ① 对于任意 $N > 3$,双向耦合环状网络都能实现同步。

② 根据实验,耦合强度 ρ 的值不能取太小,否则同步很难建立,实际上,ρ 的取值至少为 1。

③ 双向耦合同步是耦合同步的一种,且相较于单向耦合,更容易实现不同系统之间的同步。

4.10.2 分数阶时延 Lorenz 混沌系统网络同步求解

分数阶 Lorenz 系统方程为

$$\begin{cases} D_{t_0}^q x_1 = a(x_2 - x_1) \\ D_{t_0}^q x_2 = cx_1 - x_1 x_3 + dx_2 \\ D_{t_0}^q x_3 = x_1 x_2 - bx_3 \end{cases} \tag{4-144}$$

其中，x_1、x_2、x_3 为系统状态变量，a、b、c 和 d 为系统参数。引入控制器 $u = (u_1, u_2, u_3)$ 到分数阶 Lorenz 系统，并得到如下系统

$$\begin{cases} D_{t_0}^q x_1 = a(x_2 - x_1) + u_1 \\ D_{t_0}^q x_2 = cx_1 - x_1 x_3 + dx_2 + u_2 \\ D_{t_0}^q x_3 = x_1 x_2 - bx_3 + u_3 \end{cases} \tag{4-145}$$

当其中控制器分别为 $u_1 = \kappa x_1(t - \tau)$、$u_2 = 0$、$u_3 = 0$ 时，得到的分数阶时延 Lorenz 混沌系统为

$$\begin{cases} D_{t_0}^q x_1 = a(x_2 - x_1) + \kappa x_1(t - \tau) \\ D_{t_0}^q x_2 = cx_1 - x_1 x_3 + dx_2 \\ D_{t_0}^q x_3 = x_1 x_2 - bx_3 \end{cases} \tag{4-146}$$

该系统中，κ 为控制参数，τ 为时延。将该系统应用于双向耦合环状网络，即网络定义为

$$\begin{cases} D_{t_0}^q x_{i1} = a(x_{i2} - x_{i1}) + \kappa x_{i1}(t - \tau) + \rho(x_{(i-1)1} + x_{(i+1)1} - 2x_{i1}) \\ D_{t_0}^q x_{i2} = cx_{i1} - x_{i1}x_{i3} + dx_{i2} + \rho(x_{(i-1)2} + x_{(i+1)2} - 2x_{i2}) \\ D_{t_0}^q x_{i3} = x_{i1}x_{i2} - bx_{i3} + \rho(x_{(i-1)3} + x_{(i+1)3} - 2x_{i3}) \end{cases} \tag{4-147}$$

下面基于 Adomian 算法研究分数阶时延网络系统的数值解。首先对时间进行网格划分 $\{t_n = nh, n = -m, -(m-1), \cdots, -1, 0, 1, 2, \cdots, N\}$，其中 $m = \lceil \tau/h \rceil$，N 为时间序列的长度值。采用时延 Adomian 分解算法对系统进行求解，其解可以表示为

$$\begin{cases} x_{1i}(n+1) = \sum_{j=0}^{5} K_{i1}^j h^{jq} / \Gamma(jq+1) \\ x_{2i}(n+1) = \sum_{j=0}^{5} K_{i2}^j h^{jq} / \Gamma(jq+1) \\ x_{3i}(n+1) = \sum_{j=0}^{5} K_{i3}^j h^{jq} / \Gamma(jq+1) \end{cases} \tag{4-148}$$

中间变量 K_{ik}^j（$i = 1, 2, \cdots, N$，$k = 1, 2, 3$，$j = 0, 1, 2, 3, 4, 5$）表达式如下。

$$K_{i1}^0 = x_{1i}(n), K_{i2}^0 = x_{2i}(n), K_{i3}^0 = x_{3i}(n) \tag{4-149}$$

$$\begin{cases} K_{i1}^1 = a(K_{i2}^0 - K_{i1}^0) + \kappa K_{i1\tau}^0 + \rho(K_{(i-1)1}^0 + K_{(i+1)1}^0 - 2K_{i1}^0) \\ K_{i2}^1 = cK_{i1}^0 - K_{i1}^0 K_{i3}^0 + dK_{i2}^0 + \rho(K_{(i-1)2}^0 + K_{(i+1)2}^0 - 2K_{i2}^0) \\ K_{i3}^1 = K_{i1}^0 K_{i2}^0 - bK_{i3}^0 + \rho(K_{(i-1)3}^0 + K_{(i+1)3}^0 - 2K_{i3}^0) \end{cases} \tag{4-150}$$

$$\begin{cases} K_{i1}^2 = a(K_{i2}^1 - K_{i1}^1) + \kappa K_{i1\tau}^1 + \rho(K_{(i-1)1}^1 + K_{(i+1)1}^1 - 2K_{i1}^1) \\ K_{i2}^2 = cK_{i1}^1 - K_{i1}^1 K_{i3}^0 - K_{i1}^0 K_{i3}^1 + dK_{i2}^1 + \rho(K_{(i-1)2}^1 + K_{(i+1)2}^1 - 2K_{i2}^1) \\ K_{i3}^2 = K_{i1}^1 K_{i2}^0 + K_{i1}^0 K_{i2}^1 - bK_{i3}^1 + \rho(K_{(i-1)3}^1 + K_{(i+1)3}^1 - 2K_{i3}^1) \end{cases} \tag{4-151}$$

$$
\begin{cases}
K_{i1}^3 = a\left(K_{i2}^0 - K_{i1}^0\right) + \kappa K_{i1\tau}^2 + \rho\left(K_{(i-1)1}^2 + K_{(i+1)1}^2 - 2K_{i1}^2\right) \\[6pt]
K_{i2}^3 = cK_{i1}^2 - K_{i1}^0 K_{i3}^2 - K_{i1}^1 K_{i3}^1 \dfrac{\Gamma(2q+1)}{\Gamma^2(q+1)} - K_{i1}^2 K_{i3}^0 + \\[6pt]
\qquad dK_{i2}^2 + \rho\left(K_{(i-1)2}^2 + K_{(i+1)2}^2 - 2K_{i2}^2\right) \\[6pt]
K_{i3}^3 = K_{i1}^0 K_{i2}^2 + K_{i1}^1 K_{i2}^1 \dfrac{\Gamma(2q+1)}{\Gamma^2(q+1)} + K_{i1}^2 K_{i2}^0 - bK_{i3}^2 + \\[6pt]
\qquad \rho\left(K_{(i-1)3}^2 + K_{(i+1)3}^2 - 2K_{i3}^2\right)
\end{cases}
\tag{4-152}
$$

$$
\begin{cases}
K_{i1}^4 = a\left(K_{i2}^3 - K_{i1}^3\right) + \kappa K_{i1\tau}^3 + \rho\left(K_{(i-1)1}^3 + K_{(i+1)1}^3 - 2K_{i1}^3\right) \\[6pt]
K_{i2}^4 = cK_{i1}^3 - K_{i1}^0 K_{i3}^3 - \left(K_{i1}^2 K_{i3}^1 + K_{i1}^1 K_{i3}^2\right)\dfrac{\Gamma(3q+1)}{\Gamma(q+1)\Gamma(2q+1)} - \\[6pt]
\qquad K_{i1}^3 K_{i3}^0 + dK_{i2}^3 + \rho\left(K_{(i-1)2}^3 + K_{(i+1)2}^3 - 2K_{i2}^3\right) \\[6pt]
K_{i3}^4 = K_{i1}^0 K_{i2}^3 + \left(K_{i1}^2 K_{i2}^1 + K_{i1}^1 K_{i2}^2\right)\dfrac{\Gamma(3q+1)}{\Gamma(q+1)\Gamma(2q+1)} + K_{i1}^3 K_{i2}^0 - \\[6pt]
\qquad bK_{i3}^3 + \rho\left(K_{(i-1)3}^3 + K_{(i+1)3}^3 - 2K_{i3}^3\right)
\end{cases}
\tag{4-153}
$$

$$
\begin{cases}
K_{i1}^5 = a\left(K_{i2}^4 - K_{i1}^4\right) + \kappa K_{i1\tau}^4 + \rho\left(K_{(i-1)1}^4 + K_{(i+1)1}^4 - 2K_{i1}^4\right) \\[6pt]
K_{i2}^5 = cK_{i1}^4 - K_{i1}^0 K_{i3}^4 - \left(K_{i1}^3 K_{i3}^1 + K_{i1}^1 K_{i3}^3\right)\dfrac{\Gamma(4q+1)}{\Gamma(q+1)\Gamma(3q+1)} - \\[6pt]
\qquad K_{i1}^2 K_{i3}^2 \dfrac{\Gamma(4q+1)}{\Gamma^2(2q+1)} - K_{i1}^4 K_{i3}^0 + dK_{i2}^4 + \rho\left(K_{(i-1)2}^4 + K_{(i+1)2}^4 - 2K_{i2}^4\right) \\[6pt]
K_{i3}^5 = K_{i1}^0 K_{i2}^4 + \left(K_{i1}^3 K_{i2}^1 + K_{i1}^1 K_{i2}^3\right)\dfrac{\Gamma(4q+1)}{\Gamma(q+1)\Gamma(3q+1)} + \\[6pt]
\qquad K_{i1}^2 K_{i2}^2 \dfrac{\Gamma(4q+1)}{\Gamma^2(2q+1)} + K_{i1}^4 K_{i2}^0 - bK_{i3}^4 + \rho\left(K_{(i-1)3}^4 + K_{(i+1)3}^4 - 2K_{i3}^4\right)
\end{cases}
\tag{4-154}
$$

其中，$K_{i1\tau}^j = K_{i1}^j(t-\tau)$。显然，当 $t_n \leqslant mh$ 时，$t_n - \tau$ 位于 $(n-1-m)h$ 和 $(n-m)h$ 之间；当 $t_n > mh$ 时，$t_n - \tau$ 位于 $(n-m)h$ 和 $(n-m+1)h$ 之间。基于线性拟合技术，时延变量的中间变量 $K_{\tau1}^j$ 值计算式如下。

$$
K_{\tau1}^j(t_n) =
\begin{cases}
\left(1 - m + \dfrac{\tau}{h}\right)K_1^j(t_{n-1-m}) + \left(m - \dfrac{\tau}{h}\right)K_1^j(t_{n-m}) & t_n \leqslant mh \\[10pt]
\left(1 - m + \dfrac{\tau}{h}\right)K_1^j(t_{n-m}) + \left(m - \dfrac{\tau}{h}\right)K_1^j(t_{n-m+1}) & t_n > mh
\end{cases}
\tag{4-155}
$$

因此，分数阶时延网络的数值解可根据上述式子得到。由上述数值解表达式可知，采用时延 Adomian 算法求解时，当前值由上一时刻值以及 τ 时刻前的中间变量值与变量值决定。另外在实际求解时，需要指定 $[-\tau, 0]$ 时间段内状态变量与中间变量的历史值，以供后续计算使用。

4.10.3　分数阶时延 Lorenz 混沌系统网络同步仿真

下面对分数阶时延 Lorenz 混沌系统网络同步进行数值仿真。分数阶时延 Lorenz 系统参数为 $a=40, b=3, c=10, d=25$，时延控制器参数为 $\kappa=1, \tau=0.5$，耦合强度值为 $\rho=5$，分数阶阶数为 $q=0.98$，仿真时间步长值为 $h=0.01$。同步网络包含 5 个分数阶时

延混沌系统,即网络状态矩阵为

$$G = \begin{bmatrix} -2 & 1 & 0 & 0 & 1 \\ 1 & -2 & 1 & 0 & 0 \\ 0 & 1 & -2 & 0 & 0 \\ 0 & 0 & 1 & -2 & 1 \\ 1 & 0 & 0 & 1 & -2 \end{bmatrix} \qquad (4\text{-}156)$$

在$[-\tau,0]$时间段内,系统 1 到系统 5 各系统状态变量的初值分别为$(1,2,3)$、$(4,5,6)$、$(7,8,9,)$、$(10,11,12)$和$(13,14,15)$,中间变量值初值设定为$K_{ri}^{j} = i \times 10^{j-1}$。各系统之间的同步误差曲线如图 4-41 所示,其中$e_{ij} = x_i - x_j$。由图 4-41 可见,环状网络中,系统两两之间相互同步。

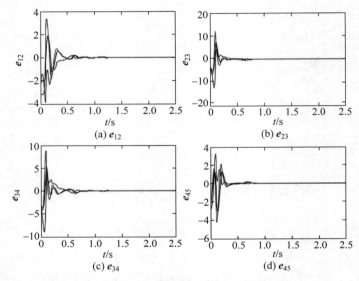

图 4-41   各系统之间同步误差曲线

分数阶时延 Lorenz 混沌系统同步网络随阶数q、耦合强度ρ和时延τ的变化情况如图 4-42 所示。在图 4-42(a)中,随着分数阶阶数q的减小,同步建立时间呈减小的趋势,类似地,如图 4-42(b)所示,同步建立时间随耦合强度ρ的增加也呈减小的趋势,而如图 4-42(c)所示,同步建立时间随时延τ的增加呈增加的趋势。可见选用分数阶系统且系统阶数更小时,环状双向耦合分数阶时延 Lorenz 系统网络更容易建立同步关系,在实际应用中,应选取相对较强的耦合强度。另外,时延值越大,意味着初始值部分对刚开始同步建立时间具有更大的影响,即网络的同步更难建立,即在实际保密通信应用中,应尽量避免选择具有过大时延的时延混沌系统。

采用 Adomian 分解算法研究了分数阶混沌系统的耦合同步、广义函数投影同步以及双向耦合网络同步,给出了同步驱动系统的数值解,对 Adomian 分解算法的中间变量进行了分析,研究了中间变量的吸引子相图并测度了中间变量构成的复杂度。

Adomian 分解算法是一种有效的求解分数阶同步控制器的数值算法,采用其求解分数阶混沌系统时,会产生一些中间变量。根据这些中间变量可以设计两种同步方案。其中一种同步方案为在信道中传输驱动系统的中间变量,供响应系统求解使用。研究表明,这些中间变量同样为混沌信号,具有较系统变量更高的复杂度,更具有实际应用价值。

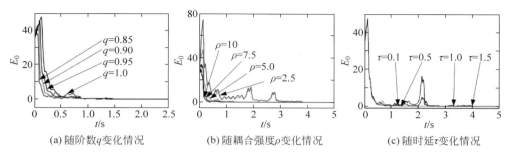

(a) 随阶数q变化情况　　　(b) 随耦合强度ρ变化情况　　　(c) 随时延τ变化情况

图 4-42　同步建立时间随参数变化情况

分析了当控制参数和阶数变化时同步建立时间。结果表明:在耦合同步中,同步建立时间随阶数值增加以及耦合控制强度的增强而增加;在广义函数投影同步中,同步建立时间随阶数值的增加以及控制参数的减小而增加;在双向耦合同步网络中,同步建立时间同样受阶数和参数的影响,当系统阶数越小、耦合强度越大或系统时延越小时,同步建立时间越小。

研究表明,采用 Adomian 分解算法,有利于同步算法的数字电路实现或者在数字系统保密通信如扩频通信中应用。这里没有利用这些设计的分数阶同步混沌系统进行 DSP/FPGA 数字电路保密通信应用,但这是将来进一步的研究工作。

4.11　混沌同步存在的问题与研究热点

结合新的控制策略或动力学方法,提高混沌同步的性能是混沌应用研究的关键;研究在噪声干扰、信道失真和参数失配情况下,混沌系统同步性能改善是混沌同步研究的重要内容。就当前的混沌同步研究而言,应结合控制中的鲁棒方法或动力学稳定性方法,提高同步的鲁棒性,增大同步系统的同步性能。

超混沌同步问题应予以重视,超混沌通信有更好的保密性能,它在适当的回归映射下存在高维的奇异吸引子,调制后的信号与原混沌信号混在一起不可分辨,很难破译,对它的研究尚处于起步阶段;对超混沌同步判别准则、超混沌同步的主要物理机理以及超混沌同步应用等问题的研究是混沌同步理论研究的难点和热点。

噪声干扰、信道失真对同步的影响研究意义重大,在实际传输过程中,混沌信号不可避免地会受到噪声的干扰,而且任何传输信道都不是绝对理想的,传送的信号都会有幅度衰减、相位和非线性失真,这样必然会对混沌系统的同步性能产生直接或间接的影响,开展此类研究对混沌同步在保密通信中的实际应用具有特别重要的意义。

基于智能算法的非线性控制算法近年来引起了学者的关注。这类算法主要体现为:粒子群算法对非线性系统未知参数的估计能力;神经网络算法对系统相空间预测能力以及其他智能优化算法对控制器的优化能力。比如,遗传算法可以优化控制参数,解决传统算法需要人工调整控制参数、难以达到最优控制等问题。同时基于智能算法的非线性控制方案对噪声具有更强的鲁棒性。总之,基于智能算法的非线性混沌系统控制算法将是未来非线控制领域的研究热点之一。

混沌同步控制方法的研究已有40多年,许多物理学和信息科学工作者无论在理论和实验方面都做了大量工作。国内外的研究工作虽取得一些成果,但仍处于探索阶段,许多问题如同步机理、抗干扰能力等问题,随着时间的推移和研究工作的深入将会得到很好的解决。

思考题

(1) 混沌同步系统的性能指标及其意义?

(2) 混沌系统可实现同步的判据或准则?

(3) 混沌同步面临哪些关键问题与挑战?

(4) 构建一个混沌同步系统,并进行仿真研究与同步性能分析。

参考文献

[1] Pecora L M, Carroll T L. Synchronization in chaotic systems [J]. Physics Review Letters, 1990, 64(8): 821-824.

[2] Carroll T L, Pecora L M. Synchronization chaotic circuits [J]. IEEE Transactions on CAS-I, 1991, 38(4): 453-456.

[3] Ott E, Grebogi C, Yorke J A. Controlling chaos [J]. Physical Review Letters, 1990, 64(11): 1196-1199.

[4] 方锦清.非线性系统中混沌的控制与同步原理及其应用前景(一)[J].物理学进展, 1996, 16(1): 1-74.

[5] 方锦清.非线性系统中混沌控制方法、同步原理及其应用前景(二)[J].物理学进展, 1996, 16(2): 137-201.

[6] 孙克辉.混沌同步控制理论及其在信息加密中的应用研究[D].中南大学, 2005.

[7] 张学义,李殿璞,陈实如,等.基于观测器的超混沌系统高精度同步方法[J].电路与系统学报, 2001, 6(4): 15-19.

[8] He R, Vaidya P G. Analysis and synthesis of synchronous periodic and chaotic systems [J]. Physical Review A, 1992, 46(12): 7387-7392.

[9] Heagy J F, Carroll T L, Pecora L M. Synchronous chaos in coupled oscillator systems [J]. Physical Review E, 1994, 50(3): 1874-1885.

[10] 何岱海,徐健学,陈永红,等.条件 Lyapunov 指数和时间 τ-条件 Lyapunov 指数研究[J].电路与系统学报, 2000, 5(2): 33-36.

[11] 任晓林,胡光锐,谭政华.离散混沌系统的非线性反馈控制同步方法[J].上海交通大学学报, 2001, 35(1): 105-107.

[12] Zhou C S, Lai C H. Analysis of spurious synchronization with positive conditional Lyapunov exponents in computer simulations [J]. Physica D, 2000, 135(1-2): 1-23.

[13] 孙克辉,尚芳,钟科,等.统一混沌系统与其变形系统间的间歇反馈同步控制[J].电子与信息学报, 2009, 31(1): 71-74.

[14] 马军,廖高华,莫晓华.超混沌系统的间歇同步与控制[J].物理学报,2005,54(12):5585-5590.

[15] 关新平,范正平,陈彩莲,等.混沌控制及其在保密通信中的应用[M].北京:国防工业出版社,2002.

[16] 周平.一类三维连续混沌系统观测器[J].物理学报,2003,52(5):1108-1111.

[17] Yang X S. On observability of 3D continuous-time autonomous chaotic systems based on scalar output measurement [J]. International Journal of Bifurcation and Chaos,2002,12(5):1159-1162.

[18] Mainieri R,Rehacek J. Projective synchronization in three-dimensional chaotic systems [J]. Physical Review Letters,1999,82(15):3042-3045.

[19] Xu D L,Li Z G. Controlled projective synchronization in nonpartially-linear chaotic systems [J]. International Journal of Bifurcation and Chaos,2002,12(6):1395-1402.

[20] Li G H. Projective synchronization of chaotic system using back-stepping control [J]. Chaos,Solitons & Fractals,2006,29:490-494.

[21] Li C P,Yan J P. Generalized projective synchronization of chaos:The cascade synchronization approach [J]. Chaos.Solitons & Fractals,2006,30(1):140-146.

[22] Li G H. Generalized projective synchronization of two chaotic systems by using active control [J]. Chaos,Solitons & Fractals,2006,30(1):77-82.

[23] Li G H. Modified projective synchronization of chaotic system [J]. Chaos,Solitons & Fractals,2007,32(5):1786-1790.

[24] Du H Y,Zeng Q S,Wang C H. Function projective synchronization of different chaotic systems with uncertain parameters [J]. Physics Letters A,2008,372:5402-5410.

[25] Zhang H G,Huang W,Wang Z L,et al.. Adaptive synchronization between two different chaotic systems with unknown parameters [J]. Physics Letters A,2008,350:363-366.

[26] Samuel B W. Adaptive synchronization between two different chaotic dynamical systems [J]. Communications in Nonlinear Science and Numerical Simulation,2007,12:976-985.

[27] Park J H. Adaptive control for modified projective synchronization of a four-dimensional chaotic system with uncertain parameters [J]. Journal of Computational and Applied Mathematics,2008,213:288-293.

由于混沌系统对初始条件的敏感依赖性,使得混沌信号具有长期不可预测性和抗截获能力;同时混沌系统本身又是确定性的,由非线性系统的方程、参数和初始条件所完全确定,因此混沌信号又易于产生和复制。混沌信号的高度随机性、不可预测性、高度复杂性、宽带特性和系统方程、参数及初始条件的确定性以及易于实现性,使得它在保密通信中具有极好的应用前景,成为混沌应用研究中的热点课题。

混沌通信与传统的现代通信相比有许多优势和不同点,二者的异同如表 5-1 所示,可见混沌通信较传统的现代通信有明显优势,具有诱

表 5-1　传统现代通信与混沌通信的比较[1]

内容	传统现代通信	最新混沌通信
历史	100 多年,技术成熟	20 年,新出现的信息技术
工业基础	已成为世界信息技术的核心	引人关注,研究热点
发射带宽	信息带宽＋宽带发射	宽带谱发射
理论与技术关系	分类明显,体系完整(从信息理论到通信技术,从通信软件到电路硬件)	遴选新方法、新方案,寻求重点突破,已提出一些认可的通信方案,涉及电路、激光和计算机网络等
保密技术基础	数学方法为主,涉及复杂数学知识	物理方法为主,涉及混沌特性
主要保密技术	DES,IDEA,3DES,RSA	混沌掩盖,混沌开关,混沌调制
保密性	性能好,但有漏洞,因再大的随机数也有周期性,可破译,或十分费时,代价极大	混沌具有高度随机性、非周期性、不可预测性、快速衰减的关联函数和宽带特性。保密性更强
鲁棒性	可达到一定的鲁棒性	应用时空混沌和超混沌可增强鲁棒性;难被攻击
容量	可达到大容量,但仍有限制	具有高容量的动态存储能力
功率	高	低功率和低观察性
设备成本	高	相对低
保密系统安全的主要问题	软件的致命漏洞;低效的攻击保护,糟糕的随机数产生,缺乏存放秘密的地方	正积极研究中,可望解决关键问题,如噪声影响、信道畸变、多路和多用户问题

人的应用潜力和发展前景。但目前混沌保密通信技术尚处于发展初期,需要解决保密通信中的一系列关键技术问题。

混沌保密通信分为混沌模拟通信和混沌数字通信,混沌模拟通信通常通过非线性电路系统来实现,但对电路系统的设计制作精度要求很高,同步较难实现,在现有的混沌通信方案中,混沌掩盖主要用于传送模拟信号,该方案的缺点是保真度和安全性能仍不太令人满意;混沌数字通信对电路元件要求不高,易于硬件实现,便于计算机处理,传输中信息损失少,通用性强,应用范围广,成为研究的热点,混沌数字通信主要包括混沌键控、混沌扩频和混沌调制。

5.1 混沌掩盖通信

混沌掩盖是最简单的混沌通信方式,它是将消息信号直接叠加到混沌信号中并利用混沌输出的随机性将信号掩盖起来。Cuomo 和 Oppenheium 用 Lorenz 系统构造了一个混沌掩盖保密通信系统[2,3],其方框图如图 5-1 所示。将两个响应子系统合成一个完整的响应系统,其结构与驱动系统完全相同,在发送器端混沌信号的驱动下,接收器能复制发送器的所有状态并达到同步。在发送端,消息信号与幅度大得多的混沌信号叠加形成一个形似噪声的信号,混沌信号完全遮掩了有用信息而实现保密通信。在接收端,响应系统能够复制混沌信号,只需从接收的信号中减去由响应系统产生的混沌信号,就可还原消息信号。

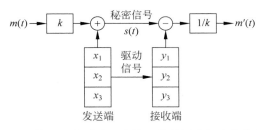

图 5-1 基于驱动-响应同步的双信道混沌保密通信方案

混沌掩盖是利用混沌轨道的类随机性和宽带功率谱特性实现的,用低维同步混沌作为调制信号,把要传送的消息叠加在混沌信号中,从公开传送的功率谱或混沌时序上观察,不容易直接检测到要传送的消息。该方法要求发送端和接收端混沌电路的参数严格匹配,以准确地提取消息信号,这要求两者具有相同的初始状态和参数,微小的差异将导致同步失败。因此,攻击者要想分析其参数密钥是十分困难的,但参数严格匹配也给电路设计提出了相当高的要求。

以 Lorenz 混沌系统为例,在发送端,调制器混沌系统的数学模型为

$$\begin{cases} \dot{x}_1 = \sigma(x_2 - x_1) \\ \dot{x}_2 = -x_1 x_3 + r x_1 - x_2 \\ \dot{x}_3 = x_1 x_2 - b x_3 \\ s(t) = k m(t) + x_1 \end{cases} \tag{5-1}$$

其中，k 为压缩比例常数，以确保有用信号 $m(t)$ 远小于混沌信号；x_1 为掩盖信号；x_2 为同步驱动信号。

在接收端，解调器混沌系统的数学模型为

$$\begin{cases} \dot{y}_1 = \sigma(x_2 - y_1) \\ \dot{y}_2 = -y_1 y_3 + r y_1 - y_2 \\ \dot{y}_3 = y_1 x_2 - b y_3 \\ m'(t) = (s(t) - y_1)/k \end{cases} \tag{5-2}$$

显然，只要实现响应系统与驱动系统的完全同步，则有用信息可正确解调。为了节省信道资源，对该方案进行改进，原理如图 5-2 所示，在该方案中，驱动信号由有用信号和混沌信号组成，即驱动信号为有用信号与混沌信号二者之和，所以只需要一个信道即可实现保密通信。以 Lorenz 混沌系统为例，在该方案中，发送端和接收端的混沌系统方程分别为

$$\begin{cases} \dot{x}_1 = \sigma(x_2 - x_1) \\ \dot{x}_2 = -x_1 x_3 + r x_1 - x_2 \\ \dot{x}_3 = x_1 x_2 - b x_3 \\ s(t) = k m(t) + x_1 \end{cases} \tag{5-3}$$

$$\begin{cases} \dot{y}_1 = \sigma(s(t) - y_1) \\ \dot{y}_2 = -y_1 y_3 + r y_1 - y_2 \\ \dot{y}_3 = y_1 s(t) - b y_3 \\ m'(t) = (s(t) - y_1)/k \end{cases} \tag{5-4}$$

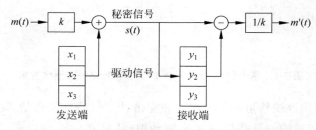

图 5-2　基于驱动-响应同步的单信道混沌保密通信方案

该方案虽然节省了信道资源，但一个明显的不足是，驱动信号受信息信号扰动，导致混沌同步不能精确实现，由此导致信息信号不能完全精确恢复；另一个显著的特点是，信息信号不能对驱动系统的动力学特性有任何影响，所以保密通信的安全性不高，不能有效抵抗第三者的攻击。为了进一步提高混沌掩盖通信的安全性，文献[4]提出了另一个改进方案，其工作原理如图 5-3 所示，在该方案中，信息信号与混沌信号之和反馈到驱动系统中，这样，驱动系统与响应系统具有同样的动力学特性，所以可以实现完全同步，可以完全解调接收信号。由于信息信号被融入混沌系统之中，所以攻击者要从信道中获取有用信息就更为困难。以 Lorenz 混沌系统为例，在该方案中，发送端和接收端的混沌系统方程分别为

$$\begin{cases} \dot{x}_1 = \sigma(s(t) - x_1) \\ \dot{x}_2 = -x_1 x_3 + r x_1 - x_2 \\ \dot{x}_3 = x_1 s(t) - b x_3 \\ s(t) = m(t) + x_2 \end{cases} \tag{5-5}$$

$$\begin{cases} \dot{y}_1 = \sigma(s(t) - y_1) \\ \dot{y}_2 = -y_1 y_3 + r y_1 - s(t) \\ \dot{y}_3 = y_1 s(t) - b y_3 \\ m'(t) = s(t) - y_2 \end{cases} \tag{5-6}$$

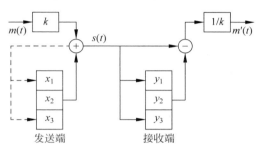

图 5-3　基于驱动-响应同步的单信道混沌保密通信改进方案

为了进一步提高混沌掩盖通信的安全性能,Carroll 等[5]将混沌掩盖方案推广至高阶级联同步系统,其同步与保密通信方案如图 5-4 所示,在该方案中,接收端和发送端由两个级联混沌系统构成。以 Lorenz 混沌系统为例,其发送端和接收端的混沌系统方程分别为

$$\begin{cases} \dot{x}_1 = \sigma(s(t) - x_1) \\ \dot{x}_2 = -x_1 x_3 + r x_1 - x_2 \\ \dot{x}_3 = x_1 x_2 - b x_3 \\ \dot{x}'_1 = \sigma(x'_2 - x'_1) \\ \dot{x}'_2 = -x_1 x'_3 + r x_1 - x'_2 \\ \dot{x}'_3 = x_1 x'_2 - b x'_3 \\ s(t) = k m(t) + x'_2 \end{cases} \tag{5-7}$$

$$\begin{cases} \dot{y}_1 = \sigma(s(t) - y_1) \\ \dot{y}_2 = -y_1 y_3 + r y_1 - y_2 \\ \dot{y}_3 = y_1 y_2 - b y_3 \\ \dot{y}'_1 = \sigma(y'_2 - y'_1) \\ \dot{y}'_2 = -y_1 y'_3 + r y_1 - y'_2 \\ \dot{y}'_3 = y_1 y'_2 - b y'_3 \\ m'(t) = (s(t) - y'_2)/k \end{cases} \tag{5-8}$$

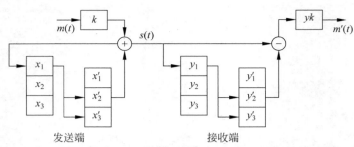

图 5-4　基于驱动-响应同步的单信道级联混沌保密通信方案

5.2　混沌键控通信

1993 年,Parlitz 等[6]和 Dedieu 等[7]首先提出了混沌键控(chaos shift keying,CSK)的数字调制方式。在此基础上,Kennedy M P 和 Kolumban G[8,9]先后提出改进型混沌键控数字通信制式,主要包括 COOK(chaotic on-off keying),DCSK(differential chaos shift keying), FM-DCSK(frequency modulation differential chaos shift keying)和 QCSK(quadrature chaos-shift keying)[10]等数字调制方式。在这些方案中,DCSK 和 FM-DCSK 具有更好的抗噪性能[11];FM-DCSK 已被欧洲有关委员会列为长期研究计划,IEEE Trans. on CAS-I 的 2000 年第 12 期混沌专辑也专门就 CSK 等一大类的数字调制方式的性能进行了比较系统和深入的研究。QCSK 与 DCSK 相比,占据相同带宽、相似 BER 性能,但数据传输速率更高。按接收端的解调方式可分为相干解调和非相干解调两大类。

CSK 是一种传输数字信息的混沌调制技术,其基本思想是把二进制(或多进制)数字信号中的不同信息代码映射到分段的混沌波形上,接收端则按相关接收原理对已调制的混沌信号进行检测,判断其特征并由此解调出原信息。CSK 调制可以有一个混沌基函数,也可有多个混沌基函数。一个基函数的 CSK 至少有两种类型,COOK 和双极性 CSK。相干解调的双极性 CSK 其噪声性能要优于 COOK,如果比特能量保持恒定,且混沌基函数在接收端被精确恢复,相干双极性 CSK 的噪声性能在理论上与 BPSK 相当。非相干检测不能解调双极性 CSK,非相干 COOK 的噪声性能比相干 COOK 要差,但比特能量恒定时,COOK 可达到最好的噪声性能。反相 CSK 和 COOK 的解调其判决门限依赖于信噪比,采用两个基函数时可以解决这个问题。把符号"0"和"1"分别映射到两个不同的混沌波形时,就构成两个基函数的 CSK,在保持良好同步的条件下其相干解调的噪声性能优于非相干解调;尤其通过选择标准的混沌正交基函数,可使判决门限电平为零且与信噪比(SNR)无关,其噪声性能可与相干 FSK 相比拟。

5.2.1　COOK

COOK 是混沌键控通信中最简单的一种,其基本原理结构如图 5-5 所示,图中,$\{b_i\}$是一个只有"1"和"-1"的二进制信息信号,当 $b_i=1$ 时,开关打开;当 $b_i=-1$ 时,开关断开。在接收端,信息信号可通过相关算法恢复。如果输入信号是等概率分布,且设单个符号的平均比特能量为 E_b,则"1"和"-1"码元的能量分别为 $2E_b$ 和 0。显然,比特能量差距越大,则信号的抗噪声性能越好。该方案的结构简单,如它只需要一个混沌振荡器,但系统的安全性不高。

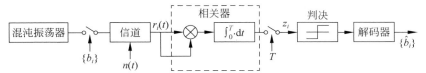

图 5-5 非相干 COOK 调制/解调系统原理框图

5.2.2 CSK

下面介绍基于两个混沌信号发生器的混沌键控原理,其发送端调制器结构如图 5-6 所示,图中$\{b_i\}$为信息信号,是只有"1"和"-1"两个值的二进制序列,所以信号经调制器调制后,信道中传输的信号是似噪声的混沌信号,其数学描述为

$$s_i(t) = \begin{cases} g_1(t) & b_i = 1 \\ g_2(t) & b_i = -1 \end{cases} \quad (5\text{-}9)$$

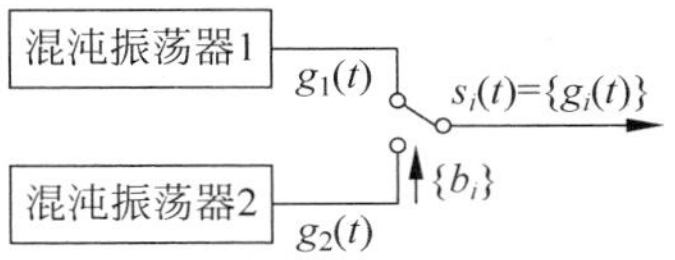

图 5-6 CSK 调制器原理框图

在接收端,可采用相干或非相干方式恢复信息信号,相干解调的原理框图如图 5-7 所示,其相关器的输出为

$$z_{i1} = \int_{T_s}^T r_i(t)\hat{g}_1(t)\mathrm{d}t = \int_{T_s}^T [g_i(t)+n(t)]\hat{g}_1(t)\mathrm{d}t = \int_{T_s}^T g_i(t)\hat{g}_1(t)\mathrm{d}t + \int_{T_s}^T n(t)\hat{g}_1(t)\mathrm{d}t$$

$$(5\text{-}10)$$

$$z_{i2} = \int_{T_s}^T r_i(t)\hat{g}_2(t)\mathrm{d}t = \int_{T_s}^T [g_i(t)+n(t)]\hat{g}_2(t)\mathrm{d}t = \int_{T_s}^T g_i(t)\hat{g}_2(t)\mathrm{d}t + \int_{T_s}^T n(t)\hat{g}_2(t)\mathrm{d}t$$

$$(5\text{-}11)$$

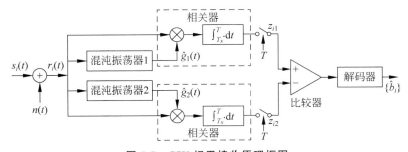

图 5-7 CSK 相干接收原理框图

显然,若 $b_i=1$,则 $s_i(t)=g_1(t)$,$r_i(t)=g_1(t)+n(t)$,可得 $z_{i1}>z_{i2}$,这时恢复信号为 $\hat{b}_i=1$。若 $b_i=-1$,则 $s_i(t)=g_2(t)$,$r_i(t)=g_2(t)+n(t)$,有 $z_{i1}<z_{i2}$,这时恢复信号为 $\hat{b}_i=-1$。若采用非相干解调,则其解调原理如图 5-8 所示,其相关器的输出为

$$z_i = \int_0^T s_i^2(t)\mathrm{d}t = \int_0^T [g_i(t)+n(t)]^2\mathrm{d}t = \int_0^T g_i^2(t)\mathrm{d}t + 2\int_0^T g_i(t)n(t)\mathrm{d}t + \int_0^T n^2(t)\mathrm{d}t$$

$$(5\text{-}12)$$

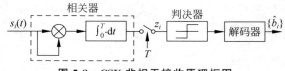

图 5-8　CSK 非相干接收原理框图

对于 CSK 非相干解调,接收端不需要恢复混沌载波,检测器主要是基于传输信号的比特能量,如果判决器的门限设置为两比特平均能量的中值,则接收信号可以被正确解调。显然,最佳门限值的选取与系统信噪比密切相关,所以门限漂移问题是这类基于比特能量的非相干解调的主要缺陷。

下面以基于统一混沌系统的混沌键控数字保密通信系统为例进行阐述,其系统结构如图 5-9 所示,图中发射端混沌系统和接收端混沌系统均为统一混沌系统。发射端混沌系统 11 和接收端混沌系统 21 的参数相同,用 α_1 表示,产生的混沌信号分别为 $x_{11}(t)$ 和 $x_{21}(t)$;发射端混沌系统 12 和接收端混沌系统 22 的参数相同,用 α_2 表示,产生的混沌信号分别为 $x_{12}(t)$ 和 $x_{22}(t)$。采用同步策略,使发送端统一混沌系统 11、统一混沌系统 12 分别和接收端统一混沌系统 21、统一混沌系统 22 分别同步,则有 $x_{11}(t)=x_{21}(t)$,$x_{12}(t)=x_{22}(t)$。用待发送的二进制数字信号 $a(t)=\{a_n\}$ 对发送端混沌信号进行混沌键控。当 $a(t)$ 为高电平时,发送 $x_{11}(t)$;当 $a(t)$ 为低电平时,发送 $x_{12}(t)$,则发送信号 $s(t)$ 可表示为

$$s(t)=x_{11}(t) \cdot a(t)+(1-a(t)) \cdot x_{12}(t)=\begin{cases} x_{11}(t) & a(t)=1 \\ x_{12}(t) & a(t)=0 \end{cases} \tag{5-13}$$

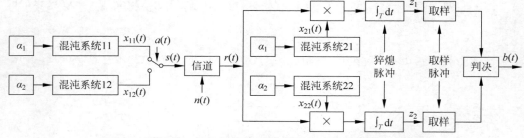

图 5-9　基于统一混沌系统的 CSK 数字保密通信系统原理框图

显然,在信道中传输的信号为混沌信号,设信道中的噪声为高斯白噪声,用 $n(t)$ 表示,则接收端收到的信号 $r(t)$ 可表示为

$$\begin{aligned} r(t) &= s(t)+n(t) \\ &= x_{11}(t) \cdot a(t)+(1-a(t)) \cdot x_{12}(t)+n(t) \\ &= \begin{cases} x_{11}(t)+n(t) & a(t)=1 \\ x_{12}(t)+n(t) & a(t)=0 \end{cases} \end{aligned} \tag{5-14}$$

CSK 的解调方式有非相干解调和基于同步的相干解调两种,对于双极性的 CSK,由于相关积分,两种信号的能量无法分辨,所以只能采用相干解调方式对信号进行解调。由于混沌信号为具有遍历性的宽带非周期信号,使同一混沌系统不同初始条件产生的混沌信号或同一混沌系统不同系统参数产生的混沌信号几乎是正交的,其相关特性具有逼近于高斯白噪声的统计特性,混沌信号的互相关近似为零,自相关近似为冲激函数。统

一混沌系统产生的混沌信号的自相关、互相关特性曲线如图 5-10 所示。

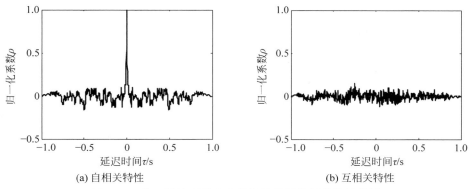

(a) 自相关特性   (b) 互相关特性

图 5-10 统一混沌系统产生的混沌信号的相关特性曲线

接收端由混沌同步系统、相关器（由乘法器和积分器组成）和取样判决部分组成。设相关器 1 和相关器 2 的输出分别为 z_1 和 z_2，则可分别表示为

$$z_1 = \int_T r(t) x_{21}(t) \mathrm{d}t$$

$$= \begin{cases} \int_T (x_1(t) + n(t)) x_{21}(t) \mathrm{d}t = E_b + \int_T n(t) x_{21}(t) \mathrm{d}t & a(t) = 1 \\ \int_T (x_2(t) + n(t)) x_{21}(t) \mathrm{d}t = \rho E_b + \int_T n(t) x_{21}(t) \mathrm{d}t & a(t) = 0 \end{cases} \tag{5-15}$$

$$z_2 = \int_T r(t) x_{22}(t) \mathrm{d}t$$

$$= \begin{cases} \int_T (x_1(t) + n(t)) x_{22}(t) \mathrm{d}t = \rho E_b + \int_T n(t) x_{22}(t) \mathrm{d}t & a(t) = 1 \\ \int_T (x_2(t) + n(t)) x_{22}(t) \mathrm{d}t = E_b + \int_T n(t) x_{22}(t) \mathrm{d}t & a(t) = 0 \end{cases} \tag{5-16}$$

其中，$\rho = \left(\int_T x_{11}(t) x_{12}(t) \mathrm{d}t \right) \Big/ E_b$ 为混沌信号的相关系数，当两信号完全正交时，$\rho = 0$；$E_b = \int_T x_{11}^2(t) \mathrm{d}t = \int_T x_{12}^2(t) \mathrm{d}t$ 为混沌信号的比特能量。显然，对相关器输出信号 z_1 和 z_2 进行取样判决，即可恢复出原信号，其判决规则为

$$b(t) = \begin{cases} z_1 > z_2 & \text{判为 "1"} \\ z_1 < z_2 & \text{判为 "0"} \end{cases} \tag{5-17}$$

显然，忽略噪声影响，接收端系统相干解调的噪声容限为 $N_c = (1 - \rho) E_b$。经判决器的输出信号为 $b(t)$。可见，系统的解调性能与混沌信号的相关特性有关，由于不同参数的统一混沌系统产生的混沌信号的自相关逼近于 $\delta(t)$，互相关很弱，故该系统具有较好的相关解调性能，能正确恢复原信号，即 $b(t) = a(t)$。

下面讨论基于统一混沌系统 CSK 保密通信系统的误码性能和保密性能，设到达接收机输入端的两个可能确知信号为 $x_1(t)$ 和 $x_2(t)$，它们的持续时间为 $(0, T)$，且具有相等的能量 E_b，接收机输入端的噪声 $n(t)$ 是高斯白噪声，其均值为零，单边功率谱密度为 n_0。根据最佳接收原理[12]，在通常的先验等概情况下，其误码性能可表示为

$$P_e = \frac{1}{2}\left[1 - \mathrm{erf}\left[\sqrt{\frac{E_b(1-\rho)}{2n_0}}\right]\right] \tag{5-18}$$

式中，$\mathrm{erf}(x)$ 为误差函数，ρ 为信号 $x_1(t)$ 和 $x_2(t)$ 的互相关系数，其取值范围为 $(-1, 1)$。由于 $x_1(t)$ 和 $x_2(t)$ 为混沌信号，是相互正交信号，所以互相关系数为零，系统误码性能可进一步表示为

$$P_e = \frac{1}{2}\left[1 - \mathrm{erf}\left[\sqrt{\frac{E_b}{2n_0}}\right]\right] = \frac{1}{2}\mathrm{erfc}\left[\sqrt{\frac{E_b}{2n_0}}\right] \tag{5-19}$$

CSK 系统误码率仿真结果如图 5-11 所示，当信噪比大于 10dB 时，误码率小于 10^{-6}。

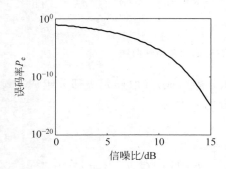

图 5-11　CSK 系统的误码性能

良好的保密性是 CSK 混沌通信系统的优势，其保密性主要表现在以下几个方面。首先，系统具有较强的抗破译能力，因为信道中传输的是混沌信号，而且随着混沌系统的演化，不同的混沌信号表示相同的二值信号，相当于"一次一密"，是不可破译的。其次，从密码学的角度看，系统具有巨大的密钥空间。由于混沌系统具有对初值的敏感依赖性，即不同参数或不同初值的统一混沌系统可以产生不同的混沌信号，所以混沌系统的参数、初值可以用做密钥；不同的混沌动力学方程产生的混沌信号不同；还可以对同一混沌不同的混沌变量进行调制；此外，不同的同步方式，也将对信号的解调产生影响。所以系统的密钥空间 K 由{参数；初值；混沌系统；混沌变量(x, y, z)；同步方式}组成。密钥空间大，保密性能强，可适合于保密性要求高的军事通信领域。

值得指出的是系统的良好抗干扰性和保密性是以系统的复杂性为代价的，在实际中，应折中考虑。另外，由于混沌信号是非周期的，所以相关输出的信息比特能量并不完全一致，即便是在无噪声干扰情况下，相关估计的结果也会存在偏差，这会对系统的误码性能产生影响。为使每个信息比特的能量一致，可采用频率调制(FM)混沌键控，即 FM-DCSK 调制。

根据图 5-9 所示原理得到如图 5-12 所示的仿真模型。设发射端统一混沌系统 11、接收端统一混沌系统 21 的参数 $\alpha=1$，初值为 $(-5, -5, -5)$；发射端统一混沌系统 12、接收端统一混沌系统 22 的参数 $\alpha=0.3$，初值为 $(10, 10, 10)$。由信息信号 $a(t)$ 对混沌变量 x 进行调制，当 $a(t)=1$ 时，信道中传输的已调信号 $s(t)$ 为统一系统 11 的混沌信号 x_{11}，当 $a(t)=0$ 时，信道中传输的已调信号 $s(t)$ 为统一系统 12 的混沌信号 x_{12}。采用混沌同步控制策略，可实现发收两端对应统一混沌系统的同步，变量 x_{11} 与变量 x_{21} 同步相图如图 5-13(a) 所示，变量 x_{11} 与变量 x_{22} 同步相图如图 5-13(b) 所示。以 Bernoulli 随机二进制序列作为信源，积分器采用外部时钟脉冲上升沿触发的积分器，取样保持由外部时钟下降沿触发的取样保持器实现，判决器由相关逻辑比较器完成。仿真结果波形如图 5-14 所示，其中 $T(t)$ 为系统时钟信号，$a(t)$ 为调制信号，$s(t)$ 为信道中传输的已调信号，即混沌信号，$b(t)$ 是由接收端的相关器和判决器后恢复的信息信号，显然，$b(t)=a(t)$，即系统能对混沌信号进行正确解调。仿真结果表明，本研究中所设计的 CSK 保密通信方案能正确解调出原二进制数字信号。

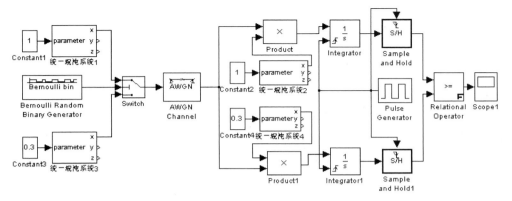

图 5-12　基于统一混沌系统的 CSK 数字保密通信仿真模型

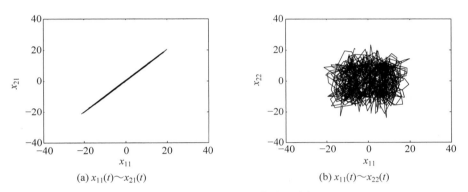

(a) $x_{11}(t)\sim x_{21}(t)$　　　　　　　　(b) $x_{11}(t)\sim x_{22}(t)$

图 5-13　收发两端混沌变量同步相图

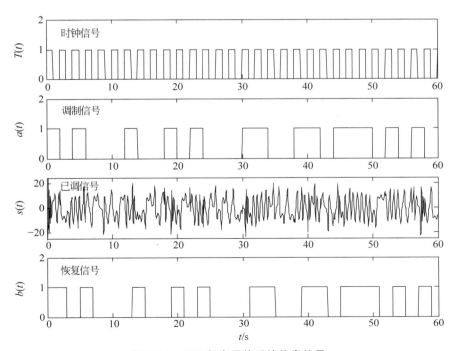

图 5-14　CSK 保密通信系统仿真结果

5.2.3 DCSK

1996 年,Kolumban 提出 DCSK 方案[8],解决了 CSK 判决门限值依赖于信噪比的问题。基本原理是每个数字码元用两段混沌信号来表示,第一段"参考信号",第二段"有用信号",发"1"时,发送两段一样的信号(同相),发"0"时,发送的两段信号反相。在接收端,计算这两段信号的相关特性,根据相关特性的正负进行信息恢复,相关器输出信号大于 0,则判为"1";相关器输出信号小于 0,则判为"0"。DCSK 调制器的原理如图 5-15 所示。

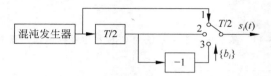

图 5-15 DCSK 调制器原理框图

由图 5-15 可知,发送端的传输信号可分别表示为

$$s_i(t) = \begin{cases} x(t) & t_k \leqslant t \leqslant t_k + T/2 \\ + x(t - T/2) & t_k + T/2 < t \leqslant t_k + T \end{cases} \quad \text{当 } b_i = 1 \text{ 时} \tag{5-20}$$

$$s_i(t) = \begin{cases} x(t) & t_k \leqslant t \leqslant t_k + T/2 \\ - x(t - T/2) & t_k + T/2 < t \leqslant t_k + T \end{cases} \quad \text{当 } b_i = 0 \text{ 时} \tag{5-21}$$

由于每比特被映射到两段长度为 $T/2$ 的连续分段信号中,所以接收端可采用相关解调恢复信息信号,DCSK 解调原理框图如图 5-16 所示。在该解调方案中,相关器输出的信号可表示为

$$z_i = \int_{T/2}^{T} r_i(t) r_i(t - T/2) dt = \int_{T/2}^{T} [s_i(t) + n(t)][s_i(t - T/2) + n(t - T/2)] dt$$

$$= \int_{T/2}^{T} s_i^2(t) dt + \int_{T/2}^{T} s_i(t)[n(t) + n(t - T/2)] dt + \int_{T/2}^{T} n(t) n(t - T/2) dt \tag{5-22}$$

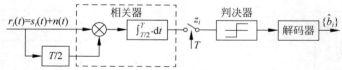

图 5-16 DCSK 解调原理框图

与 CSK 和 COOK 方案相比,DCSK 系统方案的优点是无论有无噪声,其判决门限值都可选为 0,且参考信号和携带信号都通过同一信道,对信道畸变不敏感,具有较好的抗噪性能[8]。DCSK 的不足之处是它只能用于较低速码率的混沌数字通信中。1998 年,Kolumban 又提出了基于频率调制的 DCSK 方案(FM-DCSK)[9]。

5.2.4 FM-DCSK

DCSK 外加一个频率调制器就构成 FM-DCSK,频率调制器的输出是一个带限且具有均匀功率谱密度的混沌信号。FM-DCSK 调制器结构如图 5-17 所示,主要利用混沌模拟锁相环(analog phase locked loop,APLL)产生带通混沌信号,再对混沌信号调频。随后的部分与 DCSK 方案一致,在 $[0,T/2]$ 上传输参考信号,在 $[T/2,T]$ 上传输同相混沌调频信号(或其反相混沌调频信号)。

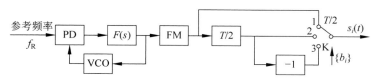

图 5-17 FM-DCSK 调制原理框图

FM-DCSK 解调原理如图 5-18 所示,FM-DCSK 的解调与 DCSK 相同,利用相关接收原理可解调信息 $\{b_i\}$,但 FM-DCSK 在噪声信道下相关器的输出具有零方差,其数据速率不受混沌信号特性的限制,其判决门限恒为零,因而 FM-DCSK 可兼顾提高码元速率和减小误差两方面的要求。当合理设计 APLL,可以得到均匀功率密度的带限混沌信号而使接收端输出(比特能量)为常数,与数据速率无关,所以 FM-DCSK 具有较高的数据速率,但其抗噪性能与 DCSK 相同。

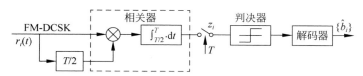

图 5-18 FM-DCSK 解调原理框图

与其他混沌调制方案相比,DCSK 和 FM-DCSK 对多径干扰和非理想信道具有好的鲁棒性。FM-DCSK 调制适合于无线局域网、室内无线通信、移动通信等对多径干扰敏感的场合,还有其他一些因恶劣信道使其无法同步的场合。

5.2.5 QCSK

正交混沌键控 QCSK 可看作常规通信的正交相位调制(quadrature phase shift keying,QPSK)对应的混沌通信制式,与 DCSK 相比,具有相同的带宽,近似的 BER 特性,但更高的数据传输速率。QCSK 的基本思想是产生在指定时间间隔上的正交混沌信号,在 QCSK 中,两个混沌基函数的线性组合被用于 4 个符号的编码,QCSK 可视为两个 DCSK 系统的组合,QCSK 用系统的复杂性换取了双倍的数据速率。

为了说明 QCSK 的工作原理,先介绍正交混沌信号的概念。若两个独立的混沌信号 $c_1(t)$、$c_2(t)$(或甚至同一混沌信号的不同段)呈现非常低的互相关,在足够长的时间间隔 $[0,\tau]$ 是正交的,即

$$\int_0^\tau c_1(t)c_2(t)\mathrm{d}t = 0 \tag{5-23}$$

设 $x(t)$ 是定义在区间 $t\in[0,\tau]$ 的混沌参考信号,且 $x(t)$ 具有 0 均值(可认为滤除了直流成分)。另设在区间 $t\in[0,\tau]$ 上,$x(t)$ 可展开傅里叶级数($A_0=0$)

$$x(t) = \sum_{k=1}^{+\infty} A_k \sin(k\omega t + \varphi_k) \tag{5-24}$$

其中，$\omega = 2\pi/\tau$。相应地，以 $p_{x(t)}$ 表示 $x(t)$ 在区间 $t \in [0, \tau]$ 上的平均功率

$$p_{x(t)} = \frac{1}{\tau} \int_0^{\tau} x^2(t) \mathrm{d}t = \frac{1}{2} \sum_{k=1}^{+\infty} A_k^2 \tag{5-25}$$

定义正交信号 $y(t), t \in [0, \tau]$，它可由对 $x(t)$ 的每个傅里叶频率分量的相位改变 $\pi/2$ 得到，即

$$y(t) = \sum_{k=1}^{+\infty} A_k \sin(k\omega t + \varphi_k - \pi/2) \tag{5-26}$$

则信号 $x(t)$、$y(t)$ 在区间 $t \in [0, \tau]$ 上正交且功率相等，即

$$x \perp y \Leftrightarrow \frac{1}{\tau} \int_0^{\tau} x(t) y(t) \mathrm{d}t = 0 \tag{5-27}$$

$$p_{x(t)} = p_{y(t)} \Leftrightarrow \frac{1}{\tau} \int_0^{\tau} x^2(t) \mathrm{d}t = \frac{1}{\tau} \int_0^{\tau} y^2(t) \mathrm{d}t \tag{5-28}$$

以上特性等价于

$$\frac{1}{\tau} \int_0^{\tau} A_k \sin(k\omega t + \varphi_k - \alpha) A_m \sin(m\omega t + \varphi_m - \beta) \mathrm{d}t = \begin{cases} \dfrac{1}{2} A_k^2 \cos(\alpha + \beta), & k = m \\ 0, & k \neq m \end{cases} \tag{5-29}$$

参考正交信号 $y(t)$ 的定义式(5-26)，通过 $x(t)$、$y(t)$ 扩展成周期为 τ 的周期信号，可发现 $y(t)$ 是 $x(t)$ 的 Hilbert 变换，可用以下方法计算给定信号的 Hilbert 变换。

(1) 频域方法。该方法与 AM-SSB 调制中产生 Hilbert 变换的方法基本相同，给定一个长度为 k 的混沌序列，然后求序列的快速傅里叶变换，去除与负频率(表示信号能量)对应的 FFT 系数，求 FFT 逆变换。现在，该算法可借助专用的 DSP 芯片来实现。

(2) 时域方法。采用设计有限冲激响应或无限冲激响应数字 Hilbert 变换器来实现，计算一个给定离散信号的 Hilbert 变换的简便方法是设计 FIR 滤波器近似 Hilbert 变换。一个 FIR 滤波器可用合适宽度的理想冲激响应来实现，即

$$h(k) = \begin{cases} \dfrac{2}{\pi} \dfrac{\sin^2(\pi k/2)}{k} & k \neq 0 \\ 0 & k = 0 \end{cases} \tag{5-30}$$

在间隔 $I = [0, \tau]$ 上，一个混沌采样的正交基可定义为

$$c = [c_x(t), c_y(t)] = \left[\frac{1}{\sqrt{E_\tau}} x(t), \frac{1}{\sqrt{E_\tau}} y(t) \right] \tag{5-31}$$

其中，$E_\tau = p_x \tau$ 是 x 或 y 在 I 上的能量，因此

$$\int_0^{\tau} c_x^2(t) \mathrm{d}t = \int_0^{\tau} c_y^2(t) \mathrm{d}t = 1 \tag{5-32}$$

以上正交条件式(5-32)表示 $c_x(t)$，$c_y(t)$ 的能量在每个间隔 I 上是常数，特殊情况下为 1。混沌信号可由基信号 $c_x(t)$、$c_y(t)$ 的线性组合来表示，即

$$m_s(t) = a_s c_x(t) + b_s c_y(t)$$

其中，s 表示信号空间的符号，相当于符号 s 可表示为复数形式：$m_s = a_s + \mathrm{j}b_s$，

且 $\int_0^\tau m_s^2(t)\mathrm{d}t=1$。类似 DCSK，QCSK 调制器结构如图 5-19 所示。QCSK 调制器包含混沌发生器，它在每个时间间隔 $[0,T/2]$ 产生信号 c_x，相应的正交信号 c_y 由滤波器产生，为简化计，假设系统无时延。编码器根据所传符号 s 产生 c_x、c_y 的线性组合，信息符号由位/符号转换器提供，转换器把每对信息位映射成符号。因此，每个符号周期传输 2 位信息。然后，用开关时间等于 $T/2$ 的两通道模拟多路器形成 QCSK 信号。注意，虽然图中没有画滤波器，但 QCSK 方案必须包含低通带限滤波器以限制通过信道传输信号带宽。发送符号 s 在前半符号周期内传混沌参考信号片段 $r(t)=E_b c_x(t)$，在后半符号周期内传信息片段 $i(t)=E_b m_s(t)$，其中 s 表示要传的符号，而 E_b 表示每比特位能量，由正交条件式（5-32）可知，每个传输位的能量是常数。记符号周期 $T=2\tau$，则 QCSK 发送信号可表示为

$$S_{\mathrm{QCSK}}(t)=\begin{cases} \sqrt{E_b}\,c_x(t) & 0\leqslant t<T/2 \\ \sqrt{E_b}\,(a_s c_x(t-T/2)+b_s c_y(t-T/2)) & T/2\leqslant t<T \end{cases} \tag{5-33}$$

其中，$s=0$、1、2、3。

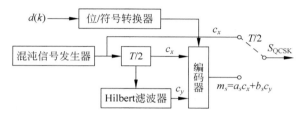

图 5-19　QCSK 调制器原理框图

QCSK 解调器简化框图如图 5-20 所示，QCSK 信号可用微分相干检测的方法解调。解调过程中假设整个符号周期同步，即接收机知道每个符号持续时间的开始以作相关处理的起点。当分析通信系统时，这是标准的假设。

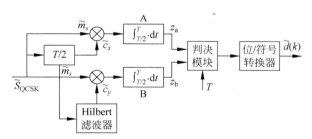

图 5-20　QCSK 解调原理框图

理论上，通过用混沌基信号 c_x、c_y，对 $i(t)=E_b m_s(t)$ 中携带信息部分在区间 $[T/2,T]$ 上进行相关处理，可恢复复数 $m_s=a_s+\mathrm{j}b_s$。事实上，由式（5-27）和式（5-28）可推得

$$a_s=\int_0^{T/2} m_s(t)c_x(t)\mathrm{d}t \tag{5-34}$$

$$b_s=\int_0^{T/2} m_s(t)c_y(t)\mathrm{d}t \tag{5-35}$$

实际上，在接收时可观察到噪声、经滤波的参考信号 $r(t)$、信息部分 $i(t)$。假设信号只受加性高斯白噪声影响，图 5-20 相关器 A 的输入为

$$\tilde{r}(t-T/2) = \sqrt{E_b}(c_x(t-T/2)) + n(t-T/2) \quad t \in [T/2, T] \tag{5-36}$$

$$\tilde{i}(t-T/2) = \sqrt{E_b}[a_s c_x(t-T/2) + b_s c_y(t-T/2)] + n(t) \quad t \in [T/2, T] \tag{5-37}$$

用受扰的混沌参考信号产生正交信号 $H[\tilde{r}]$ 的估算值,其中 H 表示 Hilbert 变换算子

$$H[\tilde{r}(t-T/2)] = H[\sqrt{E_b}c_x(t-T/2) + n(t-T/2)] = \sqrt{E_b}c_y(t-T/2) + n'(t-T/2) \tag{5-38}$$

其中 $n'(t) = H[n(t)]$,在理想的 Hilbert 变换下,$n'(t)$ 的统计特性与 $n(t)$ 一样。

考虑 c_x 和 c_y 的正交性,相关器 A、B 的输出分别为

$$z_a = \int_{\frac{T}{2}}^{T} \tilde{r}\left(t-\frac{T}{2}\right)\tilde{i}(t)\,\mathrm{d}t$$

$$= a_s\sqrt{E_b} + \sqrt{E_b}a_s\int_{\frac{T}{2}}^{T} c_x\left(t-\frac{T}{2}\right)n\left(t-\frac{T}{2}\right)\mathrm{d}t +$$

$$\sqrt{E_b}b_s\int_{\frac{T}{2}}^{T} c_y\left(t-\frac{T}{2}\right)n\left(t-\frac{T}{2}\right)\mathrm{d}t + \sqrt{E_b}\int_{\frac{T}{2}}^{T} c_x(t)n(t)\,\mathrm{d}t + \int_{\frac{T}{2}}^{T} n(t)n\left(t-\frac{T}{2}\right)\mathrm{d}t \tag{5-39}$$

$$z_b = \int_{\frac{T}{2}}^{T} H\left[\tilde{r}\left(t-\frac{T}{2}\right)\right]\tilde{i}(t)\,\mathrm{d}t$$

$$= b_s\sqrt{E_b} + \sqrt{E_b}a_s\int_{\frac{T}{2}}^{T} c_y\left(t-\frac{T}{2}\right)n'\left(t-\frac{T}{2}\right)\mathrm{d}t +$$

$$\sqrt{E_b}b_s\int_{\frac{T}{2}}^{T} c_y\left(t-\frac{T}{2}\right)n'\left(t-\frac{T}{2}\right)\mathrm{d}t + \sqrt{E_b}\int_{\frac{T}{2}}^{T} c_y(t)n(t)\,\mathrm{d}t + \int_{\frac{T}{2}}^{T} n(t)n'\left(t-\frac{T}{2}\right)\mathrm{d}t \tag{5-40}$$

混沌键控属于混沌数字保密通信,在基函数能够严格恢复时,相干接收的噪声性能好于非相干接收。如果选择正交基函数,则混沌键控和传统的数字调制可达到相近的噪声性能。但就目前的同步技术水平来看,还无法达到严格恢复基函数的要求,且再生混沌基函数比再生周期基函数要困难,因此相干混沌键控通信的噪声性能总稍逊于同类传统的数字通信的性能。但混沌键控主要作为宽带通信提出的,在传播条件很差使得相干检测不可能时,混沌通信在多径环境下的性能则显现更好的优越性。在多种混沌键控通信方案中,FM-DCSK 和 QCSK 具有良好的性能和应用前景。

5.3　混沌调制通信

混沌调制又称宽谱发射,是 Halle 等人提出的解决保密通信中复杂问题的技术之一,其基本思想是:将一个信息信号注入发射机,由此改变原混沌系统的动态特性,因而信息信号被调制。混沌信号调制与混沌键控和混沌掩盖相比有如下优点,首先它把混沌信号谱的整个范围都用来隐藏信息,其次它增加了对参数变化的敏感性,从而增强了保密性。

信息信号可以是二进制信息调制的模拟信号,在混沌键控技术中,无论何时二进制信息信号改变其值,由于双方初始条件不同,总会有一个同步等待时间,而在直接混沌调制中,接收机连续跟踪发射机,两个混沌系统状态肯定一样,比起混沌键控而言可望获得更高的码位传输速率。另外,随着混沌调制技术的进一步深入,已把信息信号与混沌信号相乘的直接混沌频谱扩展技术也作为混沌调制技术。

大量研究显示,基于混沌通信方案的主要缺点是易受信道噪声、畸变的影响,而传统的掩盖通信要求被传信息功率远低于混沌信号功率,这更使得混沌掩盖通信难于实用。文献[13]提出了混沌脉位调制的新方法,该方法在存在信道畸变的情况下显示出良好的性能,该方案基于混沌脉冲序列,其中脉冲之间的间距由非线性函数的混沌特性决定。混沌脉冲间隔调制的脉冲序列被用作载波,二进制信息通过脉位调制的方式被调制到载波上,结果每个脉冲或者不变或者延时一定时间,这取决于被传输的是 0 还是 1。通过接收机对混沌脉冲序列的同步,可以估算出相应于"0"和"1"的脉冲时间,这样可解调传输信息。

混沌脉冲位置调制器框图如图 5-21 所示,设混沌脉冲发生器产生混沌脉冲信号为

$$U(t) = \sum_{j=0}^{+\infty} W(t - t_j) \tag{5-41}$$

其中 $W(t - t_j)$ 表示在时刻 t_j 产生的一个 $U(t) = \sum_{j=0}^{+\infty} W(t - t_j)$ 脉冲的波形,而 t_j 表示为

$$t_j = t_0 + \sum_{n=0}^{j} T_n \tag{5-42}$$

T_n 是第 n 个脉冲与第 $n-1$ 个脉冲之间的时间间隔,设时间间隔序列 T_i 表示混沌过程的迭代,为了方便,考虑混沌由一维映射 $T_n = F(T_{n-1})$ 产生,其中 $F(\cdot)$ 是非线性函数。

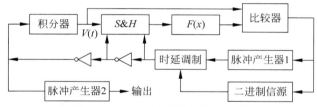

图 5-21　混沌脉位调制器原理框图

通过在脉冲间隔 T_n 上附加时延,信息被编码于混沌脉冲信号之中,因此,产生的脉冲序列可表示为

$$T_n = F(T_{n-1}) + d + mS_n \tag{5-43}$$

其中,S_n 是信息信号,这里只考虑二进制信息,因此 S_n 等于 0 或 1。m 表示调制度,参数 d 是实现调制和解调所需的时延常数。在设计混沌脉冲发生器过程中,非线性函数 $F(\cdot)$、参数 d 和 m 的选择应确保映射的混沌性能。

信道中传输信号是混沌脉位调制信号

$$U(t) = \sum_{j=0}^{+\infty} W\left(t - t_0 - \sum_{n=0}^{j} T_n\right) \tag{5-44}$$

其中,T_n 由式(5-43)产生,假设脉冲序列的每个脉冲 $W(t)$ 持续时间远小于脉冲间隔 T_n 的最小值。在接收端检测信息,解调器由接收脉冲 $U(t)$ 触发。测量连续时间间隔 T_n 和 T_{n-1},则信息信号可由下式恢复

$$S_n = (T_n - F(T_{n-1}) - d)/m \tag{5-45}$$

若接收端的非线性函数 $F(\cdot)$、参数 d 和 m 与发送端的相同,那么加密信号 S_n 能容易恢复。当非线性函数不是以足够精度匹配,则会导致较大的解码误差。

解调器原理如图 5-22 所示,当解调器与脉冲调制器同步时,为了检测传输信息的单独一位,解调器必须简明判别发送的脉冲相对它的预期位置是否延时。图中,积分器、采

样-保持电路和产生阈值的非线性函数模块是由来自发射机的脉冲复位或触发,而不是由接收机内部反馈环节的脉冲来复位或触发。为了更精确,仅当来自信道的输入信号 $U(t)$ 超过输入阈值,它们才被触发。没有调制时脉冲预期位置 $t'_{n+1}=t_n+\beta F(v_n)$ 与实际到达时刻 t_{n+1} 的时间差被转换成非线性函数产生的阈值 $F(v_n)$ 与输入信号 $U(t)$ 超过输入阈值时积分器的输出电压之差。对每个接收脉冲,计算 $V(t_{n+1})-F(v_n)$ 之差并用于判定脉冲是否延时。假设该差值小于参考值 $\beta(d+m/2)$,被判别的数据位 S_{n+1} 则为"1";否则 S_{n+1} 则为"0"。

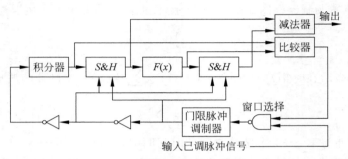

图 5-22　混沌脉冲解调器原理框图

接收机另一重要部分是窗口选择模块,一旦接收机已正确接收到两个连续脉冲,接收机能预测接收下一脉冲的最快时刻,这意味着可以在此时刻之前屏蔽对解调器的输入,这由窗口选择模块完成。实验电路在 $t'_{n+1}=t_n+\beta F(v_n)$ 时刻由比较器产生的窗口控制脉冲打开接收机的输入,直至解调器被第一个接收脉冲触发,输入端才被打开。可见,窗口选择模块大大降低了接收机被噪声、干扰或其他用户的脉冲误触发的概率。

虽然混沌脉位调制(CPPM)相比于 BPSK、非相干 FSK、理想 PPM 性能稍差一点,但它具有如下特点:

(1) 具有低概率截获和低概率破译能力。

(2) 虽然电路复杂度稍有增加,但改善了通信系统的保密性能。

(3) 相比于绝大多数基于混沌转换的通信方案,该系统呈现了很好的性能。

(4) CPPM 可用于多用户方案。

(5) 相比于其他脉冲系统,不依赖周期时钟,这样消除了传输信号频谱的周期性的任何痕迹。

5.4　混沌扩频通信

混沌扩频分为直接序列扩频(DS/SS)和跳频方式扩频(FH/SS),其原理是利用混沌序列为自相关函数接近 delta 函数的伪随机序列,常见的伪随机序列有 m 序列、Gold 序列和 Bent 函数序列,但这些序列具有一定的周期性,码数量有限,抗截获能力较差。混沌序列是非周期序列,具有逼近高斯白噪声的统计特性,且数目众多,不同系统的混沌序列或不同相位的同一混沌序列永不会重复。

5.4.1 混沌直接序列扩频通信原理

混沌序列作为扩频地址码,替代传统直接序列扩频通信系统中的伪随机码,可构成混沌直接序列扩频通信系统[14],混沌直接序列扩频通信系统原理框图如图 5-23 所示。

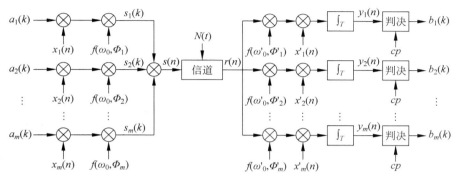

图 5-23 多用户混沌序列扩频通信系统原理图

这里,假设系统各用户同步,扩频码元同步和系统各用户功率相同。假设同时工作的用户共有 m 个,每个用户传递的信息数据为 $a_i(k)(i=1,2,\cdots,m)$,其中第 i 个用户的原始数据信号为

$$a_i(n) = \sum_{n=KN}^{KN+(N-1)} d_i(n) \tag{5-46}$$

其中 $d_i(n)$ 为第 i 个用户的信息比特值,$d_i(n) \in \{-1,1\}$。设 $x_i(n)$ 是第 i 个用户发送端的混沌扩频序列,其表达式为 $x_i(n) = \sum_{n=KN}^{KN+(N-1)} g_i(n)$,$g_i(n)$ 是第 i 个用户的扩频特征序列。

接收端的输入信号 $r(n)$ 为

$$r(n) = \sum_{k=1}^{M} A_k d_k(n) g_k(n) + N(n) \tag{5-47}$$

A_k 为第 k 个用户的载波信号幅度,$N(n)$ 是零均值的高斯白噪声。那么,第 k 个用户接收端相关器的输出为

$$y_i(n) = \sum_{n=KN}^{KN+(N-1)} r(n) x_i'(n) \tag{5-48}$$

其中,$x_i'(n)$ 是第 i 个用户接收端的混沌扩频序列。系统收发两端同步,即 $x_i(n) = x_i'(n)$,设 T_b 为每个原始信息比特的时间宽度,则

$$y_i(k) = \frac{1}{T_b} \int_{T_b} r(t) g_i(t) \mathrm{d}t$$

$$= A_i d_i + \sum_{\substack{i=1 \\ i \neq k}}^{K} \rho_{i,k} A_i d_i + \frac{1}{T_b} \int_{T_b} n(t) g_i(t) \mathrm{d}t$$

$$= A_i d_i + MAI_i + z_i \tag{5-49}$$

由式(5-49)可见,第一项为所需的信息分量;第二项为接收信号与第 k 个信号本身相关得到的恢复数据,与其他用户相关造成的多址干扰,显然,多址干扰项与用户数 k、其他用

户信号的幅度 $A_i(i \neq k)$、互相关系数 $\rho_{i,k}$ 有关。其中，$\rho_{i,k} = \dfrac{1}{T_b} \int_0^{T_b} g_i(t) g_k(t) \mathrm{d}t$。第三项为噪声干扰。

第 i 个用户的接收端在积分（相关运算）后，再对信号进行判决，判决门限为 0，则第 i 个用户的接收端解调出的数据为

$$b_i(k) = \begin{cases} -1 & y_i(k) < 0 \\ 1 & y_i(k) > 0 \end{cases} \tag{5-50}$$

综上所述，用户信息能否正确被接收，跟扩频码的特性有很大关系。

5.4.2 混沌扩频码的产生

混沌序列是非周期的，但是在扩频通信中每个信息比特所含的扩频序列码的位数是一定的（例如 N），因此混沌扩频序列就有一个长度和截取的问题。这里从混沌序列中依次截取固定 N 位数的码段分配给信息比特的方法，即信息比特 $a(k) \in \{-1, 1\}$ 由 N 个序列元素 $x(n)(n = KN, \cdots, KN + (N-1))$ 表示，可见，此时每个信息比特所包含的扩频序列码是不同的，该方法更有利于掩盖有用信息，在仿真过程中主要是通过基于帧的处理方式来实现的，通过设定每帧的抽样个数来把混沌序列截取成 N 位的码段。

仿真研究表明，要想设计多用户混沌序列扩频通信系统，还必须要解决每个用户的混沌扩频码初始值选择问题，因为混沌映射经过二值量化和截取后，原来的相关特性可能被破坏。因此本节所有混沌扩频码都采用一个初始值，然后把这个混沌扩频码进行不同延迟，作为其他用户的混沌扩频码，这样既避免了各个用户的混沌扩频码的初始值优选的问题，同时也达到了扩频系统的要求。

下面以三种研究相对比较典型的 Logistic、Chebyshev、Tent 混沌映射来产生二相混沌扩频序列[15]。在多用户混沌序列扩频通信系统中，扩频序列是取值为 ± 1 的二进制序列，即将混沌映射的实值序列进行二值量化产生扩频序列。

（1）Logistic 混沌映射。Logistic 映射的表达式为

$$x_{n+1} = r x_n (1 - x_n) \qquad 0 < x_n < 1 \tag{5-51}$$

式中 $0 < r \leqslant 4$，r 为分形参数。当 $3.5699\cdots < r \leqslant 4$ 时，系统处于混沌状态，序列的均值为 0.5。

（2）Chebyshev 混沌映射。ω 阶 Chebyshev 混沌映射定义为

$$x_{k+1} = \cos(\omega \cos^{-1} x_k) \qquad -1 \leqslant x_k \leqslant 1 \tag{5-52}$$

通常取 ω 为 2 的整数次幂，序列的均值为 0。

（3）Tent 混沌映射。Tent 映射定义为

$$x_{k+1} = \begin{cases} x_k/a & 0 < x_k < a \\ (1 - x_k)/(1 - a) & a \leqslant x_k \leqslant 1 \end{cases} \tag{5-53}$$

式中 $0 < a < 1$，序列的均值为 0.5。

下面讨论三种混沌序列的平衡性和相关性。

1. 序列的平衡性

混沌映射的实值序列进行二值量化产生扩频序列，序列取值为 ± 1。序列的平衡性

由序列内"1"和"−1"的统计分布决定。设 P 和 Q 分别表示混沌序列中"1"和"−1"的个数,则序列的平衡度 E 为[16]

$$E = (P - Q)/N \tag{5-54}$$

其中,N 为序列的码元总个数。序列的平衡性与直接序列扩频系统对载波抑制度有密切关系,所以扩频序列不平衡会使系统载波信息泄露偏大,易出现误码或丢失,因此研究序列平衡性对直接扩频系统具有重要意义。

应用式(5-54),对三种混沌映射进行初始值对平衡性的影响分析,结果如图 5-24 所示。当 Logistic 映射 $r=4$、初始值 x_0 为 9999 个 0~1 的不同值时,由图 5-24(a)可以得出,x_0 对平衡度影响比较小,但存在 3 个峰值点,对应的初始值分别是 $x_0 = 0.25$、0.5 和 0.75;由于 Chebyshev 映射以及该映射初始值对序列平衡度的影响都是关于 $x=0$ 对称的,因此为了便于比较,把该映射的初值范围选在 $[0,1]$,当 Chebyshev 映射 $\omega = 20$、初始值 x_0 为 9999 个 0~1 的不同值时,由图 5-24(b)可以得出,x_0 对平衡度影响很小,不存在峰值点;当 Tent 映射 $a=0.49$、初始值 x_0 为 9999 个 0~1 的不同值时,由图 5-24(c)可以得出,x_0 对平衡度影响比较小,但存在 3 个峰值点,分别是 $x_0 = 0.2401$、0.49 和 0.7501。而在文献[17]认为,Tent 映射对映射的平衡度影响没有峰值点以及由此得到的结论都是值得商榷的。值得指出的是,Tent 映射的平衡度峰值跟初始值选取精度有很大的关系,如果初始值选取精度不够,就可能漏掉系统的峰值点。

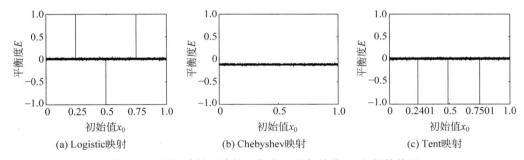

(a) Logistic映射   (b) Chebyshev映射   (c) Tent映射

图 5-24   不同映射系统的平衡度 E 和初始值 x_0 之间的关系

2. 序列的相关性

由式(5-49)得出,同一信噪比,在没有考虑多径干扰的情况下,多址干扰成了影响系统传输性能的主要因素,而序列的互相关的均方根又表征了扩频序列的多址干扰的大小[18],所以考虑序列的均方根对分析系统的传输性能具有重要意义。由于实际仿真的混沌序列的互相关函数结果是与理论值有偏差的,下面改变混沌序列的长度 N,保持相关范围 M 不变,考查序列长度对偏差的影响,设 $\sigma_{R_{12}}$ 为互相关的均方根,则

$$\sigma_{R_{12}} = \sqrt{\frac{1}{2M+1} \sum_{m=-M}^{M} \left[R_{12}(m) \right]^2} \tag{5-55}$$

下面利用式(5-55),计算上面三种序列长度 $N=2000$ 混沌映射各自互相关的均方根值,结果如表 5-2 所示。

表 5-2   三种混沌序列互相关的均方根值

帧长度	Chebyshev	Tent	Logistic
64	0.2450	0.2769	0.2783
950	0.2034	0.2292	0.2306
1000	0.2031	0.2300	0.2307
不采用帧的处理方式	0.2488	0.2816	0.2824

由表 5-2 可见,混沌序列经过帧处理之后每个序列的互相关的均方根值受到了较大的影响,变化不一,而且不同的帧长度对应不同的均方根值,这样就破坏了原来的相关特性。从表 5-2 中发现,经过帧处理的三种混沌序列的互相关的均方根值都呈变小趋势,这也说明一定长度的混沌序列经过帧处理后跟原序列相比具有更好的互相关性。但是帧长度却和互相关的均方根值并无固定的关系,也就是说经过帧处理的混沌序列破坏了原有的结论——序列越长,相关特性的偏差就越小。

5.4.3   多用户混沌扩频系统仿真模块设计

多用户混沌扩频系统涉及多个模块的设计,包括扩频序列发生器模块、相关接收模块、Rake 接收模块、多径信道模块、极性变换模块和帧采样模块。下面分别阐述。

1. 混沌扩频序列发生器模块

这里采用的混沌扩频码由 Chebyshev、改进型 Logistic、Logistic、Tent 等混沌映射产生,另外,对实值序列进行二进制序列转化的方法为设定一个判决门限 ξ,通过判决函数 $T(x)=[1+\mathrm{sgn}(x-\xi)]/2$ 进行变换。这里主要介绍两种混沌序列发生器模块设计,一种是基于 Tent 序列的扩频序列发生器模块的设计;另一种是基于串联混沌映射的扩频序列发生器模块设计。

基于 Tent 混沌序列的扩频序列发生器模块的仿真模型如图 5-25 所示,图中,Unit Delay 模块的初始值和抽样时间分别控制整个序列发生器的初始值和取样时间,Constant 模块中的值对应 Tent 混沌映射的分形参数。Fcn 模块中参数表示混沌映射的表达式,最后经过 Sign 量化模块转化为二进制序列。值得注意的是,Tent 映射由数学式到计算机仿真模型是比较难以实现的,因为该混沌映射表达式是分段函数,且分岔参数又被分成两段范围,给仿真模块的搭建带来了困难。因此,Fcn 的表达式为

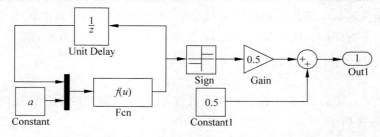

图 5-25   基于 Tent 映射的混沌序列发生器仿真模型

$$\text{Fcn} = u(1) \cdot (u(1) \geq 0) \cdot (u(1) < u(2))/u(2) +$$
$$(1 - u(1)) \cdot (u(1) \geq u(2)) \cdot (u(1) \leq 1)/(1 - u(2)) \qquad (5\text{-}56)$$

其中,$u(1)$代表 x_n,$u(2)$表示分形参数 a。

基于串联混沌映射的扩频序列发生器模块的仿真模型如图 5-26 所示,串联序列的一级混沌序列采用改进型 Logistic 映射,二级混沌序列采用 Chebyshev 映射,一般一级混沌序列的取样时间是二级混沌序列取样时间的 n 倍,在本系统中设一级混沌序列的取样时间为 $1/192\text{s}$,则二级混沌序列的取样时间为 $1/192000\text{s}$,以 1s 为取样时间,即 $x_1 = y_1$;$x_2 = y_{1000}$,$\cdots$,$x_{192} = y_{191000}$,即一级混沌序列每秒要控制二级混沌序列产生 1000 个混沌序列。在仿真过程中,首先对两个混沌序列的初值进行取值,因为 $x_1 = y_1$,所以串联序列仿真时,两个混沌序列一定要设为相同的初始值,即两个 Unit Delay 模块的初始值相同;该两级混沌序列通过一个周期序列发生器来控制其两级序列抽样时间倍数 n,周期序列发生器的取样时间可以和一级混沌序列发生器的取样时间相同;因为多用户混沌扩频通信系统中,进行帧取样时,要求混沌序列值是离散的,因此通过时钟控制的第 192 个序列值到来时,取混沌序列的 y_n,而不是 y_{n+1},这时 $y_n = y_{192000}$,否则混沌序列发生器因混沌序列值是个连续值而无法运行。图 5-26 中 Fcn1 表达式为

$$\text{Fcn1} = (\cos(u(2) \cdot a\cos(u(1)))) \cdot (abs(u(4) - 1)) +$$
$$\cos(u(2) \cdot a\cos(u(3))) \cdot u(4) \qquad (5\text{-}57)$$

其中,$u(1)$为 Chebyshev 映射的 x_n,$u(2)$为 Chebyshev 映射的分岔参数 q,$u(3)$为一级混沌序列改进型 Logistic 映射的 x_{n+1},$u(4)$为取样时间倍数 n。

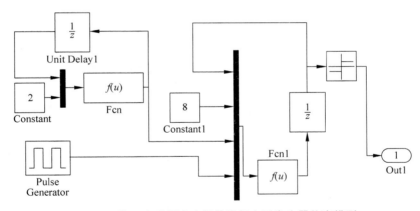

图 5-26 基于串联混沌映射的扩频序列发生器仿真模型

2. 相关接收模块

传统的相关检测接收原理框图如图 5-27 所示,由积分器 Integrate 和 Dump 模块构成,判决模块采用 sign 模块实现。图中的虚线框相当于匹配滤波器。

积分模块是扩频系统的核心部分,它由 Unbuffer 模块、积分取样模块、零阶保持模块和帧取样模块四部分封装而成,如图 5-28 所示,其工作原理如下:In1 模块输入的每帧数据($N \times 1$)由 Unbuffer 模块解成($1 \times N$)序列进行取样积分,然后再经过零阶保持模块,使积分后的每个二进制符号的持续时间、保持时间与信息码的取样时间一致,最后通

过取样模块转换成帧格式。该积分器的参数设置如下：输出取样时间为信息码的取样时间和仿真步长相同；对应 Buffer 模块的 Output buffer size,积分取样数为 N。

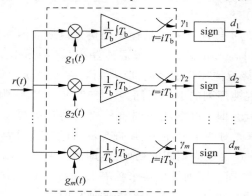

图 5-27　传统 DS-CDMA 系统检测器原理框图

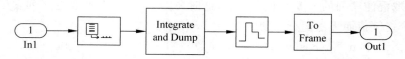

图 5-28　相关接收器仿真图

3. Rake 接收模块

在多径传输的环境里,传统相关接收机的性能往往不理想,而 Rake 接收机却是一种很好的选择。Rake 接收技术是一种多径分集接收技术,它通过对每个多径信号各自的相关接收,来收集原发射信号的所有时延分量即多径分量,因此,多径分集也被称为码分集。

Rake 接收机的原理就是采用相关接收机组,对每个路径使用一个相关接收机,各相关接收机与同一期望(被接收的)信号的一个延迟形式(即期望信号的多径分量)相关,然后根据这些相关接收机的输出(称为耙齿状输出)相对强度进行加权,并把加权后的各路输出相加,合成一个输出,加权系数的选择原则是使输出信噪比最大,其理论基础就是当多径时延超过一个码片周期,多径信号可以被看作互不相关的。

更具体地,假设在 CDMA 接收机中使用 L 个相关器捕获期望码的 L 个最强的多径分量,然后用一个加权网络得到这 L 个相关器输出的组合,用它进行期望码的比特检测,如图 5-29 所示。由图可知,L 个相关器的输出 $c_i(t)$ 分别与加权系数 $d_i(t)$(其中 $i=1$,$2,\cdots,L$)相乘,并求和,得到总的输出信号为

$$e(t) = \sum_{i=1}^{L} d_i(t)c_i(t) \tag{5-58}$$

其中,加权系数 $d_i(t)$ 根据对应的信号 $c_i(t)$ 的能量在 L 个相关器输出信号的总能量所占的比重来选择,即

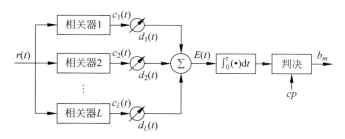

图 5-29 L 路 Rake 接收机结构图

$$d_i(t) = \frac{c_i^2(t)}{\sum\limits_{i=1}^{L} c_i^2(t)}, \quad i = 1, 2, \cdots, L \tag{5-59}$$

显然,当某个相关器(例如相关器 i)被衰落时,其输出 c_i 的能量就变小,对应的加权系数 d_i 也自动变小,从而使得该分量在式(5-59)中的作用减小,达到弱化该分量的结果。

Rake 接收机的仿真模型如图 5-30 所示,假设数据在信道传输过程中发生了四个多径传输,它们的时延分别是 0、2、6 和 7,那么在接收端,对这些多径信号在时间上分别做相应的 0、2、6 和 7 的时间提前,然后对齐相加,得到一个比相关接收更大的信号,再采用等增益合并,使得误码率大大下降。所谓等增益合并,指的是把各支路信号进行同相后再相加,只不过加权时各支路的加权因子相等。

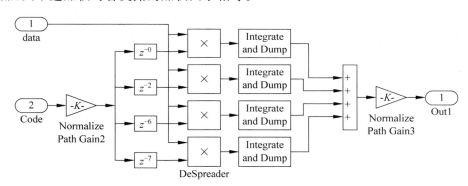

图 5-30 Rake 接收机的仿真模型

4. 多径信道模块

多径衰落信道采用抽头延迟线模型,其冲激响应为

$$h(t) = \sum_{l=1}^{L} \alpha_l \delta(t - \tau_l) e^{j\phi_l} \tag{5-60}$$

其中,L 是多径信道中可分解的路径数;α_l、ϕ_l、τ_l 分别是信道中的第 l 条可分解路径的增益、相位和时间延时,$\delta(t)$ 是 Dirac 函数。在 Rayleigh 信道条件下,α_l 服从 Rayleigh 分布,ϕ_l 服从 $[0, 2\pi)$ 上的均匀分布。

多径信道仿真模型如图 5-31 所示,通过该多径信道后,信号变成四列延迟信号,它们的时延分别是 0、2、6 和 7,继续采用帧取样格式,要注意的是该多径信道的抽样时间要和信息码的抽样时间一致。

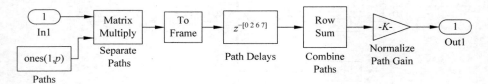

图 5-31　多径信道仿真模型

5. 极性变换模块

扩频、解扩的方式可以使用单极性二进制码元异或的方式,但是 0 的结果有时处理起来有一定的困难;当信号叠加了噪声信号后已经不是二进制码时,就不能用异或方式处理。使用双极性二进制码元用相乘的方式同样可以完成扩频与解扩的运算,还可以克服上述方法的不足。仿真过程中的极性转换是通过 Bipolar to Unipolar Converter 模块和 Unipolar to Bipolar Converter 模块来实现的。

6. 帧采样模块

之所以采用基于帧的处理,主要是考虑到数字信号处理本身的要求和数据通信的开销。显然,基于帧的信号处理应当比基于采样的处理要复杂得多。因为基于采样的信号在每个时间步处理一个采样点,而基于帧的信号在每个时间步处理 N 个采样点的一帧,但是 Simulink 利用 MATLAB 的矩阵功能极大地提高处理效率。通过基于帧的处理,减少了块与块之间的通信,从而比使用基于采样的信号进行仿真快得多。总之,利用基于帧的信号提高了仿真速度。

在 Simulink 中,采样信号和帧信号之间的转换是通过缓冲模块(Buffer)来实现的。Buffer 模块有两种功能,一是接受采样信号输入并产生一定帧大小的帧输入,二是接受帧输入,修改帧的大小,这种情况下必须使用缓冲模块,这两种情况下涉及帧之间的重叠和帧的初始值的设置问题。当通过采样产生帧时,缓冲使用输入标量生成一个列向量,如果需要从一个帧信号产生一个采样信号,则应使用 Unbuffer 模块。

5.4.4　基于 Rake 接收的多用户混沌扩频系统的设计与仿真

根据图 5-23 构建用户数为 5 的基于 Rake 接收的多用户混沌扩频通信仿真系统如图 5-32 所示,图中发送端用户 2～用户 5,是用户信息与扩频码相乘的封装子系统,接收 2～接收 5 分别对应用户的接收模块,其中虚线内的用户 1 和接收 1 由未封装的模块构成[19]。此外,该仿真系统可以根据 Multiple Paths 模块的参数设置,可以改变扩频通信的类型,转换非常灵活。参数设置如表 5-3 所示。

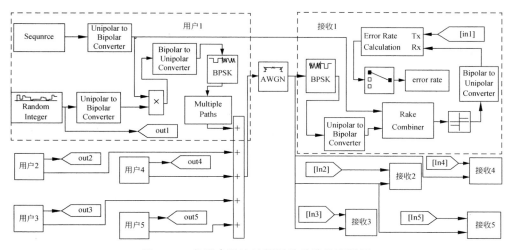

图 5-32　多用户混沌扩频通信系统仿真模型

表 5-3　**Multiple Paths** 模块的参数设置

Number of paths(多径数)	Path delays(路径延迟)	扩频通信系统类型
0	0	同步混沌扩频通信系统
3	$[0,3,5]$	异步混沌扩频通信系统

  仿真条件设置为 Chebyshev、改进型 Logistic、Logistic、Tent，串联序列混沌映射初始值都取 0.63，其中 r、q 和 a 分别取 4、8 和 0.49，随机整数发生器的输出范围取 2，抽样时间为 1/192s，每帧的抽样数为 1；混沌扩频码的抽样时间为 1/192000s，每帧的抽样数为 1000；多径数为 3，时延为 0、3 和 5，符号周期时间为 1/192s；加性高斯白噪声信道的符号周期取 1/192s，接收端延迟取为 1，用户数设为 5，仿真时间取 10s。

  通过对混沌扩频通信系统进行仿真，得到用户 1 的结果如图 5-33 所示。

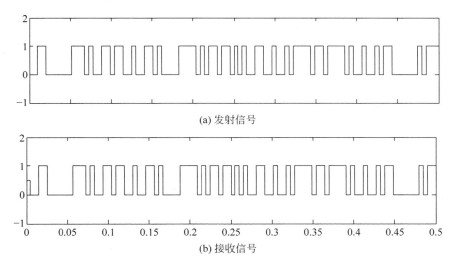

(a) 发射信号

(b) 接收信号

图 5-33　用户 1 发射信号和接收信号波形图

由图 5-33 发射信号(a)与接收信号(b)可见,二者几乎完全相同,区别在于接收信号有些延迟(由于信号经过积分模块后,接收信号有些延迟是允许的),这说明仿真系统能够正确接收信号。

5.4.5 基于 Rake 接收的多用户混沌扩频系统的性能分析

下面从映射系统初值、信噪比、用户数和扩频序列长度对误码率的影响来分析多用户扩频通信系统的性能。

(1)混沌映射初始值 x_0 对系统误码率的影响。不失一般性,信噪比 E_s/E_0 取 1dB,初始值在 $0.0001\sim0.9999$ 变化,由图 5-34(a)明显可见,Chebyshev 混沌映射受初始值的影响较小,误码率随着序列的初始值变化不大,不存在峰值点的问题。Logistic 混沌映射的平衡度峰值(对应初始值分别为 0.25、0.5 和 0.75)导致了系统的误码率峰值,如图 5-34(b)所示,当取其他初值的时候,误码率变化比较平缓,因此在序列取初值的时候应尽量避开 0.25、0.5 和 0.75 三个初始值点。

由图 5-34(c)可以发现 Tent 混沌映射的平衡度峰值有 3 个,对应的初始值分别为 0.2401、0.49 和 0.7501,当 $x_0=0.49$ 时,因为分形参数也取 0.49,这样把数值代入式(5-53)中就会发现实值序列中除了第一个元素为 1 之外,其他元素均为 0。此时的式(5-54)$E=-0.998$,即在初始值为 0.49 处有一个峰值点,其对平衡性的影响很大,如图 5-24(c)所示。但是不能简单地说构造序列时某一序列元素要避开这一点,因为从式(5-53)中可以看出序列元素的取值范围是 $(0,1]$,即 Tent 混沌映射的序列元素不能为 0,所以说当 $x_0=0.49$ 时得到的二值序列也就没什么意义了,因此不讨论 $x_0=0.49$。但是当序列初始值 $x_0=0.2401$ 和 0.7501 时候,就存在峰值了,这就说明 Tent 映射确实存在平衡度峰值点,验证了图 5-24(c)的结论,因此在序列取初值的时候尽量避开 0.2401 和 0.7501 两个值。

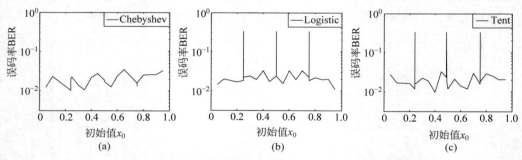

图 5-34 扩频系统 BER 与不同映射系统初始值 x_0 的关系曲线

(2)信噪比对误码率的影响。当信噪比 E_s/E_0 取值在 $0\sim8$ 变化时,由图 5-35 可见,其中多用户的 Logistic、Chebyshev、Tent 混沌扩频通信系统的误码率性能相近,但优于 m 序列和 Gold 序列,这说明混沌扩频信号的抗多址干扰的能力强于 m 序列和 Gold 序列,能够适应多个用户同时存在系统中的情况。在该系统中,仿真参数如仿真条件设定,由于信噪比较小的时候,系统表现出的主要是噪声干扰,这时,Chebyshev 映射的误码性能最好,具有良好的抗噪声干扰性能;当信噪比较大的时候,系统表现出的主要是多址干扰,这时,Logistic 映射具有良好的抗多址干扰能力。

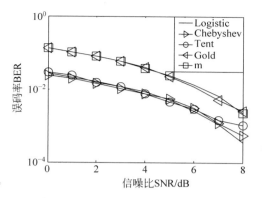

图 5-35　5 种扩频码的扩频系统 BER 与信噪比的关系曲线

（3）用户个数 i 对系统误码率的影响。不失一般性,用户数 $i=1\sim10$,信噪比 E_s/E_0 取 1dB,从图 5-36 中可以看出,随着用户个数的增加,三种混沌扩频码的扩频系统误码率变化不大,其中 Chebyshev 映射的扩频系统误码率最小,Logistic 映射的次之,Tent 映射的最大,这说明该系统具有良好的抗噪声和抗多址干扰能力。

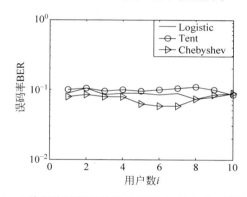

图 5-36　3 种混沌扩频码的系统 BER 与用户数 i 之间的关系

（4）截取的序列长度 N 对系统误码率的影响。不失一般性,信噪比 E_s/E_0 取 8dB,截取的序列长度 N 在 $100\sim3500$ 变化,其他条件不变。由图 5-37 可以看出,在 $0\sim1050$,Logistic 映射对系统误码率的影响要好于 Tent 映射,和 Chebyshev 映射的性能相当,而在 $1050\sim3500$,Chebyshev 映射最好,Logistic 映射次之,Tent 映射最差。从图 5-37 还不难看出,Logistic 映射在 $N=1100$ 时,系统误码率发生突变,这主要是因为序列截取后,混沌映射的相关特性可能被破坏的缘故,这也印证了表 5-2 的结论。

仿真结果表明,基于 Rake 接收、多径和噪声干扰的多用户混沌扩频通信系统具有抗干扰能力强、误码率低、用户容量大、保密性好和易于实现等特点,并在模型转换上具有一定的灵活性;采用串联混沌映射的混沌扩频通信系统误码性能优于单个混沌序列和 IS-95 标准的长码 m 序列,且串联序列产生简单、码源丰富、保密性高、抗干扰性能强、类随机状态,有利于增加系统容量和减少系统复杂性。

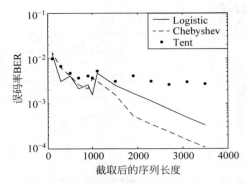

图 5-37　序列长度 N 对系统误码率与扩频系统 BER 之间的关系曲线

思考题

（1）混沌保密通信中的关键技术有哪些？
（2）影响混沌保密通信性能的因素是什么？
（3）试比较不同混沌键控通信方案的原理与特点。
（4）构造并仿真一个多用户混沌扩频通信系统。

参考文献

［1］　方锦清. 驾驭混沌与发展高新技术［M］. 北京：原子能出版社，2002.

［2］　Cuomo K M，Oppengeim A V，Strogatz S H. Syncharonization of Lorenz-based chaotic circuits with applications to communications ［J］. IEEE Trans. CAS-II，40(10)：626-632.

［3］　Cuomo K M，Oppengeim A V. Circuit implementation of synchronized chaos with application to communications ［J］. Phys. Rev. Lett，1993，71：65-68.

［4］　Mianovic V，Zaghloul M E. Improved masking algorithm chaotic communication systems ［J］. Electronics Letters，1996，1：11-12.

［5］　Carroll T C，Heagy J F，Pecora L M. Transforming signals with chaotic synchronization ［J］. Physical Review E，1996，54(5)：4676-4680.

［6］　Parlitz U，Chua L O，Kocarev L，et al. Transmission of digital signals by chaotic synchronization ［J］. International Journal of Bifurcation and Chaos，1992，2：973-977.

［7］　Dedieu H，Kennedy M P，Hasler M. Chaos shift keying：Modulation and demodulation of a chaotic carrier using self-synchronizing ［J］. IEEE Trans. CAS-I，1993，40：634-641.

［8］　Kolumbán G，Vizvári B，Schwarz W，et al. Differential chaos shift keying：a robust coding for chaos communication ［C］. In：Proc. Int. Workshop on Nonlinear Dynamic of Electronic Systems，Sevilla，Spain，1996，87-92.

［9］　Kolnmbán G，Kis G，Kennedy M，et al. FM-DCSK：A new and robust solution to chaos communications ［C］. In：Proc. Int. Symposiumon Nonlinear Theory and Its Applications，Hawaii，1997，117-120.

［10］　Galias Z，Maggio G M. Quadrature chaos-shift keying：theory and performance analysis ［J］. IEEE Trans. CAS-I，2001，48(12)：1510-1519.

［11］ Kennedy M P，Kolumbán G. Digital communications using chaos［J］. Signal Processing，2000，80：1307-1320.

［12］ 樊昌信，张甫翊，徐炳祥，等. 通信原理［M］. 北京：国防工业出版社，2008.

［13］ Rulkov N F，Sushchik M M，Tsimring L S，et al. Digital communication using chaotic-pulse-position modulation［J］. IEEE Trans. On CAS-I，2001，48(12)：1436-1444.

［14］ Heidari-Bateni G，McGillem C D. A chaotic direct-sequence spread-spectrum communication system［J］. IEEE Trans. Commun. 1994，42(2/3/4)：1524-1527.

［15］ 孙克辉，周家令，牟俊. 多用户混沌序列扩频通信系统设计与性能分析［J］. 电子与信息学报，2007，29(10)：2436-2440.

［16］ 胡健栋，郑朝辉，龙必起，等. 码分多址与个人通信［M］. 北京：人民邮电出版社，1996.

［17］ 王亥，胡健栋. 改进型 Logistic-Map 混沌扩频序列［J］. 通信学报，1997，18(8)：71-77.

［18］ 于银辉，刘卫东. 两种混沌扩频序列平衡性分析［J］. 重庆邮电学院学报，2004，16(3)：61-64.

［19］ 周家令. 多用户混沌扩频通信系统的研究［D］. 中南大学，2007.

第6章 基于混沌序列的信息加密技术

混沌信号由于具有隐蔽性、不可预测性、高度复杂性和易于实现性等特性,极具密码学的应用价值。与其他加密方法不同的是,混沌加密是一种动态加密方法,由于其处理速度与密钥长度无关,因此这种方法的计算效率很高,尤其是可用于实时信号处理,同时也适用于静态加密场合。用这种方法加密的信息很难破译,具有很高的保密性[1]。

混沌理论在20世纪80年代末开始引起密码学界的注意,其标志是英国数学家Matthews首先提出的混沌加密思想[2]。一方面,由于混沌系统在迭代中的信息损失,使得混沌序列的信息量渐近趋于零,因此对混沌序列进行正确的长期预测是不可能的。另一方面,混沌同步是实现信息正确解密的关键。由于计算机系统可以精确地重现混沌迭代系统的所有启动状态,故可以用计算机进程同步的思想实现混沌迭代系统的同步算法,启动参数和同步策略就是密码。这是物理混沌模型不具备的特点,所以不需要使用复杂的物理混沌同步控制方法。因此,20世纪90年代以来,混沌序列加密方法已被列为现代密码学的重要研究前沿[3-7]。

混沌密码学的研究方向有二,其一是以混沌同步技术为核心的混沌保密通信系统;其二是利用混沌系统构造新的流密码和分组密码,在计算机有限精度下实现数字化混沌加密系统。本章先讨论混沌密码学原理,然后研究基于混沌序列的信息加密算法,并探讨混沌序列在数字水印中的应用,分析不同加密算法的安全性能。

6.1 混沌密码学

6.1.1 传统密码体制

保密通信的要旨是对欲传输的信息采取加密措施后才在信道中传输,而接收端只有掌握正确的密钥,才能对收到的加密信息进行解密;否则,即使信息被截获,也难以破译。密码的工作方式称为密码体制,按照对明文数据加密方法的不同可以分为序列密码体制和分组密码体制[8]。

序列密码体制是先将原始明文转换成明文数据序列，然后再将它与密钥序列进行异或运算，生成的密文序列发送给接收端。接收端将接收到的密文序列，与发送端同步的密钥序列再进行异或运算，恢复明文序列。序列密码的加密模型如图 6-1 所示。序列密码不存在数据扩展和错误传递，实时性好，加密、解密容易实现，其安全保密性主要依赖于密钥序列。如果密钥序列完全是随机的，它就是一次一密钥密码，是不可破译的。然而在实际中"一次一密"密码是很难实现的，通常在序列密码中，加、解密用的密钥序列是伪随机序列。不可破的一次一密系统中的完全随机密钥序列为一般的密钥序列应具有的性能提供了参考准则，即要求密钥流具有周期充分长、良好的随机统计性、线性不可预测性充分大，并且在算法设计时要满足"扩散"和"混淆"的密码原则。

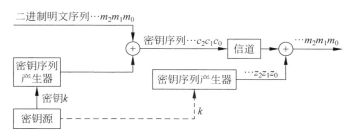

图 6-1 序列密码系统原理图

分组密码体制是将明文信息编码后的数字序列 $x_1, x_2, \cdots$ 划分成长为 m 的组 $\boldsymbol{x} = (x_1, x_2, \cdots, x_m)$，各组（长为 m 的向量）分别在密钥 $k = (k_1, k_2, \cdots, k_t)$ 的控制下变换成等长的输出数字序列 $\boldsymbol{y} = (y_1, y_2, \cdots, y_n)$（长为 n 的向量）。分组密码的模型如图 6-2 所示，它与序列密码的不同之处在于输出的每位数据不是只与相应时刻输入明文数据有关，而且还与一组长为 m 的明文数据有关。分组密码有其自身的优点，首先，分组密码容易被标准化，因为在今天的数据网络通信中，信息通常是被成块地处理和传输的；其次，使用分组密码容易实现同步，一个密文组的传输错误不会影响其他组，丢失一个明密文组不会对其随后的组的解密的正确性产生影响，但分组密码不能隐藏数据模式，不能抵抗组的重放、嵌入和删除等攻击。常用的分组密码的算法有 DES、IDEA 等。

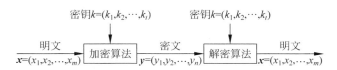

图 6-2 分组密码系统原理图

6.1.2 混沌密码与传统密码的关系

混沌是发生在确定性非线性系统中的内秉随机行为，由于非线性混沌系统对初始条件的高度敏感性，即使两个完全相同的非线性混沌系统从几乎相同的初始条件开始演化，它们的轨道也会很快变得互不相关，这种内秉随机行为使得混沌信号具有长期不可预测性和抗截获能力，尤其具有多个正的 Lyapunov 指数的超混沌系统有着更为复杂的运动轨迹,其复杂度更高。同时,混沌本身又是确定性的,可以由非线性系统的方程、参数和初始条件所完全确定。混沌信号的高度随机性、不可预测性、高复杂性、宽带频谱特性和系统方程、参数及初始条件的确定性,以及易于实现性,预示着混沌将在密码学中被广泛应用。

图 6-3 总结了混沌理论与传统密码学之间的可对应性。混沌理论的混沌映射系统对应密码学中的密码算法;混沌系统对初始条件和控制参数的极端敏感性对应密码学中的扩散性作用;混沌系统具有的类随机性和长周期不稳定轨道可以代替密码体制中的伪随机信号;混沌映射通过迭代,将初始域扩散到整个相空间,而密码算法通过加密产生预期的扩散和混淆,"扩散"和"混淆"是设计加密算法的基本原则,扩散意味着将每位明文数据的影响尽可能扩散到多个输出的密文数据中,以便隐蔽明文数据的统计特性,混淆是指将密文和明文的统计特性之间的关系复杂化;混沌映射中的参数或初值相当于密码算法中的密钥。混沌系统和密码算法的一个重要的不同是传统的密码算法是定义在有限集上的,而混沌是定义在实数集上的。也就是说,传统的混沌理论仅适应于连续系统,两者存在本质上的差别。在混沌系统中,Lyapunov 指数是初始条件敏感性的测度,Roland[9] 指出了它与安全性之间可能的联系。

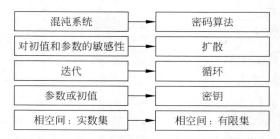

图 6-3　混沌理论和传统密码学的对应关系

混沌加密与传统加密的根本区别在于混沌加密所用的随机信号由混沌系统产生,将混沌信号分为连续混沌流和离散混沌序列,前者用于混沌模拟保密通信,后者用于混沌加密通信。混沌系统产生的连续信号,离散化后也可以作为离散信号使用,因此采用新的 FPGA 技术设计硬件加密系统成为新的研究热点[10]。这里侧重讨论基于离散混沌系统的信息加密技术。

目前,有两种主要的混沌加密方法。一种是通过非线性电路系统来实现,这种方法一方面要产生符合要求的混沌码用于对信息进行加密,并能有效地防止在公开信道传输中的失密;另一方面又要能采用可靠的混沌同步手段进行解密。这种方法的关键是在发射端和接收端之间建立信息联络、实现混沌同步,1990 年以来混沌同步的理论研究为这一技术奠定了基础。另外一种方法是以数字形式进行基于软件的信息加密,即直接利用混沌进行加密。

6.1.3　混沌序列加密原理

混沌序列加密属于序列密码体制,其加密原理与序列密码加密原理相似,不同之处在于：一般的序列密码是利用以移位寄存器为基础的电路所产生的伪随机序列作为密钥序列，而混沌序列加密是利用混沌系统产生的混沌序列作为密钥序列。早期的序列密码都采用伪随机序列发生器来产生密钥流，第三方可以利用相关分析方法有效地分析并重构伪随机序列，实现破译。现在用混沌系统代替伪随机序列发生器，破坏了相关分析的适应条件，使加密算法的安全性得到加强，其加/解密原理框图如图6-4所示[11]。

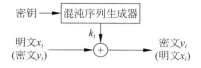

图6-4 混沌序列加/解密原理框图

加密过程可表示为

$$Y = K \oplus X \tag{6-1}$$

解密过程可表示为

$$X = K \oplus Y \tag{6-2}$$

其中，K 表示由混沌序列生成器产生的密钥流，X 是明文流，Y 是密文流，$\oplus$ 表示异或运算。

将混沌序列作为密钥流，采用一次一密密码体制是一种很好的加密方法，但由于计算机的有限计算精度效应，混沌序列最终会出现周期，如何使混沌序列的周期更长，随机性更好，是加密算法设计的关键，对此，人们提出了多种解决方案[12-14]。

混沌序列加密的安全保密性主要依赖于密钥流，在混沌加密系统中，将混沌系统产生的随机序列 $\{x_i\}$ 作为密钥流 $\{k_i\}$ 与明文数据流 $\{m_i\}$ 按位异或运算，从而产生密文数据流 $\{c_i\}$。明文数据流是二进制的，而密钥流 $\{k_i\}$ 可直接采用原始混沌序列 $\{x_i\}$ 或对序列 $\{x_i\}$ 进行数据处理两种方法产生，前者实际上是对混沌调制通信技术的直接模拟，后者是对前者的改进，它可以较好地利用计算机技术对原始混沌序列 $\{x_i\}$ 进行多种处理，使其在计算机有限计算精度下，实现混沌序列的准随机性。例如，为了克服系统对初值敏感性的过渡过程，舍弃前面的数千字节；或将混沌序列按一定规律取值所得的序列 $\{x_i'\}$ 仍为一随机序列；或采用复合迭代算法产生随机序列。这样，经处理后的序列 $\{x_i'\}$ 的随机性将得到大大改善，又由于密码分析者得不到原始数据，从而提高了抗破译能力。

密钥空间的大小直接关系到保密系统的安全性能，不同的混沌系统可以产生不同的混沌序列，所以非线性系统方程 F 可作为密钥；由于混沌系统对初值敏感，即两个相同的混沌系统对稍异的初态，就会产生完全不同的序列，故混沌系统的初值 $\{x_0\}$ 可以作为密钥；混沌系统参数不同所对应的混沌序列也不同，故混沌系统的参数 $\{\alpha\}$ 也可作为密钥，对于具有两个以上正的 Lyapunov 指数的超混沌系统，其可变参数不止一个，可作密钥的值更多；再加上计算机数据处理方式 P 和数据编码方式 C，则密钥 K 可由 $\{F, x_0, \alpha, P, C\}$ 组成。显然，密钥空间巨大，数据安全性好，使用方便。

6.2 基于混沌序列的信息加密算法

6.2.1 混沌加密算法的基本要求

一个好的加密算法不仅要能抵抗穷举密码式的攻击，而且还要具有抗选择明文攻击的能力，同时具有优越的时空性能，下面分别进行阐述。

能抵抗穷举密码式的攻击。加密系统应有足够大的密钥空间,即密钥选取的范围要足够大,以能抵抗穷举密码式的攻击。考虑到极端的情况,假设用户密码的可能取值是一字节内的所有值,则其密码的可能取值的个数仅为 256 个。假设验证一个可能密码需要一秒,则最坏的情况下也只要 256 秒就能尝试所有可能的密码。显然,密码选取的范围越大,穷举攻击就越难。

具有抗选择明文攻击的能力。这一点主要是基于许多密码分析者往往能够通过各种各样的途径预先得到一定的明文和密文对,尤其是对于网络上传输的数据更是如此,人们很容易地推测出一个几百字节大小的经过加密的 TCP 数据包,该数据包包含了用户名和密码。由于该数据包的前面几字节的内容又经常是固定的,所以要求加密算法在密码分析者得到一定数量的明文/密文对后,仍然难以分析出余下的明文数据和密钥,即算法应具有较强的抗选择明文攻击的能力。

优越的时空性能。一个耗时巨大或者消耗大量计算机内存的算法是不可取的,事实也证明并非加密的时间越长,加密的强度就越大。

研究表明,如果将混沌系统用于加密算法,必须采用安全混沌系统,以保证算法的安全性。

定义 6-1 安全混沌:具有离散性、零相关性、混合属性、鲁棒性和大的参数集的混沌系统称为安全混沌系统。需要指出的是,在混沌加密算法中,具有以上属性的安全混沌系统的加密系统不一定是安全的,但不具备上述属性的混沌系统用于数据加密时,则得到的混沌加密系统必然是弱的,下面详述其内涵。

(1)离散性。是指混沌系统应是离散映射的,其相轨迹处处不连续。若是一条连续的相轨线,则相轨道的任意小邻域都会隐含系统的演化趋势,从而降低算法的安全性。

(2)零相关性。是指混沌序列的互相关性为零,以抵抗密码相关性分析。零相关性与系统的统计特性相关联,零相关性系统预示着系统概率密度为均匀分布。

(3)混合属性。将明文看作初始条件域,则混合属性是指将单个明文符号的影响扩散到许多密文符号中去。显然,该属性对应密码学中的扩散属性。具有混合属性的系统具有较好的统计特性,当迭代次数增加时,密文的统计性质不依赖于明文的统计性质,从而,由密文的统计特性不能得到明文的统计特性。

(4)鲁棒性。是指在小的参数扰动下,系统仍然保持混沌状态的特性,但大多数混沌吸引子不是结构稳定的,而非鲁棒混沌系统具有弱密钥性。

(5)大的参数集。是指混沌系统要有巨大的参数和初值空间,最好是全域性混沌系统;另外,密码系统安全性的一个重要衡量指标是 Shannon 熵,即密钥空间的测度,在离散系统中常用 $\log_2 k$ 近似,其中 k 为密钥的数目。因而,动力学系统的参数空间越大,离散系统所对应的 k 就越大。

综上所述,在选择混沌系统时,必须考虑在大的参数集中选择具有鲁棒性混沌、零相关和混合属性的离散混沌映射系统。虽然这 5 个充分条件不能包含全部安全性内容,但已经给混沌系统用于信息加密领域设置了很高的门槛。盛利元等人[15]提出的基于切延迟的椭圆混沌系统基本具备上述条件,但混沌映射式比较复杂,其机理也有待进一步研究。相反,目前研究得较多的 Logistic 混沌映射及其改进系统也具有很好的安全特性。

6.2.2 Logistic 混沌系统及其统计特性

一维离散时间非线性动力学系统定义为

$$x_{n+1} = T(x_n) \tag{6-3}$$

其中，$x_n \in V$，$n = 0, 1, 2, \cdots$，称为状态；而 $T: V \to V$ 是一个映射，将当前状态 x_n 映射到下一个状态 x_{n+1}。如果从初值 x_0 开始，反复应用 T，就得到一个序列 $\{x_n, n = 0, 1, 2, \cdots\}$。这一序列称为该离散时间动力学系统的一条轨迹。

这里采用 Logistic 映射，其动力学系统方程为

$$x_{n+1} = f(x_n) = \mu x_n (1 - x_n) \tag{6-4}$$

其中，$\mu \in (0, 4]$，$x_n \in (0, 1)$。Logistic 映射的 Lyapunov 指数随参数 μ 的变化如图 6-5 所示(计算中 μ 值步长为 0.001，迭代次数为 10000 次)，可见，当 $\mu \in (3.571448\cdots, 4]$ 时，Logistic 映射呈现混沌态。也就是说，由初始条件 x_0 在 Logistic 映射的作用下所产生的序列 $\{x_n, n = 0, 1, 2, \cdots\}$ 是非周期的、不收敛的，对初始值非常敏感。

对于加密通信而言，既要要求对初值的敏感性，又要要求信号的随机性，敏感性越强，同时随机性越好，则应用系统的安全性越高。这些特性可由概率统计特性、均值、自相关和互相关性来定量描述，详细内容见 3.1.1 节。

由 Logistic 映射性质可知，Logistic 映射在参数 $\mu = 4$ 时产生的混沌序列均值为常数，自相关函数是 delta 函数，互相关函数为零，其概率统计特性(如图 6-6 所示)与零均值白噪声统计特性相似，是较理想的密钥序列。初值的微小差异将产生截然不同的混沌序列。也就是说，如果初始条件只有有限精度，则随着时间的增长，其状态的预测精度会变得越来越差，最终不可接受，即所谓的长期不可预测性。如果仍以初始条件的精度观察，则此时的状态呈噪声特性，即相同的初始条件会演化为完全不同的未来状态，这正是加密通信对密钥序列所需求的，因此 Logistic 映射适用于信息加密。此外，Logistic 混沌系统基本满足定义 6-1 所定义的安全混沌系统，因此，Logistic 映射系统可以应用于包括数字通信和多媒体信息安全等众多应用领域。

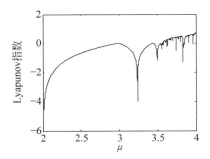

图 6-5 Logistic 映射 Lyapunov 指数随参数变化曲线

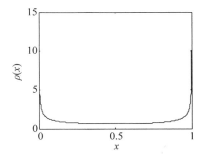

图 6-6 Logistic 映射概率密度分布

6.2.3 混沌序列加密模型与算法

由于加密的是数字信号，所以不得不使用一种方法将这个由实数构成的序列 $\{x_k\}$ 映

射成由整数构成的伪随机序列来作为加密密钥。这种映射中最简单的一种莫过于选取 x_k 小数点后的几位有效数字构成整数[16]。由此提出一个基于 Logistic 混沌映射的加密/解密模型,如图 6-7 所示[17]。

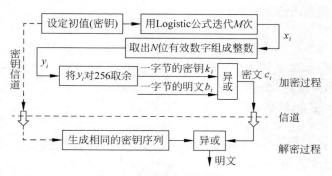

图 6-7 混沌加密/解密模型

基于以上模型,设计了一个相应的加密算法,其算法流程如图 6-8 所示。为了兼顾序列的随机性和加密速度,混沌伪随机序列数选取的间隔 N 取 5 是合适的,而 y_k 则选取 x_k 小数点后第 4、5、6 位数字,有利于提高对选择明文攻击的能力。实验证明,为了克服过渡过程的影响,采用舍弃前面 2000 个迭代数是合适的。另外,考虑到要求用户记忆两个浮点数作为密码是相当困难的,所以实际上步骤 1 中还包括一个将用户记忆的字符串映射到 x_0 和 μ 的过程。加密算法描述如下:

(1) 初始化 Logistic 映射,设置密钥 x_0 和 μ;

(2) 对 Logistic 映射系统初始迭代 2000 次;

(3) 取出 x_i 的第 4~6 位有效数字,得整数 y_i;

(4) 由 $y_i \bmod 256$ 得密钥序列;

(5) 与明文或密文进行异或运算;

(6) 判断加/解密是否完成,若未完,则 Logistic 迭代 5 次后重复步骤(3)~(5);否则退出系统。

6.2.4 基于混沌序列的数据加密算法实现

利用前面提出的加密模型和加密算法,开发了一个数据加密软件。软件开发采用微软的 Visual Studio. NET 开发工具包中的 VC. Net。VC. Net 是一套完整的开发工具,用于生成 ASP Web 应用程序、XML Web services、桌面应用程序和移动应用程序等。编程语言利用了. NET 框架的功能,此框架提供

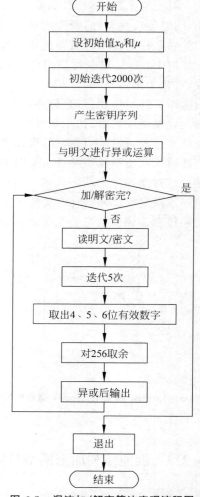

图 6-8 混沌加/解密算法实现流程图

对简化 ASP Web 应用程序和 XML Web services 开发的关键技术的访问。VC. Net 采用 MFC(Microsoft Foundation Classes)编程方法,充分利用了面向对象技术的优点,它使得编程时极少需要关心对象方法的实现细节。同时,类库中的各种对象的强大功能足以完成程序中的绝大部分所需功能,这使得开发应用程序的程序员所需要编写的代码大为减少,有力地保证了程序的良好可调试性。

加密软件需要进行大量数据的处理,而且是面向用户的前台应用程序,其运行速度必须很快,而且其对资源的消耗也必须有一定的限度;同时,程序的健壮性和无二义性也是重要的。综合考虑,采用 Microsoft Visual C++ 来开发核心算法,开发目标是将软件的大小控制在 1.5MB 以内,以方便用户下载。

该软件由主控模块、混沌密钥序列生成模块和文件加密/解密模块组成,模块间的相互关系如图 6-9 所示。

(1) **文件加密/解密模块**,该模块提供三个函数,即密码转换函数 TranslateKey、加密文件函数 EncryptFile 和解密文件函数 DencryptFile。通过这三个接口,向主控模块

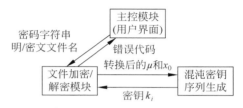

图 6-9　加密软件模块关系图

提供了一定程度的抽象功能。主控模块并不需要关心底层文件加密的细节,而只需要从用户那里获得加密哪个文件以及用户密码信息,而与这些语义信息相对应的特定的加/解密过程则由文件加密模块完成。

参数的检验过程由使用这些参数的算法完成,同时由主控程序定义几个标准的错误代码。在算法发生错误时,算法可以返回标准错误代码以及自己特定的错误信息码,错误码的格式为 DWORD iError。其中高 16 位为标准错误代码,主控程序可以用 HIWORD 提取;而低 16 位为算法自定义的错误信息码。在设计中,还应该包括一个由错误信息码获得错误描述信息的标准过程,以报告给用户,实现软件的“自描述性”。

在提供了标准的加密/解密文件方法以后,可以自由地更换底层的加密算法而不会影响到主控模块,这使得软件版本在后续升级时有更大的灵活性。

(2) **混沌密钥序列生成模块**。该模块包含 MapKey 和 GetNextKey 两个函数,前者可以设定 Logistic 混沌函数所需的两个参数,并进行参数的检查,以确保这两个参数的取值在合理的范围内;后者用来取得下一个加密密钥,使用这个函数,一次可取得一个加密密钥。此模块对于主控模块是透明的,而且它也是混沌序列文件加密/解密模块的通用模块;模块中还包含两个全局变量以记录文件加密/解密模块设定的 Logistic 参数;模块中的序列生成函数每迭代 5 次才取出一个密钥。实验证明,该程序模块化设计是非常成功的。

(3) **主控模块**。该模块的设计是整个软件设计过程中最有挑战性的部分。考虑到软件实际并没有太多的用户交互过程,而且用户也无须提交太多的信息,所以该软件是最适合做成反传统的、比较新颖的界面形式;同时,由于此程序是面向用户的,而且在加密大型数据文件的时候,其耗时较长,所以必须采用多线程技术,将用户界面过程与加密过程分开执行。在采用了多线程技术以后,界面显示线程可以定时查询底层工作线程的工作状态和进度,并报告给用户。

在 Windows 平台下,与用户交互的基本单位就是应用程序窗口,所以在每个交互的阶段,都设计一个相应的窗口。这种对每个状态进行独立的设计能够使得设计与实现的过程相对直观,维护和优化的过程也会变得容易。

用户与主控模块之间的交互包括以下几方面:用户启动应用程序;用户选择是加密文件还是解密文件;用户选择明文文件和密文文件;用户输入密码;加/解密过程完成。

在考虑了主控模块与用户之间的交互过程,以及状态回滚方面的因素以后,上述窗口过程可以用一个状态转换图进行描述,如图 6-10 所示。每个状态就可以用一个窗口来表示,而且每个状态的转换可以用窗口的显示与隐藏来实现,这样比较直观。但状态转移图中,密钥输入 1 和密钥输入 2,文件输入 1 和文件输入 2,以及加密进度显示 1 与加密进度显示 2,这三组状态中的每组都可以用同一个窗口来实现,而只需要在窗口中记录下当前的状态是加密还是解密就行了。对于窗口的显示与隐藏,在每个窗口类中都加入了两个函数:FadeIn()显示窗口和 FadeOut()隐藏窗口。修改这两个标准过程就能够实现窗口的淡入淡出等特殊效果。

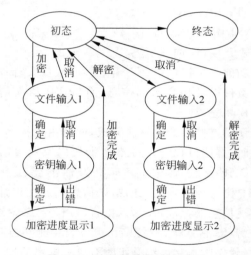

图 6-10　主控模块状态转移图

6.2.5　系统调试与性能分析

1. 系统调试

系统是否能够组装成功在于是否严格地遵循了模块间的通信协议,这些协议是否是无二义性的。本软件的设计过程围绕核心模块 EncFile.dll 展开,避免了过多地修改该模块。主控模块的实现过程也是依据界面元素分块实现在 C++ 的类中,在测试了各个模块以后,组成一个完整的界面。

在组装模块以前必须对各个模块的功能和性能进行测试,在该软件的测试过程中,针对不同的测试目的实现了多个桩模块。首先用 Visual C++ 实现一个基于控制台的桩模块,用来测试算法模块是否达到了其功能要求,然后用 Visual Basic 做一个基于窗体的主控模块原型,测试了在算法运行时,用户界面的响应速度。在测试中,注意到当文件较大时,加密时间太长,导致界面无法响应用户指令,经调整,实现了一个多线程的主控界面。

将此软件与传统的 DES 加密算法进行比较,所使用的 DES 加密软件为加密大师,这是现有的比较流行的一种 DES 加密软件。在加密一个 17.7MB 的文件时,它需要 11 秒,而本软件耗时 27 秒;而且加密的时间与文件大小成正比,虽然本软件加密时间稍长,但是对用户来说是可以接受的,而且在使用汇编语言重新改写算法以后,可大幅度地提高算法的性能。

2. 算法抗破译能力分析

密码分析的关键在于获得用户设定的初值 x_0 或参数 μ,将这两个值取为浮点数,假设一台计算机浮点数的有效值位数为 16 位,那么这两个数加起来共有 $15+15=30$ 位数是不确定的,其可能的组合为 10^{30}。现有的 56 位 DES 加密算法,具有的密钥组合为 2^{56},对它们取以 10 为底的对数可得 $30 > 56\lg2$。所以该算法能比较有效地对抗密钥穷举的攻击。

提高对选择明文攻击的适应性,简单的做法就是对 x_n 进行数据处理后,使 x_n 与 x_{n-1} 之间的关系复杂化,从而避免攻击者通过简单的运算解出 μ 的值。如何使其关系复杂化呢?这里,采用间隔取数的方法,如果在 x_n 与 x_{n-1} 之间隔一个数,则 x_n 与 x_{n-1} 的关系变成

$$x_{n+1} = \mu(\mu x_n(1-x_n)) \cdot (1 - \mu x_n(1-x_n)) \tag{6-5}$$

这是一个一元二次方程。若 x_n 与 x_{n+1} 之间相隔 N 个数,则 x_n 与 x_{n+1} 的关系就变成一元 N 次方程组,用 Newton 逐步逼近法可以近似地求出 N 个 μ 的解;同时,在 N 足够大时,x_n 的微小变化也将使得 x_{n+1} 发生足以影响到 x'_n 的变化。另外将 x'_n 的取法尽可能靠后三位数,因为 x_n 在发生微小变化时对 y_{n+1} 将产生非常大的影响。

3. 密文数据的统计分布

加密后密文数据的统计分布是否均匀,即明文数据能否被完全掩盖,是衡量加密算法好坏的重要指标。

定理 6-1 若混沌序列是完全随机的,则加密后密文数据服从均匀分布。

证明 把明文和混沌(密钥)序列看成是一个字节的数据流,从中任取一字节的明文 m 和密钥 k。设 m 取值是不等的,即某一位出现"0"或"1"的概率是不等的,且设数据位出现"0"或"1"是相互独立的事件。设明文第 i 位出现"1"的概率为 p,则出现"0"的概率为 $1-p$,而混沌(密钥)序列在理想状态下满足白噪声特性,即每位出现"0"或"1"的概率相等,均为 0.5,则加密后密文 c 的第 i 位出现"1"的概率为

$$P_{(c_i=1)} = P_{(m_i=1,k_i=0)} + P_{(m_i=0,k_i=1)} = p \times 0.5 + (1-p) \times 0.5 = 0.5 \tag{6-6}$$

密文 c 的第 i 位出现"0"的概率为

$$P_{(c_i=0)} = 1 - P_{(c_i=1)} = 0.5 \tag{6-7}$$

可见,加密后密文的概率分布是均匀的。证毕。

4. 实验效果

利用模块设计方法和多线程技术设计开发的混沌加密软件,如果通信双方进行密钥约定,并各自持有加密软件,则可实现信息的加密传输。

该加密软件不仅可以加密文本文件,还可以对位图文件进行加密。图 6-11 是位图文件加密的实验结果,其中图 6-11(a)为明文形式;图 6-11(b)为加密后的位图;图 6-11(c)为对方解密后的明文形式,与明文进行比较可见,经解密后的图形清晰准确,无失真;图 6-11(d)是当密钥相差一个很小量时解密后的效果图,显然不能正确解密。

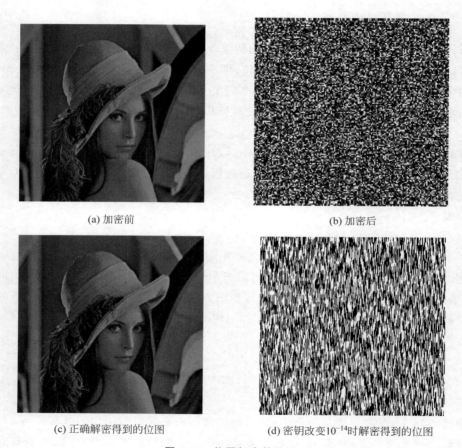

(a) 加密前   (b) 加密后

(c) 正确解密得到的位图   (d) 密钥改变 10^{-14} 时解密得到的位图

图 6-11　位图加密效果图

数据加密标准(data encryption standard,DES)是目前公认的比较好的对称加密算法,而由 R. L. Rivest,A. Shamir 和 L. Ademan 提出的 RSA 是公开密钥算法中的杰出代表。下面将混沌加密算法分别与 DES 和 RSA 加密算法的加密效率进行比较,为此,分别用混沌加密算法和 DES、RSA 算法对 512×512 的 Lenna 图像进行加/解密对比测试,得到三种加密算法性能比较如表 6-1 所示。显然,混沌加密在加密速度和保密性上有一定的优势。

值得指出的是,该软件主要适合于静态数据文件加密,若要实现动态的实时数据流加密,必须解决数据流的容错、同步和延时等方面的问题。

表 6-1   DES、RSA、混沌加密算法性能比较

算法	加密/解密时间/s	优　点	缺　陷
DES	0.12/0.15	可用软、硬件快速实现;加密/解密复杂性相同	密钥空间小,计算不安全
RSA	92/120	计算安全性高;密钥空间大	加密速度慢,解密时间比加密时间更长;适用于数字签名等数据量较少的场合
混沌	1.9/2.1	易于软、硬件实现;加密/解密复杂性相同;密钥空间巨大	算法不成熟;计算安全性有待进一步研究

6.3   基于混沌映射的二值水印图像加密算法

混沌序列是一种伪随机序列,它具有生成简单,对初始条件极其敏感,具有白噪声的统计特性,且不具有逆推性。这些特性正好能够满足数字水印技术中对水印安全性的要求,因此将混沌密码学引入数字水印技术正成为研究热点。

6.3.1   混沌伪随机序列发生器的改进

随着混沌理论研究的深入,研究发现,目前使用的各类传统混沌系统,大多数都是不够安全的,基于这些混沌系统构造的伪随机序列再应用到密码系统中还是存在安全隐患。如 Logistic 不是鲁棒混沌的,在 $\mu = 4$ 附近扰动时,系统结构不稳定,具有弱密钥。在部分参数及初始值条件下 Chebyshev 混沌序列分布不均匀,导致加密系统容易被攻击。基于分段线性映射混沌系统而设计的伪随机序列产生器,所得序列存在冗余度和相关性,需要进行校正才能应用。

面临目前各种混沌序列发生器存在或多或少的缺陷问题,许多研究学者提出了改进措施,主要有以下两种方法:

(1) 基于传统混沌序列发生器的改进。这种方法是对目前理论研究较为成熟的混沌序列实现算法进行改良,有两种类型:一种是对单个的传统混沌序列发生器进行改进,如对分段线性混沌序列的改进[18],对 Chebyshev 序列的改进[19]等;另一种是在大部分基于混沌伪随机数发生器的混沌序列密码中,只使用了单个混沌系统,为了增强安全性,可以考虑使用多个混沌系统,比如可以让两个混沌系统的输出按约定方法组合以生成伪随机序列,如采用 Logistic 与 Tent 的组合构成伪随机数[20]。此外,人们研究生成均匀的伪随机数新算法[21],或者采用时空混沌系统产生伪随机数[22]等。

(2) 采用新的安全混沌系统。随着各种传统混沌序列改进算法的出现,各种各样新的混沌序列发生器也一直不断被提出,其中,TD-ERCS 混沌系统由于是离散映射的,且全域混沌、全域零相关、有巨大的参数和初值空间、有极强的抗退化能力,因此具有良好的密码学性质[23-24],能够抗局域搜索攻击、抗相关性分析、抗穷举搜索、避免短周期发生,

是一个很有应用潜力的混沌系统。

6.3.2 基于 TD-ERCS 混沌映射的二值水印图像加密算法

二值图像即黑白图像,其每一像素点只用一位表示,"0"代表黑,"1"代表白,其存储简单、结构紧凑的独特优势使得其在数据传真、文字识别、条码和数字签名以及自动控制技术、图像分析、模式识别理论中得到了广泛应用。基于二值图像处理具有算法简单、易于理解和实现、计算速度快等特点,很多数字水印系统采用二值图像作为水印信息,使水印更加直观。二值图像水印在嵌入载体信息之前必须按某种算法对其进行预处理(置乱或加密),这样不仅可以减少水印信息的空间相关性,增强水印的随机性和保密性,使水印有更好的不可见性,而且还可以提高水印的鲁棒性。这里采用 TD-ERCS 混沌映射来加密水印图像。

1. TD-ERCS 混沌映射

TD-ERCS 系统是一类新的、全域性二维离散混沌系统,该系统具有零相关特性和稳定的概率分布特性,产生的混沌序列随机性好,是实现信息加密的理想混沌模型。给定 TD-ERCS 系统参数 $\mu(0<\mu\leqslant 1)$、初值 $x_0(-1\leqslant x_0\leqslant 1)$ 和 $\alpha(0<\alpha<\pi)$、切延迟 $m(m=2,4,5,6,\cdots)$,TD-ERCS 的映射关系为

$$\begin{cases} x_n = -\dfrac{2k_{n-1}y_{n-1}+x_{n-1}(\mu^2-k_{n-1}^2)}{\mu^2+k_{n-1}^2} \\ k_n = \dfrac{2k'_{n-m}-k_{n-1}+k_{n-1}k'^2_{n-m}}{1+2k_{n-1}k'_{n-m}-k'^2_{n-m}} \qquad n=1,2,\cdots \end{cases} \tag{6-8}$$

其中

$$k'_{n-m} = \begin{cases} -\dfrac{x_{n-1}}{y_{n-1}}\mu^2 & n<m \\ -\dfrac{x_{n-m}}{y_{n-m}}\mu^2 & n\geqslant m \end{cases} \tag{6-9}$$

$$y_n = k_{n-1}(x_n-x_{n-1})+y_{n-1} \tag{6-10}$$

$$y_0 = \mu\sqrt{1-x_0^2} \tag{6-11}$$

$$k'_0 = -\frac{x_0}{y_0}\mu^2 \tag{6-12}$$

$$k_0 = \frac{\tan\alpha+k'_0}{1-k'_0\tan\alpha} \tag{6-13}$$

其中,(μ,x_0,α,m) 为 TD-ERCS 系统参数。该系统可产生两个独立的实值序列 $x_n(|x_n|<1)$ 和 $k_n(|k_n|<1)$。

2. 加密算法设计

TD-ERCS 迭代运算算法中实数采用双精度浮点类型,存储格式如图 6-12 所示,占 8 字节存储空间,由三部分组成。

（1）符号位 s：s 代表数的符号位，0 为正，1 为负。

（2）指数位 e：e 是指数阶码，共 11 位，视为无符号数（$0 < e < 2047$）。指数用偏移量形式表示，即从 e 字段表示的数据中减去一个固定的数值（这个数值称为偏移量），才得到真正的指数。对于 64 位的浮点数，偏移量为 1023。

（3）尾数位 f：f 是尾数的分数部分，共 52 位。

图 6-12 IEEE 754 双精度浮点数存储格式

设 W 为 $M \times N$ 大小的二值水印图像，则加密算法如下：

（1）以 TD-ERCS 系统参数 (μ, x_0, α, m) 作为密钥，利用式（6-8）生成实数混沌序列，从中选取 $\lceil M \times N / 52 \rceil$ 个元素组成实值序列 $\{x_n\}$（为安全起见，不使用该序列的初始段部分）。

（2）取实值序列 $\{x_n\}$ 的每个元素的尾数 f 组成二进制序列 $\{b_i\}$，$1 \leqslant i \leqslant M \times N$。

（3）用二进制序列 $\{b_i\}$ 对二值水印图像进行加密，加密函数为

$$W' = W(i) \oplus b(i) \quad 1 \leqslant i \leqslant M \times N \tag{6-14}$$

其中，$\oplus$ 为异或操作。在接收端，若输入相同的密钥，将加密算法再做一遍，即可获得解密图像。

6.3.3 加密算法的性能分析

加密算法的安全性主要依赖于密钥的安全性，而密钥的安全性则与密钥空间的大小、密文对密钥的敏感性、算法的复杂性都有很大关系。这里首先分析上述算法的安全性，尤其是对密钥选择的敏感性。

传统图像加密方法一是位置置乱，二是灰度置乱。无论何种置乱方法，其目的都是通过改变图像中各像素的位置或灰度值，使图像内容从视觉上不可见，达到隐藏图像信息的目的。这里，利用混沌二值序列的特性来对二值图像加密，加密算法没有改变图像像素的位置，属于灰度置乱的加密算法。由于二值图像的像素点是由 $\{0,1\}$ 构成的，不存在各种灰度值 $\{0,1,\cdots,255\}$，用一般的改变二值图像像素的算法很难取得满意的效果，如 Fibonacci-Q 变换，是灰度置乱的加密方法，对二值图像加密几乎没有作用；还有骑士游加密算法，通过改变局部像素点位置，也不能对二值图有很好的加密效果。加密的效果可以由人类视觉主观进行判断，但由于该方法往往受观察者经验和环境条件等因素的影响，因此有必要采取定量的方法来描述。所以，根据灰度图像的平均灰度差、相邻灰度置乱程度，采用平均像素差、相邻像素置乱程度指标来评价二值图像的置乱度。

1. 混沌序列对初始条件的敏感性测试

为了验证算法的有效性，选取大小为 64×64 的"中大 CSU"水印图像，密钥选取 $\mu = 0.7123, x_0 = 0.7654, \alpha = 1000, m = 9$，加密效果如图 6-13 所示。图 6-13（a）是原始图像；

图 6-13(b)为使用 TD-ERCS 混沌序列进行加密后得到的图像,很显然,加密后的二值图像已经杂乱无章不可辨认;图 6-13(c)是正确解密后得到的图像,显然与原始图像一致。图 6-14 说明了该算法对密钥的敏感性。解密时,密钥中任何一个参数发生微小偏差,都无法正确恢复原始水印图像。

(a) 原始图像　　　　　　　　(b) 加密后的图像　　　　　　　(c) 正确解密后的图像

图 6-13　图像的加解密效果图

(a) 参数 μ 偏差 10^{-16}　　(b) 参数 x_0 偏差 10^{-16}　　(c) 参数 $\alpha=1001$　　(d) 参数 $m=10$

图 6-14　错误密钥下解密后的图像

从实验结果可见,该算法对密钥极端敏感,解密时只要输入的密钥不正确,哪怕只有微小的差异,解密后的图像也是杂乱无章的,无法得到原水印图像。密钥包含 μ、x_0、α、m 四个独立参数,且 μ、x_0 在实数空间取值,密钥空间巨大。所以,该算法安全性高。

2. 相邻像素差置乱度分析

定义图像中某像素与其相邻像素的灰度差的公式为

$$\mathrm{GD}(x,y)=\frac{\sum\limits_{i,j}|G(x,y)-G(x'_i,y'_j)|}{4} \tag{6-15}$$

其中,$G(x,y)$ 表示坐标 (x,y) 处的灰度值,$G(x'_i,y'_j)$ 表示坐标 (x,y) 点上、下、左、右四个位置处的灰度值,GD 表示灰度差或灰度距离,即图像中某像素的灰度值与周围上、下、左、右相邻四个像素的平均灰度差。

设图像大小为 $M\times N$,除去图像边缘上的像素外,计算图像中其余各个像素与其相邻像素差,然后相加平均即得到整个图像的平均相邻像素差为

$$E(\mathrm{GD}(x,y))=\frac{\sum\limits_{x=2}^{M-1}\sum\limits_{y=2}^{N-1}\mathrm{GD}(x,y)}{(M-2)\times(N-2)} \tag{6-16}$$

置乱对像素值的随机分布具有很大的影响,因此,定义像素置乱度为

$$\mathrm{GDD}(I,I') = \frac{E'(\mathrm{GD}(x,y)) - E(\mathrm{GD}(x,y))}{E'(\mathrm{GD}(x,y)) + E(\mathrm{GD}(x,y))} \tag{6-17}$$

其中,GDD 表示相邻像素差置乱度;E 和 E' 分别表示置乱前、后的平均相邻像素差。这样定义的 GDD 的取值范围为 $(-1,1)$,若置乱度小于 0,则表示置乱效果比原图还差,当然这种情况较少出现;若置乱度大于 0,则表示像素置乱效果比原图要好,而且越趋近于 1,效果越好。

图 6-15 给出了三幅不同的二值图像,大小均为 64×64,表 6-2 给出了它们的相邻像素置乱度评价表。

(a) 图像a

(b) 图像b

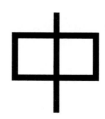
(c) 图像c

图 6-15 待测试的二值图像

表 6-2 置乱度评价表

函数	图像 a	图像 b	图像 c
$E(\mathrm{GD}(x,y))$	0.0731	0.0695	0.0419
$E'(\mathrm{GD}(x,y))$	0.4750	0.4779	0.4690
$\mathrm{GDD}(I,I')$	0.7333	0.7461	0.8360

$E(\mathrm{GD}(x,y))$ 是加密前图像 I 的平均相邻像素差,可见,其值在 0.1 左右,说明原始图像存在大面积像素值相近的平滑区域,平均相邻像素灰度差变化小。$E'(\mathrm{GD}(x,y))$ 是加密后图像 I' 的平均相邻像素灰度差,从表 6-2 看,图像加密后 $E'(\mathrm{GD}(x,y))$ 比 $E(\mathrm{GD}(x,y))$ 有很大变化,说明图像各个像素倾向随机分布,不同像素值的像素交错分布,加密后平均相邻像素差变化较大。$\mathrm{GDD}(I,I')$ 值都大于 0.5,表明相邻差置乱度大,加密起到很好的作用,$\mathrm{GDD}(I,I')$ 值能够很好地衡量二值图像的加密效果。

3. 抗穷举性分析

设用户密码为二进制序列 K,$K = k_\mu k_{x_0} k_\alpha k_m$,其中 k_μ、k_{x_0}、k_α 等长,用来生成浮点数 μ、x_0、α;k_m 用来生成整数 m。令 k_m 长为 12 位,则 m 的产生方法为

$$m = \begin{cases} 2 & k_m = 0 \\ 4 & k_m = 1 \\ k_m + 3 & 2 \leqslant k_m \leqslant 4095 \end{cases} \tag{6-18}$$

若计算机字长 32 位,精度为 10^{-9},对于前面提出的加密算法,此时穷举密钥空间至

少为 $10^{27} \times 2^{12} \approx 10^{30}$。对 64 位的计算机，密钥空间更大，足以抵抗穷举攻击，加密系统具有很好的安全性能。

以上实验和分析结果表明，基于 TD-ERCS 混沌映射的二值水印图像的加密算法的加密效果好，对密钥充分敏感且密钥空间大，具有较高的安全性能。因此，将该加密算法应用到水印算法中，可以保证水印的安全性。

6.4 基于混沌映射和小波变换的彩色图像水印算法

数字水印作为一种多媒体数据的版权保护和内容认证的新技术，越来越受到国内外学者的重视。混沌在数字水印技术的应用主要有两个方面。一方面是水印信息预处理，包括：①直接用作数字水印信息嵌入图像中；②用混沌密码序列来对水印信息进行加密；③对二值图像水印加密或置乱。另一方面是水印嵌入过程加密，如选择嵌入数据的位置、强度等。本节提出了一种基于离散混沌映射和二维离散小波变换的彩色图像水印新算法，算法采用有意义的二值图像作为水印，增加了水印的可证明性；采用 TD-ERCS 离散混沌系统和常用的广义 Arnold 映射分别用来加密水印图像和确定嵌入位置，提高了水印图像的安全性；通过小波变换来实现水印嵌入。仿真实验和性能分析表明，该算法不仅可以抵抗一些常见的图像处理操作和噪声干扰，而且可以抵抗图像的剪切、微小的旋转、直方图修改和联合攻击，具有较好的隐蔽性、鲁棒性和安全性[25]。

6.4.1 小波变换算法及其应用

小波变换继承和发展了加博变换的局部化思想，同时克服了傅里叶变换和加博变换的一些缺陷。最重要的是小波变换给出了一个可以调节的时-频窗口，窗口的宽度随频率变化，频率增高时，时间窗口的宽度自动变窄，以提高分辨率；频率降低时，时间窗口的宽度自动变宽，以保证信息的完整性，所以采用小波分析，就像使用了一架带可变焦距镜头的照相机一样，可以转向任一细节部分。因此，它是一种很理想的局部分析的数学工具，在信号分析、语音合成、图像识别、计算机视觉、数据压缩、地震勘探、大气与海洋分析等领域都得到了广泛的应用，是多学科关注的热点，是信号处理的前沿课题。

1. 连续小波变换

小波分析的基本思想是用一族基函数去表示或逼近一个在 $L^2(R)$ 中的信号或函数，这一族函数称为小波函数系，它是通过一个基本小波函数在不同尺度的平移和伸缩构成的。小波函数系表示的特点是它的时宽带宽乘积很小，且在时间和频率轴上都很集中，如下所述。

若 $\psi(x)$ 是一个实值函数，且它的频谱 $\hat{\psi}(w)$ 满足条件

$$C_\psi = \int_{-\infty}^{+\infty} \frac{|\hat{\psi}(w)|^2}{|w|} dw < +\infty \tag{6-19}$$

则 $\psi(x)$ 被称为一个基本小波。函数 $\psi(x)$ 类似于一个带通滤波器的脉冲响应，通常情况下，基本小波 $\psi(x)$ 是以原点为中心快速衰减趋近于 0 的函数。假设 a 和 b 分别为 $\psi(x)$

的伸缩和平移函数,那么通过平移和伸缩基本小波 $\psi(x)$,就能生成一组基于参数 a 和 b 的小波基函数

$$\psi_{a,b}(x) = \frac{1}{\sqrt{a}}\psi\left(\frac{x-b}{a}\right) \qquad (6\text{-}20)$$

其中,a、b 为实数,且 $a>0$,变量 a 表示基函数的尺度,而 b 则是基函数沿 x 轴的平移量。

对于一个平方可积的函数 $f(x)$,$f(x) \in L^2(R)$,则 $f(x)$ 的连续小波变换定义为

$$W_f(a,b) = [f(x), \psi_{a,b}(x)] = \int_{-\infty}^{+\infty} f(x)\psi_{a,b}(x)\mathrm{d}x \qquad (6\text{-}21)$$

它是 $f(x)$ 在函数 $\psi_{a,b}(x)$ 上的分解,小波变换式(6-21)可看作是利用一带通滤波器对函数 $f(x)$ 进行滤波。由 $W_f(a,b)$ 重构 $f(x)$ 的小波反变换定义为

$$f(x) = \frac{1}{C_\psi}\int_0^{+\infty}\int_{-\infty}^{+\infty} w_f(a,b)\psi_{a,b}(x)\mathrm{d}b\,\frac{\mathrm{d}a}{a^2} \qquad (6\text{-}22)$$

应当指出的是,$\psi_{a,b}(x)$ 不是正交的,其冗余性很大,此外,基本小波并不是唯一的。

2. 图像的二维离散小波变换

数字图像是离散的二维信号,对图像进行二维离散小波变换,最常用的方法是考虑二维尺度函数可分离的情况,即

$$\phi(x,y) = \phi(x)\phi(y) \qquad (6\text{-}23)$$

其中,$\phi(x)$ 是一维尺度函数。若 $\psi(x)$ 是相应的小波,则三个二维基本小波为

$$\begin{cases} \psi^1(x,y) = \phi(x)\psi(y) \\ \psi^2(x,y) = \psi(x)\phi(y) \\ \psi^3(x,y) = \psi(x)\psi(y) \end{cases} \qquad (6\text{-}24)$$

其建立了二维小波变换的基础。在小波变换中,尺度函数 $\phi(x)$ 可以看作是低通滤波器,而同一层的高通滤波器即为小波函数 $\psi(x)$,且函数集为

$$\{\psi_{j,m,n}^l(x,y)\} = \{2^j\psi^l(x-2^jm, y-2^jn)\} \qquad j \geqslant 0, l=1,2,3 \qquad (6\text{-}25)$$

是 $L^2(R^2)$ 下的规范正交基,其中 j、l、m、n 为整数。

一幅 $N \times N$ 的图像 $f_0(x,y)$,其中 N 是 2 的幂,用下标 j 表示分辨率参数,尺度是 2^j。对于 $j=0$,原图像的尺度为 1,它是第 0 层分辨率信号。随着 j 的值每增加 1,分辨率减半。

图像的二维离散小波变换按如下方式进行:在变换的每层,图像都被分解为四个四分之一大小的图像,这四个图像均是由原图像与一个小波基内积后,再经过在 x 和 y 方向作二倍间隔采样生成。对于第一层($j=1$)小波变换,可写成

$$\begin{cases} f_1^0(m,n) = [f_0(x,y), \phi(x-2m, y-2n)] \\ f_1^1(m,n) = [f_0(x,y), \psi^1(x-2m, y-2n)] \\ f_1^2(m,n) = [f_0(x,y), \psi^2(x-2m, y-2n)] \\ f_1^3(m,n) = [f_0(x,y), \psi^3(x-2m, y-2n)] \end{cases} \qquad (6\text{-}26)$$

而对于后继层次($j>1$)的变换,在每个层进行四个相同的间隔采样滤波操作,将 $f_j^0(x,y)$ 以完全相同的方式分解成四个在尺度 2^{j+1} 上的更小的图像,如果将内积写成卷积形式,则有

$$\begin{cases} f_{j+1}^0(m,n) = \{[f_j^0(x,y)\phi(-x,-y)](2m,2n)\} \\ f_{j+1}^1(m,n) = \{[f_j^0(x,y)\psi^1(-x,-y)](2m,2n)\} \\ f_{j+1}^2(m,n) = \{[f_j^0(x,y)\psi^2(-x,-y)](2m,2n)\} \\ f_{j+1}^3(m,n) = \{[f_j^0(x,y)\psi^3(-x,-y)](2m,2n)\} \end{cases} \tag{6-27}$$

由于尺度函数和小波函数都是可分离的,所以每个卷积都可以分解成在 $f_j^0(x,y)$ 行和列上的一维卷积,如图 6-16 所示,其中,h_0 是低通滤波器,h_1 是高通滤波器,$\downarrow 2$ 代表二倍抽样,$f_{j+1}^0(x,y)$ 为经过小波分解后得到的低频分量,$f_{j+1}^1(x,y)$、$f_{j+1}^2(x,y)$ 和 $f_{j+1}^3(x,y)$ 分别为水平、垂直和对角方向的高频细节分量。

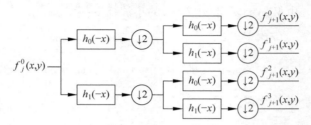

图 6-16　小波分解示意图

可见,图像的小波变换是利用滤波器模块对图像进行水平和垂直方向的滤波,在每个尺度下,$f_j^0(x,y)$ 包含前一层的低频近似分量,$f_j^1(m,n)$、$f_j^2(m,n)$ 和 $f_j^3(m,n)$,分别包含水平、垂直和对角方向的高频细节分量。

图像的二维小波反变换通过上述类似的过程来实现,如图 6-17 所示,其中,$\oplus$ 表示卷积。

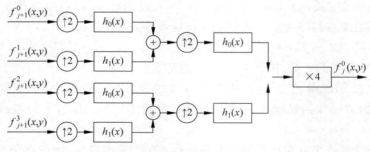

图 6-17　小波反变换示意图

3. 小波变换在图像水印中的应用

一幅原始图像及其三级小波分解的示意图如图 6-18 所示。对原始图像进行了三级小波分解后产生了 HL_i、LH_i、$HH_i(i=1,2,3)$ 三个高频带系列,一个 LL_3 低频带。根据图像小波分解特性,低频带 LL_3 表示由小波变换分解级数决定的最大尺度、最小分辨率下对原始图像的最佳逼近,图像的绝大部分能量集中在这个低频带。高频带系列则分别是图像在不同尺度、不同分辨率下的细节信息。从多分辨率分析的角度考虑小波图像的各个频带时,这些频带之间并不是纯粹无关的。对于各个高频带,它们是图像同一个边缘、轮廓和纹理信息在不同方向、不同尺度和不同分辨率下由粗到细的描述,它们之间存在一定的关系。

(a) 原始图像

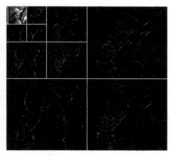
(b) 图像三级小波分解示意图

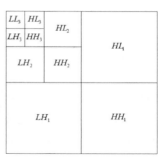
(c) 图像三级小波分解结构图

图 6-18　图像三级小波分解示意图

与其他变换相比,基于小波变换的图像水印方法具有适于图像数字水印的特性:

(1) 小波变换的空间-尺度定位特性。小波变换为分析图像的局部特性(如边缘和纹理等特性)提供了很好的空间-尺度定位,可以利用小波系数的局部特性来嵌入水印。

(2) 图像的多分辨率表示。由于小波对图像的多分辨率表示,因此该方法在嵌入水印时,可根据各自的重要程度对图像进行分级处理,这一点已经在图像编码中得到广泛应用。

(3) 与人类视觉系统能力相适应。人类视觉系统(human visual system,HVS)在同空间频率、不同方向上的敏感度是不同的,对低频分量的敏感度高于高频,对水平方向和垂直方向的敏感度高于对角线方向。而基于小波变换的图像水印方法,也是把原始图像分解成许多不同空间分辨率、频率特性和方向特性的子图像,因此,可以根据 HVS 特性为各子图像设计不同的水印嵌入强度,以提高水印在视觉上的不可感知性和抗攻击能力。

(4) 不同的空间支持区域。基于小波变换的水印和基于分块 DCT 的水印不同,它具有不同的空间支持区域,因而具有局部水印和全局水印的双重优点,基于局部空间支持的水印分量可以抵抗诸如剪切之类的攻击,而基于全局支持的水印则对低通滤波和图像缩放等攻击有较强的鲁棒性。

(5) 具有很大的可选择性。在基于小波变换的图像水印算法中,有很多的小波基可供选择,可根据具体的应用问题选择最适合于解决该问题的小波基。

(6) 符合安全性要求。由于可选择不同的小波滤波器,图像小波分解的级数也有一个可选择的范围(这些将使变换图像很不相同),而这些也和密钥一样是保密的,故算法的安全性较强。

(7) 计算简单。由于小波变换是将信号分解成时域-尺度域的一种变换,具有多分辨率分析及在时域和频域都能表征信号局部特性的能力,利用小波变换的时频局部化性质可隐含地使用视觉掩蔽,因此,该算法在满足水印基本要求的同时,相对于明确使用视觉掩蔽的算法的计算复杂度大大降低。

6.4.2　水印嵌入与提取算法的设计与实现

1. 水印算法原理

水印算法的原理如图 6-19 所示。为了提高嵌入水印图像的安全性,首先利用 TD-ERCS 离散混沌系统产生的混沌序列对水印图像进行加密;根据人眼的视觉特性,人眼对 RGB 图像的蓝色分量不敏感,因而将水印嵌入彩色图像的蓝色分量中。利用小波域高、低频部分嵌入水印的优势互补特点,将加密后的水印信息随机地嵌入宿主图像蓝色分量三级小波分解最深层的四个子带中,嵌入位置由广义 Arnold 映射产生的混沌序列确定,让水印遍布到小波三级分解最深层的低频和高频系数中。因水印提取时要用到原始图像,所以属于非盲提取。

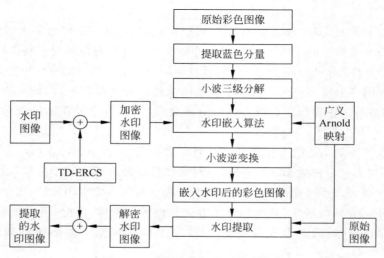

图 6-19　水印嵌入与提取原理框图

2. 水印嵌入位置的选择

以彩色图像为载体嵌入水印,首先要考虑的是将水印嵌入彩色图像的哪个分量。彩色图像有许多颜色模型,主要包括 RGB 颜色模型、YUV 颜色模型、YIQ 颜色模型和 YCbCr 颜色模型等。RGB 颜色模型是最常用的表示方法:真彩色图像的一个像素用三字节 R、G、B 数据构成,它们分别代表红绿蓝三基色的大小,Bmp 格式的图像文件就是采用这种表示方法的。彩色图像转化为灰度图像可依据亮度方程为

$$I_{\text{grey}} = 0.299 I_{\text{R}} + 0.587 I_{\text{G}} + 0.114 I_{\text{B}} \tag{6-28}$$

由式(6-28)得知,人眼对图像的绿色光成分最为敏感,其次是红色光,对图像的蓝色成分最不敏感。因此,将水印嵌入彩色图像的蓝色分量中。

彩色图像的蓝色分量经过三级小波分解后,得到一个低频带和九个高频带,水印既可以嵌入小波域的低频部分,也可以嵌入小波域的高频部分。文献[26]首先将载体图像作二级小波分解,然后在二级低频子带和二级高频子带中分别嵌入一个水印,实验结果

证明嵌入低频子带中的水印对 JPEG 压缩、高斯噪声、缩放、剪切等有较好的鲁棒性,而嵌入高频子带中的水印则对直方图均衡化、亮度修改和对比度修改有很好的鲁棒性。文献[27]则通过扩大研究的范围也证实了小波低频域水印和高频域水印的优势和劣势相互补充。文献[28]在载体图像小波分解后的低频和高频子带分别嵌入一个水印,增强了水印的鲁棒性,但重复嵌入水印过程复杂,且非常耗时。本文基于以上考虑,利用小波域高、低频部分嵌入水印的优势互补特点,将加密后的水印信息随机地嵌入宿主图像蓝色分量三级小波分解最深层的四个子带中,让水印遍布到小波三级分解最深层的低频和高频系数中。

3. 小波基函数的选择

在小波变换用于数字水印算法的设计中,首要问题就是选择何种小波基才能更好地保证水印系统的鲁棒性与不可见性。小波基函数决定了小波变换的效率和效果,不同的小波基具有不同的性质,从而产生小波系数的不同分布特征和能量汇聚特性,最终导致基于不同小波基构造的水印鲁棒性也不同。

目前,广泛应用于图像处理的是双正交小波,因为它同时具有正则性、紧支性和对称性等特点。研究表明,在数字水印算法中,Haar 小波作为小波基性能优良,是比较好的选择。Harr 小波表达式为

$$\psi(t) = \begin{cases} 1 & 0 \leqslant t \leqslant \dfrac{1}{2} \\ -1 & \dfrac{1}{2} \leqslant t \leqslant 1 \\ 0 & 其他 \end{cases} \tag{6-29}$$

相比于其他紧支撑正交小波基,选取 Harr 小波作为数字水印算法的小波基函数,具有以下一些优点:

(1) Harr 小波的支撑长度最短。

(2) 分解和重构计算复杂度低于其他小波,有利于快速实现。

(3) 应用 Mallat 算法时无需边界延拓,不存在由于图像信号长度有限而带来的边缘效应。

(4) 将载体图像划分为同样大小、互不相交的图像块时,每个图像块都有一个独立的小波块与之对应,且这些小波块互不相交。

基于以上结论,这里选取 Haar 小波作为水印算法中的小波基函数,实验结果也证明 Haar 小波性能优良,适合作为水印算法的小波基函数。

4. 广义 Arnold 映射

Arnold 映射方程为

$$\begin{cases} x_{n+1} = (x_n + y_n) \bmod 1 \\ y_{n+1} = (x_n + 2y_n) \bmod 1 \end{cases} \tag{6-30}$$

mod 1 表示只取小数部分,即 $x \bmod 1 = x - [x]$,因此 (x_n, y_n) 的相空间限制在单位正方形 $[0,1] \times [0,1]$ 内,将式(6-30)写成矩阵形式有

$$\begin{pmatrix} x_{n+1} \\ y_{n+1} \end{pmatrix} = \begin{bmatrix} 1 & 1 \\ 1 & 2 \end{bmatrix} \begin{pmatrix} x_n \\ y_n \end{pmatrix} \bmod 1 = \mathbf{C} \begin{pmatrix} x_n \\ y_n \end{pmatrix} \bmod 1 \tag{6-31}$$

式(6-31)定义了矩阵 $\mathbf{C}$,注意到行列式 $|\mathbf{C}|=1$,因此 Arnold 映射是一个保面积映射。同时 Arnold 映射是一对一映射,单位矩阵内的每个点唯一地变换到单位矩阵内的另一个点。Arnold 映射具有非常典型的产生混沌运动的两个因素,拉伸(乘以矩阵 $\mathbf{C}$ 使 x、y 都变大)和折叠(取模使 x、y 又折回单位矩阵内)。

将上述 Arnold 映射作如下推广,首先将相空间推广为 $\{0,1,2,\cdots,M-1\} \times \{0,1,2,\cdots,M-1\}$,即只取 0 到 $M-1$ 的正整数;其次,将方程推广为最一般的二维可逆保面积方程

$$\begin{pmatrix} x_{n+1} \\ y_{n+1} \end{pmatrix} = \begin{pmatrix} a & b \\ c & d \end{pmatrix} \begin{pmatrix} x_n \\ y_n \end{pmatrix} = \mathbf{C} \begin{pmatrix} x_n \\ y_n \end{pmatrix} \bmod M \tag{6-32}$$

式中,a、b、c、d 为正整数,其保面积要求 $|\mathbf{C}|=ad-bc=1$。在此条件约束下,a、b、c、d 中四个参数只有三个是独立的。

推广的 Arnold 映射仍然具有混沌映射的特性,因此,利用广义 Arnold 映射来产生水印各像素点对应的嵌入位置:将水印图像的各像素坐标 (x,y) 作为初值,用系数矩阵 $\mathbf{C}$ 的三个独立参数和迭代次数 k 作为密钥,生成的迭代结果 (x',y') 作为 (x,y) 处水印的嵌入位置。由于映射的混沌特性,当迭代次数足够大时,任意两个相邻的水印像素点,嵌入的对应位置将会产生极大的分离。

5. 水印嵌入与提取算法

设 H 是原始宿主图像,大小为 $N \times N$,W 是二值水印图像,大小为 $M \times M$。水印嵌入算法描述如下:

(1) 从原始彩色图像中抽取蓝色分量,将抽取的蓝色分量进行三级小波分解,得到各级小波分解系数 $d_l^\theta(i,j)$,其中 $l=1$、2、3,表示小波分解层数;$\theta=0$、1、2、3,分别表示低频、水平、垂直、对角线方向的小波系数。然后将第三级的低频、水平、垂直和对角线方向的系数矩阵合并成一个新的矩阵,大小为 $(N/4) \times (N/4)$,将它标记为 $F = \{f(x,y), 1 \leqslant x \leqslant N/4, 1 \leqslant y \leqslant N/4\}$。

(2) 利用基于 TD-ERCS 混沌映射的二值水印图像加密算法对水印图像 W 进行加密,得到加密后的水印,标记为 $W' = \{w'(i,j), 1 \leqslant i \leqslant M, 1 \leqslant j \leqslant M\}$。

(3) 指定广义 Arnold 映射的三个独立参数及迭代次数 k。

(4) 对于水印像素 $w'(i,j)$,令 $x_0=i$,$y_0=j$,用式(6-32)迭代 k 次得到其在矩阵 F 中的嵌入位置 (p,q)。

(5) 水印的嵌入。将水印像素按下式嵌入选取的小波系数中

$$f'(p,q) = \begin{cases} f(p,q) + \alpha \cdot w'(i,j), & \theta = 0 \\ f(p,q) + \beta \cdot w'(i,j), & \theta = 1,2,3 \end{cases} \tag{6-33}$$

$f(p,q)$ 为原小波系数,$f'(p,q)$ 为嵌入水印后的小波系数,$\theta=0$、1、2、3 分别表示低频、水平、垂直和对角线方向的小波系数,α、β 表示水印嵌入的强度,取值要由具体的水印和原始图像决定,并要在水印的不可见性和鲁棒性之间权衡。

（6）重复步骤（4）和（5），直到嵌入所有的水印像素，然后用全部小波系数进行三级小波逆变换，得到嵌入水印后的蓝色分量图像，最后得到嵌入水印后的彩色图像。

水印提取算法描述如下：

设 H^* 是待检测的图像，首先提取 H^* 的蓝色分量，将抽取的蓝色分量进行三级小波分解，将第三级的低频、水平、垂直和对角线方向的系数矩阵合并成一个新的矩阵，将它标记为 $F^* = \{f^*(x,y)\}$，其中，$1 \leqslant x \leqslant N/4, 1 \leqslant y \leqslant N/4$。参考水印嵌入步骤的（3）～（5），用相同的密钥得到水印的嵌入位置。水印提取公式为

$$w'_m = \begin{cases} 1 & \theta = 0, & f^*(p,q) - f(p,q) \geqslant \alpha/2 \\ 0 & \theta = 0, & f^*(p,q) - f(p,q) < \alpha/2 \\ 1 & \theta = 1,2,3, & f^*(p,q) - f(p,q) \geqslant \beta/2 \\ 0 & \theta = 1,2,3, & f^*(p,q) - f(p,q) < \beta/2 \end{cases} \tag{6-34}$$

其中，w'_m 为提取的第 m 个水印像素；$f(p,q)$ 为原始图像的小波系数，$\theta = 0、1、2、3$ 分别表示低频、水平、垂直和对角线方向的小波系数，$\alpha、\beta$ 表示水印嵌入的强度。提取水印信息后，再利用 TD-ERCS 映射进行解密，得到正确的水印。在水印提取过程中需要原始图像的参与，所以属于非盲提取。

6.4.3　数值仿真与性能分析

利用 MATLAB 平台进行数值仿真实验，对 512×512 的 24 位真彩色 Lena 图像进行了水印的嵌入和提取实验，水印图像为 64×64 大小的"中大 CSU"二值图像。实验中，嵌入强度设为 $\alpha = 41, \beta = 59$。

从隐蔽性、鲁棒性和水印的安全性等三方面分析算法的性能。隐蔽性的评价在原始载体图像与嵌入水印后的图像间进行，可采用能见度指标，从视觉感受上主观地评价嵌入前后图像间的差异。客观定量地评价隐蔽性常采用信号处理中的峰值信噪比（peak signal-noise ratio，PSNR）。彩色图像的 PSNR 的定义为

$$\text{PSNR} = 10\log_{10} \frac{255^2}{(\text{MSE}(R) + \text{MSE}(G) + \text{MSE}(B))/3} \tag{6-35}$$

其中

$$\text{MSE} = \frac{1}{N \times N} \sum_{i=1}^{N} \sum_{j=1}^{N} (X'(i,j) - X(i,j))^2 \tag{6-36}$$

式中，$X'(i,j)$ 代表嵌入水印后的图像，$X(i,j)$ 代表原始载体图像，$0 < i,j \leqslant N$，PSNR 值越大，水印隐蔽性越好。

水印鲁棒性的评价是在原始水印 W 与提取水印 W' 间进行，这里取能见度和归一化相似度（NC）两种方法对水印的鲁棒性做出评价。能见度是主观观察原始水印与提取水印间的差异，归一化相似度的定义式为

$$\text{NC} = \frac{\sum_{i,j} W'(i,j) W(i,j)}{\sum_{i,j} W^2(i,j)} \tag{6-37}$$

其中，$W'(i,j)$ 表示提取出的水印，$W(i,j)$ 为原始水印。显然，$0 \leqslant \text{NC} \leqslant 1$，NC 的值越大，

原始水印与提取的水印间的相似度就越好。

1. 隐蔽性分析

首先测试水印的不可见性。图 6-20(a)、(c)分别是原始图像和嵌入水印后的图像,显然,人眼感觉不到二者的差异,具有较好的主观质量。经计算,含水印图像的峰值信噪比 PSNR 为 38.8074dB,具有较好的客观质量。图 6-20(b)、(d)分别是原始水印和提取的水印,经过计算,提取的水印和原始水印的相似度 NC=1,说明二者完全相同。

(a) 原始图像 (b) 原始水印

(c) 含水印图像 (d) 提取的水印

图 6-20 水印隐蔽性分析实验结果

2. 鲁棒性分析

水印算法的鲁棒性测试主要是对含水印的图像进行抗攻击能力测试,其中锐化、扭曲、直方图均衡化、对比度增强及马赛克效应由 Adobe Photoshop CS3 完成。

(1) 抗 JPEG 压缩攻击。对图 6-20(c)的含水印图像进行 JPEG 有损压缩,表 6-3 反映了其在不同的保持品质因子(在 0~100 取值,取值越大,图像的压缩失真越少)Q 的作用下提取水印的相似程度,其中,Q 为品质因子,NC 为归一化相似度。图 6-21 则是在 $Q=70$、50、30 的情况下提取的水印图像,从测试结果可以看出,当 Q 在 100~50 变化时,NC 的值均在 0.8 以上,即此时提取的水印图像和原水印图像基本相同,在 $Q=30$ 时提取的水印仍然能清楚地辨别出来。可见算法具有较强的抗 JPEG 压缩能力。

表 6-3　抗 JPEG 压缩攻击能力测试结果

参数	实验结果								
Q	100	90	80	70	60	50	40	30	20
NC	1	1	0.9489	0.9221	0.8759	0.8005	0.7178	0.6350	0.4915

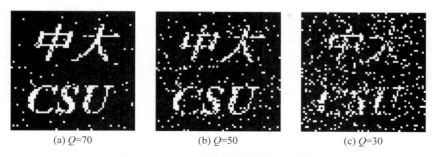

(a) Q=70　　　　　(b) Q=50　　　　　(c) Q=30

图 6-21　JPEG 压缩后提取的水印图像

（2）抗噪声攻击。对图 6-20(c)的含水印图像进行噪声攻击,图 6-22 给出了其分别经过 2％的高斯噪声和 4％的椒盐噪声攻击后的含水印图像和提取的水印。此时,图像的质量已经严重退化,但仍能提取清晰的水印图像。可见算法具有很强的抗噪声攻击能力。

(a) 加2%的高斯噪声后的含水印图像和提取的水印

(b) 加4%的椒盐噪声后的含水印图像和提取的水印

图 6-22　抗噪声攻击实验结果图

（3）抗滤波攻击。对图 6-20(c)的含水印图像进行滤波攻击,图 6-23 分别是经过低通滤波、中值滤波和高通滤波后提取出的水印,提取出的水印的 NC 值分别为 1、0.9976、0.9951。

(a) 低通滤波后提取的水印　(b) 中值滤波后提取的水印　(c) 高通滤波后提取的水印

图 6-23　抗滤波攻击的实验结果图

（4）抗剪切攻击。本算法对剪切有很强的鲁棒性,图 6-24 分别是经过 1/4 剪切后的含水印图像和提取的水印,以及中心剪切 15％后的含水印图像和提取的水印,NC 值分别为 0.7956、0.8637。

(a) 左上角剪切1/4后的含水印图像和提取的水印

(b) 中心剪切15%后的含水印图像和提取的水印

图 6-24　抗剪切攻击的实验结果图

（5）抗旋转攻击。旋转攻击是最具有代表性的一种几何攻击，因为一些攻击者只要将原始图像进行一些微小的几何变换，如旋转 0.1°，而此时载体图像中像素点的位置几乎全部改变了。因此图像所有者就不能够将图像内的水印提取出来，而这时人眼看不出受到攻击后的图像与原图像之间的差别。当旋转角度大于 1°时，人眼可以分辨出受攻击后的图像与原图像的差别，那么我们就可以认定图像已经被篡改。如图 6-25 所示，本算法可以抵抗 0°～0.6°的旋转攻击。

(a) 旋转0.2°后提取的水印　　(b) 旋转0.4°后提取的水印　　(c) 旋转0.6°后提取的水印

图 6-25　抗旋转攻击的实验结果图

本算法除了能够抵抗 JPEG 压缩、噪声攻击、滤波攻击、剪切攻击和旋转攻击等常见的噪声处理和攻击外，还能抵抗直方图均衡化、对比度增强、USM 锐化、扭曲、马赛克效应和一些联合攻击，实验结果如表 6-4 所示。

表 6-4　抗攻击能力测试结果

攻击方法	PSNR/dB	NC	攻击方法	PSNR/dB	NC
高斯低通滤波	35.8808	1	中心剪切 15%	33.6596	0.8637
中值滤波	35.6995	0.9976	左上角剪切 1/4	30.0935	0.7956
高通滤波	28.3325	0.9951	旋转 0.1°	35.8816	1
直方图均衡化	27.7572	0.8662	旋转 0.3°	34.3736	0.9781
对比度增强	29.0262	0.9051	旋转 0.5°	32.9006	0.8783
2% 高斯噪声	28.7673	0.9440	旋转 0.6°	32.4629	0.7762
4% 椒盐噪声	35.5972	0.9805	JPEG 压缩($Q=70$)	35.4051	0.9221
USM 锐化	28.8351	0.9854	JPEG 压缩($Q=50$)	34.6336	0.8005
扭曲（波纹）	34.3541	0.9684	JPEG 压缩($Q=30$)	33.9761	0.6350
马赛克效应	32.8215	0.7786	高斯低通滤波后再缩放	33.9952	0.9127
缩小 1/4 再放大 4 倍	33.3291	0.9659	加 1% 高斯噪声再中值滤波	31.7662	0.9202

3. 安全性分析

所提出的水印算法具有双重安全性，一方面，攻击者不知道广义 Arnold 映射的 3 个独立参数 (a,b,c) 和迭代次数 k，就无法正确提取水印信息；其次，即使提取到正确的水印信息，在不知道 TD-ERCS 种子参数 (μ,x_0,α,m) 的情况下也无法正确恢复原始水印图像。所以，算法的密钥由 (a,b,c) 及 (μ,x_0,α,m) 组成，密钥空间巨大，足以抵抗穷举攻击，安全性能高。

思考题

(1) 什么是混沌密码学？与传统密码学有何异同？

(2) 分析混沌序列加密/解密原理。

(3) 设计一个混沌伪随机序列发生器。

(4) 混沌伪随机序列性能测试方法有哪些？

参考文献

[1] 关新平,范正平,陈彩莲,等.混沌控制及其在保密通信中的应用[M].北京:国防工业出版社,2002.

[2] Mathews R. On the derivation of a chaotic encryption algorithm [J]. Cryptrologia, 1989, 13(1): 29-42.

[3] 廖晓峰,肖迪,陈勇,等.混沌密码学原理及其应用[M].北京:科学出版社,2009.

[4] 王永,李昌兵,何波.混沌加密算法与 Hash 函数构造研究[M].北京:电子工业出版社,2011.

[5] Banerjees. Chaos Synchronization and Cryptography for Secure Communications: Applications for Encryption [M]. New York: IGI Global, 2010.

[6] Su M, Wen W Y, Zhang Y S. Security evaluation of bilateral-diffusion based image encryption algorithm [J]. Nonlinear Dynamics, 2014, 77(1-2): 243-246.

[7] Dong C. Color image encryption using one-time keys and coupled chaotic systems [J]. Signal Processing-Image Communication, 2014, 29(5): 628-640.

[8] 杨义先,林须端.编码密码学[M].北京:人民邮电出版社,1992.

[9] Roland S. Use of chaotic dynamical systems in cryptography [J]. Journal of the Franglin Institute, 2001, 338: 429-441.

[10] Li P, Zhang W, Li Z. FPGA implementation of a coupled-map-lattice-based cryptosystem [J]. International Journal of Circuit Theory and Applications, 2010, 38(1): 85-98.

[11] 冯登国,裴定一.密码学导引[M].北京:科学出版社,1999.

[12] 王福来.基于复合符号混沌的伪随机数生成器及加密技术[J].物理学报,2011,60(11): 110517.

[13] 胡英辉,罗军,苏辉.一种改善混沌序列有限精度效应的新方法[J].系统仿真学报,2012, 24(11): 2349-2352.

[14] Chen C, Sun K H, Peng Y X, et al. A novel control method to counteract the dynamical degradation of a digital Chaotic Sequence[J]. The European Physical Journal Plus, 2019, 134: 31.

[15] 盛利元,孙克辉,李传兵.基于切延迟的椭圆反射腔离散混沌系统及其性能研究[J].物理学报, 2004, 53(9): 2871-2878.

[16] Svensson M, Malmquist J E. A simple secure communications system utilizing chaotic functions to control the encryption and decryption of messages. 1996-01-29 (http://citeseer. nju. nec. com).

[17] 孙克辉,刘魏,张泰山.一种混沌加密算法的实现[J].计算机应用,2003,23(1): 15-17.

[18] 饶妮妮.改进型分段线性混沌序列用作 DS-CDMA 系统直扩码的分析[J].电子学报,2004, 32(10): 1684-1687.

[19] 顾敬民,洪文晓,梁涛.一种改进型 Chebyshev 混沌序列及其性能分析[J].军事通信技术,2006,

27(1)：43-46.

［20］张丽娜,何远,窦琼英,等.基于组合混沌的伪随机数算法研究［J］.大理学院学报,2013,12(10)：5-9.

［21］王蕾,汪芙平,王赞基.一种新型的混沌伪随机数发生器［J］.物理学报,2006,55(8)：3964-3968.

［22］涂光友,何波.基于时空混沌的伪随机数发生器［J］.计算机应用,2013,33(12)：3499-3502.

［23］盛利元,闻姜,曹莉凌.TD-ERCS混沌系统的差分分析［J］.物理学报,2007,56(1)：78-83.

［24］孙克辉,谈国强,盛利元.TD-ERCS离散混沌伪随机序列的复杂性分析［J］.物理学报,2008,57(6)：3359-3368.

［25］包善琴.基于混沌序列和小波变换的彩色图像水印算法［D］.长沙：中南大学,2009.

［26］Tao P，Eskicioglu A M. A robust multiple watermarking scheme in the discrete wavelet transform domain：Proceedings of SPIE［C］//The International Society for Optical Engineering，v5601，Internet Multimedia Management Systems V 2004，［S. l］，2004：133-144.

［27］李新娥,王珂,崔艳秋.基于小波包变换和离散余弦变换的双水印算法［J］.中国图象图形学报,2007,12(1)：61-67.

［28］McLauchlan L，Mehruebeoglu M. DWT and DCT embedded watermarking using chaos theory［C］// Conference on Mathematics of Data/Image Coding，Compression，and Encryption with Applications XII，San Diego，CA，2010.

第7章 混沌图像加密算法原理与设计

混沌图像加密算法是混沌密码学的研究热点之一,自 1997 年 Fridrich[1] 将混沌引入图像加密以来,大量基于混沌的图像加密算法不断涌现。根据对数字图像处理的方法将其分为两类:一类是空间域处理方法[2-3],直接对图像进行置乱扩散等操作,优点是直观简单;二类是变换域处理方法[4-5],将图像进行变换域转换,对变换后的数据进行加密处理,优点是运算速度高。现存的基于混沌的图像加密算法根据其处理的最小单位分为两类:一类是将数字图像看作像素的集合,以像素作为算法的最小单位,称为像素水平的加密算法;另一类是将像素进一步分解为 8 位,以位为算法设计的最小单位,称为位水平的加密算法。

事实上,近年来研究人员提出来许多新的基于混沌的图像加密方案,其中大多都基于混淆-扩散机制[6-9]。例如,Hua 等[6] 提出了一种基于 2D-SLMM 映射和 CMT 变换的加密机制;Huang 等[8] 使用 Cat 映射加密彩色图像。然而,这些算法的置换过程和扩散过程是分开独立完成的,导致生成密钥时需要大量的迭代,时间复杂度较高。为了提高加密速率,Liu 等[9] 提出了一种基于 2D-SIMM 混沌映射的快速图像加密算法。该算法将混淆过程与扩散过程合并,实验结果表明密码系统具有较低的时间复杂度以及良好的抵御选择明文攻击的能力。随着混沌科学、密码学以及生物科学等学科的发展,学科间出现交融的趋势,其中 DNA 运算因其具有高度并行性、存储量大、超低的功耗等优势而被广泛地应用于密码学。自从 2010 年 Zhang 等[10] 首次将 DNA 技术引入混沌密码学,并结合 DNA 加法和混沌映射设计了一种新的图像加密算法,大量的基于 DNA 序列运算和混沌系统的加密策略[11-12] 被提了出来。这些加密策略的核心主要是 DNA 编码以及 DNA 运算,包括 DNA 加法、DNA 异或、DNA 互补规则等运算。相比像素水平的加密算法,位水平的加密算法在改变像素位置的同时也改变了像素的值,因此其加密效果相较于像素水平更好。近年来,研究学者提出了许多位水平的加密算法[13-14]。同时,Li[15] 等提出基于超混沌,采用像素水平和位水平结合的置乱算法。当前,混沌系统由于其初始值敏感性、不可预测性和所生成序列的随机性而被广泛用于图像加密[16-17]。同时,越来越多的图像信息传输也占用了大量的传输带宽,给网络的实时传输带来很大压力。在图像加密中引入压缩感知(compressive sensing,CS)可以很好地解决这一问题[18]。因此有必要对不同类型混沌图像加密算法图像进行研究。

本章将报道基于像素水平的以及基于位水平的混沌图像加密算法。具体算法包括基于循环移位的混沌图像快速加密算法、基于 DNA 编码的混沌图像加密算法、基于位水平的混沌图像加密算法以及基于压缩感知的混沌图像加密算法。

7.1　混沌图像加密理论基础

图像加密的目的是在图像传输过程中保护明文图像信息,防止被他人恶意窃取,泄露机密和隐私。它主要通过一定的加密方法隐藏明文图像的像素位置和像素值信息,打破像素值之间的相关性。经过加密后的明文图像通常为类噪声或类纹理图像。常见的图像加密算法原理示意图如图 7-1 所示。以 Lena 图像为例,由图可知,使用加密密钥控制图像加密算法,使其对明文图像加密生成密文图像,然后将无法获得任何明文图像信息的密文图像传输出去,最后再使用正确的解密密钥方能成功将其解密,获得解密图像。由于加密算法一般是公开的,所以图像的安全性取决于密钥。当加密密钥与解密密钥相同时,加密算法为对称加密算法,密钥一般是私人持有;当两者不同,并且从加密密钥不能推导出解密密钥时,算法为非对称加密算法,加密密钥一般是公开的,解密密钥是私密的。由此可见,密钥是图像加密算法中不可或缺的部分。

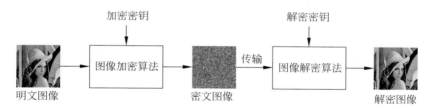

图 7-1　常见的图像加密算法原理示意图

7.1.1　混沌图像加密算法基本原理

混沌图像加解密算法的原理框图如图 7-2 所示。可见在加解密过程中,混沌系统用作伪随机序列发生器,用来生成加解密的密钥序列。

如图 7-3 所示,根据加密最小单位的不同,目前混沌图像加密算法可以分为像素水平加密算法和变换域加密算法。变换域加密算法要先对数字图像进行编码,常见的编码技术有二进制编码、DNA 编码、压缩编码等,从而衍生出位水平加密算法、DNA 编码加密算法、联合压缩加密算法等。

由于数字图像在空间域中通常可以用像素位置和像素值这两种信息进行描述,所以数字图像加密常采用混沌混淆-扩散机制实现像素位置置乱和像素值替代的过程。典型混沌混淆-扩散机制原理如图 7-4 所示。

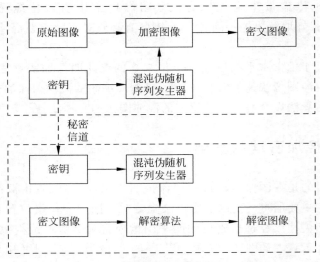

图 7-2　混沌图像加解密算法的原理

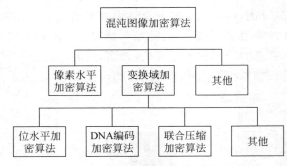

图 7-3　混沌图像加密算法分类

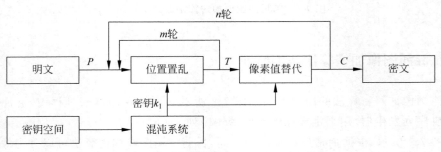

图 7-4　典型混沌混淆-扩散机制原理

该机制的优点与缺点分别如下。

优点：结构简单,思路清晰。

缺点：需要大量混沌系统的迭代开销生成密钥序列。

近年来,人们也对混淆-扩散机制进行了改进,提出了同时执行置乱和替代操作的策略减少混沌系统的迭代开销,并将整个加密过程分为行加密和列加密,并获得了极低的时间复杂度。改进型混沌混淆-扩散机制的原理如图 7-5 所示。该机制的优点是能够明显减少混沌系统的迭代开销,从而提高加密速度。

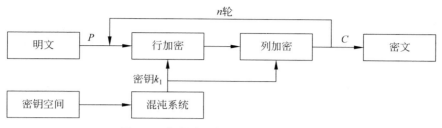

图 7-5　改进型混沌混淆-扩散机制原理

算法被破译的原因主要可以归结为以下几方面。

(1) 选用简单一维混沌映射用于加密,其拓扑结构简单,易被非线性预测、回归映射或相空间重构等方法破译[19],且密钥空间小,难以抵御穷举攻击。

(2) 选用分布特性较差的混沌映射,从而难以抵御统计攻击。

(3) 算法的明文敏感性不够强,难以抵御差分、已知明文和选择明文攻击。

7.1.2　混沌系统的选择

基于混沌迭代的置乱的方案,首先必须选择一个合适的混沌映射,主要考虑如下几方面。

(1) 混沌映射的最大 Lyapunov 指数尽可能大。因为任何混沌系统的 Lyapunov 指数越大,该系统对初值就越敏感,也就越适合用于图像加密。

(2) 混沌控制参数多,且参数空间大。因为对于混沌密码系统,参数往往用作密钥,因此控制参数多就意味着密钥多,参数空间大才能保证密钥空间大,以抵抗穷举攻击。

(3) 混沌映射应为可逆的一一映射。只有可逆的一一映射才能保证"置乱"变换是可逆的。

(4) 尽可能地选择高维映射。因为高维混沌映射的系统结构更复杂,能更有效地改变像素间相关性。

明确了混沌映射的选择后,要将原始的连续映射离散化。由于计算机有限精度效应,不论是二维映射还是改进的高维映射,都具有周期性,所以还要计算离散化后的周期。选择加密参数时,要对混沌系统的结构和特性充分了解,去除弱密钥,明确参数范围,保证获得足够大的密钥空间。常用的映射有 Kolmogorov 流、二维 Cat 映射和二维 Baker 映射等。同时,也有学者已经把二维映射扩展到三维,将图像灰度值排列成立方体,再用这种三维映射置乱像素坐标,获得了更快的置乱速度。

在混沌迭代置乱中,明文敏感性对应于混沌映射的初值敏感性。置乱过程改变明文位置的程度越大,两相邻像素间的相关性越小,则通过分析像素的相关性进行攻击就越困难。密钥敏感性来自于混沌映射的参数敏感性。参数敏感性使得通过参数分析难以破坏加密系统。

除了基于混沌迭代的像素置乱或空间置乱,还可以采用混沌序列对图像进行行置乱和列置乱等。大部分图像置乱技术都是在空域内进行的,因为置乱破坏了图像中像素之间的关系,从而为编码增加了困难,降低了压缩率,所以如何把图像置乱加密和图像压缩进行有效的结合,是目前研究的一大难题。

图像信息数据量大,特别适合用混沌的密码系统进行加密。这是因为,基于混沌的密码系统的原文大小是不固定的。原文矩阵越大,强力攻击(也称为密钥穷举攻击)越困难,密码系统就越安全。置乱处理和扩散处理是完全由用户(通过用户密钥)控制的,因此它们表现出比传统密码系统中使用的固定的置乱处理和扩散处理更加安全。一般地,加密过程与解密过程是对称的,且容易实现,这就使其更适合于多媒体加密。

在进行混沌图像加密系统的设计时,总体来说,所选择的混沌动力系统应在下列几个方面表现出优于其他混沌系统的特性:

(1) 初值敏感性。初值敏感性有利于实现安全系统的密钥敏感性、原文敏感性和密文敏感性。

(2) 混沌系统的状态均匀分布性。也就是混沌系统可以等概率地、随机地遍历所有可能的状态,有利于增强密钥和密文的安全性,可以有效地提高抗统计攻击能力。

(3) 非周期性。非周期性指混沌系统经离散处理后,在迭代次数有限的情况下,系统不会还原,从而增大了统计攻击的难度。

(4) 非线性特性。混沌系统的线性结构促使信息间的相关性提高,因此,混沌系统的非线性程度越高,状态振动越随机,系统安全性越高。

构造一个混沌密码系统后,还必须进行密码分析,利用尽可能多的密码攻击方法对系统的安全性进行测试。但即使通过了所有已知的密码分析方法,仍然不能保证该密码系统是安全的。

7.1.3 图像加密算法的性能评估

密码算法抵御穷举、统计、差分以及已知明文和选择明文等攻击的能力直接决定着其安全性。因此,安全性分析常从密钥分析、统计分析、抗差分攻击能力分析、抗已知明文和选择明文攻击能力分析等几方面展开,相对应的实验指标有密钥空间、密钥敏感性、分布直方图、相邻像素对的分布图和互相关系数[20]、信息熵[21]、像素变化率[22]、归一化平均变化强度[22]等。

1. 密钥空间和密钥敏感性

为了防止信息窃密者通过暴力手段破译密码算法,一个好的图像加密算法应该具有足够大的密钥空间,且对密钥的改变极其敏感。在本密码算法中,因为加密密钥的长度为 256 位(bit),所以总的密钥空间为 2^{256},从而在当前计算机的处理能力下,足以抵御穷举攻击。若考虑到混沌的系统参数以及预迭代次数的取值,系统密钥空间可以进一步增大。

密钥敏感性表现在以下两个方面。

（1）密码系统应该对在加密过程中所使用的密钥足够敏感。使用两个微小偏差的加密密钥加密同一幅明文图像,加密结果将完全不同。

（2）密码系统应该对在解密过程中所使用的密钥足够敏感。使用两个微小偏差的解密密钥去解密同一幅密文图像,解密结果将完全不同。

2. 分布直方图

直方图代表图像中像素的分布情况。一个好的加密算法应尽可能使得加密后的图像像素分布均匀。此外,采用 χ^2 检验测试直方图的分布均匀性。其数学表达式[23]为

$$\chi^2 - \text{value} = \sum_{i=1}^{m} \frac{(h(i) - h(e))^2}{h(e)} \sim \chi^2(m-1) \tag{7-1}$$

其中,m 代表图像的灰度值,$m = 256$；$h(i)$ 代表实验中 i 灰度值出现的频数；$h(e)$ 代表理论中直方图分布均匀的图像 i 灰度值出现的频数。统计值 $\chi^2 - \text{value}$ 符合 $\chi^2(m-1)$ 分布。当置信度为 95% 的情况下,$\chi^2_{0.05}(255) = 293.2478$。当 $\chi^2 - \text{value} < \chi^2_{0.05}(255)$ 时,认为直方图的分布是均匀的。

3. 相邻像素对的分布图和互相关系数

相邻像素对 x 和 y 之间的相关性可以通过互相关系数（r_{xy}）进行衡量,其定义如下

$$r_{xy} = \frac{\text{cov}(x,y)}{\sqrt{D(x)D(y)}} \tag{7-2}$$

$$\text{cov}(x,y) = E\{[x - E(x)][y - E(y)]\} \tag{7-3}$$

$$E(x) = \frac{1}{N} \sum_{i=1}^{N} x_i \tag{7-4}$$

$$D(x) = \frac{1}{N} \sum_{i=1}^{N} [x_i - E(x)]^2 \tag{7-5}$$

其中,N 为像素点数,$E(x)$ 和 $E(y)$ 分别为 x_i 和 y_i 的均值。

4. 信息熵

图像灰度值的随机性可以通过信息熵进行评估,其定义为

$$H(m) = \sum_{i=0}^{L-1} p(m_i) \lg \frac{1}{p(m_i)} \tag{7-6}$$

其中,$p(m_i)$ 为样本 m_i 的概率,L 为样本总数。

5. 像素变化率与归一化平均变化强度

一个好的密码算法必须对其明文足够敏感以抵御差分攻击。也就是说,明文图像的微小改变将使得整个加密结果完全不同。可以采用像素变化率（number of pixels change rate,NPCR）和归一化平均变化强度（unified average changing intensity,UACI）衡量。

抵御差分攻击的能力与对明文图像的敏感性相关联,且算法明文敏感性越强,抵御差分攻击的能力就越好。明文敏感性可以通过 NPCR 和 UACI 表征。它们分别定义为

$$\text{NPCR}_{\text{R,G,B}} = \frac{\sum\limits_{i,j} D_{\text{RGB}}(i,j)}{L} \times 100\% \tag{7-7}$$

$$\text{UACI}_{\text{R,G,B}} = \frac{1}{L} \sum\limits_{i,j} \frac{\mid C_{\text{RGB}}(i,j) - C'_{\text{RGB}}(i,j) \mid}{255} \times 100\% \tag{7-8}$$

其中，L 为图像的像素点数，C_{RGB} 为加密图像，C'_{RGB} 为在原始图像改变一个像素值后的加密图像，$D_{\text{RGB}}(i,j)$ 定义为

$$D_{\text{RGB}}(i,j) = \begin{cases} 1, & C_{\text{RGB}}(i,j) \neq C'_{\text{RGB}}(i,j) \\ 0, & C_{\text{RGB}}(i,j) = C'_{\text{RGB}}(i,j) \end{cases} \tag{7-9}$$

密文抵抗差分攻击的能力可以用像素的改变率（NPCR）和平均改变强度（UACI）这两个指标衡量，其数学定义为

$$\begin{cases} \text{NPCR}(C_1,C_2) = \sum\limits_{j=1}^{j=N} \sum\limits_{i=1}^{i=M} \frac{D(i,j)}{M \times N} \times 100\% \\ \text{UACI}(C_1,C_2) = \sum\limits_{j=1}^{j=N} \sum\limits_{i=1}^{i=M} \frac{\mid C_1(i,j) - C_2(i,j) \mid}{M \times N \times 255} \times 100\% \end{cases} \tag{7-10}$$

其中，C_1，C_2 代表不同的图像。$M \times N$ 表示图像的大小，如果 $C_1(i,j) \neq C_2(i,j)$，则 $D(i,j) = 1$，否则，$D(i,j) = 1$。此外，Wu 等[24]对于一幅图像的理想加密效果建立了一个数学模型，提出 NPCR 和 UACI 的统计假设，对于 α 水平可信度的 NPCR 假设为

$$\begin{cases} H_0 : \text{NPCR}(C_1,C_2) = \mu_N \\ H_1 : \text{NPCR}(C_1,C_2) < \mu_N \end{cases} \tag{7-11}$$

其中，μ_N 是 NPCR 的理想值，$\mu_N = F/F+1$。当 $\text{NPCR}(C_1,C_2) < \text{NPCR}^*$ 时，拒绝 H_0，否则，接受 H_0，NPCR^* 的值定义为

$$\text{NPCR}^* = \left(F - \Phi^{-1}(\alpha) \sqrt{\frac{F}{MN}} \right) / (F+1) \tag{7-12}$$

其中，F 是最大的灰度值，M，N 指图像的尺寸。$\Phi^{-1}(\alpha)$ 是累积正态分布的逆函数。

另一方面，对于 α 水平可信度的 UACI 假设为

$$\begin{cases} H_0 : \text{UACI}(C_1,C_2) = \mu_U \\ H_1 : \text{UACI}(C_1,C_2) \neq \mu_U \end{cases} \tag{7-13}$$

其中，μ_U 是 NPCR 的理想值，$\mu_U = F(F+2)/(F+3)$，当 $\text{UACI}(C_1,C_2) \neq (\text{UACI}^{*-},$ $\text{UACI}^{*+})$，拒绝 H_0，否则，接受 H_0。UACI^{*-}，UACI^{*+} 值定义为

$$\begin{cases} \text{UACI}_\alpha^{*-} = \frac{F+2}{3F+3} - \Phi^{-1}(\alpha/2) \sqrt{\frac{(F+2)(F^2+2F+3)}{18(F+1)^2 MNF}} \\ \text{UACI}_\alpha^{*+} = \frac{F+2}{3F+3} + \Phi^{-1}(\alpha/2) \sqrt{\frac{(F+2)(F^2+2F+3)}{18(F+1)^2 MNF}} \end{cases} \tag{7-14}$$

在实验中，每次只随机地改变原始图像一个随机像素的最低位，并进行了 100 组实验取得 NPCR 和 UACI 的均值。

7.2 基于循环移位的混沌图像快速加密算法

7.2.1 图像加解密算法设计

1. 2D-SIMM 混沌映射

改进 2D-CMC 模型构造了 2D-SIMM 混沌映射,它具有混沌动力学特性分析与大的参数空间和 Lyapunov 指数,并且由其产生的混沌序列复杂度高,能够提高图像加密算法的安全性。因此,将基于 2D-SIMM 映射设计压缩感知图像加密算法,并完成算法性能分析。

如果函数 $f(x)$ 和 $g(x)$ 分别选为 sine 映射和 ICMIC 映射,系统维数取 $m=2$,就可以得到二维 sine ICMIC 调制映射(two-dimensional sine ICMIC modulation map, 2D-SIMM),其系统方程为

$$\begin{cases} x(n+1)=a\sin[\omega y(n)]\sin[c/x(n)] \\ y(n+1)=a\sin[\omega x(n+1)]\sin[c/y(n)] \end{cases} \tag{7-15}$$

其中,x、y 为系统状态变量,参数 a 表示幅度,ω 表示频率,c 表示内部扰动频率。值得注意的是,x_n、$y_n \neq 0$。否则,系统(7-15)无意义。因此,系统的初始条件 x_0、$y_0 \neq k\pi$ 或 $c/k\pi$,$k \in \mathbf{N}$。当参数取 $a=1$,$\omega=\pi$,$c=3$ 时,系统具有两个正的 LEs(3.8307,2.7737),呈超混沌态,其吸引子相图如图 7-6 所示。

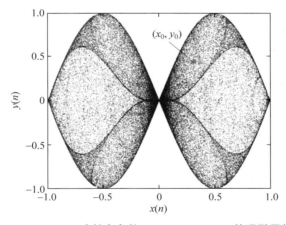

图 7-6　2D-SIMM 映射在参数 $a=1$,$\omega=\pi$,$c=3$ 的吸引子相图

2. 密钥结构设计

本密码系统的密钥结构如图 7-7 所示,密钥总长度为 256 位。它由 2D-SIMM 映射的初始条件 (x_0,y_0) 以及参数 H、$G_{m,n}$($m,n=1,2$)构成,其中 H 和 $G_{m,n}$ 用来改变 (x_0,y_0) 的值以增大密码系统的密钥空间。系统的初始条件定义为

$$\begin{cases} x_0^{m,n} = (x_0 + G_{m,n}H) \bmod 1 \\ y_0^{m,n} = (y_0 + G_{m,n}H) \bmod 1 \end{cases} \tag{7-16}$$

其中，$(x_0^{m,1}, y_0^{m,1})$ 表示第 m 轮行加密的初始条件；$(x_0^{m,2}, y_0^{m,2})$ 表示第 m 轮列加密的初始条件。这里 x_0、y_0、H 是由 52 位字符串依据 IEEE 754 标准生成的小数，G_{11}、G_{12}、G_{21}、G_{22} 是由 25 位字符串生成的整数。

x_0	y_0	H	G_{11}	G_{12}	G_{21}	G_{22}
52位	52位	52位	25位	25位	25位	25位

图 7-7　密钥结构

3. CST 混淆算法设计

1）CST 算法定义

为了打破数字图像相邻像素之间的相关性，提出了混沌移位变换（chaotic shift transform，CST）算法混淆图像的像素位置。

首先，假设 S 是由 2D-SIMM 映射生成的长度为 $M+N$ 的混沌序列。通过具体量化算法可以得到一个行移位矩阵 $A = [a_1, a_2, \cdots, a_M]^T$ 和一个列移位矩阵 $B = [b_1, b_2, \cdots, b_N]^T$。其中，$a_i$ 表示第 i 行循环移位的步长，b_i 表示第 i 列循环移位的步长，且 $a_i \in [0, M-1]$，$b_i \in [0, N-1]$，均为整数。

假设 P 是大小为 $M \times N$ 的原始图像，T 是其相对应的置乱图像。CST 定义 $T = F(P, S)$，其中，F 为算法 7-1 所描述的 CST 运算。因此，CST 算法可以根据混沌序列矩阵 S 改变图像 P 的像素位置。它将每行或者每列的像素连接成环，并分别在这个环里循环移位 (a_i, b_i) 步。

算法 7-1　混沌移位变换（CST）算法

Input：原始图像 P；混沌序列矩阵 S。

1. 通过矩阵 S 生成行和列移位矩阵 A、B。

2. for $i = 1$ to M do

3. 　将图像 P 中第 i 行像素向右循环移位 a_i 步；

4. **end for**

5. 将行循环移位结果记为 T_1。

6. for $i = 1$ to N do

7. 　将图像 T_1 中的第 i 列向上循环移位 b_i 步；

8. **end for**

9. 将列循环移位结果记为 T。

Output：置乱图像 T。

2）混淆性能分析

与许多混淆算法不同，CST 算法生成的混沌序列用于控制移位的步长，而不是直接控制像素点的坐标位置,因此 CST 算法具有更高的执行效率。此外,因为每个像素点至少经历了一次行循环移位和一次列循环移位,所以仅仅只执行一轮 CST 混淆,它就有可能被扰动到图像的任意位置处。由此可知,CST 算法具有以下优点。

(1)一个像素点可以快速地与它相邻的像素点分离。

(2)在不知道 2D-SIMM 映射的具体参数设置时,CST 混淆的结果极难被预测。

这里,选用 256×256 的 Yacht 灰度图像对四种不同算法的混淆效果进行测试,包括混沌魔方变换(chaotic magic transform,CMT)[25]、CST、Ye 算法[26] 以及 Wang 算法[26]。测试结果如图 7-8 所示,其中算法生成混沌序列的长度以及混淆速度如表 7-1 所示。一般来说,生成混沌序列的长度与混淆速度相关联,且序列长度越短,所需的执行成本也就越低。从分析结果看,CST 算法比 CMT[25] 和 Ye 算法[26] 具有更高的执行效率,且比 Wang 算法[27] 具有更好的混淆效果。

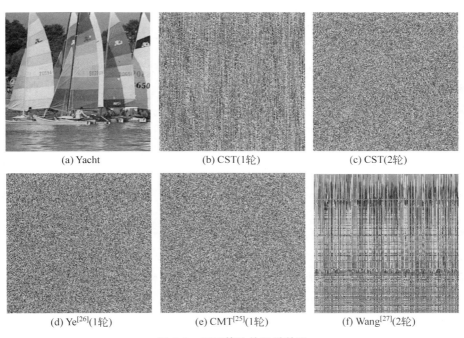

图 7-8　不同算法的混淆效果

表 7-1　不同算法的生成混沌序列长度以及混淆速度(单位:s)

指　　标	CST(1 轮)	CST(2 轮)	Ye[26](1 轮)	CMT[25](1 轮)	Wang[27](2 轮)
Length(长度)	512	1024	131072	65536	1024
Time(时间)	0.0091	0.0183	0.0536	0.0362	0.0121

4. 图像加解密算法的具体步骤

在本密码算法中,设计的 CST 算法用于混淆图像的像素位置,与此同时,通过 2D-SIMM 映射生成混沌序列并完成行和列替代加密。1 轮加密过程的流程图如图 7-9 所示。具体的加密算法可以分为行加密与列加密。

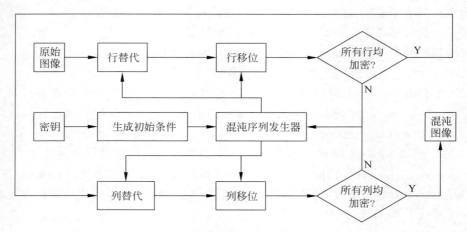

图 7-9　1 轮加密算法流程图

行加密：

第 1 步　令 $i \leftarrow 1$。通过式(7-15)生成 2D-SIMM 系统的初始条件(x,y)。之后，预迭代系统(7-15) $N_0 (N_0 = 50)$ 次并舍弃，以增强初值敏感性，防止暂态效应。

第 2 步　迭代系统一次，并将新产生的迭代值(x,y)用于式(7-17)和式(7-18)的计算。

$$k_1 = \lfloor |x| \times 10^5 \rfloor \bmod 255 + 1 \tag{7-17}$$

$$k_2 = \lfloor |y| \times 10^5 \rfloor \bmod R + 1 \tag{7-18}$$

其中，k_1、k_2 为整数，且 $k_1 \in [1,255]$，$k_2 \in [1,R]$。当执行行循环移位时，令 $R = N-1$。当执行列循环移位时，令 $R = M-1$。

第 3 步　实现对图像第 i 行像素值 $P(i,\cdot)$ 的替代加密。

$$P(i,\cdot) = P(i,\cdot) \oplus k_1, \tag{7-19}$$

第 4 步　将 $P(i,\cdot)$ 连接成环，并通过式(7-20)将这些像素点向右移位 k_2 步。

$$\begin{cases} \text{buffer} = P(i,1{:}N-k_2) \\ P(i,1{:}k_2) = P(i,N-k_2+1{:}N) \\ P(i,k_2+1{:}N) = \text{buffer} \end{cases} \tag{7-20}$$

其中，$A(a{:}b)$ 表示在矩阵 A 中索引值从 a 到 b 以 1 为步长所对应的元素。

第 5 步　令 $i \leftarrow i+1$，并关联明文，为下一次迭代做准备。

$$\begin{cases} x = x + s_1/256 - \lfloor x + s_1/256 \rfloor \\ y = y + s_1/256 - \lfloor y + s_1/256 \rfloor \end{cases} \tag{7-21}$$

其中，s_1 为第 i 行像素的平均值。

第 6 步　循环执行第 1 步～第 5 步，直到 $i > M$。

列加密：

第 7 步　令 $i \leftarrow 1$。通过生成 2D-SIMM 系统的初始条件(x,y)。之后，预迭代系统 $N_0 (N_0 = 50)$ 次并舍弃，以增强初值敏感性，防止暂态效应。

第 8 步　并将新产生的迭代值(x,y)用于式(7-17)和式(7-18)的计算。

第 9 步 实现对图像第 i 列像素值 $P(\cdot,i)$ 的替代加密。

$$P(\cdot,i)=P(\cdot,i)\oplus k_1 \qquad (7\text{-}22)$$

第 10 步 将 $P(\cdot,i)$ 连接成环,将这些像素点向上移位 k_2 步。

$$\begin{cases} \text{buffer}=P(1:M-k_2,i) \\ P(1:k_2,i)=P(M-k_2+1:M,i) \\ P(k_2+1:M,i)=\text{buffer} \end{cases} \qquad (7\text{-}23)$$

第 11 步 令 $i\leftarrow i+1$,关联明文,为下一次迭代做准备。

$$\begin{cases} x=x+s_2/256-\lfloor x+s_2/256\rfloor \\ y=y+s_2/256-\lfloor y+s_2/256\rfloor \end{cases} \qquad (7\text{-}24)$$

其中,s_2 为第 i 列像素的平均值。

第 12 步 循环执行第 7 步~第 11 步,直到 $i>N$。

第 13 步 经过以上步骤,第一轮加密已经结束。重复执行第 1 步~第 12 步就完成了第 2 轮加密,新的像素矩阵 P 将作为最终的加密结果。

如图 7-10 所示,解密是加密的逆过程。值得注意的是,解密过程中循环移位的方向与加密时相反。取 2D-SIMM 映射的系统参数为 $a=1$、$b=\pi$、$c=5$ 时的加解密结果如图 7-11 所示。如图 7-11(a)所示,选用一幅 256×256 的 Lena 灰度图像作为加密的原始图像,其相对应的加密和解密图像分别如图 7-11(b)、图 7-11(c)所示。可见加密图像没有透露任何有用信息,加密效果良好。

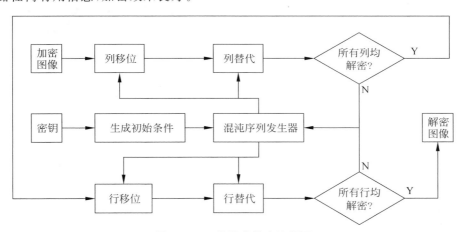

图 7-10 一轮解密算法流程图

(a) 原始Lena图像　　　　　(b) 加密Lena图像　　　　　(c) 解密Lena图像

图 7-11 加解密实验结果

7.2.2　安全性与时间复杂度分析

1. 密钥分析

密钥敏感性实验的结果如图 7-12 所示。图 7-12 中为 K_1 正确的解密密钥，且它由 x_0、y_0、H、$G_{m,n}(m,n=1,2)$ 这 7 部分构成。当依次改变每部分最低位的值，可以得到 7 个不同的密钥($K_2 \sim K_8$)对加密图像进行解密，解密结果分别如图 7-12(d)～图 7-12(j)所示。由图 7-12 可知，采用微小改变的解密密钥解密的结果与使用正确密钥 K_1 解密的结果完全不同。因此，本章算法对密钥极其敏感。

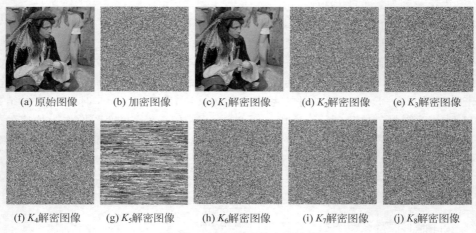

图 7-12　密钥敏感性实验结果

2. 抗统计攻击性能分析

加密算法抵御统计攻击的能力可以通过分布直方图、相邻像素对之间的互相关系数以及信息熵衡量。

1) 分布直方图

一个好的图像加密算法应使加密图像的概率分布尽可能均匀。在本实验中，原始 Lena 图像与加密 Lena 图像的分布直方图如图 7-13 所示。由图可知，原始 Lena 图像的概率分布不均匀，而加密 Lena 图像近似于均匀分布。因此，本密码算法具有良好的抵御统计攻击的能力。

2) 相邻像素对之间的互相关系数

在本实验中，计算出了原始图像与加密图像相邻像素对之间的互相关系数如表 7-2 所示，并对不同图像进行了多组实验。可知原始图像的 CC 值趋近于 1，而加密图像的 CC 值趋近于 0，这从数值上证明了算法抵御统计攻击的能力。表 7-3 则进一步对比分析了不同加密算法的密文图像的互相关系数。显然，本章算法的 CC 值要小于其他算法，因此具有更好的抗统计攻击的能力。

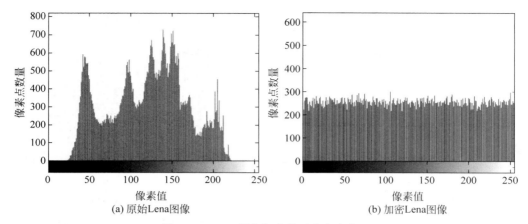

(a) 原始Lena图像　　(b) 加密Lena图像

图 7-13　Lena 图像加密前后分布直方图

表 7-2　不同图像相邻像素对之间的互相关系数

图像名	原 始 图 像			加 密 图 像		
	水平	垂直	对角	水平	垂直	对角
Lena	0.9460	0.9725	0.9321	0.0030	−0.0024	−0.0034
Flowers	0.9248	0.9459	0.8947	0.0014	0.0033	−0.0013
Peppers	0.9639	0.9709	0.9414	0.0061	0.0006	0.0025
Boats	0.9370	0.9571	0.9040	0.0054	−0.0075	−0.0021
Man	0.9405	0.9540	0.9133	−0.0017	−0.0044	−0.0014

表 7-3　加密 Sailboat 图像相邻像素对之间的互相关系数

方向	原始图像	本章算法	Hua[25]	Ye[26]	Wang[27]	Wang[28]
水平	0.9582	0.0003	0.0041	−0.0035	−0.0057	0.0095
垂直	0.9566	0.0019	−0.0033	−0.0019	0.0591	0.0173
对角	0.9266	−0.0019	0.0020	0.0024	−0.0037	0.0126

　　为了更直观地说明加密算法的性能，分别从 Lena 图像及其加密图像的水平、垂直、对角三个方向上随机抽选出 10 000 组相邻像素对，并画出其相关性分布图，如图 7-14 所示。显然，原始图像的相关性分布主要集中于对角线方向，存在明显的相关性，加密图像则分布均匀，从而打破了这种相关性。

　　3）信息熵

　　这里计算了 5 幅经过本章算法加密后的图像的信息熵值，如表 7-4 所示。显然，实验值极其接近于理想值 8，表明得到的加密图像发生偶然性信息泄露的概率极低。

表 7-4　不同加密图像的信息熵

图像名	Lena	Flowers	Peppers	Boats	Man
$H(m)$	7.9976	7.9973	7.9974	7.9972	7.9974

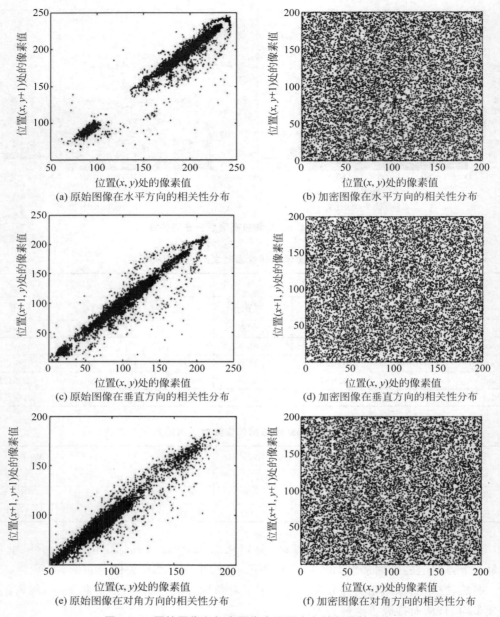

图 7-14　原始图像和加密图像在不同方向的相关性分布

3. 抗已知明文和选择明文攻击性能分析

因为全黑或全白的图像可以使得混淆效果无效,密码破译者常选用这些特殊的图像作为选择明文来破译密码算法。在本密码算法中,2D-SIMM 映射的迭代值会受到加密图像像素值的影响。当明文图像微小改变时,循环移位的步长以及用于替代加密的密钥都将完全不同。因此,设计的加密算法可以抵御已知明文和选择明文攻击。本章算法和 Wang 算法[27]加密全黑图像(见图 7-15(a))的结果分别如图 7-15(b)、图 7-15(c)所示。

显然,本章算法具有更好的信息隐藏效果。

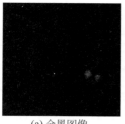  

(a) 全黑图像　　　　　　(b) 本章算法(1轮)　　　　　(c) Wang算法[42](1轮)

图 7-15　全黑图像的加密结果

4. 抗差分攻击性能分析

在本实验中,从每个原始样本图像中随机地抽取 1000 个像素点,并将其像素值＋1 或−1,然后计算出每对新旧加密图像的 NPCR 和 UACI 的最小值、最大值和平均值,如表 7-5 所示。实验结果表明,只经过一轮加密后的 NPCR 和 UACI 的平均值分别大于 99％和 33％。因此,本算法具有好的抵御差分攻击的能力。

表 7-5　不同图像 1 轮和 2 轮加密后的 NPCR、UACI 值

图片名	指标	1 轮			2 轮		
		最小值	最大值	平均值	最小值	最大值	平均值
Lena	NPCR	0.9886	0.9965	0.9941	0.9953	0.9969	0.9961
	UACI	0.3284	0.3357	0.3326	0.3302	0.3367	0.3333
Flowers	NPCR	0.9888	0.9967	0.9941	0.9952	0.9969	0.9961
	UACI	0.3287	0.3356	0.3326	0.3300	0.3362	0.3334
Peppers	NPCR	0.9884	0.9965	0.9942	0.9950	0.9968	0.9961
	UACI	0.3268	0.3359	0.3327	0.3304	0.3364	0.3333
Boats	NPCR	0.9890	0.9965	0.9941	0.9952	0.9968	0.9961
	UACI	0.1630	0.1712	0.3327	0.3305	0.3361	0.3333
Man	NPCR	0.9882	0.9966	0.9943	0.9953	0.9968	0.9961
	UACI	0.3291	0.3359	0.3327	0.3306	0.3358	0.3333

5. 时间复杂度分析

为了评估算法的加密速度,本章记录了三种不同的加密算法的执行时间。实验环境为 AMD A4-3300M CPU@ 1.9GHz、4.0GB RAM 以及 Windows 7 操作系统。实验平台为 MATLAB R2012a。选用 256×256 的 Lena 灰度图像作为原始图像,执行每种加密算法各 50 次,并计算出其平均耗时如表 7-6 所示。实验结果表明,本章算法的速度比 Hua 算法[25]与 Ye 算法[26]快 3 倍以上。

表 7-6　时间复杂度比较（单位：s）

算　　法	平均混淆时间	平均扩散时间	平均总时间
本章算法（2 轮）	0.01885	0.00875	0.0276
Ye[26]（1 轮）	0.0536	0.4632	0.5168
Hua[25]（2 轮）	0.0724	0.0212	0.0937

对于图像的混淆过程而言，主要耗时部分是像素移位操作。因为本章算法在执行像素移位操作时只需要迭代混沌系统 $\Theta(2(M+N))$ 次，然而 Hua[25] 算法与 Ye 算法[26] 需要迭代 $\Theta(2\times M\times N)$ 次，所以本章算法具有更小的时间复杂度。

对于图像的扩散过程而言，主要耗时部分是浮点数乘法运算。因为本章算法在执行浮点数乘法运算时只需要迭代混沌系统 $\Theta(2(M+N))$ 次，然而 Hua[25] 算法和 Ye 算法[26] 需要迭代 $\Theta(2\times M\times N)$ 次，所以本章算法更为高效。

7.2.3　彩色图像拓展算法及其性能分析

与灰度图像不同，彩色图像由 R、G、B 三个通道构成，它们分别对应红、绿、蓝三种基色。在设计算法时，R、G、B 通道的像素矩阵分别被记为 $\boldsymbol{P}_R$、$\boldsymbol{P}_G$、$\boldsymbol{P}_B$，且矩阵的大小为 $M\times N$。显然，彩色图像的数据量远大于灰度图像，因此加密的难度更大。为了减少加密过程的计算量，本章提出了一种组合-分解机制实现对三个通道的同时加密。一轮彩色图像拓展加密算法的流程图如图 7-16 所示。由图可知，Logistic 映射选为伪随机序列发生器，具体的加密过程如下。

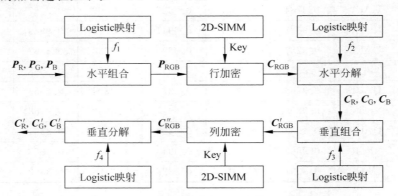

图 7-16　一轮彩色图像拓展加密算法的流程图

第 1 步　令 Logistic 映射的参数 $u=4$，初始条件 $x(0)=0.43152628$。

第 2 步　迭代 Logistic 映射 N_1 次（$N_1=10$）并舍弃。之后，继续迭代系统 4 次，并计算出矩阵 $\boldsymbol{F}=[f_1,f_2,f_3,f_4]^T$

$$f_i=\lceil x_i \cdot 3!\rceil \tag{7-25}$$

其中，整数 $f_i\in[1,6],i=1,2,3,4$。

第 3 步　根据 f_1 的值，矩阵 $\boldsymbol{P}_R$、$\boldsymbol{P}_G$、$\boldsymbol{P}_B$ 以不同的顺序水平随机组合，便得到一个 $M\times 3N$ 的矩阵 $\boldsymbol{P}_{RGB}$。可能的组合或者拆分方式如表 7-7 所示。

表 7-7　不同 f_i 值的组合或者拆分方式

f_i	1	2	3	4	5	6
组合	(P_R, P_G, P_B)	(P_R, P_B, P_G)	(P_G, P_R, P_B)	(P_G, P_B, P_R)	(P_B, P_G, P_R)	(P_B, P_R, P_G)

第 4 步　执行行加密操作($R = 3N - 1$),并得到加密矩阵 C_{RGB}。接着根据 f_2 的值,将加密结果随机地拆分为三个 $M \times N$ 的子矩阵 C_R、C_G、C_B。

第 5 步　根据 f_3 的值,矩阵 C_R、C_G、C_B 以不同的顺序垂直随机组合,便得到一个 $3M \times N$ 的矩阵 C'_{RGB}。

第 6 步　执行列加密操作($R = 3M - 1$),并得到加密矩阵 C''_{RGB}。接着根据 f_4 的值,将加密结果随机地拆分为三个 $M \times N$ 的子矩阵 C'_R、C'_G、C'_B 作为最终的加密结果。该加密算法具有以下几个优点。

(1)一个像素点可能被混淆到 R、G、B 组件的任意位置。

(2)整个加密过程只需要 $\Theta(M + N)$ 次 2D-SIMM 映射的迭代开销,以获得低的时间复杂度。

(3)随机组合与拆分机制可以进一步增加密码系统的安全性。

对大小为 $256 \times 256 \times 3$ 的 Lena 彩色图像的加解密结果如图 7-17 所示。可见,加密图像无任何信息泄露现象。

(a) 原始Lena彩色图像　　　　(b) 加密Lena彩色图像　　　　(c) 解密Lena彩色图像

图 7-17　彩色图像的加解密实验结果

彩色 Lena 图像及其加密图像的直方图如图 7-18 所示。可见,加密图像在 R、G、B 三个通道的直方图分布平坦,因此可以抵御基于统计分析的攻击。

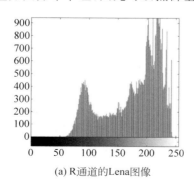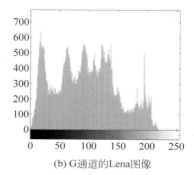

(a) R通道的Lena图像　　　　　　(b) G通道的Lena图像

图 7-18　Lena 彩色图像及其加密图像的直方图

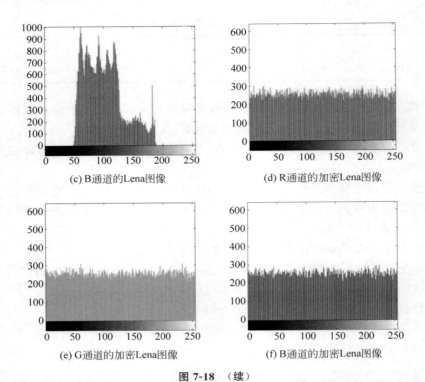

图 7-18 （续）

此外,表 7-8 计算出了原始图像和加密图像在三个方向的互相关系数、信息熵以及 NPCR 和 UACI 的平均值,这从数值上进一步说明了算法抵御统计攻击和差分攻击的能力。

表 7-8　互相关系数、信息熵及 NPCR 和 UACI 的平均值

指　标	加密图像			原始图像		
	R	G	B	R	G	B
水平方向互相关系数	0.0092	0.0043	−0.0037	0.9956	0.9943	0.9280
垂直方向互相关系数	0.0053	0.0051	0.0095	0.9780	0.9711	0.9575
对角方向互相关系数	0.0008	0.0018	0.0033	0.9435	0.9301	0.9093
信息熵	7.9975	7.9972	7.9973	7.1655	7.5578	6.8571
NPCR 的平均值	0.9961	0.9961	0.9961	—	—	—
UACI 的平均值	0.3334	0.3334	0.3334	—	—	—

彩色图像的数据量是相同尺寸灰度图像的三倍,然而,记录执行两轮拓展算法的时间仅需要 0.0433s,大约是灰度图像加密时间的 1.5 倍。因此,设计的拓展算法大概节省了 1/2 的加密时间。与 Wang 等[29]提出的彩色图像加密算法相比,一轮本章算法的像素移位操作只需要迭代混沌系统 $\Theta(M+N)$ 次,而 Wang 算法[29]需要迭代 $\Theta(3M(1+N))$ 次。因此,本章算法更加高效。

设计了一种 CST 算法实现图像像素位置的混淆,且验证了该算法具有好的置乱效果和低的时间复杂度。基于 CST 算法与 2D-SIMM 超混沌映射,提出了一种新的快速图像加密算法。在加密算法中,图像像素位置通过 CST 算法混淆,像素值通过行替代和列替代加密掩盖,且对传统的混淆-扩散机制进行改进,将这两个步骤同时进行,使得整个算

法分为行加密和列加密两个步骤。实验结果和性能分析表明，该算法具有好的加密效果和低的时间复杂度，且能够抵御穷举、统计、差分、已知明文和选择明文等攻击。因此，该算法在图像以及音视频保密通信中具有极好的应用前景。

7.3 基于 DNA 和混沌的图像加密算法

7.3.1 DNA 运算规则

常用的 DNA 运算规则包括 DNA 编解码规则、DNA 加减法规则、DNA 异或规则、DNA 互补规则等。

1. DNA 编解码规则

一个 DNA 序列是由腺嘌呤（Adenine，A）、胸腺嘧啶（Thymine，T）、鸟嘌呤（Guanine，G）和胞嘧啶（Cytosine，C）四种核酸碱基组成，且其中 A 与 T 互补，C 与 G 互补。考虑到二进制序列 00 与 11 互补，01 与 10 也是互补的。因此，可将二进制序列编码为 A、T、G、C 四种碱基，且总共存在 24 种相对应的编码规则，然而其中只有如表 7-9 所示的 8 种满足 Watson-Crick 互补规则[30]。DNA 解码则是编码的逆过程。例如，如果图像灰度值为 216，将其转换为二进制数，得到"11011000"，再采用 DNA 编码规则 1 编码就得到了 DNA 编码序列"TCGA"。同理，可以采用 DNA 解码规则 2 将其解码为"00100111"，其对应的十进制值 39 就是 DNA 解码的结果。

表 7-9　DNA 编码规则

规则	1	2	3	4	5	6	7	8
00	A	A	T	T	G	G	C	C
01	C	G	C	G	T	A	T	A
10	G	C	G	C	A	T	A	T
11	T	T	A	A	C	C	G	G

2. DNA 加减法规则

DNA 加减法规则的定义遵循传统的二进制加减法运算。因为存在 8 种 DNA 编码规则，所以也存在着 8 种相对应的 DNA 加减法规则。例如，当采用 DNA 编码规则 1 时，就可以得到如表 7-10 所示的 DNA 加减法规则。

表 7-10　采用 DNA 编码规则 1 时的 DNA 加减法规则

加　　法					减　　法				
＋	A	C	G	T	－	A	C	G	T
A	A	C	G	T	A	A	T	G	C
C	C	G	T	A	C	C	A	T	G
G	G	T	A	C	G	G	C	A	T
T	T	A	C	G	T	T	G	C	A

3. DNA 异或规则

DNA 异或规则的定义遵循传统的二进制异或运算。因为存在 8 种 DNA 编码规则，所以也存在着 8 种相对应的 DNA 异或规则。例如，当采用 DNA 编码规则 1 时，就可以得到如表 7-11 所示的 DNA 异或规则。

表 7-11　DNA 编码规则 1 时的 DNA 异或规则

异或	A	C	G	T
A	A	C	G	T
C	C	A	T	G
G	G	T	A	C
T	T	G	C	A

4. DNA 互补规则

对于每个核苷酸 x_i，DNA 互补规则必须满足

$$\begin{cases} x_i \neq B(x_i) \neq B(B(x_i)) \neq B(B(B(x_i))) \\ x_i = B(B(B(B(x_i)))) \end{cases} \tag{7-26}$$

其中，$B(x_i)$ 是 x_i 的碱基对，且服从单射的原则。依据此规则，可定义唯一对应的互补配对。显然，这里共有 6 组合理的 DNA 互补规则：

(1) $B_1(A) = G, B_1(G) = C, B_1(C) = T, B_1(T) = A$；

(2) $B_2(A) = G, B_2(G) = T, B_2(T) = C, B_2(C) = A$；

(3) $B_3(A) = T, B_3(T) = C, B_3(C) = G, B_3(G) = A$；

(4) $B_4(A) = T, B_4(T) = G, B_4(G) = C, B_4(C) = A$；

(5) $B_5(A) = C, B_5(C) = G, B_5(G) = T, B_5(T) = A$；

(6) $B_6(A) = C, B_6(C) = T, B_6(T) = G, B_6(G) = A$。

其中，B_i 表示第 i 个互补规则，$i = 1, 2, \cdots, 6$。

7.3.2　DNA 加密算法设计

1. 3D-SIMM 混沌系统

对于双系统闭环调制耦合模型，如果函数 $f(x)$ 和 $g(x)$ 分别选为 sine 映射和 ICMIC 映射，系统维数取 $m = 3$，就可以得到三维 Sine ICMIC 调制映射（three-dimensional sine ICMIC modulation map，3D-SIMM），其系统方程为

$$\begin{cases} x(n+1) = a \sin[\omega z(n)] \sin[c/x(n)] \\ y(n+1) = a \sin[\omega x(n+1)] \sin[c/y(n)] \\ z(n+1) = a \sin[\omega y(n+1)] \sin[c/z(n)] \end{cases} \tag{7-27}$$

其中，a、ω 和 c 为系统参数，且 $a, \omega, c \in (0, +\infty)$。

当系统参数取 $(a, \omega, c) = (1, 2\pi, 11.5)$，初值取 $(x_0, y_0, z_0) = (0.3, 0.5, 0.6)$ 时，

3D-SIMM 系统的吸引子相图如图 7-19 所示。显然，其吸引子分布在一个较大的区域，这意味着该系统具有良好的遍历性和大的密钥空间。有趣的是，该系统的吸引子轨迹关于 x、y、z 轴对称，因此适用于伪随机序列发生器的设计。后面在未加说明的情况下，以此参数设定为准。

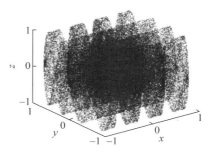

图 7-19　3D-SIMM 映射的吸引子相图

3D-SIMM 系统的 LEs 和分岔图如图 7-20 所示。当参数 $a \in (0.33, 5]$ 时，3D-SIMM 具有两个以上正的 Lyapunov 指数，处于超混沌态如图 7-20(a)、图 7-20(d)所示。当参数 $b \in [2, 5]$，3D-SIMM 处于超混沌态，如图 7-20(b)、图 7-20(e)所示。当参数 $c \in (0, 15]$ 时，3D-SIMM 除了在 $c \in (0.62, 0.66)$ 处存在一个周期窗口，其他区域呈超混沌态，且随着参数 c 的增大，Lyapunov 指数呈增大的趋势，如图 7-20(c)和图 7-20(f)所示。

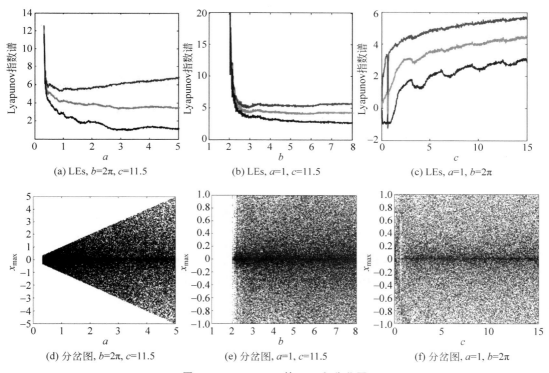

(a) LEs, $b=2\pi$, $c=11.5$　　(b) LEs, $a=1$, $c=11.5$　　(c) LEs, $a=1$, $b=2\pi$

(d) 分岔图, $b=2\pi$, $c=11.5$　　(e) 分岔图, $a=1$, $c=11.5$　　(f) 分岔图, $a=1$, $b=2\pi$

图 7-20　3D-SIMM 的 LEs 和分岔图

2. 密钥结构设计

本密码系统的密钥结构如图 7-21 所示。它由 19 部分组成，包括 3D-SIMM 的系统参数 a ($a \in (0.33, 5]$)、b ($b \in [2, 5]$)、c ($c \in (0, 15]$) 和初始条件 x_0、y_0、z_0 (x_0、y_0、$z_0 \in [-1, 0) \bigcup (0, 1]$)、预选代次数 m 与 n、初始核酸碱基 c_0 ($c_0 \in \{A, T, C, G\}$)、选用的 DNA 编解码规则 α 与 β (α、$\beta \in [1, 8]$) 以及 DNA 互补规则 b_i, $i = 1, 2, \cdots, 8$ ($b_i \in [1, 6]$)。

$$a \mid b \mid c \mid x_0 \mid y_0 \mid z_0 \mid m \mid n \mid c_0 \mid \alpha \mid \beta \mid b_1 \mid b_2 \mid \cdots \mid b_8$$

图 7-21　密钥结构

3. 混沌加解密算法规则

混沌加密算法流程图如图 7-22(a)所示。可见,整个加密过程由置乱和扩散(DNA编解码)步骤组成。其中像素位置置乱通过多方向循环移位算法来实现,且存在四个循环移位的方向(上、下、左、右)。像素值替代通过施加一轮 DNA 加法和互补运算规则来实现。超混沌系统 3D-SIMM 则用作伪随机序列发生器,并作用于加密的各个阶段。具体过程如下。

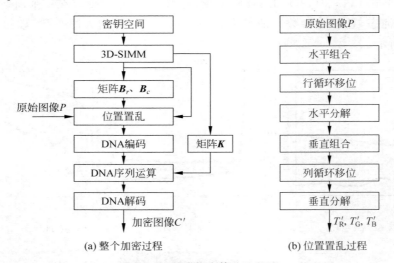

(a) 整个加密过程　　　　　(b) 位置置乱过程

图 7-22　混沌加密算法流程图

1) 多方向循环移位

第 1 步　生成初始条件。令参数 a、b、c、x_0、y_0、z_0 取密钥中相对应的值。输入 $M \times N \times 3$ 的原始彩色图像 P,3D-SIMM 的初始条件(x_0', y_0', z_0')为:

$$s = \left[\sum_{i=1}^{M} \sum_{j=1}^{N} \sum_{k=1}^{3} P(i,j,k) \right] \Big/ 10^{10} \tag{7-28}$$

$$\begin{cases} x_0' = x_0 + s - \lfloor x_0 + s \rfloor \\ y_0' = y_0 + s - \lfloor y_0 + s \rfloor \\ z_0' = z_0 + s - \lfloor z_0 + s \rfloor \end{cases} \tag{7-29}$$

第 2 步　生成伪随机序列。令 $L = \max(M, N)$。迭代系统 $m + L$ 次并舍弃前 m 项以增强初值敏感性,防止暂态效应。之后,通过式(7-14)、式(7-15)对生成混沌序列 $\{x_i\}_{i=1}^{L}$、$\{y_i\}_{i=1}^{L}$、$\{z_i\}_{i=1}^{L}$ 进行量化,便得到了循环移位的步长 B_r、B_c。

$$B_{r_i} = \mathrm{mod}(\lfloor |x_i| \times 10^{16} \rfloor, 3N/2) \tag{7-30}$$

$$B_{c_j} = \mathrm{mod}(\lfloor |y_j| \times 10^{16} \rfloor, 3M/2) \tag{7-31}$$

其中,B_{r_i} 为第 i 行循环移位的步长,B_{c_j} 为第 j 列循环移位的步长,$i = 1, 2, \cdots, M, j = 1$,

$2,\cdots,N$。

第 3 步 水平组合。将 RGB 图像 P 分解为 P_R，P_G，P_B 三个组件，并将其顺序水平组合得到一个 $M\times3N$ 的矩阵 P_{RGB}。

第 4 步 行循环移位。行循环移位结果 T_{RGB} 通过以下规则获得。如果 $x_i>0$，P_{RGB} 的第 i 行像素向左循环移位 B_{r_i} 步；如果 $x_i<0$，P_{RGB} 的第 i 行像素向右循环移位 B_{r_i} 步，$i=1,2,\cdots,M$。

第 5 步 水平分解。T_{RGB} 顺序水平分解为三个 $M\times N$ 子矩阵 T_R、T_G 和 T_B。

第 6 步 垂直组合。将 T_R、T_G 和 T_B 顺序垂直合并为一个 $3M\times N$ 的矩阵 T'_{RGB}。

第 7 步 列循环移位。列循环移位结果 T''_{RGB} 通过以下规则获得。如果 $y_j>0$，T'_{RGB} 的第 j 列向上循环移位 B_{c_j} 步；如果 $y_j<0$，T'_{RGB} 的第 j 列向下循环移位 B_{c_j} 步，$j=1,2,\cdots,N$。

第 8 步 垂直分解。将 T''_{RGB} 顺序垂直分解为三个 $M\times N$ 的子矩阵 T'_R、T'_G 和 T'_B 作为置乱结果。

该置乱算法具有以下几个优点。

① 多方向循环移位比单方向循环移位可以节省大约一半的移位步长。因此，该策略在图像尺寸较大时优势明显。

② 对 R、G、B 组件的组合加密使得每个像素点可能置乱到该图像的任意位置。

③ 置乱一幅 $M\times N\times3$ 的彩色图像，只需 $\Theta(\max(M,N))$ 次混沌系统迭代耗时操作，$\Theta(M+N)$ 次循环移位操作，以获得快的置乱速度。

2）DNA 序列运算

第 1 步 DNA 编码。将置乱矩阵 T'_R、T'_G 和 T'_B 转化为二进制得到三个 $M\times8N$ 的矩阵 R、G 和 B，并将它们顺序合并为一个 $M\times24N$ 的矩阵。接着采用 DNA 编码规则 α 将其编码为 $M\times12N$ 的 DNA 序列矩阵 $S=\{s_i\}_{i=1}^{12MN}$。

第 2 步 生成加密密钥序列。令 3D-SIMM 的初始条件为 x_0,y_0,z_0。迭代混沌系统 $n+M\times N$ 次并舍弃前 n 项，就得到混沌序列 $\{x_i\}_{i=1}^{MN}$、$\{y_i\}_{i=1}^{MN}$、$\{z_i\}_{i=1}^{MN}$，并通过式（7-18）将其合并为一个序列 p

$$\begin{cases} p(3i-2)=x_i \\ p(3i-1)=y_i \\ p(3i)=z_i \end{cases} \tag{7-32}$$

其中，$i=1,2,\cdots,MN$。然后通过式（7-33）生成一个新的伪随机序列 k

$$k_i=\mathrm{mod}(\lfloor|p(i)|\cdot10^{16}\rfloor,256),\quad i=1,2,\cdots,3MN \tag{7-33}$$

之后，将序列 k 转化为二进制，并采用相同的规则 α 完成 DNA 编码，就得到了一个 $M\times12N$ 的密钥矩阵 K。

第 3 步 DNA 运算规则。根据已知的密文，采用不同的互补规则分别对奇偶位的像素值进行加密，得到 DNA 形式的中间加密结果 $C=\{c_i\}_{i=1}^{12MN}$，具体规则如下。

如果 $c_{2i-2}=A$，则 $c_{2i-1}=B_{b1}(s_{2i-1})$；

如果 $c_{2i-2}=C$，则 $c_{2i-1}=B_{b2}(s_{2i-1})$；

如果 $c_{2i-2}=G$，则 $c_{2i-1}=B_{b3}(s_{2i-1})$；

如果 $c_{2i-2}=T$，则 $c_{2i-1}=B_{b4}(s_{2i-1})$；

如果 $c_{2i-1} = A$，则 $c_{2i} = B_{b5}(s_{2i})$；

如果 $c_{2i-1} = C$，则 $c_{2i} = B_{b6}(s_{2i})$；

如果 $c_{2i-1} = G$，则 $c_{2i} = B_{b7}(s_{2i})$；

如果 $c_{2i-1} = T$，则 $c_{2i} = B_{b8}(s_{2i})$。

其中，$i = 1,2,\cdots,6MN$，$B_r(\cdot)$ 表示采用第 r 个 DNA 互补规则，且 $b_i(i=1,2,\cdots,8)$ 为密钥中的一部分。自适应 DNA 互补规则只依赖于先前的加密结果和外部密钥，因此可以减少混沌系统的迭代开销，且加密效果良好，能获得抵御已知明文和选择明文攻击的能力。之后，生成 DNA 形式的最终加密结果 $D = \{d_i\}_{i=1}^{12MN}$。

$$d_i = c_i + K(i) + d_{i-1}, \quad i = 1,2,\cdots,12MN \tag{7-34}$$

其中，"$+$"表示 DNA 加法运算，且 $d_0 = c_{12MN}$。

第 4 步 DNA 解码。最后采用 DNA 规则 β 完成解码，并恢复为 RGB 图像 C' 作为最终的加密结果。解密是加密的逆过程。

7.3.3 图像加解密实验结果

仿真实验在 MATLAB 8.0 平台运行，实验结果如图 7-23 所示。其中图 7-23(a) 和图 7-23(e) 分别为 256×256 的彩色 Lena 和 Peppers 图像，作为加密原始图像。密钥设置为 $a=1, b=2\pi, c=11.5, x_0=0.4, y_0=0.8, z_0=0.6, m=100, n=500, c_0=A, \alpha=1, \beta=3$，$b_1=4, b_2=6, b_3=3, b_4=1, b_5=4, b_6=2, b_7=1$ 和 $b_8=5$。置乱 Lena 和 Peppers 图像分别如图 7-23(b) 和图 7-23(f) 所示，加密 Lena 和 Peppers 图像分别如图 7-23(c) 和图 7-23(g) 所示。可见加密效果良好。而它们相对应的解密结果分别如图 7-23(d) 和图 7-23(h) 所示。

| (a) 原始Lena图像 | (b) 置乱Lena图像 | (c) 加密Lena图像 | (d) 解密Lena图像 |

| (e) 原始Peppers图像 | (f) 置乱Peppers图像 | (g) 加密Peppers图像 | (h) 解密Peppers图像 |

图 7-23　图像加解密实验结果

1. 密钥空间分析

一个好的密码系统应该有足够大的密钥空间抵御穷举攻击。考虑到混沌系统的初

始条件和参数 x_0、y_0、z_0、a、b 和 c，如果计算精度为 10^{-15}，密钥空间可以达到 10^{90}。而对于在加密过程中引入的参数 c_0、α、β、b_1、b_2、$\cdots$、b_8，因为具有 4 种核酸碱基，8 种 DNA 编解码规则以及 6 种 DNA 互补规则，所以密钥空间为 $4 \times 8^2 \times 6^8 \approx 4 \times 10^8$。因此，总的密钥空间近似为 $4 \times 10^{98} > 2^{327}$，从而足以抵御穷举攻击。

2. 密钥敏感性分析

一个好的密码系统还必须对其密钥足够敏感。这意味着如果采用微小偏差的密钥完成解密，解密结果将完全不同。在实验中，采用 8 个与正确密钥微小偏差的密钥去解密图 7-23（c）所示的加密 Lena 图像，解密结果如图 7-24 所示。显然，这些解密图像与图 7-23（d）所示的正确解密图像完全不同，且剩余的密钥也可得到类似的结果。因此，该算法对其密钥极其敏感。

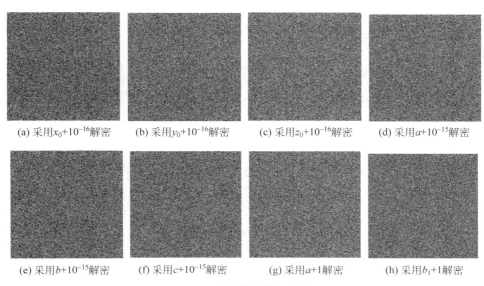

(a) 采用x_0+10^{-16}解密　(b) 采用y_0+10^{-16}解密　(c) 采用z_0+10^{-16}解密　(d) 采用$a+10^{-15}$解密

(e) 采用$b+10^{-15}$解密　(f) 采用$c+10^{-15}$解密　(g) 采用$a+1$解密　(h) 采用b_1+1解密

图 7-24　密钥敏感性实验结果

3. 抗统计攻击性能分析

抵御基于统计分析攻击的能力可以通过分布直方图、相邻像素对的互相关系数以及信息熵来评估。

1）分布直方图

加密图像的直方图分布应该尽可能均匀以抵御基于统计分析的攻击。原始图像和加密图像在三个通道的直方图如图 7-25 所示。可见原始图像的直方图分布不均匀，而加密图像的分布比较均匀。因此，本算法能有效地抵御统计攻击。

2）相邻像素对的互相关系数

原始 Lena 图像及其加密图像在 R、G、B 通道水平、垂直、对角三个方向的相邻像素对的互相关系数如表 7-12 所示。此外，还计算出了相邻通道之间相同位置和相邻位置像素对的互相关系数分别如表 7-13 和表 7-14 所示。可见，原始图像相邻像素的互相关系数接近于1,而加密图像相邻像素的互相关系数接近于0,且小于其他几个算法的值,进一步验证了本算法具有很强的抵御统计攻击能力。

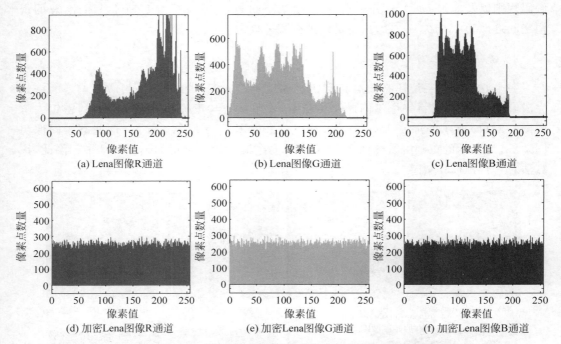

(a) Lena图像R通道　　　　(b) Lena图像G通道　　　　(c) Lena图像B通道

(d) 加密Lena图像R通道　　(e) 加密Lena图像G通道　　(f) 加密Lena图像B通道

图 7-25　彩色 Lena 图像及其加密图像的直方图

表 7-12　原始图像及其加密图像在 R、G、B 三个通道的互相关系数

通道	方向	原始图像	本章算法	Liu[31]	Wang[32]	Tong[33]	Wei[34]
R 通道	水平	0.9556	$-9.4704e-05$	-0.0020	-0.0127	0.0032	0.0054
	垂直	0.9780	$7.9618e-04$	-0.0016	0.0067	0.0097	0.0062
	对角	0.9434	$-3.0257e-04$	0.0029	0.0060	0.0179	0.0017
G 通道	水平	0.9443	-0.0066	-0.0015	-0.0075	0.0068	0.0059
	垂直	0.9711	$-5.6452e-04$	0.0035	-0.0068	0.0042	0.0016
	对角	0.9301	$-8.4179e-04$	-0.0022	-0.0078	0.0130	0.0029
B 通道	水平	0.9280	0.0024	0.0006	-0.0007	0.0015	0.0013
	垂直	0.9575	$-9.3316e-04$	-0.0009	0.0042	0.0035	0.0022
	对角	0.9030	0.0016	0.0026	0.0026	0.0091	0.0004

表 7-13　R、G、B 通道相同位置像素对的互相关系数

图像名	R,G	R,B	G,B
图 4-3(a)	0.8849	0.7013	0.9326
图 4-3(c)	-0.0020	-0.0022	-0.0069
图 4-3(e)	0.8753	0.4889	0.6874
图 4-3(g)	$-3.2751e-04$	$-4.1659e-04$	-0.0069
Liu[31]	-0.0026	0.0051	-0.0009

表 7-14 R、G、B 通道相邻位置像素对的互相关系数

图像名称	R、G	R、B	G、B
图 4-3(a)	0.8570	0.6700	0.8934
图 4-3(c)	0.0025	3.9422e−04	6.2323e−04
图 4-3(e)	0.8618	0.4587	0.6283
图 4-3(g)	0.0025	0.0037	−0.0045
Liu[31]	0.0030	0.0044	−0.0030

为了更直观地说明,图 7-26 展示了 Lena 图像及其加密图像水平相邻像素对的相关性分布图。如图 7-26(a)、图 7-26(c)和图 7-26(e)所示,原始图像的分布集中于对角方

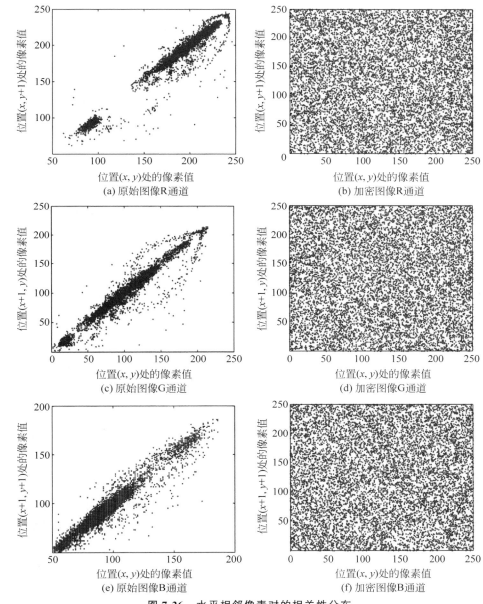

图 7-26 水平相邻像素对的相关性分布

向,存在明显的相关性。如图 7-26(b)、图 7-26(d)和图 7-26(f)所示,加密图像的分布均匀,可见成功地打破了这种相关性。

3) 信息熵

因为 256 灰度水平图像有 2^8 种取值,所以信息熵的理想值为 8。加密图像在 R、G、B 通道及其组合矩阵 S 的信息熵如表 7-15 所示。可见实验值接近于理想值 8,且高于其他几种算法的值。因此,本算法能有效地防止信息泄露。

表 7-15　加密图像的信息熵

图像名称	R	G	B	S
Lena	7.9975	7.9975	7.9973	7.9992
Peppers	7.9973	7.9975	7.9974	7.9992
Baboon	7.9973	7.9974	7.9972	7.9991
Liu[31]	7.9974	7.9970	7.9971	—
Wei[34]	7.9971	7.9969	7.9962	—
Liu[35]	7.9897	7.9877	7.9896	—
Mao[36]	—	—	—	7.9991

4. 抗差分攻击性能分析

在实验中,每次只随机地改变原始图像一个随机像素的最低位,并进行了 100 组实验取得 NPCR 和 UACI 的均值如表 7-16 所示。结果显示平均 NPCR 和 UACI 值分别大于 99.6% 和 33.3%。因此,足以抵御差分攻击。

表 7-16　加密图像的 NPCR 和 UACI 均值

图像名称	NPCR 均值/%			UACI 均值/%		
	R	G	B	R	G	B
Lena	99.6425	99.6271	99.6387	33.3827	33.3775	33.3329
Peppers	99.6476	99.6109	99.6205	33.3355	33.3721	33.3435
Baboon	99.6341	99.6276	99.6117	33.3748	33.3727	33.3648
Guesimi[21]	99.5926	99.6017	99.5912	33.3386	33.3595	33.1250
Wei[34]	99.5712	99.6187	99.6922	33.3415	33.3523	33.3581
Guesimi[12]	99.5865	99.2172	98.8479	33.4835	33.4640	33.2689

5. 抗已知明文和选择明文攻击性能分析

在本密码算法中,3D-SIMM 系统的初始条件与明文图像的像素总和相关联,当原始图像微小改变时,置乱过程生成的伪随机序列将完全不同,且设计的自适应 DNA 运算规则能进一步扩散其影响,从而获得抵御已知明文和选择明文攻击的能力。图 7-27 展示了采用本章算法加密全黑图像的结果。可见,无任何信息泄露现象。因此,本章算法具有好的抵御已知明文和选择明文攻击的能力。

(a) 原始全黑图像 (b) 加密图像

图 7-27 全黑图像的加密结果

7.4 基于位水平的混沌图像加密算法

采用串联调制耦合方法设计了 2D-LICM 混沌系统,通过 Lyapunov 指数谱分析确定了系统的混沌特性,通过复杂度和相关性分析显示了混沌序列的随机性,因此该混沌系统适合应用在混沌加密中。本章基于此混沌系统设计了位水平图像加密算法,并从安全性、位水平和复杂度方面对该算法进行了详细的性能分析。

根据串联调制耦合模型,设置 $f(x) = x + 3$,一维混沌映射 F,G 分别为 ICMIC 映射和 Logistic 映射,即可获得二维 Logistic ICMIC 串联调制耦合系统(2D-LICM),其数学表达式为

$$\begin{cases} x(n+1) = \sin\{21/[a(y(n)+3) \cdot kx(n)(1-kx(n))]\} \\ y(n+1) = \sin\{21/[a(kx(n+1)+3) \cdot y(n)(1-y(n))]\} \end{cases} \quad (7\text{-}35)$$

其中,a 为系统参数,$a \in (0, +\infty)$,k 为调制参数,一般选取范围为 $(0, 2]$。

当系统参数 $(a, k) = (0.6, 0.8)$,系统变量初值 $(x, y) = (0.2, 0.3)$,2D-LICM 的吸引子相图如图 7-28 所示。从图中可见,系统为全域吸引子,说明该混沌系统具有良好的遍历性。此外,吸引子的分布相对均匀,说明系统产生的混沌序列具有良好的随机性。

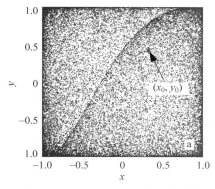

图 7-28 **2D-LICM** 的吸引子相图

7.4.1 图像加解密算法设计

1. 密钥结构设计

密钥结构如图 7-29 所示,密钥由六部分构成,前四部分是混沌系统的初始条件,其中系统初值 $(x_0, y_0) \in (-1, 0) \bigcup (0, 1)$,系统控制参数 $a_0 \in (0.5, 1.969)$,调制参数 $k_0 \in (0.721, 1.4)$。n_r,n_c 分别是加密算法设计中行加密和列加密的预迭代次数。

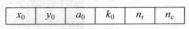

x_0	y_0	a_0	k_0	n_r	n_c

图 7-29　密钥的结构框图

2. 图像加密算法设计与分析

图像加密算法采用行加密和列加密方式进行,其原理如图 7-30 所示,明文首先通过位分解形成位水平的矩阵。接下来依次进行行加密和列加密达到很好的置乱和扩散效果。在整个加密过程中,2D-LICM 混沌系统用于产生混沌伪随机序列,控制加密过程中的置乱和扩散操作。最后,通过位水平合并形成密文。

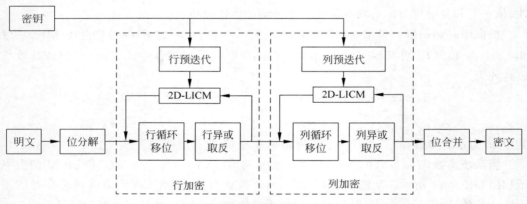

图 7-30　图像加密算法的原理

(1) 行加密。

位水平分解后,整个的明文矩阵可看成 M 个行向量。对于当前行,首先使用循环移位操作打乱像素的位置,然后采用异或取反操作使像素的值得到扩散。因此,经过行加密后的行向量与加密前的行向量完全不同。最后,将当前行的一些信息和密钥一起更新混沌系统的初值,为下一个混沌控制的行加密做准备。以 **PB** 代表经过行分解后的位矩阵,其大小为 $M \times 8N$。行加密的整体过程如下述步骤所示。

第 1 步　设置 $i=1$,预迭代 2D-LICM 混沌系统 n_r 次并舍弃,以增强系统的初值敏感性。

第 2 步　迭代 2D-LICM 混沌系统一次,得到新的系统变量值 x, y,计算行加密的控制参数 k,其代表循环移位的步长。

$$k = (|x| \times 10^5) \bmod A + 1 \tag{7-36}$$

在行加密中 $A = 8N$,在列加密中 $A = M$。

第 3 步 对矩阵 **PB** 的第 i 行向左循环移位 k 位,其移位后的行向量记为 **tr**。

第 4 步 根据式(7-37)进行异或操作。当 $i=1$ 时,将第一行和最后一行进行异或,$i \geqslant 2$ 时,将当前行与上一行进行异或。因此,整个异或操作形成了闭环。

$$\begin{cases} \mathbf{PBR}(i,:) = \mathbf{tr} \oplus \mathbf{PB}(\text{end},:), & i=1 \\ \mathbf{PBR}(i,:) = \mathbf{tr} \oplus \mathbf{PB}(i-1,:), & i \geqslant 2 \end{cases} \tag{7-37}$$

其中,**PBR** 是一个 $M \times 8N$ 的矩阵,$\mathbf{PBR}(i,:)$ 代表矩阵 **PBR** 的第 i 行向量,$\mathbf{PB}(\text{end},:)$ 代表矩阵 **PB** 的最后一行。"$\oplus$"代表异或操作。

第 5 步 当 $y>0$ 时,对矩阵 **PBR** 取反操作。

第 6 步 根据式(7-39)更新 2D-LICM 混沌系统的初始条件

$$\begin{cases} a = a_0 + \text{mean}(\mathbf{PBR}(i,1:4:\text{end}))/100 \\ k = k_0 + \text{mean}(\mathbf{PBR}(i,2:4:\text{end}))/100 \\ x = (x + \text{mean}(\mathbf{PBR}(i,3:4:\text{end}))) \bmod 1 \\ y = (y + \text{mean}(\mathbf{PBR}(i,1:4:\text{end}))) \bmod 1 \end{cases} \tag{7-38}$$

其中,mean 代表取平均操作,$\mathbf{PBR}(i,1:4:\text{end})$ 代表由矩阵 **PBR** 第 i 行向量中的第 1 列,第 5 列,第 9 列,…组成的向量。

第 7 步 令 $i=i+1$,循环执行第 2~6 步,直到 $i>M$。

(2) 列加密。

经过行加密后,整个位水平矩阵记为 **PBR**,对此矩阵进行列加密。首先将其看作 $8N$ 个列向量,对于每列的加密方式类似于行加密中每行的加密方式。列加密的整体过程如下。

第 1 步 设置 $j=1$,预迭代 2D-LICM 混沌系统 n_c 次并舍弃,以增强系统的初值敏感性,避免暂态响应。

第 2 步 迭代 2D-LICM 系统一次,得到新的系统变量值 x,y,根据式(7-22)计算行加密的控制参数 k,其代表列加密中循环移位的步长。

第 3 步 对矩阵 **PBR** 的第 j 行向上循环移位 k 位,其移位后的列向量记为 **tc**。

第 4 步 根据式(7-40)进行异或操作。当 $j=1$ 时,将第一列和最后一列进行异或,$j \geqslant 2$ 时,将当前列与上一列进行异或。

$$\begin{cases} \mathbf{PBRC}(:,j) = \mathbf{tc} \oplus \mathbf{PBR}(:,\text{end}), & j=1 \\ \mathbf{PBRC}(:,j) = \mathbf{tc} \oplus \mathbf{PBR}(:,j-1), & j \geqslant 2 \end{cases} \tag{7-39}$$

其中,**PBRC** 是一个 $M \times 8N$ 的矩阵,$\mathbf{PBRC}(:,j)$ 代表矩阵 **PBRC** 的第 j 个列向量,$\mathbf{PBR}(:,\text{end})$ 代表矩阵 **PBR** 的最后一列。

第 5 步 当 $y>0$ 时,对矩阵 **PBRC** 取反操作。

第 6 步 根据式(7-40)更新 2D-LICM 混沌系统的初始条件

$$\begin{cases} x = (x + \text{mean}(\mathbf{PBRC}(1:2:\text{end},j))) \bmod 1 \\ y = (y + \text{mean}(\mathbf{PBRC}(2:2:\text{end},j))) \bmod 1 \end{cases} \tag{7-40}$$

其中,$\mathbf{PBRC}(1:2:\text{end},j)$ 代表由矩阵 **PBRC** 第 j 个列向量中的第 1 行,第 3 行,第 5 行,…组成的向量。

第7步　令 $j=j+1$，循环执行第 $2\sim6$ 步，直到 $j>8N$。

经过以上步骤，完整的一轮加密算法已经结束。

（3）加密算法的讨论。

为了更好地理解加密算法的设计原理，给出下述说明。

① 在上面行加密和列加密的第 3 步中，特别是在行加密中，循环移位同时实现了整个位组中的"inter"和"intra"置乱。第一行（列）与最后一行（列）之间操作的关联性避免了加密陷入"stop point"问题。

② 在第 4 步中，异或操作实现了扩散效果。第 5 步中，选择取反操作相当于完成了明文与混沌序列的替代操作，并且这一步的时间复杂度很低。第 4 步和第 5 步共同实现了彻底的扩散作用。

③ 在第 6 步中，实时更新混沌系统的初值，增强了密钥和明文之间的敏感性。加强了算法抵抗已知明文/选择明文攻击的能力。

3. 图像解密算法设计

通常来说，解密是加密的逆过程。关于列解密和行解密的详细描述如下。

（1）列解密。

第1步　设置 $j=1$，预迭代 2D-LICM 混沌系统 n_c 次并舍弃。

第2步　迭代 2D-LICM 系统一次，得到新的系统变量值 x,y，根据式(7-36)计算列解密的参数 $CK(j)$，其中 $CK(j)$ 代表式(7-36)中的 k。然后根据式(7-41)计算 $C_{flag}(j)$。

$$C_{flag}(j)=\begin{cases}1 & y>0\\0 & 其他\end{cases} \tag{7-41}$$

第3步　根据式(7-40)更新混沌系统的初值。

第4步　令 $j=j+1$，循环执行第 $2\sim3$ 步，直到 $j>8N$。

第5步　令 $j=8N$，从最后一列开始进行解密。

第6步　当 $C_{flag}>0$ 时，对矩阵 **PBRC** 取反操作。

第7步　进行异或操作，其结果记为 **tc**。

$$\begin{cases}\mathbf{tc}=\mathbf{PBRC}(:,j)\oplus\mathbf{PBRC}(:,j-1) & j\geqslant2\\\mathbf{tc}=\mathbf{PBRC}(:,j)\oplus\mathbf{PBR}(:,\mathrm{end}) & j=1\end{cases} \tag{7-42}$$

第8步　对矩阵 **tc** 的第 j 行向下循环移位 $CK(j)$ 位，其移位后的列向量记为 **PBR**$(:,j)$。

第9步　令 $j=j-1$，循环执行第 $6\sim8$ 步，直到 $j<1$。

（2）行解密。

第1步　设置 $i=1$，预迭代 2D-LICM 混沌系统 n_r 并舍弃。

第2步　迭代 2D-LICM 系统一次，得到新的系统变量值 x,y，根据式(7-36)计算列解密的参数 $RK(i)$，其中 $RK(i)$ 代表式(7-36)中的 k。然后根据式(7-41)计算 $R_{flag}(i)$，其中 $R_{flag}(i)$ 取式(7-41)中的 $C_{flag}(j)$。

第3步　根据式(7-40)更新混沌系统的初值。

第4步　令 $i=i+1$，循环执行第 $2\sim3$ 步，直到 $i>M$。

第 5 步 令 $i=M$，从最后一行开始进行解密。

第 6 步 当 $R_{flag}>0$ 时，对矩阵 **PBR** 取反操作。

第 7 步 根据式(7-43)进行异或操作，其结果记为 **tr**。

$$\begin{cases} \mathbf{tr}=\mathbf{PBR}(i,:) \oplus \mathbf{PBR}(i-1,:) & i \geqslant 2 \\ \mathbf{tr}=\mathbf{PBR}(i,:) \oplus \mathbf{PB}(\text{end},:) & i=1 \end{cases} \tag{7-43}$$

第 8 步 对矩阵 **tr** 第 i 行向右循环移位 $RK(i)$ 位，其移位后的列向量记为 **PB**$(i,:)$。

第 9 步 令 $i=i-1$，循环执行第 6~8 步，直到 $i<1$。

经过以上步骤，完整的一轮解密算法已经结束。

4．图像加解密的仿真结果

设置密钥 $K=[0.12341994,0.56781988,0.6001,0.8001,200,300]$。对两类 256×256 灰度图像（Binary 图像、Lena 图像）应用上面设计的算法进行加密。其仿真结果如图 7-31(a)、图 7-31(c)、图 7-31(e)、图 7-31(f)、图 7-31(h) 和图 7-31(j) 所示。从图中可以看出，加密后的图像类似于 noise 图像，解密后的图像和原图像一致。

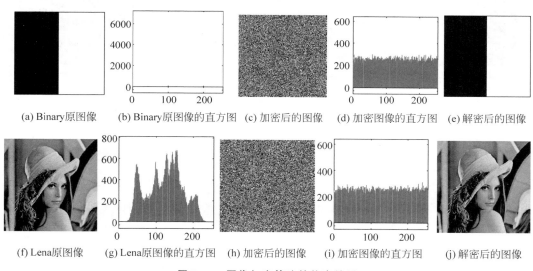

(a) Binary原图像　(b) Binary原图像的直方图　(c) 加密后的图像　(d) 加密图像的直方图　(e) 解密后的图像

(f) Lena原图像　(g) Lena原图像的直方图　(h) 加密后的图像　(i) 加密图像的直方图　(j) 解密后的图像

图 7-31 图像加密算法的仿真结果

7.4.2 算法的安全性分析

1．密钥分析

一个好的加密算法应该有大的密钥空间和很高的密钥敏感性。根据 IEEE 754 标准，密钥的前四部分各占 52 位。实际算法中规定 $n_r,n_c>100$，则密钥空间为 $n_r \times n_c \times 2^{208}>10^4 \times 2^{208}$，根据现在计算机的运算速度，该算法密钥空间大，可以抵抗穷举攻击。

为了测试密钥的敏感性，以 Lena 图像作为测试图像，将密钥进行微小的改动后，观察加密和解密的效果，其结果如图 7-32 和图 7-33 所示。其中 K_i($i=1,2,3,4$)代表第 i

个密钥比原密钥增大了 10^{-16}。$C=\mathrm{Enc}(P,K)$ 代表以 K 为密钥对图像 P 进行加密,加密结果为 C。$D=\mathrm{Dec}(C,K)$ 代表以 K 为密钥对密文 C 进行解密,解密结果为 D。从图 7-32 可以看出,当密钥做微小改动后,其加密的图像和原密钥加密的图像完全不同。如图 7-33 所示,即使解密的密钥和原密钥存在微小不同,都不可以正确解密出原图像,所以本章设计的算法的密钥的敏感性很高。

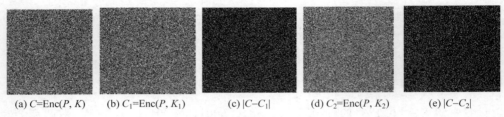

(a) $C=\mathrm{Enc}(P,K)$ (b) $C_1=\mathrm{Enc}(P,K_1)$ (c) $|C-C_1|$ (d) $C_2=\mathrm{Enc}(P,K_2)$ (e) $|C-C_2|$

图 7-32　加密过程的敏感性

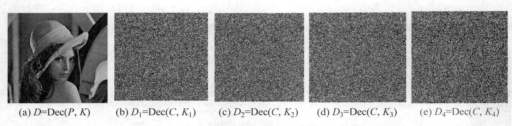

(a) $D=\mathrm{Dec}(P,K)$ (b) $D_1=\mathrm{Dec}(C,K_1)$ (c) $D_2=\mathrm{Dec}(C,K_2)$ (d) $D_3=\mathrm{Dec}(C,K_3)$ (e) $D_4=\mathrm{Dec}(C,K_4)$

图 7-33　解密过程的敏感性

2. 抗差分攻击性能分析

在仿真实验中,随机选取明文图像中的任一像素并将其值增 1 或减 1。对于不同的图像,测试 100 次取平均值作为最终结果。图像的大小均为 256×256。其结果如表 7-17 和表 7-18 所示,可见,NPCR 和 UACI 的通过率接近 1。此外,以 Lena 图像为例,测试了不同加密算法,其结果如表 7-19 所示,从表中看出本章的加密算法结果其指标的值更接近理想值。这表明本章设计的算法有抵抗差分攻击的能力。

表 7-17　采用本章算法加密的不同图像的 NPCR 值

图像名称	最小值/%	最大值/%	平均值/%	通过率/%	
				$\mathrm{NPCR}_{0.05}^{*}$	$\mathrm{NPCR}_{0.01}^{*}$
5.1.09	99.5834	99.6647	99.6063	93	99
5.1.10	99.5422	99.6704	99.6059	94	98
5.1.11	99.5468	99.6903	99.6093	97	99
5.1.12	99.5361	99.6582	99.6057	94	98
5.1.13	99.5544	99.6826	99.6110	95	100
5.1.14	99.5255	99.6735	99.6114	94	97

表 7-18　采用本章算法加密的不同图像的 UACI 值

图像名称	最小值/%	最大值/%	平均值/%	通过率/%	
				$UACI^*_{-0.05}$ $UACI^*_{+0.05}$	$UACI^*_{-0.01}$ $UACI^*_{+0.01}$
5.1.09	33.1832	33.6977	33.4585	96	99
5.1.10	33.2224	33.6436	33.4161	93	99
5.1.11	33.2613	33.7281	33.4791	94	98
5.1.12	33.1647	33.7210	33.4550	96	98
5.1.13	33.2063	33.5832	33.4143	98	99
5.1.14	33.2832	33.7308	33.4896	94	98

表 7-19　不同算法加密的 Lena 图像的 NPCR 和 UACI 值

指标	理想值	本章算法(1 轮)	Wang[27](2 轮)	Liu[9](2 轮)	Zhang[14](3 轮)	Xu[38](1 轮)
NPCR/%	99.6094	99.6096	99.6075	99.6063	99.5950	97.6198
UACI/%	33.4635	33.4574	33.4195	33.3437	33.3891	32.8014

3. 抗已知明文与选择明文攻击性能分析

大部分图像加密算法是通过已知明文/选择明文的攻击策略去破译。通常,攻击者会使用特定的图像,例如全白或全黑的图像去破译加密算法。在本章算法中,混沌系统根据明文实时更新初值,这一策略极大地提高了算法抵抗已知明文/选择明文的攻击能力。对于一个 512×512 的图像,图 7-34 和表 7-20 显示了全白和全黑图像的加密结果。

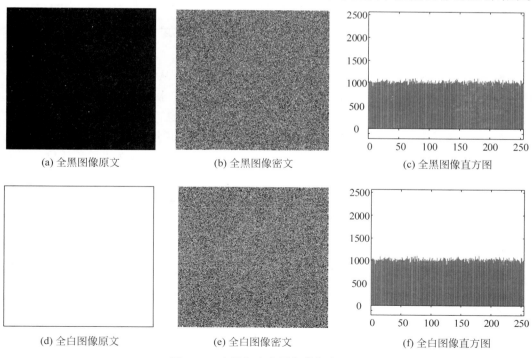

(a) 全黑图像原文　　　　　(b) 全黑图像密文　　　　　(c) 全黑图像直方图

(d) 全白图像原文　　　　　(e) 全白图像密文　　　　　(f) 全白图像直方图

图 7-34　全黑和全白图像的加密结果

从中可以看出,密文图像类似于噪声图像,$\chi^2-\text{value}$ 表明密文的直方图分布均匀。相关性接近零,全局熵与局部熵接近 8,而 NPCR 与 UACI 接近理想值。因此,可以认为攻击者从全黑或全白的密文图像中获取不到任何有用信息。这表明本章设计的加密算法可以抵抗已知明文/选择明文的攻击。

表 7-20　全黑和全白图像的解密结果

图像	$\chi^2-\text{value}$	相 关 性			全局熵	局部熵	NPCR/%	UACI/%
		水平	垂直	对角线				
全黑	277.983	0.00097	0.00202	0.00040	7.99915	7.90220	99.6146	33.4408
全白	284.620	0.00545	0.00049	0.00650	7.99922	7.90203	99.6081	33.4351

4. 抗统计攻击性能分析

加密算法抵抗统计攻击的能力可以从直方图、相邻像素的相关性和信息熵三个方面衡量。

1) 直方图

表 7-21 显示了各加密图像直方图的 $\chi^2-\text{value}$[23]。从表中可以看出,所有的 $\chi^2-\text{value}<\chi^2_{0.05}(255)$,所以可以认为明文经过加密算法处理后,其密文的直方图分布均匀。图 7-31 中的(b)、(e)显示了明文和密文的直方图。从图中可以看出,原图像经过加密后,其密文的像素值均匀地分布在[0,255]。

表 7-21　不同明文加密后的密文直方图的 $\chi^2-\text{value}$

图像名称	Binary	Lena	Baboon	Elaine	Pepper	Boats	Fruits
$\chi^2-\text{value}$	268.6488	255.7102	250.6958	254.9057	254.8962	255.2072	252.2758

2) 相邻像素之间的相关性

像素在水平、垂直、对角线方向的分布如图 7-35 所示。从图中可以看出,明文图像中,大部分的相邻像素点集中在图像中对角线上,说明相邻像素之间的相关性很强;密文图像中,相邻像素点杂乱无序地分布在整个平面内。此外,表 7-22 显示了不同图像的相关系数。从表中看出,图像经过加密后,相关系数接近于 0,说明加密算法把原图像的相关性打破了。表 7-23 显示了 Lena 图像在应用不同算法加密后的密文的相关系数。从表中可以看出,本章提出的算法更彻底地打破了相邻像素之间的相关性。

表 7-22　不同图像相邻像素之间的相关系数

图像名称	明 文 图 像			密 文 图 像		
	水平	垂直	对角线	水平	垂直	对角线
All-zero	1	1	1	0.000027	0.005141	−0.004548
Baboon	0.827729	0.867421	0.790426	0.005373	−0.000365	0.004377
Elaine	0.972967	0.975409	0.969052	−0.000023	−0.002658	0.002109
Peppers	0.983794	0.982760	0.972322	0.000379	−0.001409	−0.000754
Boats	0.981206	0.967993	0.952059	0.000707	0.000259	0.002763
Fruits	0.984898	0.985361	0.968836	−0.002752	0.000799	−0.001519

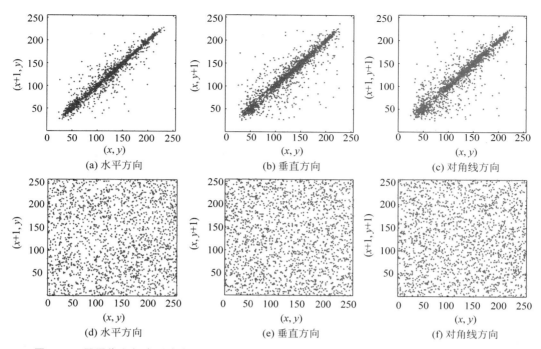

图 7-35 原图像和加密图像在不同方向的像素点分布（第一行是原图像，第二行是加密图像）

表 7-23   通过不同算法加密后的 Lena 图像的相邻像素之间的相关系数

方向	明文图像	Wang[27]	Liu[37]	Hua[3]	Xu[38]	Diacoun[39]	本章算法
水平	0.9654	−0.0331	0.0030	0.0024	−0.0230	0.0065	−0.0019
垂直	0.9326	0.0169	−0.0024	−0.0086	0.0019	0.0035	0.0012
对角线	0.9071	0.0057	−0.0034	0.0402	−0.0034	0.0036	0.0009

3）信息熵

信息熵计算结果如表 7-24 所示。从表中可看出，不同图像加密后的全局熵接近 8，意味着密文图像从全局来看是随机的。

表 7-24   不同图像的全局熵

图像名称	Binary	Baboon	Lena	Elaine	Peppers	Boats	Fruits
明文图像	0	7.3752	7.4532	7.5060	7.4963	7.0881	7.3230
密文图像	7.9970	7.9972	7.9973	7.9993	7.9993	7.9996	7.9994

Wu[40]等提出了局部信息熵，是从局部的视角上衡量图像的随机性。对于不同尺寸的图像，局部信息熵更客观公平。在一幅图像上随机选取 k 个不重叠的图像块，每块包含 T_B 个像素点，则局部信息熵的定义为

$$\overline{H_{k,T_B}} = \sum_{i=1}^{k} \frac{H(S_i)}{k} \tag{7-44}$$

其中，设置 $k=30$，$T_B=1936$，置信水平 $\alpha=0.05$，所以 $H_{\text{left}}=7.901901305$，$H_{\text{right}}=$

7.903037329。其结果如表 7-25 所示。从表中看出,在本章设计的加密算法下,密文的局部信息熵的通过率最高。标准差最小。这表明本章设计的算法可以将明文加密为类似随机信息的密文。

表 7-25   不同加密算法下密文的局部信息熵

图像名称	明文图像	密 文 图 像					
		Wang[27]	Liu[37]	Hua[3]	Xu[38]	Diacoun[39]	本章算法
5.1.09	6.29949	7.90268	7.90046	7.90213	7.90354	7.89993	7.90238
5.1.10	7.15801	7.90340	7.90298	7.90340	7.90314	7.90400	7.90264
5.1.11	5.91712	7.90413	7.90347	7.90269	7.90512	7.90209	7.90233
5.1.12	6.10315	7.90279	7.90368	7.90191	7.90490	7.90175	7.90325
5.1.13	1.48326	7.90384	7.90253	7.90283	7.90193	7.88012	7.90192
5.1.14	7.16985	7.90167	7.90236	7.90234	7.90156	7.90196	7.90176
5.2.08	6.63048	7.90385	7.90444	7.90333	7.90271	7.90151	7.90301
5.2.09	6.59759	7.90501	7.90091	7.90177	7.89828	7.90188	7.90259
5.2.10	5.40253	7.90288	7.90378	7.90275	7.90461	7.90101	7.90299
7.1.01	5.78942	7.90297	7.90081	7.90131	7.90351	7.90435	7.90222
7.1.02	3.58370	7.90635	7.90253	7.90158	7.90250	7.90308	7.90224
7.1.03	4.99025	7.90047	7.90240	7.90310	7.89955	7.90178	7.90279
7.1.04	5.35761	7.90096	7.89961	7.90261	7.90066	7.90390	7.90253
7.1.05	6.47808	7.90199	7.90314	7.90531	7.90272	7.90226	7.90260
7.1.06	6.62364	7.90218	7.90537	7.90270	7.90397	7.90180	7.90231
7.1.07	5.69520	7.90083	7.90324	7.90290	7.90236	7.90220	7.90256
7.1.08	4.72945	7.90168	7.90435	7.90163	7.90254	7.90115	7.90251
7.1.09	5.96737	7.90103	7.90052	7.90317	7.90201	7.90203	7.90195
7.1.10	5.93660	7.90355	7.90270	7.90152	7.90080	7.90194	7.90322
通过率		6/19	6/19	8/19	7/19	6/19	16/19
平均值		7.90275	7.90259	7.90258	7.90244	7.90099	7.90252
标准差		0.00152	0.00153	0.00093	0.00176	0.00516	0.00042

7.4.3   算法的位水平方面分析

对于一幅图像,在位水平上存在两个内在的特性:①明文图像中高位的位组之间的相关性很强,例如第 7 位位组和第 8 位位组的值是相反的,如图 7-36 所示;②从每组位组来看位的分布不均匀,但从整体来看,位的分布是均匀的,如表 7-26 所示。因此,有必要在位水平上对加密算法进行详细分析。

(a) Lena图像的第8位   (b) Lena图像的第7位   (c) Baboon图像的第8位   (d) Baboon图像的第7位

图 7-36   Lena 和 Baboon 的第 7 位位组和第 8 位位组的分布情况

表 7-26 不同图像的位组中 1 的占比

图像名称	第 8 位	第 7 位	第 6 位	第 5 位	第 4 位	第 2 位	第 1 位	整体
Lena	0.5064	0.4225	0.5055	0.5009	0.5021	0.5016	0.4995	0.4916
Baboon	0.4997	0.5115	0.4939	0.4936	0.4976	0.5207	0.5014	0.4996
Elaine	0.5699	0.4981	0.5039	0.4957	0.5013	0.4873	0.5093	0.5078
Peppers	0.5033	0.3366	0.4717	0.4723	0.4603	0.4700	0.4724	0.4564

1. 高位位空间的相关性分析

高位位组之间的相关性很强,一个好的加密算法应能够打破这种相关性。实验中把图像分成 16 个不重叠的块,对每块分别计算第 8 位和第 7 位之间的相关性,结果如图 7-37 所示。从图中可以看出,密文图像的相关系数接近于 0。表 7-27 显示了相关系数。从表中看出其相关系数的平均值和标准差都比明文小。这表明,加密算法彻底打破了图像中的第 8 位和第 7 位之间的相关性。

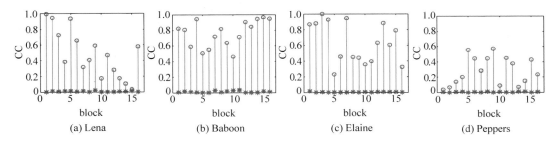

图 7-37 不同图像的第 8 位和第 7 位之间的相关系数("。"代表明文,"*"代表密文)

表 7-27 不同图像的第 8 位和第 7 位之间的相关系数

指标	Lena		Baboon		Elaine		Peppers	
	明文	密文	明文	密文	明文	密文	明文	密文
平均值	0.4857	0.0091	0.7633	0.0134	0.6373	0.0061	0.2855	0.0069
标准差	0.3070	0.0063	0.1711	0.0170	0.2614	0.0042	0.1817	0.0047

2. 位空间的位分布均匀性分析

对于位水平的第二个特性,我们详细分析了位空间的分布特性,密文图像的第 8 位和第 7 位位组的分布情况如图 7-38 所示。从图中可以看出,每个图像的每个位组的分布视觉上是均匀的。此外计算了每个位组中 1 的占比,其结果如图 7-39 所示。从图中看出,密文图像的每个位组中 1 的占比接近 0.5。这表明,经过加密算法处理后,密文图像中位组的分布均匀。

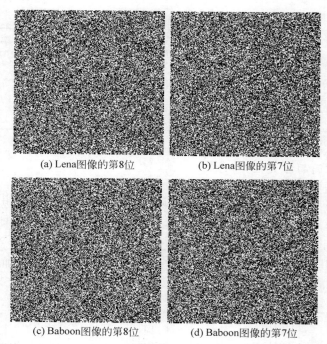

(a) Lena图像的第8位　　　　　　(b) Lena图像的第7位

(c) Baboon图像的第8位　　　　　　(d) Baboon图像的第7位

图 7-38　　Lena 图像和 Baboon 图像的第 7 位位组和第 8 位位组的分布情况

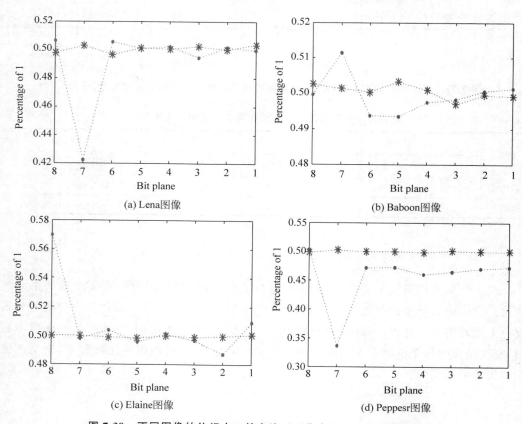

(a) Lena图像　　　　　　　　　(b) Baboon图像

(c) Elaine图像　　　　　　　　(d) Peppesr图像

图 7-39　　不同图像的位组中 1 的占比（"."代表明文，"＊"代表密文）

7.4.4　计算复杂度分析

复杂度是算法的一个重要的衡量指标。本章采用计算复杂度和时间复杂度来共同评估算法的设计复杂度。对于一个 $M \times N$ 的图像，不同位水平算法的复杂度如表 7-28 所示。

表 7-28　不同算法的计算复杂度和时间复杂度

加密算法	计算复杂度		时间复杂度/s
	置　乱	扩　散	
Teng[41]	$8MN\lg(2MN)+4MN$	$4MN$	2.40172
Hua[3]	$2MN+2MN\lg(MN)$	$2MN$	1.22058
Xu[38]	$12MN$	$24MN+2MN\lg(4MN)$	3.08120
Diaconu[39]	$M\lg(8N)$	$10MN$	0.77796
本章算法	$M\lg(8N)+8N\lg(M)+2(M+8N)$	—	0.32432

在本章设计的算法中，置乱和扩散通过行加密和列加密来执行。算法包括 $(M+8N)$ 次混沌序列的浮点操作，$(M\lg(8N)+8N\lg(M))$ 次循环移位操作 $(M+8N)$ 次异或操作。在其他算法中，置乱和扩散是分开进行，其计算复杂度在表 7-28 中详细列出。需要注意的是，Hua 等设计的加密算法需要加密两轮。从表 7-28 可以看出，本章设计的算法的计算复杂度要低于其他算法的复杂度。此外，在 1.9GHz AMD CPU 和 4.0GB RAM 的个人计算机上测试了加密的时间复杂度。采用 Windows 10 操作系统与 MATLAB8.6.0(R2015b)测试平台，将 256×256 的 Lena 图像测试了 50 次，其平均值记录在表格中的最后一列中，从该表中可以看出，本章设计的算法其执行时间低于其他算法，表明算法的实时性能更优。

算法采用行加密和列加密实现置乱和扩散效果，像素的位置通过位水平的循环移位进行打乱。像素的扩散通过位水平的异或和取反操作完成。混沌系统的初值根据明文和密钥实时更新。仿真结果显示，该加密算法可以将不同图像加密成为类似随机信号的密文。安全性分析显示该算法可以有效地抵抗统计攻击、差分攻击、已知明文/选择明文等的攻击。复杂度测试显示该算法有很低的计算复杂度和时间复杂度。因此本章设计的加密算法有很好的应用前景。

7.5　基于混沌和压缩感知的图像加密算法

与 7.2 节一样，这里采用 2D-SIMM 产生混沌序列，其系统方程为

$$\begin{cases} x(n+1)=a\sin[\omega y(n)]\sin[b/x(n)] \\ y(n+1)=a\sin[\omega x(n+1)]\sin[b/y(n)] \end{cases} \tag{7-45}$$

其中，x、y 为系统状态变量，参数 a 为幅度，ω 为频率，b 为系统内部扰动的频率。

7.5.1　图像压缩与加密算法

1. 密钥结构设计

加密算法的密钥结构如图 7-40 所示,主要包含七部分。前四部分是 2D-SLIM 映射的系统初值。其中,初值 $(x_{01}, y_{01}) \in (-1,0) \bigcup (0,1)$,用于生成混沌序列来构造测量矩阵。初值 $(x_{02}, y_{02}) \in (-1,0) \bigcup (0,1)$,用于图像加密操作中。系统参数 $a_0, b_0 \in (0, +\infty)$。最后一部分为明文图像的哈希散列值。

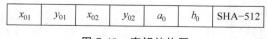

x_{01}	y_{01}	x_{02}	y_{02}	a_0	b_0	SHA-512

图 7-40　密钥结构图

在本算法中,为了增强明文图像与加密算法的相关性,使其能够抵御选择明文攻击和已知明文攻击,算法的密钥由明文图像的哈希散列值和初始密钥共同决定。具体步骤如下。

第 1 步　通过对明文图像进行哈希变换得到 512 位的散列值。将其以每 8 位为一个单位进行划分,转换得到 64 个十进制数 $s_1, s_2, \cdots, s_{64}$。

第 2 步　2D-SLIM 映射的参数值由式(7-46)得到

$$\begin{cases} a = \mathrm{mod}(\mathrm{sum}(s_1, s_2 \cdots s_{16})/256, 1) + a_0 \\ b = \mathrm{mod}(\mathrm{sum}(s_{17}, s_{18} \cdots s_{32})/256, 1) + b_0 \end{cases} \tag{7-46}$$

第 3 步　执行式(7-47)得到用于构造测量矩阵的映射初值

$$\begin{cases} x_{11} = \mathrm{mod}(\mathrm{mean}(s_1, s_2 \cdots s_{16})/256, 1) + x_{01} \\ y_{11} = \mathrm{mod}(\mathrm{mean}(s_{17}, s_{18} \cdots s_{32})/256, 1) + y_{01} \end{cases} \tag{7-47}$$

第 4 步　执行式(7-48)~式(7-51)得到用于图像加密操作的映射初值

$$\begin{cases} x_{12} = \mathrm{mod}((s_{33} \oplus s_{34} \oplus s_{35} \oplus s_{36})/256, 1) + x_{02} \\ y_{12} = \mathrm{mod}((s_{37} \oplus s_{38} \oplus s_{39} \oplus s_{40})/256, 1) + y_{02} \end{cases} \tag{7-48}$$

$$\begin{cases} x_{22} = \mathrm{mod}((s_{41} \oplus s_{42} \oplus s_{43} \oplus s_{44})/256, 1) + x_{02} \\ y_{22} = \mathrm{mod}((s_{45} \oplus s_{46} \oplus s_{47} \oplus s_{48})/256, 1) + y_{02} \end{cases} \tag{7-49}$$

$$\begin{cases} x_{32} = \mathrm{mod}((s_{49} \oplus s_{50} \oplus s_{51} \oplus s_{52})/256, 1) + x_{02} \\ y_{32} = \mathrm{mod}((s_{53} \oplus s_{54} \oplus s_{55} \oplus s_{56})/256, 1) + y_{02} \end{cases} \tag{7-50}$$

$$\begin{cases} x_{42} = \mathrm{mod}((s_{57} \oplus s_{58} \oplus s_{59} \oplus s_{60})/256, 1) + x_{02} \\ y_{42} = \mathrm{mod}((s_{61} \oplus s_{62} \oplus s_{63} \oplus s_{64})/256, 1) + y_{02} \end{cases} \tag{7-51}$$

综上所述,随着明文图像的改变,映射的初始条件 a,b 和 (x_{ij}, y_{ij}) 均会改变,且当加密同一个图像时,每次加密操作的初值 (x_{ij}, y_{ij}) 都会实时更新。

2. 测量矩阵的生成

本算法使用循环矩阵作为压缩感知过程中的测量矩阵 $\boldsymbol{\Phi}_1$ 和 $\boldsymbol{\Phi}_2$。将由 2D-SLIM 映

射生成的序列作为循环矩阵的原始行向量,剩余的行向量均由其上一行向量右移一位得到。因此,相对于其他测量矩阵,循环矩阵需要的独立元素更少,构造速度更快,存储空间更小,其生成步骤如下。

第 1 步 设置超混沌映射的初始条件为 a,b 和 (x_{11},y_{11}),将其迭代 $(n_0+N\times d)$ 次生成混沌序列 $X=[x_1,x_2,\cdots,x_N]$ 和 $Y=[y_1,y_2,\cdots,y_N]$。其中,d 为混沌序列的取值间隔,N 为测量矩阵的列数,n_0 为混沌序列用于避免瞬态效应的舍弃值。

第 2 步 将 X 和 Y 代入式(7-52)得到测量矩阵 $\boldsymbol{\Phi}_1$ 和 $\boldsymbol{\Phi}_2$。

$$\begin{cases} \boldsymbol{\Phi}'_1(1,N)=X \\ \boldsymbol{\Phi}'_2(1,N)=Y \end{cases} \tag{7-52}$$

$$\begin{cases} \boldsymbol{\Phi}'_1(i,1)=\lambda_1 \cdot \boldsymbol{\Phi}'_1(i-1,N) \\ \boldsymbol{\Phi}'_1(i,2\colon N)=\boldsymbol{\Phi}'_1(i-1,1\colon N-1) \end{cases} \tag{7-53}$$

$$\begin{cases} \boldsymbol{\Phi}'_2(i,1)=\lambda_2 \cdot \boldsymbol{\Phi}'_2(i-1,N) \\ \boldsymbol{\Phi}'_2(i,2\colon N)=\boldsymbol{\Phi}'_2(i-1,1\colon N-1) \end{cases} \tag{7-54}$$

$$\begin{cases} \boldsymbol{\Phi}_1=\sqrt{2/M}\,\boldsymbol{\Phi}'_1 \\ \boldsymbol{\Phi}_2=\sqrt{2/M}\,\boldsymbol{\Phi}'_2 \end{cases} \tag{7-55}$$

其中,$\boldsymbol{\Phi}'_1$ 和 $\boldsymbol{\Phi}'_2$ 是过渡矩阵,M 是测量矩阵的行数,$\sqrt{2/M}$ 是归一化系数,λ_1 和 λ_2 用于减少列向量间之间的相关性,值均大于 1。

3. 图像压缩-加密算法设计

设计的图像压缩-加密算法的整体框图如图 7-41 所示,主要包含两个过程:一是对灰度图像使用二维压缩感知,达到压缩和加密的双重效果;二是使用行加密和列加密的加密方式对压缩后的图像进行再次加密,确保图像的信息安全。此外,将 2D-SLIM 映射应用于整个算法流程中,主要用于测量矩阵的生成过程和加密过程的置乱-扩散操作。

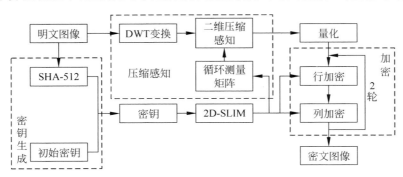

图 7-41 图像压缩-加密整体框图

1) 图像的二维压缩感知算法

设定明文图像 P 的尺寸为 $N\times N$,其压缩步骤如下。

第 1 步 将明文图像 P 的像素矩阵通过 DWT 变换得到稀疏系数矩阵 $\boldsymbol{P}_1$,且矩阵大小为 $N\times N$。

第2步 生成测量矩阵$\boldsymbol{\Phi}_1$和$\boldsymbol{\Phi}_2$，大小均为$M \times N$（$M = CR \times N$），CR为图像的压缩率，其计算式为

$$CR = \frac{P_2\_\text{height} \times P_2\_\text{width}}{P_1\_\text{height} \times P_1\_\text{width}} \tag{7-56}$$

其中P_2为压缩后的图像。

第3步 执行式(7-57)对系数矩阵$\boldsymbol{P}_1$进行二维压缩感知，得到压缩矩阵$\boldsymbol{P}_2$，且大小为$M \times M$。

$$\boldsymbol{P}_2 = \boldsymbol{\Phi}_2 \boldsymbol{P}_1 \boldsymbol{\Phi}_1^{\mathrm{T}} \tag{7-57}$$

第4步 按照式(7-58)量化压缩矩阵$\boldsymbol{P}_2$的元素，使其转换为$0 \sim 255$的整数，得到矩阵$\boldsymbol{P}_3$。

$$\boldsymbol{P}_3 = \text{round}(255 \times (\boldsymbol{P}_2 - \text{Min})/(\text{Max} - \text{Min})) \tag{7-58}$$

其中，Max和Min分别是矩阵$\boldsymbol{P}_2$的最大值和最小值，round(x)表示取最接近x的整数值。

2）图像加密算法

为确保图像的信息安全，在图像压缩后，采用行加密和列加密对其进行再次加密，过程如下：

第1步 设置初始条件为a，b和(x_{12}, y_{12})，将2D-SLIM映射迭代$n_1 + M$次。为增强初值敏感性，将前n_1个序列值舍弃。最后，得到序列$\boldsymbol{X}_1$和$\boldsymbol{Y}_1$。

第2步 通过式(7-59)得到序列H_1和H_2。

$$\begin{cases} H_1(i) = \text{floor}(\boldsymbol{X}_1(i) \times 10^5) \\ H_2(i) = \text{mod}(\text{floor}(\boldsymbol{Y}_1(i) \times 10^5), M-1) + 1 \end{cases}, \quad 1 \leqslant i \leqslant M \tag{7-59}$$

其中，序列H_1用于扩散操作，序列H_2用于置乱移位操作，且H_2的所有值都在$1 \sim M$。

第3步 将序列H_1代入式(7-60)中，按行对矩阵$\boldsymbol{P}_3$进行取余操作，得到矩阵$\boldsymbol{C}_1$。

$$\boldsymbol{C}_1(i,:) = \text{mod}(\boldsymbol{P}_3(i,:) + H_1(i), 256), \quad 1 \leqslant i \leqslant M \tag{7-60}$$

第4步 对矩阵$\boldsymbol{C}_1$按行向左循环移位，得到$\boldsymbol{C}_2$。

$$\boldsymbol{C}_2(i,:) = \text{circleshift\_left}(\boldsymbol{C}_1(i,:), H_2(i)), \quad 1 \leqslant i \leqslant M \tag{7-61}$$

第5步 设置初始条件为a，b和(x_{22}, y_{22})，将2D-SLIM映射迭代$n_2 + M$次。为增强初值敏感性，将前n_2个序列值舍弃。最后，得到序列$\boldsymbol{X}_2$和$\boldsymbol{Y}_2$。

第6步 将序列$\boldsymbol{X}_2$和$\boldsymbol{Y}_2$代入式(7-59)，同理，得到序列H_3和H_4。

第7步 将序列H_3代入式(7-62)中，按列对矩阵$\boldsymbol{C}_2$进行取余操作，得到矩阵$\boldsymbol{C}_3$。

$$\boldsymbol{C}_3(:,i) = \text{mod}(\boldsymbol{C}_2(:,i) + H_3(i), 256), \quad 1 \leqslant i \leqslant M \tag{7-62}$$

第8步 对矩阵$\boldsymbol{C}_3$按列向上循环移位，得到$\boldsymbol{C}_4$。

$$\boldsymbol{C}_4(:,i) = \text{circleshift\_up}(\boldsymbol{C}_3(:,i), H_4(i)), \quad 1 \leqslant i \leqslant M \tag{7-63}$$

第9步 设置2D-SLIM映射的初始条件为a，b和(x_{32}, y_{32})或(x_{42}, y_{42})，分别生成混沌序列，用于第二次行加密和列加密。最后，获得密文图像$\boldsymbol{C}$。

4. 图像解密算法设计

如图7-42所示，图像的解密算法是图像加密算法的逆操作。针对本算法，对图像进

行解密操作的步骤如下。

第 1 步 按照先列后行的顺序,解密密文图像 C,得到矩阵 D_1。

第 2 步 对矩阵 D_1 中的元素进行逆量化操作,求得矩阵 D_2。

$$D_2 = \frac{D_1 \times (\text{Max} - \text{Min})}{255} + \text{Min} \tag{7-64}$$

第 3 步 基于循环测量矩阵 $\boldsymbol{\Phi}_1$ 和 $\boldsymbol{\Phi}_2$,将它们代入 SL0 算法中,求解重构矩阵 D_2。由于采用的测量方法是二维压缩感知,所以矩阵 D_2 需要进行二次求解,最后得到矩阵 D_3。

第 4 步 最后对矩阵 D_3 进行逆离散小波变换,得到解密图像 D。

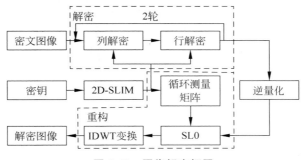

图 7-42　图像解密框图

5. 仿真结果

本算法的实验仿真软件为 MATLAB 2015b,平台为 3.2GHz Intel(R) Core(TM) 和 8.00 GB RAM 的台式计算机。设置参数和密钥的值分别为:$d = 20$,$n_0 = n_1 = n_2 = 100$,$\lambda_1 = \lambda_2 = 2.3$,$\text{CR} = 0.5$,$K = [0.1, 0.2, 0.3, 0.4, 0.7, 2\pi, \text{Lena.bmp}(256 \times 256)]$。图像加解密算法仿真结果如图 7-43 所示。由图可知,密文图像的大小是明文图像的二分之一,说明算法对图像进行了有效压缩。而且,密文图像是类噪声图像,说明算法很好地隐藏了明文图像的信息。此外,解密图像与明文图像信息大致相同,这表明算法具有较好的重构精度和解密效果。

7.5.2　算法压缩性能分析

1. 峰值信噪比(PSNR)分析

PSNR 主要用于评估经过处理后的图像的重构质量,其计算式为

$$\text{PSNR} = 10\lg \frac{255 \times 255}{\dfrac{1}{N^2}\sum_{i=1}^{N}\sum_{j=1}^{N}(X(i,j) - Y(i,j))^2} \tag{7-65}$$

其中,X 和 Y 分别表示原图像和处理后的图像,且 PSNR 的值越大,图像的重构质量越好,原图像信息损失越小。

不同图像在不同压缩率下的 PSNR 值如表 7-29 所示。从表中可以得出:①密文图像的大小随着 CR 的减小而减小。当 CR 值较大时,解密图像的重构质量较好。②相同

CR下,不同图像的 PSNR 值相似,证明算法的压缩性能较为稳定。③当 CR＝0.5 时,PSNR 值接近 30dB,说明处理后的图像有较高的重构精度。表 7-30 对比了本算法与其他加密算法的 PSNR 值。可见,在低压缩率下,设计的加密算法的 PSNR 值与文献[42]相似,且和其他两个算法相比,有更好的重构图像质量。

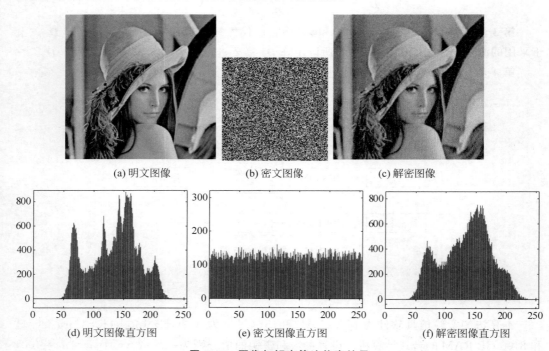

(a) 明文图像　　　　　　(b) 密文图像　　　　　　(c) 解密图像

(d) 明文图像直方图　　　(e) 密文图像直方图　　　(f) 解密图像直方图

图 7-43　图像加解密算法仿真结果

表 7-29　不同图像在不同压缩率下的 PSNR(dB)值

明文图像(256×256)	CR	密文图像	解密图像	PSNR	SSIM
	0.75			29.2184	0.7047
	0.50			29.2337	0.7129
	0.25			26.5207	0.6211

明文图像(256×256)	CR	密文图像	解密图像	PSNR	SSIM
	0.75			26.2699	0.5945
	0.50			28.0714	0.6714
	0.25			24.7934	0.5102

表 7-30　不同加密算法在不同压缩率下的 PSNR(dB)值对比分析

图像名称	CR	Huang[43]	Luo[44]	Chai[45]	本章算法
	CR=0.25	6.42	26.06	22.62	26.52
Lena(256×256)	CR=0.50	29.23	29.82	26.87	29.23
	CR=0.75	33.95	29.56	30.82	29.22

2. 结构相似度(SSIM)分析

结构相似度(SSIM)是一个完整的参考图像质量的评估指标,它从亮度、对比度和结构三个方面对图像的相似性进行衡量。它的定义为

$$SSIM = \frac{(2\mu_X\mu_Y + C_1)(2\sigma_{XY} + C_2)}{(\mu_X^2 + \mu_Y^2 + C_1)(\sigma_X^2 + \sigma_Y^2 + C_2)} \tag{7-66}$$

式中,$C_1 = (k_1 \times L)^2$,$C_2 = (k_2 \times L)^2$,$k_1 = 0.01$,$k_2 = 0.03$,$L = 255$。μ_X 和 μ_Y 表示图像的像素平均值,σ_X 和 σ_Y 表示图像的方差,σ_{XY} 表示图像的协方差。SSIM 值的取值范围为 $0\sim1$,且值越大,表明两个图像越相似。在表 7-29 中,当 CR=0.5 时,SSIM 值与 PSNR 值更大,说明重构效果更好。表 7-31 列出了在 CR=0.5 时,不同图像的 SSIM 值。从表中可以看出,当图像大小为 512×512 时,本章算法的 SSIM 值大于 0.5,说明本章算法具有良好的压缩性能。

表 7-31　不同图像的 SSIM 值(CR=0.5)

图像名称	Lena (512×512)	Girl (512×512)	Baboon (512×512)	Boats (512×512)	Man (512×512)
SSIM	0.5581	0.7418	0.5411	0.5304	0.5553

7.5.3 算法安全性分析

加密算法的安全性分析是加密算法设计中必不可少的组成部分。本章算法采用的安全性分析指标包含密钥分析、抗统计攻击分析、抗差分攻击分析和抗已知明文和选择明文攻击分析,分述如下。

1. 密钥分析

在本算法中,密钥由明文图像的哈希散列值和初始密钥 $x_{01}, y_{01}, x_{02}, y_{02}, a_0$ 和 b_0 组成。当只考虑初始密钥时,假设每个初始密钥的计算精度为 10^{-15},则密钥空间大小为 $(10^{15})^6 = 10^{90} \approx 2^{299}$。如果加上 SHA-512 散列值,那么总的密钥空间大于 2^{299}。根据文献[46],当加密算法的密钥空间大于 2^{100} 时,则该算法能够抵抗穷举攻击。

除此之外,在加解密过程中,好的图像加密算法也应对密钥的细微改变有极强的敏感性。密钥在加密和解密过程中的敏感性分析结果如图 7-44 和图 7-45 所示,其中图 7-44(d)～图 7-44(f)表示密钥改动 10^{-15} 后的密文图像[图 7-44(a)～图 7-44(c)]与原密文图像的绝对差值图。从图中可见,当加密时,对任意一个密钥进行细微改变时,算法所产生的密文图像是不同的。同样,当解密时,密钥发生细微改变后也不能解密出正确的图像。综上所述,本算法可以较好地抵抗穷举攻击,且有较高的密钥敏感性。

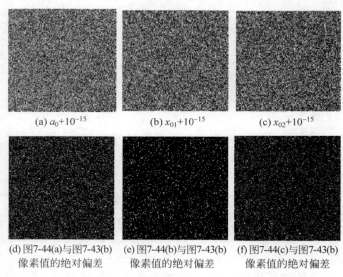

(a) a_0+10^{-15} (b) $x_{01}+10^{-15}$ (c) $x_{02}+10^{-15}$

(d) 图7-44(a)与图7-43(b)
像素值的绝对偏差   (e) 图7-44(b)与图7-43(b)
像素值的绝对偏差   (f) 图7-44(c)与图7-43(b)
像素值的绝对偏差

图 7-44 加密过程中改动密钥后的密文图像

2. 抗统计攻击分析

在本节中,使用直方图、相邻像素之间的相关性以及信息熵评估所提出算法的抵抗统计攻击能力。

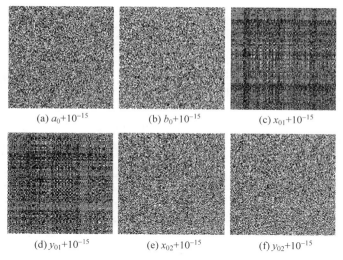

$(a)\ a_0+10^{-15}$ $(b)\ b_0+10^{-15}$ $(c)\ x_{01}+10^{-15}$

$(d)\ y_{01}+10^{-15}$ $(e)\ x_{02}+10^{-15}$ $(f)\ y_{02}+10^{-15}$

图 7-45　解密过程中改动密钥后的解密图像

1）直方图分析

直方图是表示数字图像中每个灰度出现频率的统计关系。为了很好地隐藏图像信息，密文图像的直方图应尽可能均匀。图 7-43(d)～图 7-43(f) 分别显示了明文图像、密文图像和解密图像的直方图。从图中可以看出，密文图像的每个像素值的数量在[0，255]的间隔内几乎相等，这意味着攻击者很难通过统计分析，获得图像信息。此外，解密图像的直方图与明文图像的直方图大致相同，这意味着本章算法能够很好地恢复密文图像。

2）相邻像素之间的相关系数分析

在本实验中，分别从水平、垂直和对角线方向绘制了相关系数分布图，如图 7-46 所示。可见，明文图像的相邻像素以坐标轴的对角线位置为中心分布。而密文图像的相邻像素则均匀地分布在整个坐标空间中。此外，表 7-32 中列出了不同图像的相关系数值。表 7-33 对比分析了不同加密方法的 Lena 图像的相关系数。从表中可见，明文图像的相关系数接近于 1，而密文图像的相关系数接近于 0，且本章算法的相关系数值比其他加密方法的小，这表明本章算法可以更好地打破像素间的相关性。

表 7-32　不同图像的相关系数

图像名称	明 文 图 像			密 文 图 像		
	水平	垂直	对角线	水平	垂直	对角线
Girl	0.9479509	0.9615389	0.9327891	−0.0057	0.0003	0.0015
Cameraman	0.9590266	0.9340624	0.9084898	0.0078	0.0065	0.0007
Man	0.9695615	0.9607327	0.9424232	0.0001	−0.0026	0.0047
Boats	0.9712097	0.9379821	0.9223456	−0.0002	−0.0004	−0.0007
Baboon	0.7628854	0.8647478	0.7307174	−0.0022	0.0004	−0.0003

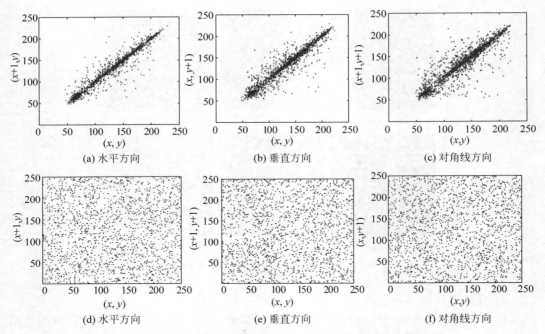

图 7-46　相邻像素相关性分布(第一行是明文图像,第二行是密文图像)

表 7-33　不同加密方法的 Lena 图像相关系数对比分析

方向	Lena	Zhou[47]	Zhou[48]	梁[49]	Zhou[50]	本章算法
水平	0.9719	0.0846	0.0042	0.0030	0.0198	−0.0015
垂直	0.9459	0.0583	−0.0043	−0.0003	0.0141	0.0041
对角线	0.9212	0.0931	0.0163	0.0078	0.0026	0.0069

3）信息熵分析

表 7-34 中列出了不同图像的信息熵值。可见,密文图像的值均非常接近于 8。这说明本章算法的密文图像具有良好的随机性。

表 7-34　不同图像的信息熵

信息熵	Lena	Boats	Cameraman	Man	Baboon	Fruits
明文图像	7.2046	7.1914	7.0097	7.1926	7.3579	7.3231
密文图像	7.9935	7.9990	7.9935	7.9986	7.9986	7.9948

通过以上分析,证明了本章算法可以很好地抵抗统计攻击,成功隐藏图像像素值的统计信息。

3. 抗差分攻击分析

本次测试从 USC-SIPI 图像数据库中选取图像,并且所有图像的大小均为 256×256。将每幅图像的任意像素值改变 1,并测试 100 次。表 7-35 和表 7-36 分别列出了不同图像的 NPCR 值和 UACI 值。当 $\alpha = 0.05$ 时,NPCR 的通过率约为 95%,UACI 的通过率约为 90%。当 $\alpha=0.01$ 时,两个指标的通过率均接近 100%。此外,当明文图像设置为 Lena 时,本章算法与其他算法的比较结果如表 7-37 所示。可以得出,本章设计的加密算法的 NPCR 和 UACI 值更接近于理想值,表明它可以很好地抵抗差分攻击。

表 7-35　不同图像的 NPCR(%)值

图像名称	最小值	最大值	平均值	通过率/%	
				$NPCR^*_{0.05}=99.5693\%$	$NPCR^*_{0.01}=99.5527\%$
5.1.09	99.51161	99.66423	99.60737	91	96
5.1.10	99.54214	99.67339	99.61381	93	99
5.1.11	99.52688	99.70086	99.61207	92	98
5.1.12	99.54214	99.68865	99.61604	97	98
5.1.13	99.53909	99.69476	99.61814	95	98
5.1.14	99.51467	99.70086	99.61347	93	97

表 7-36　不同图像的 UACI(%)值

图像名称	最小值	最大值	平均值	通过率/%	
				$UACI^{*-}_{0.05}=33.2824\%$ $UACI^{*+}_{0.05}=33.6447\%$	$UACI^{*-}_{0.01}=33.2255\%$ $UACI^{*+}_{0.01}=33.7016\%$
5.1.09	33.21523	33.78882	33.46694	91	97
5.1.10	33.25719	33.73029	33.48738	91	99
5.1.11	33.17586	33.84335	33.51209	89	96
5.1.12	33.13015	33.77129	33.43994	92	97
5.1.13	33.13396	33.75915	33.42523	90	96
5.1.14	33.26307	33.78696	33.50751	93	96

表 7-37　使用不同加密算法加密 Lena 图像后的 NPCR 和 UACI 值

指　　标	理想值	梁[49]	Cao[51]	Liu[37]	Wang[27]	本章算法
NPCR(%)	99.6094	99.5811	99.6149	99.6075	99.6120	99.6098
UACI(%)	33.4635	33.5640	33.4174	33.4697	33.5272	33.4697

4. 抗已知明文和选择明文攻击分析

已知明文攻击和选择明文攻击是图像加密算法最常见的攻击。因此,安全的加密算法应具有更好的能力去抵抗这些攻击。全黑或全白图像可能导致加密算法的置乱效果失效,所以黑客经常使用此类典型图像来破译算法。在此算法中,密钥由明文图像的 SHA-512 哈希值和初始密钥一起决定,这增强了算法和明文图像之间的相关性,使得算法能够很好地抵抗已知明文和选择明文攻击。图 7-48 和表 7-38 分别显示了全黑和全白图像的加密结果及各项指标值。

从图 7-47 可见,密文图像都是类噪声图像,且其直方图分布均匀,这表明算法的加密性能良好。此外,从表 7-38 中可以得到,密文图像的相关系数接近于 0,信息熵接近于 8,NPCR 和 UACI 值都接近于理想值。所以设计的算法可以较好地抵抗已知明文和选择明文攻击。

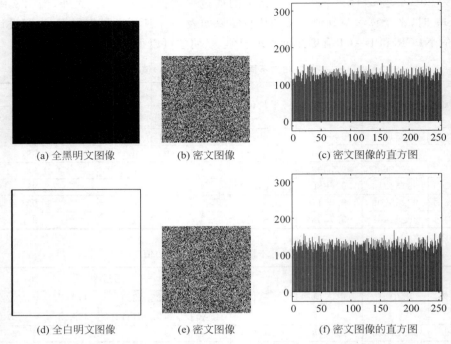

(a) 全黑明文图像　　　　(b) 密文图像　　　　(c) 密文图像的直方图

(d) 全白明文图像　　　　(e) 密文图像　　　　(f) 密文图像的直方图

图 7-47　典型图像的实验结果(第一行是全黑图像,第二行是全白图像)

表 7-38　加密全黑和全白图像后的算法性能分析

图像 (256×256)	相关系数			信息熵	NPCR/%	UACI/%
	水平	垂直	对角线			
全黑	−0.0019	−0.0026	0.0013	7.9943	99.6095	33.4712
全白	−0.0010	0.0059	−0.0039	7.9941	99.6102	33.4831

7.5.4　算法实用性分析

密文图像通常通过公共信道实时发送和接收,为了能够及时准确地对其解密,加密算法的实用性分析变得尤为重要,主要包括时间复杂度分析和鲁棒性分析两部分,分述如下。

1. 时间复杂度分析

时间复杂度也是判断加密算法性能的重要指标。在本实验中,分析了在不同 CR 情况下,不同尺寸图像的加密时间,结果如表 7-39 所示。得出以下结论:①对于同一明文图像,CR 值越大,加密时间越长。②当 CR 值相同时,图像尺寸越大,加密时间越长。③当明文图像的尺寸和 CR 值都相同时,加密时间大致相同。由表 7-39 所示,不同尺寸下图像的加密时间随着 CR 值的增加而增加。显然,本章算法的加密时间很短。

表 7-39 不同尺寸图像的加密时间(s)

图 像	Lena 256×256	Girl 256×256	Boats 512×512	Man 512×512	Baboon 512×512
CR=0.25	0.02683	0.02686	0.09443	0.09555	0.09548
CR=0.50	0.03659	0.03689	0.13604	0.13780	0.13699
CR=0.75	0.04672	0.04667	0.17926	0.17943	0.17960

为了比较本章算法与其他加密算法的时间复杂度,设置不同尺寸的 Lena 图像作为测试图像,并进行了 100 次加密。通过压缩性能分析,CR 值统一设置为 0.5。本章算法中耗时的部分主要由密钥生成、测量矩阵的构造、测量过程和加密过程组成,分析如下。

(1)对于测量矩阵的构造,本章算法消耗的执行时间更短,只需要 $\theta(M)$ 次迭代即可,而文献[49]则需要 $\theta(M)$ 次迭代和 $\theta(M\lg M)$ 排序操作。

(2)对于压缩感知过程,本章算法执行时间较短,只进行了二维压缩感知,而文献[42]在进行压缩感知前,使用初等元胞自动机和 Zigzag 对系数矩阵进行了 3 轮置乱。

(3)对于加密过程,本章算法同时执行置乱和扩散操作,只需要 $\theta(4M)$ 次迭代。

此外,不同加密算法的时间复杂度均在同一工作平台进行测试,结果列于表 7-40。由表可见,与具有相似压缩性能的压缩加密算法[42,49]、位级图像加密算法[51]和像素级图像加密算法[25]相比,本章算法的执行时间最短。与以前的像素级快速加密算法相比,本章算法具有较小的密文图像和相似的执行时间,这使得它更适合于实时图像加密。

表 7-40 不同加密算法的时间复杂度对比(s)

图像名称	尺寸	Chai[42]	梁[49]	Cao[51]	Liu[37]	Wang[27]	Hua[25]	本章算法
Lena	256×256	0.59320	0.25579	0.09837	0.02759	0.03063	0.05670	0.03438
	512×512	0.78570	1.00260	0.36029	0.09047	0.11536	0.23560	0.13128

2. 鲁棒性分析

当传输和处理密文图像时,它们容易受到噪声的影响或者剪切攻击。因此,为了能够正确解密密文图像,图像加密算法必须具有抵抗噪声攻击和剪切攻击的鲁棒性。

在本次实验中,为评估本章算法的鲁棒性,三种典型噪声(高斯噪声、斑点噪声和椒盐噪声)以及不同尺寸的数据剪切被添加到 Lena 的密文图像中,仿真结果如图 7-48 所示。由图可知,从所有解密图像中依然能够识别出明文图像的大部分信息,这表明本章算法具有较好的鲁棒性,可以应用于实际场景中。

基于 2D-SLIM 映射和压缩感知,提出了一种快速的图像加密算法。该算法主要包括两个过程:二维压缩感知和行列加密。使用二维压缩感知快速减小了密文图像尺寸并提高了重构精度。行列加密用于再次加密压缩图像,提高了算法的安全性。此外,由初始密钥和明文图像的 SHA-512 哈希值来共同计算密钥,增强了算法与明文图像的相关性。仿真结果表明,该算法具有很好的抵抗统计、差分、已知明文攻击、选择明文攻击、噪声攻击和数据剪切攻击等常见攻击的能力,且其时间复杂度低。因此,本章算法在实时加密领域具有良好的应用前景,但其低压缩率下的压缩性能和安全性能仍有提升空间。

(a) 具有1×10⁻³椒盐噪声的密文与解密图像   (b) 具有1×10⁻⁴斑点噪声的密文与解密图像

(c) 具有1×10⁻⁴高斯噪声的密文与解密图像   (d) 具有0.1%数据丢失的密文与解密图像

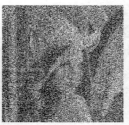

(e) 具有1%数据丢失的密文与解密图像

图 7-48 鲁棒性分析结果(第一行是加密图像,第二行是解密图像)

思考题

(1) 怎样对混沌图像加密算法进行性能评估?

(2) 与其他混沌图像加密算法相比,CST 混沌加密算法的优势在哪里?

(3) 简述 DNA 编码方式的特点与 DNA 图像加密算法原理。

(4) 如何进一步提高位水平加密算法效率?

(5) 压缩感知混沌图像加密算法的特点与优势有哪些?

参考文献

[1] Fridrich J. Image encryption based on chaotic maps[C]//IEEE International Conference on Systems,1997,2:1105-1110.

[2] Luo Y L,Tang S B,Liu J X,et al. Image encryption scheme by combining the hyper-chaotic

system with quantum coding[J]. Optics and Lasers in Engineering, 2020, 124: 105836.

[3] Hua Z Y, Zhou Y C. Image encryption using 2D Logistic-adjusted-Sine map[J]. Information Sciences, 2016, 339: 237-253.

[4] Luo Y L, Du M H, Liu J X. A symmetrical image encryption scheme in wavelet and time domain [J]. Communications in Nonlinear Sciences & Numerical Simulation, 2015, 20: 447-460.

[5] Liu W, Sun K, He Y, et al. Color image encryption using three-dimensional sine ICMIC modulation map and DNA sequence operations[J]. International Journal of Bifurcation & Chaos, 2017, 27(11): 1750171.

[6] Hua Z, Fan J, Xu B, et al. 2D logistic-sine-coupling map for image encryption [J]. Signal Process. 2018, 149: 148-161.

[7] Ye G, Chen P, Huang X, et al. An efficient pixel-level chaotic image encryption algorithm [J]. Nonlinear Dynam. 2018, 94(1): 745-756.

[8] Huang L, Cai S, Xiao M, et al. A simple chaotic map-based image encryption system using both plaintext related permutation and diffusion [J]. Entropy 2018, 20(7): 535.

[9] Liu W, Sun K, Zhu C. A fast image encryption algorithm based on chaotic map[J]. Optics and Lasers in Engineering. 2016, 84: 26-36.

[10] Zhang Q, Guo L, Wei X P. Image encryption using DNA addition combining with chaotic maps [J]. Mathematical and Computer Modelling, 2010, 52(12): 2028-2035.

[11] Saberikamarposhti M, Mohammad D, Rahim M S M, et al. Using 3-cell chaotic map for image encryption based on biological operations[J]. Nonlinear Dynamics, 2014, 75(3): 407-416.

[12] Guesmi R, Farah M A B, Kachouri A, et al. A novel chaos-based image encryption using DNA sequence operation and Secure Hash Algorithm SHA-2[J]. Nonlinear Dynamics, 2016, 83(3): 1123-1136.

[13] Fu C, Huang J, Wang N, et al. A symmetric chaos-based image cipher with an improved bit-level permutation strategy[J]. Entropy, 2014, 16(2): 770-788.

[14] Zhang Y, Xiao D. An image encryption scheme based on rotation matrix bit-level permutation and block diffusion[J]. Communications in Nonlinear Science & Numerical Simulation, 2014, 19(1): 74-82.

[15] Li Y, Wang C, Chen H. A hyper-chaos-based image encryption algorithm using pixel-level permutation and bit-level permutation[J]. Optics & Lasers in Engineering, 2017, 90: 238-246.

[16] Zhu C X, Wang G J, Sun K H. Cryptanalysis and improvement on an image encryption algorithm design using a novel chaos based S-box[J]. Symmetry-Basel, 2018, 10(9): 399.

[17] Lu Q, Zhu C X, Wang G J. A novel S-box design algorithm based on a new compound chaotic system[J]. Entropy, 2019, 21(10): 1004.

[18] Orsdemir A, Altun H O, Sharma G, et al. On the security and robustness of encryption via compressed sensing[C]//Military Communications Conference, 2008.

[19] Awad A, Assad S E, Wang Q, et al. Comparative study of 1-D chaotic generators for digital data encryption[J]. IAENG International Journal of Computer Science, 2008, 35(4): 5-10.

[20] Ye G D, Huang X. An image encryption algorithm based on autoblocking and electrocardiography[J]. IEEE Multimedia, 2016, 23(2): 64-71.

[21] Guesmi R, Farah M A B, Kachouri A, et al. A novel chaos-based image encryption using DNA sequence operation and Secure Hash Algorithm SHA-2[J]. Nonlinear Dynamics, 2016, 83(3): 1123-1136.

[22] Chen G R, Mao Y, Chui C K. A symmetric image encryption scheme based on 3D chaotic cat maps[J]. Chaos Solitons & Fractals, 2004, 21(3): 749-761.

[23] Donoho D L. Compressed sensing[J]. IEEE Transactions on Information Theory, 2006, 52(4): 1289-1306.

[24] Wu Y, Noonan J P, Agaian S. NPCR and UAI randomness tests for image encryption [J]. Cyber Journals, 2011, 4: 31-38.

[25] Hua Z, Zhou Y C, Pun C M, et al. 2D Sine Logistic modulation map for image encryption[J]. Information Sciences, 2015, 297: 80-94.

[26] Ye R S. A novel chaos-based image encryption scheme with an efficient permutation-diffusion mechanism[J]. Optics Communications, 2011, 284(22): 5290-5298.

[27] Wang X Y, Wang Q, Zhang Y Q. A fast image algorithm based on rows and columns switch[J]. Nonlinear Dynamics, 2015, 79(2): 1141-1149.

[28] Wang X Y, Wang Q. A novel image encryption algorithm based on dynamic S-box constructed by chaos[J]. Nonlinear Dynamics, 2014, 75(3): 567-576.

[29] Wang X Y, Teng L, Qin X. A novel color image encryption algorithm based on chaos[J]. Signal Processing, 2012, 92(4): 1101-1108.

[30] Watson J D, Crick F H C. A structure for deoxyribose nucleic acid[J]. Nature, 1953, 171: 737-738.

[31] Liu H J, Kadir A, Gong P J. A fast color image encryption scheme using one-time S-Boxes based on complex chaotic system and random noise[J]. Optics Communications, 2015, 338: 340-347.

[32] Wang X Y, Zhang H L. A color image encryption with heterogeneous bit-permutation and correlated chaos[J]. Optics Communications, 2015, 342: 51-60.

[33] Tong X J, Wang Z, Zhang M, et al. An image encryption algorithm based on the perturbed high-dimensional chaotic map[J]. Nonlinear Dynamics, 2015, 80(5): 1493-1508.

[34] Wei X P, Guo L, Zhang Q, et al. A novel color image encryption algorithm based on DNA sequence operation and hyper-chaotic system[J]. Journal of Systems and Software, 2012, 85(2): 290-299.

[35] Liu L L, Zhang Q, Wei X P. A RGB image encryption algorithm based on DNA encoding and chaos map[J]. Computers & Electrical Engineering, 2012, 38(8): 1240-1248.

[36] Mao Y, Chen GR, Lian S. A novel fast image encryption scheme based on 3D chaotic Baker maps [J]. International Journal of Bifurcation and Chaos, 2011, 14(10): 3613-3624.

[37] Liu W, Sun K, Zhu C. A fast image encryption algorithm based on chaotic map[J]. Optics & Lasers in Engineering, 2016, 84: 26-36.

[38] Xu L, Li Z, Li J, et al. A novel bit-level image encryption algorithm based on chaotic maps[J]. Optics & Lasers in Engineering, 2016, 78: 17-25.

[39] Diaconu A V. Circular inter-intra pixels bit-level permutation and chaos-based image encryption [J]. Information Sciences, 2015, 355-356: 314-327.

[40] Wu Y, Zhou Y, Saveriades G, et al. Local Shannon entropy measure with statistical tests for image randomness[J]. Information Sciences, 2013, 222(222): 323-342.

[41] Teng L, Wang X Y. A bit-level image encryption algorithm based spatiotemporal chaotic system and self-adaptive[J]. Optics Communication, 2012, 285: 4048-4054.

[42] Chai X L, Zheng X Y, Gan Z H, et al. An image encryption algorithm based on chaotic system and compressive sensing[J]. Signal Processing, 2018, 148: 124-144.

[43] Huang R, Rhee K H, Uchida S. A parallel image encryption method based on compressive sensing[J]. Multimedia Tools and Applications, 2014, 72: 71-93.

[44] Luo Y L, Lin J, Liu J X, et al. A robust image encryption algorithm based on Chua's circuit and compressive sensing[J]. Signal Processing, 2019, 161: 227-247.

[45] Chai X L, Gan Z H, Chen Y R, et al. A visually secure image encryption scheme based on compressive sensing[J]. Signal Processing, 2017, 134: 35-51.

[46] Alvarez G, Li S. Some basic cryptographic requirements for chaos-based cryptosystems[J]. International Journal of Bifurcation & Chaos, 2006, 16(8): 2129-2151.

[47] Zhou N R, Zhang A D, Zheng F, et al. Novel image compression-encryption hybrid algorithm based on key-controlled measurement matrix in compressive sensing [J]. Optics and Laser Technology, 2014, 62(10): 152-160.

[48] Zhou N R, Pan S M, Chen S, et al. Image compression-encryption scheme based on hyper-chaotic system and 2D compressive sensing [J]. Optics and Laser Technology, 2016, 82: 121-133.

[49] 梁亚茹, 吴建华. 基于压缩感知和变参数混沌映射的图像加密[J]. 光电子·激光, 2015, 3: 605-610.

[50] Zhou N R, Zhang A D, Wu J H, et al. Novel hybrid image compression-encryption algorithm based on compressive sensing[J]. Optik, 2014, 125(18): 5075-5080.

[51] Cao C, Sun K H, Liu W H. A novel bit-level image encryption algorithm based on 2D-LICM hyperchaotic map[J]. Signal Processing, 2018, 143: 122-133.

第8章

音视频混沌加密通信技术

随着网络通信的发展，Internet 每天为用户提供了大量的信息服务。由于 Internet 的基础协议不是完全安全，未经加密的信息在网络上传送时，会直接暴露在整个网络上，尤其是针对语音、视频通信的攻击也越来越严重，如窃听、电话跟踪、电话劫持和拒绝服务等对音视频通信安全构成了极大威胁。因此，在完善网络设计的同时，应采取包括语音加密技术在内的多种技术，以确保音视频通信的安全。随着混沌应用研究的深入，混沌密码体制的研究取得了积极进展[1-4]，为提高实时传输信息的安全性开辟了新的途径。如何把传统的数据加密算法、视频图像标准 MPEG 和 H.264 与混沌加密算法相结合，并应用于实时语音、视频保密通信具有重要意义，本章将重点研究基于混沌的音视频加密实时通信技术。

8.1　实时语音加密通信原理

第 6 章和第 7 章研究了静态数据文件的混沌加密原理，其主要采用计算机进程同步的思想实现混沌迭代系统的同步算法，启动参数和同步策略就是密码，所以不需要使用复杂的物理混沌同步/控制方法，但如果要实现数据流的实时加密传输，混沌同步就是无法回避的问题。这里采用跨平台的网络自适应通信环境 ACE 来实现 RTP/RTCP 协议，将混沌加密算法与扩展的 DES 加密算法相结合，通过等间距驱动同步方法，开发适合于网络实时传输的语音加密通信系统。

8.1.1　数字加密通信系统原理

虽然序列密码体制、分组密码体制和公开密钥密码体制均可用于对数字信号的加密处理，但是，在实际应用中，人们对信息传输的实时性和传输质量（误码率）有一定的要求，因此，必须结合具体的数字通信系统和相应的信道传输质量选择合适的加密体制[5]。

分组密码体制由于其对信息加密存在误码扩散和一定的时延，因此，一般应用于信道传输质量较好或具有数据重发等功能的场合。公开密钥密码体制由于其庞大的计算量，使得在目前的技术水平下，难以满足语音通信系统的实时性要求,因此,这种体制一般不直接应用于实时数据流的加密。序列密码体制由于其对信号加密的时延小、无误码扩散等特点,广泛应用于数字加密通信系统,适合于各种信道传输质量的场合。基于序列密码体制的数字加密通信系统原理如图 8-1 所示[6]。

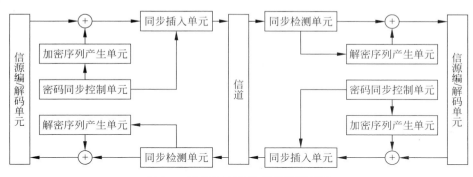

图 8-1 数字加密通信系统原理框图

数字语音加密通信系统主要包括信源编码与解码、加密与解密运算器、密码序列产生、密码同步控制、同步插入及检测等部分,各部分作用如下。

信源编码与解码单元在发送端将模拟信号经过取样、量化、编码(含压缩编码)变换成二进制数字序列后送加密运算器,在接收端则把二进制数字还原为模拟信号。

加密与解密运算器一般采用异或运算,在发送端,它将来自信源编码的二进制数字序列与密码序列进行异或运算产生密文序列;在接收端,则将密文序列与密码序列进行异或运算还原出二进制明文序列。

密码序列产生单元的主要功能是产生用于加密或解密的密码序列,它是数字加密通信系统中的核心部分,包括加密序列产生单元(在发送端用于对明文的加密)和解密密码序列产生单元(在接收端用于对密文的解密)。

密码同步控制单元主要产生密码同步信号,用于对收、发两端的密码序列产生单元的状态进行更新,置入相同的密钥(初值或参数),使加密与解密双方的密码同步。

同步插入及检测单元,在发送端,将密码同步信号插入密文信息流的相应位置;在接收端,对密文数字流进行实时检测,一旦发现有密码同步信号,就将其从信息流中提取出来,并将其中的消息密钥送解密密码序列产生单元,对其状态进行更新,同时对非密码同步信息进行透明传输。

8.1.2 实时语音加密通信系统

点对点实时语音混沌加密通信系统如图 8-2 所示,在发送端,首先把模拟信号经过 A/D 转换成二进制明文数据流,然后,将明文数据序列与混沌序列发生器产生的混沌序列进行异或运算产生密文数据流,随后,按网络协议将密文发送至网络信道中。在接收端,密文数据序列与发送端同步的混沌序列进行异或运算解密,还原出二进制语音流,最后,经 D/A 转换恢复成模拟语音信号播出,实现音频信号的加密传输。

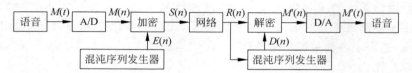

图 8-2　语音混沌加密通信系统原理框图

发送端加密过程表示为

$$S(n) = M(n) \oplus E(n) \tag{8-1}$$

其中，$M(n)$ 为发送端语音序列，$E(n)$ 为发送端混沌序列，$S(n)$ 为发送端密文序列，$\oplus$ 为异或运算符。

接收端解密过程为加密过程的逆运算，即

$$M'(n) = R(n) \oplus D(n) \tag{8-2}$$

其中，$R(n)$ 为接收端接收到的密文序列，对于理想信道有 $R(n) = S(n)$，$D(n)$ 为接收端的混沌序列，$M'(n)$ 为解密输出。显然，当收发两端系统同步后，即 $D(n) = E(n)$ 时，有 $M'(n) = M(n)$，从而实现语音加密通信。

可见，实现加密通信的关键是实现收、发两端的混沌序列发生器的同步。由于计算机处理的是数字信号，所以现有的模拟同步方法不能适应网络传输的要求。这里将系统的物理同步和计算机编程技术相结合，提出了适合计算机网络通信的"等间距驱动同步法"，理论分析与实验证明，该方法具有较强的容错能力。

8.1.3　密码同步技术

密码同步是数字实时加密通信系统中的关键技术。在实际应用中，为了确保系统通信双方加、解密的起点严格一致，必须在进行加密通信前建立密码的同步工作状态，密码同步工作状态的建立顺序如图 8-3 所示。

图 8-3　同步建立顺序

首先，系统必须建立位同步，它可以由信源终端或信道传输设备提供的时钟来实现，也可通过从信源终端或信道传输设备提供的数字流中提取时钟来实现。其次，建立密码同步，通信双方在建立位同步后，发送端将向对方发送密码同步信号（包括同步头和消息密钥），使收、发双方的密码产生器同步工作；对于某些实时加密通信系统，在建立密码同步之前，还需要建立帧同步（群同步）。最后，传送密文序列，发送端在密码同步信号发送完毕后，立即发送密文序列，该密文序列是在与发送到接收端相同的消息密钥作用下，经过相应的密码算法加密处理获得的；接收端从收到密码同步信号中提取消息密钥，并注入密码产生器，同时启动它产生密码序列，使得解密的密码序列与加密密码序列在同步的状态下工作。

密码同步的实现方法有连续同步(多次同步)、唯起始同步(一次同步)、自同步和特殊同步等,本章采用连续同步方法实现加密通信的密码同步。密码的连续同步是每隔一个固定时间,发送一次密码同步信号,它具有允许滞后进入、具有明文超越功能和通信工作方式多样等优点。值得指出的是,传输密码同步信息会降低一定的传输速率,但相应地提高了系统信息传输的安全性和可靠性。

8.2　实时数据流加密算法

在语音数据流实时加密算法中,传统的 DES(data encryption standard)密码体制已不再安全[7],人们提出了多种改进算法,如密钥扩展的 3DES 加密,但其密钥空间仍然是有限的。因此,为了保证数据流的安全性,这里采用基于混沌映射的 3DES 加密方法,即在加、解密端分别设置同步的混沌映射系统,由混沌系统生成每个数据包的密钥,实现语音数据的实时动态加密传输。

8.2.1　3DES 加密算法

3DES 是由 NIST(national institute of standards of technology)于 1999 年定义的[8],3DES 定义了两种工作模式,第一种模式是先用密钥 $k1$ 对 64 位明文进行加密,然后用密钥 $k2$ 进行第二次加密,最后,再用密钥 $k3$ 进行第三次加密,输出密文。此模式被称为 DES-EEE,可表示为

$$C = E_{k3}(E_{k2}(E_{k1}(M))) \tag{8-3}$$

其中,M 为明文,C 为密文,这种加密模式将密钥位扩展到 168 位。第二种模式是先用密钥 $k1$ 对 64 位明文进行加密,然后用密钥 $k2$ 进行解密,最后再用密钥 $k3$ 进行加密,输出密文。此模式被称为 DES-EDE,可表示为

$$C = E_{k3}(D_{k2}(E_{k1}(M))) \tag{8-4}$$

同样,M 为明文,C 为密文,这种加密模式将密钥位扩展到 112 位。在加密过程中的 $k1$、$k2$、$k3$ 有三种选择方式:①$k1$、$k2$、$k3$ 彼此独立,各不相同;②$k1$、$k2$ 不同,但 $k3$ 和 $k1$ 相同;③$k1$、$k2$、$k3$ 都相同,此方式等价于标准的 DES。这里,采用 3DES 的第二种工作模式,密钥采用第 2 种方式,加密模型如图 8-4 所示。加密步骤是先用 $k1$ 加密 64 位数据,得到的密文再用 $k2$ 解密,得到“明文”,再用 $k3(k1)$ 加密。显然,128 位密钥中除去 8 的倍数位,一共有 112 位密钥,密钥空间为 2^{112}。该方法的唯一缺点是要进行 3 次普通的 DES 加密,要花费原来 3 倍的时间,但在计算十分廉价的今天还是可以接受的。

图 8-4　3DES 加密模型

8.2.2　3DES 与混沌映射相结合的加密算法

混沌动力学系统不仅具有确定性,而且具有形式简单、对初始条件敏感、产生的信号具有白噪声的统计特性,因此,可以应用于包括数字通信和多媒体数据安全等在内的众多应用领域[9]。

同样,采用第 6 章研究过的 Logistic 映射动力学系统

$$x_{n+1} = \mu \times x_n \times (1 - x_n) \qquad (8\text{-}5)$$

其中 $\mu \in (0,4]$,$x_0 \in (0,1)$。当 $\mu \in (3.571448\cdots,4]$ 时,Logistic 映射处于混沌态。由 3.1.1 节的统计分析可知,由初始条件 x_0 在 Logistic 映射的作用下所产生的序列 $\{x_n, n = 0,1,2,\cdots\}$ 是非周期的、不收敛的,对初始值非常敏感。

实时语音加密算法的核心算法采用经密钥扩展的 DES 算法(3DES),而加、解密的密钥由两个同步的混沌映射(Logistic 映射)系统产生,整个加密模型如图 8-5 所示,图中 Ki 是由 Logistic 映射系统产生的作为每个数据包的密钥,x_0、μ 分别为 Logistic 映射的初值和参数,也就是在秘密信道传输的密钥。

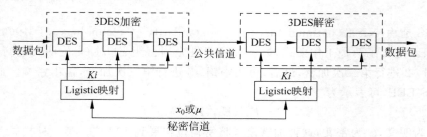

图 8-5　基于 3DES 和 Logistic 映射的加密模型

使用 Logistic 混沌映射产生密钥要解决两个问题,一个是如何将产生的序列转化成 64 位的密钥,另一个是如何同步两个离散混沌系统,使得每个数据包用正确的密钥进行解密。这里,采用双精度(double)类型来存储 Logistic 映射的初值 x_0 和参数值 μ,在 Win32 下 double 类型是 8 字节(64 位),所以它恰好可以作为 DES 的密钥,迭代两次得到的两个 64 位的 double 型数据作为 3DES 的密钥。double 型数据的存储格式如图 8-6 所示。图中第 0 位是符号位,第 1 到第 11 位为 11 位阶码,第 12 到第 63 位为 52 位尾数。用 i 表示符号位,e 表示阶码,f 表示尾数,则此 double 型数据的计算方法可表示为

$$x_0 = (-1)^i \times 2^{e-1023} \times 1.f \qquad (8\text{-}6)$$

因为迭代值范围为 $(0,1)$,因此 e 的范围为 $[0,1022]$,它的有效位数依然是 11 位,符号位不变,所以 double 型中总的有效位数为 63 位。那么迭代数空间是 $2 \times (2^{63} - 2^{52})$,其

图 8-6　double 型数据存储格式

中乘以 2 表示两个 64 位迭代数,减去 2^{52} 是减去当 $e=1023$ 时的情况。又因为 8 的倍数位在 DES 算法中只作为校验位使用,所以实际的一个数据包的密钥空间大约是 2^{112}。

为了实现两混沌系统同步,在每个加密后的数据包的报头中保存系统迭代的次数,报头是明文的,对方收到数据包后根据报头得到迭代次数,经过迭代得到解密密钥,进行解密。在实现中可以记忆前一个数据包的密钥来避免每次都重新迭代。由于迭代次数是以明文的形式在数据报头中传输的,所以可能被第三者截获,但在没有混沌系统的初始值和参数的情况下,是无法获得解密密钥的。上述同步方法只要报头中的同步数据被正确接收,就可以实现很好的同步。

Shannon 曾证明一次一密是无法破译的,再加上 3DES 的高安全性能,所以本加密算法的安全性较高。对应于实时的语音通信,如果单个的数据包被解密,也不会影响整个传输过程,因为 Logistic 映射产生的序列良好的伪随机特性使得前后数据包的密钥相对独立,使得每个数据包都有相同的破解强度,在最大程度上保证了数据通信的安全性。

8.2.3 网络同步方法研究

同步是实现实时数据流加密通信的关键,若 Logistic 函数产生的序列在传输的过程中出现差错,就会造成加、解密不同步,从而使解密后语音信号完全呈现一种噪声状态。这里,设计了完全靠网络自同步来实现加、解密的同步方案,如图 8-7 所示。

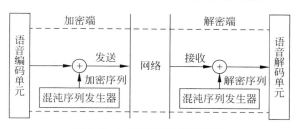

图 8-7 网络自同步原理框图

可见,加密和解密两边的流程是对称的,它们之间的同步完全依赖网络之间的无差错传输来保证。经测试,发现在开始的几分钟内,加、解密能很好地同步,但时间加长(一般在 5~10 分钟)后,加、解密会突然发生失步现象,使整个解密遭到破坏,且不能恢复。一方面,因为即使号称能够实现无差错传输的 TCP 协议也不能完全实现无差错传输;另一方面,加、解密没有任何容错能力,只要有一点差错便前功尽弃。经仔细分析,发现上述方案并不是没有可取之处,因为其在前几分钟内是同步的,也就是说,在传输协议内建立的容错纠错机制使数据出错的概率很小(并不是没有),完全可以利用它,但是解密端怎么知道数据在何时会传错呢?除非服务器端在发送语音数据的同时发送纠错码,否则无法知道。但是,由于语音信息本身有其特殊性,客户端并不一定要纠错,只要容错就行了,因为即使在现实生活中当一句话没有听清,完全可以要求对方再说一遍,并不影响通话。基于以上分析,设计了"等间距驱动同步"方案,如图 8-8 所示。

与图 8-7 相比,图 8-8 系统中增加了同步插入与同步检测单元,在加密端将混沌序列

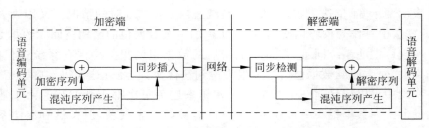

图 8-8　等间距驱动网络同步原理框图

的驱动码(迭代次数)插入密文数据包报头,并与密文数据一起发送,在解密端,通过同步检测将驱动码(迭代次数)取出,并用其驱动混沌序列发生器产生与发送端一致的混沌密钥序列,对密文序列进行解密运算。

下面分析上述同步方案的容错能力。该例子将考虑涉及网络传输中可能出现的所有错误。假设有如图 8-9 所示的传输过程,其中图 8-9 的上部为加密端向网络发送的数据,Di 为驱动码,Ei 为加密语音流;图 8-9 中间的数据为解密端从网络读取的数据,Di 为驱动码,Ei 为加密语音流;最下面的数据为解密以后的语音流数据。可见,传输错误有以下几种:

(1) 驱动码传输错误,如 D1 被传输为 Dx;

(2) 加密语音数据传输错误,如 E2 被传输为 Ex;

(3) 驱动码丢失,如 D4 被丢失了。

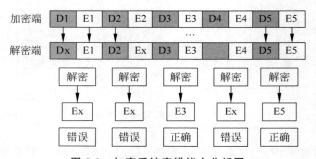

图 8-9　加密系统容错能力分析图

对于第一种和第二种错误,从图 8-9 中可以看到,它们只会影响一个数据包的语音流数据,因为当解密端收到 D2 或 D3 时便切断了和 Dx、Ex 的所有联系,以 D3 为迭代值迭代出两个双精度的解密序列进行解密,而加密端也是用 D3 迭代出两个双精度的加密序列进行加密的,所以加密和解密的序列是一样的,从而能够顺利实现加、解密同步。对于第三种情况,也只会影响一个数据包的语音数据,当接收到正确的驱动码以后,马上又会恢复到同步状态。经过长时间的测试,证明此方案是完全可行的,它可以在无限长的时间内保持加、解密的同步,中间会偶尔出现传输错误,但根本不会影响到整个通话过程。将驱动码暴露在外也不会有安全隐患,因为在不知道 μ 值和 x_0 的情况下,是不可能预测后面的 n 位序列的。

总之,此同步方案的主要思路就是利用网络传输协议所提供的微小误码率,每隔一段时间(事实上这段时间非常小),无论有没有出现误码,也强迫解密端重新同步一次,即将整个通话时间上的一次同步改为多次微小时间段上的同步，即使某一段内不同步，也只影响这一段内的数据，而整个通话不受影响。

8.2.4 实时语音加密通信系统的安全性能分析

Dachselt F 等[10]研究了基于离散混沌映射的加密系统的密码分析方法，Yang T 等[11]认为模拟的混沌加密系统很难抵抗回归映射攻击，周黎晖等[12]也认为简单的混沌加密系统不具有很高的安全性，并提出了增加迭代次数的改进算法。本系统采用分组加密算法与混沌加密算法相结合的方法，大大提高了系统的安全性能。下面主要从密码分析的角度分析该系统的安全性能。

1. 系统具有抗穷举攻击能力

由于系统的加密安全性不依赖于对加密体制或算法的加密，而依赖于密钥。应当指出，密钥信号产生器是可以不公开的，一些涉及密码分析的文献往往采纳这一设计原则，这一点对于发挥混沌加密的优点特别重要[13]。系统能否抵抗第三方穷举攻击，关键在于加密算法的密钥空间大小。由前面的分析可知，本系统是采用 DES 的改进算法，即 3DES 对数据包加密，其 3DES 体制的密钥空间为 2^{112}，而 3DES 加密算法的密钥又由混沌系统产生，所以每个数据包的密钥是动态改变的，对每个数据包而言，其密钥空间约为 2^{112}，所以整个系统的密钥空间巨大，可以抵抗穷举攻击。如果解密者已掌握产生混沌序列的方程，也难于猜测决定混沌序列的系数因子以及混沌序列的初始值，因为这些关键值来源于有理数域（尽管这些关键值是定义在实数域上，但是由于计算机的舍入误差，实际上处理混沌加密序列是在有理数域）的任意区域，有理数都是稠密的，单纯的猜测几乎得不到系数因子。

2. 系统具有抗明文-密文对的选择性攻击能力

由于系统的密钥由混沌系统动态产生，所以密钥序列是不可预测的，不存在唯一对应的明文密文对，而与同一明文相应的是各不相同且不相关的密文。所以，混沌加密体制相当于是一次一密制，Shannon 已证明，一次一密是不可破译的。

3. 系统具有抗频谱分析攻击能力

频谱分析是密码分析者经常采用的密码破译方法，但由于混沌传输信号具有类似噪声的宽频谱特点，无法从频谱分析方面得到加密信号的任何信息，因此，这种破译方法对混沌加密系统产生的传输信号没有多大的作用。另外，混沌加密信号和原始信号之间的互相关性为零，从而保证了实际加密通信系统的安全性。对密文破译的任何误差会被混沌系统充分放大传播，也进一步提高了加密强度。

此外，用于对分组加密的线性攻击、差分攻击和统计分析攻击等方法，对本系统的攻击均是无效的，混沌加密系统的安全性主要源于混沌序列的互异性、随机性和不可预测性。

8.3 实时语音加密通信系统的实现

8.3.1 实时语音加密通信系统结构

基于自适应通信环境(adaptive communication environment,ACE)、实时传输协议(real-time transport protocol,RTP)和实时加密方案,开发一个网络语音实时加密通信系统,其结构如图 8-10 所示,整个系统由以下几个模块构成,即语音采集与播放模块、编码与解码模块、加密与解密模块、传输模块。作为实时系统就必须有一个实时的语音采集和播放系统,这就是语音采集与播放模块要实现的功能。加密过程采用实时加密方案来实现,对应系统的加密与解密模块。通信协议采用基于用户数据包传输协议(user datagram protocol,UDP)的 RTP 协议,经由网络层和物理层在网络上传输。

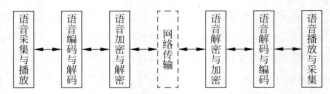

图 8-10 实时语音加密通信系统结构图

图 8-10 是一对一的通信模型,由于语音传输模块采用 RTP 协议,基本实现了多播功能,所以并不限于一对一的通信,也适用于多对多的通信。图中的双向箭头表示双向的语音数据流。

图 8-10 中各个模块的实现相互独立,通过暴露必要的接口与外界通信,每个模块的实现以静态库(.lib 文件)存在,如语音采集与播放模块的实现对应 VoiceIO.lib,语音编码与解码模块的实现对应 Codec.lib,语音加密与解密模块的实现对应 Crypto.lib,语音传输模块的实现对应 RTPLib.lib。这些静态库可以独立或相互组合地应用于外部应用程序,大大增强了各模块的可复用性。

语音采集是通过声卡来录取麦克风采集的数据,经由语音编码后输出;而语音播放是将采集的语音数据经由声卡,通过喇叭等播放出来。麦克风和喇叭处理的都是模拟信号,计算机处理和传输的都是数字信号,声卡的作用就是实现这两种信号的相互转换。转换过程中将涉及采样频率和编码的存储位数以及声道数。人的语音频率大概为10kHz,根据采样定理,采用 22.050kHz 的采样频率。本系统默认采用 16 位存储位数的PCM 编码,单声道。

编码与解码模块采用的是 A 律压缩编码,录音采样得到的是 16 位线性码,可以转换为 8 位非线性编码,这样就可降低一半的传输速率。

加密与解密模块,采用 3DES(扩展 DES)与混沌系统(Logistic 映射)相结合的流通信加密方案,将分组加密算法应用到流通信中。对 Logistic 映射、同步过程以及 3DES 加密算法进行封装,对外只暴露加密与解密两个接口。如 8.2.3 节所述,混沌同步采用在数据包头部包含每次 Logistic 映射的迭代次数,此迭代次数将直接用于生成加密与解密的密钥。

网络传输模块是基于 RTP 协议的,网络应用模型如图 8-11 所示。RTP 在传输层使用的是 UDP 协议,实现了简单的多播功能。语音传输模块对外暴露的是 RTP_Session 类,内部是整个 RTP 协议的具体实现。

RTP 协议是用于 Internet 上、针对多媒体数据流的一种传输协议,RTP 被定义在一对一或一对多的传输情况下工作,其目的是提供时间信息和实现流同步。RTP 通常使用 UDP 协议来传送数据,但 RTP 也可以在 TCP 或 ATM 等其他协议之上工作。当应用程序开始一个 RTP 会话时,将使用两个端口,一个给 RTP,一个给 RTCP。RTP 本身不提供流量控制或拥塞控制,而是依靠 RTCP 提供这些服务。通常 RTP 算法并不作为一个独立的网络层来实现,而是作为应用程序代码的一部分。在 RTP 会话期间,各参与者周期性地传送 RTCP 包,RTCP 包中含有已发送的数据包的数量、丢失的数据包的数量等统计资料,因此,服务器可以利用这些信息动态地改变传输速率,甚至改变有效载荷类型。RTP 和 RTCP 配合使用,它们能以有效的反馈和最小的开销使传输效率最佳化,因而特别适合网上实时数据传送。

基于 RTP 协议的语音加密系统的软件运行平台是 Windows 2000 professional 或 Red Hat Linux 9,开发工具是 Rational Rose 2000、Visual C++ 6.0、g++、emacs,第三方库采用 ACE 5.4（Adaptive Communication Environment）和 STL（Standard Template Library）,软件框架如图 8-12 所示。

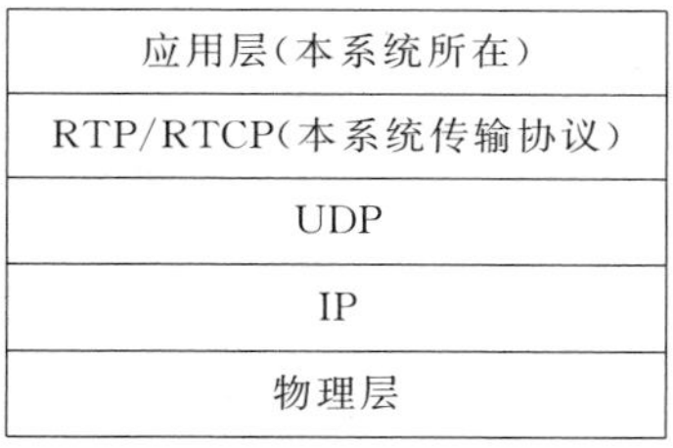

| 应用层（本系统所在） |
| RTP/RTCP（本系统传输协议） |
| UDP |
| IP |
| 物理层 |

图 8-11　基于 RTP 的网络音频流应用模型

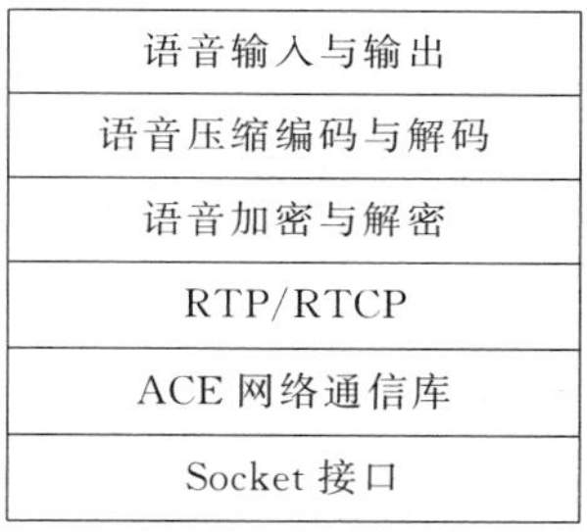

| 语音输入与输出 |
| 语音压缩编码与解码 |
| 语音加密与解密 |
| RTP/RTCP |
| ACE 网络通信库 |
| Socket 接口 |

图 8-12　软件架构图

8.3.2　实时传输协议及其数据结构

RTP 数据包由 RTP 头和不定长的连续媒体数据两部分组成,其格式如图 8-13 所示。其中 V 表示 RTP 的版本号,此处特定为 2;P 是填充位,P=1 时,表示数据包尾附有非负荷信息,这些附加的信息可用于加密或通知底层协议。一个数据单元封装有几个 RTP 包;X 为扩展位,当 X=1 时,表示 RTP 头后附有一变长的扩展头;CC 是特约信源标识符计数器,表示固定头后有多少个特约源标识符(CSRC);M 用来标记数据流中的重要事件,如帧边界等。荷载类型是指接收端用于识别媒体的类型,如果是编码数据,则决定着接收端选用的解码器。序列号用于标识发送者发送的 RTP 数据包的顺序号,每发送一个 RTP 数据包,序列号增加 1,接收方通过序列号检测数据包的丢失情况,重新排序后,数据包恢复。时间戳(Timestamp)反映了 RTP 数据包中的第一个字节的采样间隔,该采样频率必须源于一个呈线性增长的时钟,通常这个时钟频率依赖于要传输的数据媒体格式,如果 RTP 数据包是周期性地产生,那么名义上的采样频率就是由采样时钟决定,而非系统时钟。同步源标识符(SSRC)标识了同步源,该标识符是随机产生的,在同一个 RTP 会话中两个同步源不能有相同的 SSRC 标识符。特约信源(CSRC)标识符,即特约信源列表,可有 0 到 15 项,特约信源是指当混合器接收到一个或多个同步信源的 RTP 数据包后,经过混合器处理,产生一个新的组合 RTP 数据包,并把混合器作为组合 RTP 数据包的同步信源标识符,而把所有的同步信源标识符都作为特约信源标识符传送给接收者,使接收者知道组成 RTP 数据包的各个同步信源标识符。

V	P	X	CC	M	荷载类型	序列号
时间戳(Timestamp)						
同步源标识(SSRC)						
特约源标识(CSRC)						
荷载数据(Playload) ...						

图 8-13　RTP 数据包格式

另一个协议 RTCP,它通常与 RTP 一同使用,它可以用于承载关于传输质量的反馈(如抖动量,分组的平均丢失率等),也能用于传输一些参与者的有关身份信息。RTCP 数据包包含以下几种格式:

SR 源报告包,用于发送和接收活动源的统计信息。

RR 接收方报告包,用于接收非活动站的统计信息。

SDES 源站点描述信息包,用于报告与站点相关的信息,包括规范名称 CNAME。

BYE 当要离开时,发送此数据包。

APP 应用包,具有自定义的功能。

通常一个 RTCP 复合包中包含好几个 RTCP 包。为了执行这个协议的功能,必须遵守以下这两点:第一,在带宽允许的情况下,接收统计(RR 或者 SR)必须尽可能地发送,这样可以提高统计信息的精度,因此每个传送的 RTCP 复合包必须含有一个报告包;第二,新加进来的源站点必须要能够尽可能快地接收到 CNAME 以便能验证其源站点,所以每个 RTCP 复合包中也必须包含一个 SDES CNAME。

借助上述控制包,RTCP 可完成 QoS 监测和拥塞控制、标志媒体间同步、提供识别信息以及会话规模估计和规划等四大控制功能。

8.3.3　基于自适应通信环境的 RTP 实现

自适应通信环境是一种面向对象(object-oriented,OO)的工具包,它实现了通信软件许多基本的设计模式。ACE 的目标用户是在 UNIX 或 Win32 平台上开发高性能通信服务和应用的开发者,ACE 简化了使用进程间通信、事件多路分离、显示动态链接和并发的 OO 网络应用和服务的开发。通过在运行时将服务与应用程序进行动态链接,并在一个或多个进程或线程中执行这些服务,ACE 使系统的配置和重配置得以自动化。

如图 8-14 所示,ACE 的分层体系结构包括三个基本层次,即操作系统(OS)使用层、C++包层和框架组件层[14]。ACE 中包含丰富的、可跨越许多 OS 执行通用网络编程任务的可复用的包装、框架和类。ACE 的组件可用于实现下列目标:事件多路分离和事件处理器分派;连接建立和服务初始化;进程间通信和共享内存管理;分布式通信服务的动态配置;并发及并行和同步。

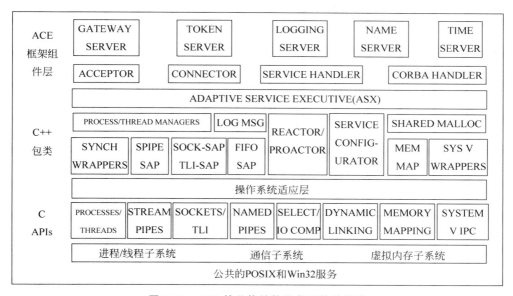

图 8-14　ACE 的总体结构及各组件的位置

本系统所用到的 ACE 中的模块主要有以下几种:

(1) SOCK_SAP,继承于 IPC SAP,它对 socket 底层网络编程接口进行 OO 封装。

(2) ACE 反应器(reactor),用于事件多路分离的面向对象框架。

(3) ACE_Task 类,是 ACE 中用于创建用户自定义的、处理应用消息的主动对象和被动对象的中心。

本系统设计的 RTP 协议库的总体结构如图 8-15 所示[15],其中 RTP_Session 模块是作为整个协议库的核心模块,也是对上层用户暴露的唯一接口,用户可操纵此模块来开始实时数据通信,它负责创建 RTP_Sender 模块和 RTP_Reactor_Task 模块;RTP_Sender 用来发送 RTP 数据报文,而 RTP_Reactor_Task 是一个线程对象,是协议的中心枢纽部分,也是一个 I/O 事件分发器,用于创建 RTCP_Recv_Handler、RTCP_Timer_Handler 和 RTP_Recv_Handler 三个类,并登记 RTP 包到来事件、RTCP 包到来事件以及 RTCP 定时发送事件,然后在事件到来时调用这些模块。

RTP_Recv_Handler 模块用于处理 RTP 数据报文到达事件,当该事件到达时,它会接收该 RTP 报文;RTP_Hdr_Processor 模块用于处理 RTP 报文,并取出其中的有效数据;RTCP_Recv_Handler 模块用于接收 RTCP 报文,它与 RTP_Recv_Handler 有类似的功能;RTCP_Processor 模块用于处理 RTCP 报文,获得其中的统计信息;RTCP_Timer_Handler 模块用于发送 RTCP 报文;RTCP_Packet_Creator 模块用于产生 RTCP 报文;Sender_Report 模块用于设置和保存 RTCP 报文中的一些统计信息;SDES_Table

模块用于保存和设置 SDES 信息；DST_IP_Table 模块用于保存参与通信的源站点的 IP 信息；RTP_Timestamp 模块提供一些和时间有关的操作，例如获取系统时间，或 RTP timestamp 等；RTP_Playload_Queue 模块用于保存接收到的 RTP 有效数据；RTCP_Queue 模块用于保存接收到的 RTCP 统计信息。

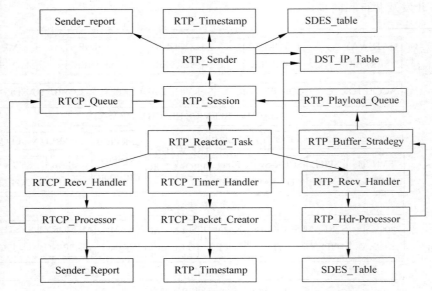

图 8-15　基于 ACE 的 RTP 协议库的总体结构

8.3.4　系统调试与性能测试

采用测试工程 RTVC(real-time voice communication)对系统的各模块进行调试，系统的各模块由类 CController 进行组合和协调，它负责接收用户的参数设置(音频参数、密钥、通信成员)，协调数据流在各个模块之间的正确传输。图 8-16 和图 8-17 分别是系统测试工程主界面和系统参数设置界面。

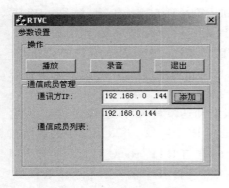

图 8-16　RTVC 工程主界面

图 8-17　系统参数设置界面

下面说明在调试过程中遇到的问题以及解决方法。

在测试语音采集与播放模块时,停止录音时会提示出现录音缓冲区中仍有数据,停止录音操作失败,导致再次开始录音操作失败。错误原因在于录音缓冲区在消息 WM_MIM_DONE 的处理函数中释放,在停止录音时,没有将它们都释放掉。为此,自动管理录音缓冲区内存,在停止录音时,先挂起录音线程(也就中止了 WM_MIM_DONE 消息处理函数的执行),然后,显式释放录音缓冲区。在重新开始录音时恢复录音线程。

另外,系统正常工作后,通信往往在持续一段时间后就会自动终止。经过一段时间的测试和跟踪,发现播放模块数据出队的速率大于数据入队的速率,从而会导致播放模块偶尔取不到数据,此时播放模块会认为播放完毕自动关闭,所以通信终止。为此,采用手动控制整个过程,当播放模块取不到数据时,模块仍然工作,只是不往播放缓冲区中填充数据。

采用发布版(Release 版本)对通信系统进行测试,结果如表 8-1 所示。当采样频率为22.050kHz、量化位数为 16b(位)、单声道、录音缓冲区为 1024 字节(采样时间近似为22.68ms)时,普通模式(没有加密),通信效果最好,基本感觉不到延时。加密模式,效果次之,有少许噪声,但仍可以听懂。因为采用了"等间距驱动"的混沌网络同步方法,所以基本上不存在不能同步的情况。即使有某个数据包的报头损坏而不能同步,也不影响整个通信过程。

当采样频率为 22.050kHz、量化位数为 8b、单声道、录音缓冲区 1024 字节(采样时间近似为 45ms)、普通模式时,通信效果明显差于上述模式,并有延时,主要是采样时间太长,加密模式的通信效果虽然不如普通模式,但其保密性能是无法比拟的。

表 8-1　采用发布版(Release)对系统测试的结果

通信模式	量化位数/b	采样延时/ms	处理延时/ms	传输延时/ms	话音质量	安全性能
普通	16	22.68	0.125	0	4.5	差
加密	16	22.68	约 8	0	4.2	优
普通	8	45	0	0	4.0	差
加密	8	45	约 8	0	3.9	优

本节研究并开发了基于混沌映射与 3DES 加密算法相结合的实时语音加密系统,基于混沌序列的伪随机性,基本实现了"一次一密";提出了实现混沌系统同步的"等间距驱动同步"方法,分析了该方法的容错能力和系统的安全性能。系统具有加密速度快、加密时延较小、抗破译能力强等特点。在整个系统的实现过程中,采用模块化设计和多线程技术,使封装的每个模块的耦合性降到最低,提高了各模块的复用性。在实现 RTP/RTCP 协议时,底层使用跨平台的 ACE,大大提高了 RTP/RTCP 模块(RTPLib.lib)的跨平台特性,可以同时移植到 Windows 2000 Professional 和 Red Had Linux 9 等操作系统上。该加密系统经挂网测试,能实现语音信号的实时加密传输,通话质量较好,保密性能高,但要实现商用,还必须在加密速度、信号延时等方面进行进一步改进和优化。

8.4　基于混沌序列的 MPEG 视频加密算法

视频图像数据有极强的相关性,即存在大量的冗余信息,其中冗余信息可分为空域冗余信息和时域冗余信息,压缩技术就是将数据中的冗余信息去掉(去除数据之间的相关性)。压缩技术包含帧内图像数据压缩技术、帧间图像数据压缩技术和熵编码压缩技术。目前,常用的视频压缩算法主要是基于 DCT(离散余弦变换)的 MPEG 系列和 H.26X 系列,还有近几年发展比较快的基于 DWT(离散小波变换)的压缩编码。H.26X 系列标准主要用于实时视频通信,比如视频会议、可视电话等;MPEG 系列标准主要用于视频存储(DVD)、视频广播和视频流媒体,如基于 Internet、DSL 的视频,无线视频等。这里主要研究基于混沌的 MPEG 系列视频的加密算法。

近年来,与压缩算法相结合的加密算法在 MPEG 视频流上应用,受到了广泛的关注。Bhargava 等[16]提出了通过采用密钥流来随机改变 DCT 系数和运动向量的符号位的加密算法。不久,在此基础上人们提出进一步加密帧内 DC 系数算法[17],基于不同可见度的视频加密算法(PVEA)[18]提出了通过加密所有压缩视频流的定长码数据来对其实现保护。由于加密的数据量较小,这些压缩算法对 MPEG 视频编解码带来的负担很小,并且不会影响压缩编码的格式,但是仍然存在安全性能上的缺陷。为了保持较快的加密速度,上述算法常常单一地使用流密码来进行数据加密,但流加密并不能抵抗已知明文攻击。于是,其他的优化措施,如置乱、明文或密文反馈机制被逐渐采用。考虑到 DC 和 AC 系数对加密都有很重要的影响,一些学者提出了对相同频段的 DCT 系数进行随机洗牌[8];为了进一步保持加密前后的大小不变,另一些研究者提出了对所有熵编码前的变长码字或 RLE 事件随机洗牌的方法[9,10],这些加密算法或密码系统可以获得相同或更好的效果。

8.4.1　混沌加密系统的设计原则

在利用混沌系统设计加密算法时,要充分考虑以下原则:

(1) 离散混沌系统的退化问题。当混沌系统在计算机有限精度下用离散序列来实现时,其离散动力学特性和连续系统会有很大不同,在这种情况下,混沌系统的一些特征将出现退化,比如周期会变短、互相关性变差等。一些研究人员提出了一些工程实验的方法改善离散混沌系统性能,如提高精度采用基于微小扰动的算法、将多个混沌系统级联等。事实上,许多现有的混沌保密算法也确实忽略了这一点,因此这些算法的安全性有待改进。

(2) 混沌加密的复杂度。一些数字混沌加密算法的速度较慢,无法实现实时信息的安全保密。混沌系统在有限精度下,可以选择浮点数结构或定点数结构,一般情况下建议使用定点数结构,因为浮点数结构要比定点数结构计算起来慢很多。有些算法采用了比较复杂的混沌系统,而且它们还必须运行于浮点数结构下,因此加密效率偏低。所以在设计混沌保密算法时,尽量使用简单的混沌系统,比如分段线性混沌系统,每次迭代只需很少的计算量就可实现。另一个与复杂度有关的问题是,为了提高加密的强度,加密方法常常需要经过很多次迭代才能输出最终的密文,这样就会降低加密的效率,因此应尽量避免多次迭代。

(3) 混沌轨迹安全性问题。随着混沌理论研究的深入,研究人员提出了许多混沌分析技术,由于混沌系统是确定性的非线性系统,如果入侵者获得相应混沌轨道的信息,他就有可能利用现有的分析技术来分析得到混沌系统的结构类型,降低密钥的复杂性,从而实现破译。已有一些分析人员对混沌保密通信的方法进行了成功的破解,所以在设计加密系统时应尽量避免直接暴露混沌轨道信息。基于上述思想在设计时应采用多个混沌系统混合,这样可以避免直接暴露混沌系统的轨道,从而提高密码分析的难度,提高算法的安全性。

(4) 软硬件实现的可行性问题。对于一个好的算法,能简单地用硬件或软件实现,并且占用消耗资源相对较少是最重要的。在设计混沌加密算法时,应使算法结构简洁,并且适合于硬件电路实现,以保证其实用性。

参考以上几点,研究一种基于混沌映射新型高效的视频加密系统,其中对视频流进行定长码数据加密和宏块置乱。这里,对宏块的置乱相对于变长码字或 RLE 事件置乱,需要的计算量更少,相应的加密速度更快。

8.4.2 MPEG 视频数据加密原理与步骤

实用的 MPEG 视频加密算法应该满足压缩格式不变性、压缩比不变性、计算量少和灵活可调的安全级别等要求,加密所有定长码数据,能够在较大程度上满足上述要求,但其加密程度及安全性都可以进一步提高。分析和实验表明,有效的纹理信息分布在所有 DCT 系数中,对每个视频帧内部的宏块做置乱被作为一种有效的隐藏信息手段添加到原定长数据加密算法中。总的来说,整个 MPEG 视频加密方案包括两个步骤[19]。

第 1 步 用混沌流密码对包括帧内 DC 系数、非帧内 DC 系数和 AC 系数的符号位、ESCAPE DCT 系数,运动向量符号位和残余在内的定长码数据进行加密。

第 2 步 对宏块比特流做置乱,并且每帧分配一个不同的置乱表。

由于所有的操作都在视频流上完成,整个加密算法对压缩比没有任何影响。流密码和置乱表都是由混沌映射产生,加密算法原理框图如图 8-18 所示。

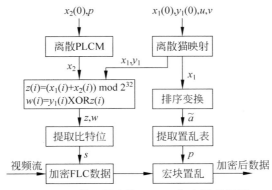

图 8-18 基于混沌的 MPEG 加密原理框图

图 8-18 显示了完整的混沌 MPEG 视频加密过程。为了减少混沌迭代,这里使用同一个离散猫映射(即具有相同的初始值和参数)来产生流密码和置换表,所以,序列密码和分组密码(置换)会共享同一组密钥参数 $\{x_1(0), y_1(0), u, v\}$。当然,为了加强安全性,可以用具有不同初始值和参数的混沌映射来产生混沌序列,用于不同加密过程。在这种情况下,流加密和置乱具有独立的不同密钥,但这样将会需要更多的混沌迭代次数,增加计算量。

从图 8-18 可见,整个加密系统的密钥空间由 $\{x_1(0), y_1(0), u, v, p, x_2(0)\}$ 构成。在实际的实验中,对每个图片组重新设置密钥,可以通过设置步长向量 $d = \{d_u, d_v, d_p, d_{x_1}, d_{y_1}, d_{x_2}\}$ 来改变每个图片组的系统密钥,以提高系统安全性。解密过程是加密过程的对称操作。

下面将详细介绍加密的具体过程。

8.4.3 基于混沌的流密码设计

基于混沌的密码技术已被广泛地使用在视频加密中。设计快速而安全的混沌密码应遵循包括采用定点运算代替浮点运算,用最简单的混沌系统,并用较大的加密单元等重要原则。据此,这里采用两个简单的混沌映射,分别是猫映射和分段线性混沌映射来设计流密码。

猫映射方程为

$$\begin{bmatrix} x_1(k+1) \\ y_1(k+1) \end{bmatrix} = \begin{bmatrix} 1 & u \\ v & uv+1 \end{bmatrix} \begin{bmatrix} x_1(k) \\ y_1(k) \end{bmatrix} \bmod 1 \tag{8-7}$$

其中,u 和 v 是控制参数。

分段线性混沌映射方程为

$$x_2(k+1) = \begin{cases} x_2(k)/p & 0 \leqslant x_2(k) < p \\ (x_2(k)-p)/(0.5-p) & p \leqslant x_2(k) < 0.5 \\ (1-p-x_2(k))/(0.5-p) & 0.5 \leqslant x_2(k) < 1-p \\ (1-x_2(k))/p & 1-p \leqslant x_2(k) < 1 \end{cases} \tag{8-8}$$

其中,p 是控制参数。

为了避免浮点运算,对这两个映射进行如下离散化操作,使得所有运算在整数域内进行。离散后的猫映射为

$$\begin{bmatrix} x_1(k+1) \\ y_1(k+1) \end{bmatrix} = \begin{bmatrix} 1 & u \\ v & uv+1 \end{bmatrix} \begin{bmatrix} x_1(k) \\ y_1(k) \end{bmatrix} \bmod 2^{32} \tag{8-9}$$

其中,u 和 v 是无符号整数,初值 $x_1(0)$ 和 $y_1(0)$ 也被限制为无符号整数。显然,经过离散化操作后,所有的 $x_1(k)$ 和 $y_1(k)$ 都变成了 $[0, 2^{32})$ 内的整数,这就保证了所有运算都为定点运算。离散后的分段线性混沌映射为

$$x_2(k+1) = \begin{cases} \lfloor 2^{32} \cdot x_2(k)/p \rfloor & 0 \leqslant x_2(k) < p \\ \lfloor 2^{32} \cdot (x_2(k)-p)/(2^{31}-p) \rfloor & p \leqslant x_2(k) < 2^{31} \\ \lfloor 2^{32} \cdot (2^{32}-p-x_2(k))/(2^{31}-p) \rfloor & 2^{31} \leqslant x_2(k) < 2^{32}-p \\ \lfloor 2^{32} \cdot (2^{32}-x_2(k))/p \rfloor & 2^{32}-p \leqslant x_2(k) < 2^{32} \end{cases} \tag{8-10}$$

这里,$\lfloor x \rfloor$ 表示不大于 x 的整数,p 在整数域 $(0, 2^{31})$ 内。相应地,$x_2(k)$ 也成为 $[0, 2^{32})$ 内的整数。

这样,x_1、y_1 和 x_2 是两个离散混沌映射产生的三个不同的整数混沌序列。为了避免离散过程降低映射的混沌特性,采取如下改进措施。首先,对两个离散混沌序列做 50 次预迭代;然后,从第 51 次迭代开始,对每轮产生的数据进行如下处理来生成 z 和 w 这

两个新的整数序列

$$z(i) = (x_1(i) + x_2(i)) \bmod 2^{32} \qquad (8\text{-}11a)$$

$$w(i) = y_1(i) \text{ XOR } z(i) \qquad (8\text{-}11b)$$

其中,XOR 是比特间的异或操作,mod 为取模运算。这一操作不仅降低了原混沌系统的混沌特性退化,也使生成的混沌序列较单一的混沌系统生成的混沌序列有了更高的复杂性。通过以上处理生成的新序列 $z = [z(0), z(1), \cdots, z(n-1)]$ 和 $w = [w(0), w(1), \cdots, w(n-1)]$ 具有更好的随机特性。然后,将每个 $z(i)$ 和 $w(i)$ 转换为相应的二进制的形式,即 $z(i) = b_0 b_1 \cdots b_{31}$,$w(i) = b_0' b_1' \cdots b_{31}'$($b_j'$ 和 b_j,$j = 0, 1, \cdots, 31$ 分别代表一个二值比特位)。通过抽取整数随机序列 z 和 w 的二值比特位,进行交替排列,得到二值随机序列 s。猫映射和 PLCM 映射每迭代一轮,就得到长为 64 位的密钥流 $b_0 b_0' b_1 b_1' \cdots b_{31} b_{31}'$。

通过一系列的随机测试,证明序列 s 具有良好的随机性。首先令 $u = 20$,$v = 2$,$p = 2^{20}$,$x_1(0) = 600$,$y_1(0) = 100$,$x_2(0) = 1000$,计算迭代映射。对每次迭代得到的 $z(i)$ 和 $w(i)$ 的二值比特位交替抽取,依次得到长度为 200、2000、20000 的二值随机序列 s_1、s_2 和 s_3。对这些二值序列进行随机性测试,测试结果如表 8-2 所示。可见各项指标都能通过测试并显示了优良的性能。

表 8-2　不同长度序列的随机性测试结果

序列长度	平衡测试	游程测试				
		1-游程	2-游程	3-游程	4-游程	5-游程
200	0.0552	0.4754	0.2452	0.1321	0.0632	0.0352
2000	0.0215	0.4895	0.2485	0.1239	0.0624	0.0315
20000	0.0047	0.4977	0.2496	0.1248	0.0627	0.0313

为了保证密码的安全性,还必须进行相关性测试。选择不同长度的序列进行自相关和互相关性测试,测试结果如图 8-19 所示。

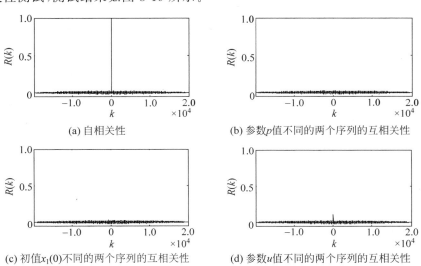

(a) 自相关性　　　　　　　　(b) 参数 p 值不同的两个序列的互相关性

(c) 初值 $x_1(0)$ 不同的两个序列的互相关性　　(d) 参数 u 值不同的两个序列的互相关性

图 8-19　序列的自相关和互相关测试

可见,图 8-19(a)的序列自相关性测试的结果是比较理想的,依次是改变 p 值、$x_1(0)$ 值和 u 值,对两个相同长度的不同序列的互相关测试结果也是比较令人满意的,表明了混沌二值序列对参数的敏感性。

在本方案中,序列 s 作为流密码对视频流的定长数据进行加密,并且加密过程采取了密文反馈模式以抵抗已知明文攻击。

8.4.4 基于混沌的置乱算法设计

本算法要求对每帧采取不同的置乱表进行宏块置乱,这里采用基于排序变化的方法进行置乱,此法操作简单,运行速度也较快。假设每帧由 N 个宏块组成,首先对宏块进行扫描。对每帧的具体置乱过程如下。

(1) 从整数混沌序列中提取长为 N 的序列 $a=\{a_1,a_2,\cdots,a_N\}$,这里,由 8.4.3 节中产生流密码相同的混沌映射生成混沌序列,即,长度为 N 的序列可以取自混沌序列 x_1、y_1 或 x_2,本实验中采用的是 x_1。

(2) 对序列按升序或降序进行重新排列,这时新的序列变成了 $\tilde{a}=\{\tilde{a}_1,\tilde{a}_2,\cdots,\tilde{a}_N\}$。因为混沌序列不存在相同的元素,所以此方法是可行的。

(3) 把原序列 $\{a_1,a_2,\cdots,a_N\}$ 中每个元素在新序列 $\{\tilde{a}_1,\tilde{a}_2,\cdots,\tilde{a}_N\}$ 中的位置记录下来,得到相应的置乱地址 $p=\{p_1,p_2,\cdots,p_N\}$。

(4) 用置乱地址 $\{p_1,p_2,\cdots,p_N\}$ 对当前帧扫描后的宏块进行置乱。

上述置乱方法不会增加冗余的迭代,整个置乱过程简单而快捷。

8.4.5 加密实验与效果分析

实验在 MPEG-4 开源编解码器 xvidcore-1.1.2 上进行。XVID 编码速度很快,被认为是当前最快的 MPEG-4 编码器。而且,XVID 编码器是针对 Windows 用户设计的,并且源代码完全开放,图像压缩后质量接近于 DVD 画质,但数据量只有 DVD 的 1/8,所以 XVID 编码器是 Windows 用户最好的选择。

XVID 编码器是在 UNIX 操作系统和 Visual C++ 6.0 环境上开发的,在 Windows 系统上使用时,必须先消除其 UNIX 格式,具体方法是用写字板打开 *.dsw,*.dsp 和 Makefile 文件,然后直接保存即可,这样就不会出现打开 xvidcore.dsw 时没有工程加载的现象。

本加密算法是和压缩算法相结合的,编码的基本思路是编码器初始化,创建一个编码实例句柄;循环对每帧数据编码;销毁已创建的编码实例句柄,停止编码。把加密算法嵌入压缩编码中。对每帧图像数据,其流程如图 8-20 所示。编码器首先对像素采样,然后做 DCT 变换,对定长数据加密选择在量化后进行,而宏块置乱选在

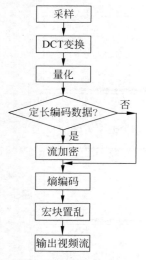

图 8-20 与压缩编码相结合的加密算法流程

熵编码后进行,这样就不会影响编码。按照此流程编写程序,对一系列标准测试序列进行测试。图 8-21 是对两幅不同的标准测试序列的加密效果图,其中图 8-21(a)和 8-21(c)分别为 foreman 和 akiyo 的首帧,图 8-21(b)是仅对 foreman 做宏块置乱的首帧解码输出图,图 8-21(d)是使用完整的加密算法后的 akiyo 首帧解码输出图。

可见,经过置乱和加密后,已经不能从图像中获取任何有价值的信息。本方案具有格式不变性,可通过进一步设置控制参数来实现不同的安全级别等特点。

(a) foreman原图像

(b) 宏块置乱的效果

(c) akiyo原图像

(d) 本方案的完整加密效果

图 8-21 加密视觉效果

8.4.6 MPEG 视频加密系统性能分析

加密系统性能分析主要从下面两方面进行。

1. 系统安全性分析

如前面所讨论的,对一个图片组,本混沌加密系统拥有的密钥空间$\{u,v,p,x_1(0),y_1(0),x_2(0)\}$大,足够抵抗穷举攻击。考虑置乱大小为 N 的置乱过程,对 p 帧,大部分的宏块来自于相应的前一帧的预测,因为前一帧已经经过了置乱,攻击者是无法还原当前图片的。对 B 帧也可以得到同样的结论。对 I 帧,即使在 qicf 视频剪辑,置乱的大小也为 $N=176\times144/16^2=99$,因此搜索空间为 99!,也足以抵御穷举攻击。

对于已知明文攻击,在定长码数据加密中,反馈操作使得密钥产生流密码依赖整个明文,因而无法进行已知或选择明文攻击。在该置乱过程中,如果攻击者获取了相应的明文和密文对,显然可以通过比较得出置乱表。然而,本系统中的置乱表是根据混沌序列逐帧改变的,而混沌序列的演化又是难以预测的,因此,不可能从本置乱算法中推断出原混沌序列。此外,密钥随着不同的图片组实时变化,致使攻击更加困难。

实验表明,本算法还能同时抵抗错误隐藏攻击(ECA),对 176×144 的 akiyo 视频片段先用不同算法加密,再实施 ECA 攻击后的效果如图 8-22 所示。从图中可以看出,如果采用单一的加密压缩视频流的定长码数据,经过 ECA 攻击仍然能看出一个基本轮廓,而采用前面设计的加密方案则完全不能识别。

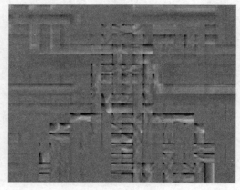 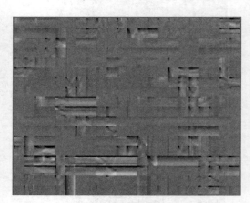

(a) 只做定长数据加密的算法　　　　　　　　　　(b) 新算法

图 8-22　对"akiyo"的第一帧进行 ECA 攻击的结果

2. 加密速度分析

实验表明,新的加密算法具有较快的速度。通过使用两个最简单的混沌映射,并让混沌迭代在整数域内运行,大大减少了加密系统的计算量。另一方面,由于选择加密了有限的定长码数据,且使用了简单的置乱方案,平均迭代次数也大大减少。对加密和压缩时间比做了测试和记录,对几个 90 帧的视频片段测试的结果如表 8-3 所示。可见,整个加密过程的时间基本不影响 MPEG-4 压缩的时间,完全可以满足实时性要求。

表 8-3　加密速度测试结果

视频片段	大小	加密和压缩时间比/%
akiyo	176×144	2.5
carphone	176×144	1.9
foreman	176×144	2.1
Miss-america	176×144	1.6
dancer	352×288	3.1
singer	352×288	2.4

8.5　基于混沌的 H.264 视频加密算法

H.264 是国际电联最新通过的新一代甚低码率视频编码标准,它是 MPEG-4 的第 10 部分,同时也被 ISO 称为 AVC。H.264 标准是一个面向未来 IP 和无线网络的视频编码标准,作为新一代视频编码标准,它被广泛应用于无线多媒体通信、视频会议等,因而相应的安全加密技术也逐步成为研究的热点。

H.264 标准比以往的视频编码标准具有更好的图像质量、更高压缩比和更强的网络适应性,然而,其良好的编码效果是以巨大运算量为代价的。因此,对于 H.264 的加密应考虑尽量简化加密算法,减少运算量和密钥的开销,同时又不影响压缩效果。

文献[20]提出了一种 H.264 视频的加密方案,其中主要使用了帧内预测模式置乱的方法来进行视频加密:通过将 I 帧中 4×4 和 16×16 尺寸编码块的帧内预测模式进行变换,使得在不改变编码方式和增加编码长度的前提下对视频数据提供一定程度上的保护。这种方案在算法执行效率和视频数据压缩率保持上无疑是较好的,但是从算法分析、加密后视频数据性质以及其结果看,该方法对于视频信息提供的保护是相当有限的。曹奕等[21]研究了基于 DCT 的 H.264 视频加密,针对 H.264 编码特性,分析了不同程度的 DCT 系数加密算法,如基于 4×4 整数变换的残差系数置乱,高低频系数置乱等。如果与运动矢量加密和熵编码加密等相结合,效果会更好。

本节设计了基于 H.264 视频编码标准的混沌视频加密新方案。

8.5.1　基于 TD-ERCS 的混沌流密码的构造

采用 TD-ERCS 混沌系统构造混沌流密码,事实上,TD-ERCS 混沌系统是一个迭代算法。首先,设置用户密钥,即两个初始值 x_0、$\tan\alpha$ 和两个参数 μ、m,由

$$y_0 = \mu \sqrt{1 - x_0^2} \tag{8-12}$$

$$k_0' = -\frac{x_0}{y_0} \mu^2 \tag{8-13}$$

$$k_0 = \frac{\tan\alpha + k_0'}{1 - k_0' \tan\alpha} \tag{8-14}$$

计算 TD-ERCS 初始状态,然后根据

$$x_n = -\frac{2k_{n-1} y_{n-1} + x_{n-1}(\mu^2 - k_{n-1}^2)}{\mu^2 + k_{n-1}^2} \quad n = 1, 2, \cdots \tag{8-15}$$

$$k_n = \frac{2k_{n-m}' - k_{n-1} + k_{n-1} k_{n-m}'^2}{1 + 2k_{n-1} k_{n-m}' - k_{n-m}'^2} \quad n = 1, 2, \cdots \tag{8-16}$$

$$k_n' = -\frac{x_n}{y_n} \mu^2 \quad n = 1, 2, \cdots \tag{8-17}$$

$$y_n = k_{n-1}(x_n - x_{n-1}) + y_{n-1} \quad n = 1, 2, \cdots \tag{8-18}$$

$$k'_{n-m} = \begin{cases} -\dfrac{x_{n-1}}{y_{n-1}}\mu^2 & n < m \\[3mm] -\dfrac{x_{n-m}}{y_{n-m}}\mu^2 & n \geqslant m \end{cases} \qquad n = 1, 2, \cdots \qquad (8\text{-}19)$$

计算其他状态。其中，$x_0 \in [-1,1]$，$\tan\alpha \in (-\infty,\infty)$，$\mu \in (0.05,1]$，$m = 2,3,4,5,\cdots$，4097，4098；$n$ 为迭代轮数，m 为切延迟参数。

对每轮迭代产生的 x 和 k 值，取其尾数位构造伪随机二值序列。正常态下生成的 x 和 k 值可写成序列 $\{x_j \mid j = 1,2,\cdots\}$ 和 $\{k_j \mid j = 1,2,\cdots\}$，其中，$x_j$ 和 k_j 表示的是第 $m+j-1$ 次迭代产生的 x 和 k 值。由低位到高位取出 k_j 和 x_j 尾数的二进制码，分别记为 $\{K_j^P \mid P = 1,2,\cdots,51,52\}$ 和 $\{X_j^P \mid P = 1,2,\cdots,51,52\}$。让 K_j^P 和 X_j^P 交替排列得到 TD-ERCS 混沌二值伪随机序列 s。可见，当 TD-ERCS 进入正常态后，每进行一轮迭代产生 104 位，即 13 字节。

下面针对 H.264 标准的特点，研究基于混沌伪随机序列选择性加密算法。算法的主要特点是引入混沌加密思想，以增强算法的安全性，加密有限数据，提高加密速度。该加密算法复杂度低，具有良好的安全性和实时性，对编码压缩性能影响较小，具有一定的数据可操作性，符合视频数据加密的基本要求。

8.5.2　H.264 视频加密方案

为了减少需要加密的数据量，必须选择最为有效的数据进行加密。由于人眼对亮度信息较色度信息更加敏感，而且压缩后文件中亮度、色度信息分开保存，这里选择加密几个关键数据，图 8-23 是基本的加密算法框图。本方案选择的加密内容包括：所有 4×4 变化后亮度块的 DC 和 AC 系数的符号位，色度块的 DC 系数的符号位，P/SP 帧和 B 帧的运动矢量的符号位。之所以选择这些数据进行加密是因为这些数据能够以较小的代价最大限度地影响视觉效果，并保持编码的压缩比和信噪比。

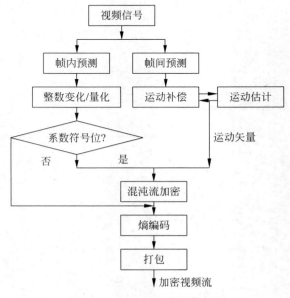

图 8-23　H.264 加密流程框图

具体的混沌流密码是用前面产生的 TD-ERCS 混沌二值伪随机序列 s 构造的,为了提高安全性,采用了如下密文反馈模式。加密过程为

$$C(i) = \mathrm{XOR}(s(i), C(i-1-s(i))) \tag{8-20}$$

其中,XOR 是比特间异或操作,s 是密钥流,$C(i)$ 是当前密文。

实验在 H.264 的开源编解码器 JM 上进行。JM 是 H.264 官方发布的三大开源编码器之一,其算法复杂,速度较慢,但适合于二次开发。在 VC 6.0 中编译运行 JM,在编解码之前先要设置好配置文件,如编码配置文件可设置为 encoder_baseline.cfg。

在实验中,记录了对标准视频序列的不同数据的加密效果,如图 8-24 所示。可见,加密不同的数据能达到不同的效果。对运动矢量的加密,一个必然的加密结果就是对于一组视频序列,当运动刚刚开始时,加密效果不会显著,例如图 8-24(b)。随着运动的累积,加密运动矢量的密文信息就会不断被累加,效果就越来越显著,例如图 8-24(e)、图 8-24(f)所示。执行全加密后,图像已经变得十分模糊,如图 8-24(f)、图 8-24(h)所示。为了进一步提高加密的安全性,可以在本算法的基础上再进行高低频系数置乱,4×4 变化块置乱,或者基于 FMO 的宏块置乱,当然,这些算法是以牺牲压缩比和加密延时等为代价的。

(a) foreman第一帧

(b) foreman第一帧全加密

(c) 加密亮度DCT系数符号位

(d) 加密色度DC系数符号位

图 8-24　H.264 视频加密效果图

(e) foreman 89帧mv加密　　　　　　　　　　　(f) foreman 89帧全加密

(g) mobile原图　　　　　　　　　　　(h) mobile全加密图

图 8-24　（续）

8.5.3　视频加密性能分析

1. 加密系统的安全性分析

一方面，就混沌伪随机序列发生器而言，TD-ERCS 混沌二值伪随机序列的总密钥参数为 $(x_0、\tan\alpha,\mu,m)$，参数的微小变化将生成完全不同的序列。显然，密钥空间足以对抗穷举法的攻击。同时，由于混沌迭代参数和初值在每个图组实时变化，本算法可以抵抗选择性明文攻击。

另一方面，就选择性加密方案而言，加密的数据包括代表纹理信息的 DCT 系数和代表运动信息的运动向量，这样会极大程度地破坏视频数据的可读性，实现视频加密。

2. 加密系统的实时性分析

加密的速度取决于混沌流密码的产生速度和被加密的视频数据量，对于 TD-ERCS 混沌伪随机序列，系统每进行一轮迭代可以产生 104 位密钥流。对于加密数据，本文提出的加密方案，仅选取了对视频效果影响最大的关键数据，并且只涉及符号位，如考虑到色度 AC 系数大部分为零，对加密效果影响不大，所以选择加密色度的 DC 系数。对几个 QCIF 格式的标准序列进行实验，具体的实时性能如表 8-4 所示。由加密时间占编码时间的百分比可知,加密系统具有较好的实时效果。

表 8-4 加密速度测试结果

视频片段	大小	帧数	加密和编码时间比/%
carphone	176×144	90	1.26
foreman	176×144	90	1.82
mobile	176×144	300	2.76
dancer	352×288	150	3.05

任何一种加密方法都可能对视频序列的编码效果产生影响,实用的加密算法应该尽可能减少对视频序列的压缩比和信噪比的影响。由于只对视频数据的符号位进行加密,本文的加密算法必然对视频序列的信噪比和压缩比的影响很小。算法按照编码中以宏块、帧、图像组为编码单位,能够保持视频数据的帧同步信息不变,具有一定的数据可操作性,如支持数据的位置索引、粘贴、裁减等操作。对 DCT 变换、量化的系数加密,不改变任何数据格式信息。实验证明加密后的信噪比和压缩比基本没有影响。

思考题

(1) 实时数据流加密的技术难点有哪些?
(2) 如何评价实时数据流加密的安全性能?
(3) 如何处理视频传输中的加密与压缩的关系?
(4) 设计一个基于混沌的语音加密无线传输方案。

参考文献

[1] Li H J, Zhang J S. Embedding adaptive arithmetic coder in chaos-based cryptography [J]. Chinese Physics B, 2010, 19(5): 050508.

[2] Rahman S M M, Hossain M A, Mouftah H. Chaos-cryptography based privacy preservation technique for video surveillance [J]. Multimedia Systems, 2012, 18(2): 145-155.

[3] Vidal G, Baptista M S, Mancini H. Fundamentals of a classical chaos-based cryptosystem with some quantum cryptography features [J]. International Journal of Bifurcation and Chaos, 2012, 22(10): 1250243.

[4] Fouda J S A, Effa J Y, Sabat S L, et al. A fast chaotic block cipher for image encryption [J]. Communications in Nonlinear Science and Numerical Simulation, 2014, 19(3): 578-588.

[5] 王育民,刘建伟.通信网的安全——理论与技术[M].西安:西安电子科技大学出版社,2000.

[6] 张凤仙,郑玉洁.通信保密技术[M].北京:国防工业出版社,2003.

[7] 冯登国.国内外密码学研究现状及发展趋势[J].通信学报,2002,23(5):18-26.

[8] American National Standards Institute, Triple Data Encryption Algorithm Modes of Operation, ANSI standard X9.52, 1998.

[9] Kocarev L. Chaos-based cryptography: A brief overview [J]. IEEE Circuit and System Magazine, 2001, 1(3): 6-21.

[10] Dachselt F, Kelber K, Schwartz W. Discrete-time chaotic encryption system—part Ⅲ:

Cryptographical analysis [J]. IEEE Transaction on CAS-I，1998，45(9)：1-19.

[11] Yang T，Yang L B，Yang C M. Cryptanalyzing chaos secure communication using return maps [J]. Physics Letters A，1998，245：495-510.

[12] 周黎晖，彭召旺，冯正进，等. 混沌加密系统的保密性能[J]. 上海交通大学学报，2001，35(1)：133-138.

[13] 丘水生，陈艳峰，吴敏，等. 混沌保密通信的若干问题及混沌加密新方案[J]. 华南理工大学(自然科学版)，2002，30(11)：75-80.

[14] Syyid Umar. The Adaptive Communication Environment："ACE"[M]. Hughes network systems，1998.

[15] 孙克辉，钱功伟，徐畅. 基于实时传输协议的语音保密通信系统设计[J]. 计算机工程与应用，2006，42 (1)：128-130，211.

[16] Shi C G，Bhargava B. A fast MPEG video encryption algorithm [C]//Proceeding of the 6th ACM International Multimedia Conference. New York：ACM Press，1998：81-88.

[17] Yuan C，Zhu B，Wang Y，et al. Efficient and fully scable encryption for MPEG-4 FGS[C]//IEEE International Symposium on Circuits and systems. New York：IEEE Press，2003：620-623.

[18] Li S，Cheng G，Cheung A，et al. On the design of perceptual MPEG-Video encryption algorithms [J]. IEEE Transactions on Circuits and Systems for Video Technology，2007，17(2)：214-223.

[19] Shang F，Sun K H，Cai Y Q. A new efficient MPEG video encryption system based on chaotic maps [C]. Proceedings-1st International Congress on Image and Signal Processing，CISP，2008，v 3，p 12-16，Haikou.

[20] Jinhaeng Ahn，et al. Digital video scrambling method using intra prediction mode [A]. PCM 2004，LNCS3333，K. Aizawa，Y. Nakamura and S. Satoh，2004：386-391.

[21] 曹奕，张荣，刘政凯. H. 264 标准中基于 DCT 的视频加密研究[J]. 中国图象图形学报，2005，10(8)：1047-1051.

随着混沌理论研究的深入,分数阶混沌系统由于具有丰富的动力学特性而成为新的研究热点。为了实现分数阶混沌系统在信息安全领域中的应用,不仅要努力揭示分数阶非线性系统的混沌特性及其规律,而且要解决分数阶混沌系统实际应用中的关键技术问题,如分数阶微分方程的精确数值求解问题、分数阶混沌系统的数字电路实现问题等,因此需要研究分数阶非线性系统的混沌动力学理论、分析方法和实验技术。本章将重点研究分数阶混沌系统的分析求解方法和仿真技术,为分数阶混沌系统在信息安全中的应用奠定理论和实验基础。

9.1 分数阶混沌系统的研究现状

分数阶微积分理论研究几乎与整数阶微积分理论研究具有同样长的历史,距今已有 300 多年,但由于分数阶微积分理论长期没有实际应用背景而发展缓慢。实际上,许多物理系统都展现了分数阶动力学行为,如黏滞系统、电介质极化、有色噪声和电磁波等。相对整数阶微分方程,分数阶微分方程在许多应用科学领域更能准确地描述自然现象[1],如各种材料的记忆、力学和电特性描述、黏弹性阻尼器、电力分形网络、分数阶正弦振荡器、机器人、电子电路、电解化学、分数电容理论、分形理论、分数阶 PID 控制器、弹黏性系统和柔软构造物体的振动控制等。自 Mandelbort[2]1983 年首次指出自然界及许多科学技术领域存在大量的分数维这一事实以后,分数阶微积分便重新获得了新的发展,并成为当前非线性学科的研究热点。

迄今为止,尽管人们已经在分数阶微积分的领域开展了大量工作,但在揭示分形、混沌与分数阶系统之间关系方面的工作却是最近才开始的,涉及的相关研究工作包括分数阶混沌和超混沌、分数阶混沌控制与同步、分数阶混沌系统的电路实现与应用等。在非线性动力学系统的混沌现象研究中,主要以整数阶混沌系统的研究为基础,当人们把分数阶微分算子引入非线性动力学系统时,发现当系统的微分阶数为分数时,系统仍然表现出混沌行为,如 Lorenz 系统[3]、非自治 Duffing 系统[4]、改进的 Duffing 系统[5]、Chua 系统[6] Jerk 系统[7]、

Rössler 系统[8]等。尽管人们对现有的混沌系统的分数阶系统的动力学特性进行了一些研究,但还有许多混沌系统的分数阶混沌现象没有被揭示出来,如简化 Lorenz 系统[9],该系统是单参数连续混沌系统,是研究分数阶系统的混沌现象及其规律的理想模型。

人们在分数阶微积分的研究过程中,提出了多种分数阶微积分定义[10],Li C P 等[11]对三种分数阶微分定义进行了详细的比较研究。在实际应用研究中,使用较多的是 Riemann-Liouville(简称 R-L)定义和 Caputo 定义。虽然 R-L 定义可简化分数阶微分的计算,但分数阶微分的物理意义并不明确,其大小也很难测量。采用 Caputo 定义时,其分数阶微分的物理意义是明确的,也易于物理测量。从以上两种不同的分数阶微分定义出发,人们得出了求解分数阶微分方程的两种不同近似方法。第一是基于 R-L 定义的时频域转换法[12],即采用整数阶拟合分数阶的方式,将时域中的分数阶积分算子转化为频域中的传递函数,再在频域中用分段线性近似法来实施逼近计算,通过求解频域的系统函数,得到频域中系统函数的展开形式。第二是从 Caputo 定义出发,推导出分数阶微分方程的时域求解方法-预估校正法[13]-[16],利用 Adams-Bashforth 预估公式和 Adams-Moulton 校正公式求得系统所对应阶数的时间序列,实现对分数阶微分方程的求解。对比两种算法可知,采用频域算法时,积分算子的阶数步长偏大,精度有限,不能准确地反映分数阶混沌系统的动力学特性及其变化规律,有一定的局限性。而采用时域求解法,可以设置足够小的计算步长,更能准确地分析系统的动力学特性,如系统分岔特性、通向混沌的道路等。

目前,对于分数阶系统的混沌特性研究主要集中在研究现有整数阶混沌系统,当微分阶数由整数阶变为分数阶时,系统是否是混沌的,而对分数阶系统出现混沌的分数阶大小、分数阶混沌系统的动力学特性缺乏系统而深入的研究。如,Ahmad 在采用频域法研究分数阶混沌系统的过程中提出,当系统的阶数为 $2+\varepsilon$ 时,三阶混沌系统仍然可产生混沌行为[6];当系统的阶数为 $3+\varepsilon$ 时,四阶超混沌系统仍然可产生超混沌行为[17],其中 $0<\varepsilon<1$。显然 ε 的范围太大,有待进一步缩小,比如,分数阶蔡氏电路在 2.7 阶时可产生混沌,但在 2.65 阶是否产生混沌呢? 因为人们是通过研究系统在 2.7 阶时有混沌现象,而在 2.6 阶时没有混沌现象而得出的结论。所以,为了更好地研究分数阶系统出现混沌的系统阶数的边界值,应建立步长更小、误差更小的分数阶微分近似求解算法模型。此外,还应对分数阶混沌系统的 Lyapunov 指数谱、分岔、分维数等动力学特性进行全面深入的研究,特别是分数阶混沌系统的动力学特性随分数阶大小、系统参数而变化的规律问题的研究应成为分数阶系统研究的重点。

混沌系统的同步控制技术是混沌应用于保密通信的关键,1990 年,Pecora 和 Corroll 提出了混沌同步的概念[18],并在实验室中用电路实现了同一信号驱动下的两个相互耦合混沌系统的同步[19]。其后三十多年里,混沌同步控制的研究工作得到了长足的发展。到目前为止,对于整数阶混沌系统,人们已提出了许多同步控制方法与技巧。虽然整数阶混沌系统的同步研究发展较早,并取得了丰硕的研究成果。然而,由于分数阶系统的复杂性和缺乏有效的数学工具,对分数阶混沌系统的同步控制的研究相对较少,控制策略和方法较为简单,理论基础也相对薄弱,尚处于研究初期。因为实际系统大都是分数阶的,如果采用整数阶的控制策略实施控制,往往达不到很好的控制效果,因此研究分数阶混沌系统的同步控制有着积极而现实的意义。

到目前为止,研究分数阶混沌系统的同步控制问题,还没有提出非常有效的新方法,主要的研究方法是将整数阶混沌系统的同步控制方法扩展到分数阶混沌系统,所以其同步控制机理和同步性能有待深入研究。研究表明,在提高同步控制系统的性能方面,相互耦合同步、投影同步和自适应方法具有独特的优势。在分数阶混沌系统的同步研究中,应以提高同步系统的性能为目标,探索同步系统的同步性能随系统参数、控制参数而变化的一般规律,通过多种方法在同步建立时间、同步精度等性能的比较,设计一种适合于分数阶混沌系统的最优同步方法,为分数阶混沌系统在信息安全中的应用奠定技术基础。

分数阶混沌系统在信息安全中的应用正成为非线性科学应用研究的新方向[20],而分数阶混沌序列的复杂性是系统安全性能的一个非常重要的研究方面。分数阶混沌序列的复杂性大小,直接关系到基于分数阶混沌系统的加密系统的密码学性能,如为了保证扩频通信的最大通信容量,实用的混沌伪随机码应具有尽可能大的序列复杂度。分数阶混沌系统的复杂性包含两方面含义:其一是分数阶混沌系统的复杂性,它一般与系统方程的非线性项有关,对于分数阶系统,其复杂性还可能与分数阶大小有关,此种复杂性主要通过计算系统的分数维来进行度量;其二是分数阶混沌系统产生的时间序列的复杂性,主要判断分数阶混沌系统产生的时间序列信号与随机信号的相似程度。多年来,人们采用信息熵、Lyapunov 指数、分维数等参数来度量系统的混乱或无序程度,但不适合描述系统产生的混沌时间序列复杂性。因此,应采用相空间观察法和结构复杂性算法相结合来分析分数阶混沌系统及其产生的混沌伪随机序列的复杂性,为分数阶混沌系统在信息安全中的应用提供依据。

分数阶混沌系统的电路实现是分数阶混沌系统应用于信息安全领域的另一关键问题。2006 年,Bohannan G W[21]等申请了设计分数阶器件的发明专利,刘崇新教授研究团队则通过设计分数阶积分算子的等效电路对多个分数阶混沌系统进行了电路仿真研究[22-24],但都是基于分数阶积分算子的频域方法。虽然分数阶微分算子的时域方法在研究分数阶系统时有较强的优势,但其电路实现是较为困难的。值得指出的是,随着微电子技术的发展,基于时域逼近方法的分数阶混沌系统可通过 FPGA 和 DSP 实现,为实现分数阶混沌系统在工程中的应用开辟了新途径。

总之,在分数阶混沌系统的研究整体上尚处于起步阶段,无论是从文献的数量,还是分数阶混沌系统的研究成果,分数阶混沌系统的研究还处于研究初期,在该领域将会有很大的发展空间,还有许多理论和实际应用难题需要研究。本章将介绍分数阶混沌系统的求解和仿真方法,分析分数阶混沌系统动力学特性与系统分数阶大小的关系,为分数阶混沌系统在信息安全中的应用奠定基础。

9.2　分数阶微积分定义及其物理意义

在分数阶微积分算子一般用 $_aD_t^q$ 表示,该算子将分数阶微分和分数阶积分一起表示,当 q 为正时,表示微分,当 q 为负时,表示积分。到目前为止,分数阶微积分还没有统一的定义,这里介绍常用的几种分数阶微积分定义。

定义 9-1 分数阶微积分定义中包含的一个最基本函数是 Gamma 函数 $\Gamma(x)$，其定义为

$$\Gamma(x) = \int_0^{+\infty} t^{x-1} \mathrm{e}^{-t} \, \mathrm{d}t \tag{9-1}$$

当 $x=n$，有 $\Gamma(n)=(n-1)!$。

定义 9-2 Grünwald-Letnikov 分数阶微积分定义为

$$_aD_t^q f(t) = \frac{\mathrm{d}^q f(t)}{\mathrm{d}(t-a)^q} = \lim_{N \to +\infty} \left[\frac{t-a}{N}\right]^{-q} \sum_{j=0}^{N-1} (-1)^j \binom{q}{j} f\left(t - j\left[\frac{t-a}{N}\right]\right) \tag{9-2}$$

定义 9-3 Riemann-Liouville 分数阶微积分定义为

$$_aD_t^q f(t) = \begin{cases} \dfrac{1}{\Gamma(-q)} \displaystyle\int_a^t (t-\tau)^{-q-1} f(\tau) \mathrm{d}\tau & q < 0 \\[2mm] f(t) & q = 0 \\[2mm] D^n\left[_aD_t^{q-n} f(t)\right] & q > 0 \end{cases} \tag{9-3}$$

其中，$q \in R$，n 是比 q 大的第一个整数，即 $n-1 \leqslant q < n$，$\Gamma(\cdot)$ 为 Gamma 函数。根据以上定义，幂函数和常数的 q 阶微分分别为

$$D_{t_0}^q t^r = \frac{\Gamma(r+1)}{\Gamma(r+1-q)}(t-t_0)^{r-q} \tag{9-4}$$

$$D_{t_0}^q C = \frac{C}{\Gamma(1-q)}(t-t_0)^{-q} \tag{9-5}$$

Riemann-Liouville 分数阶微积分的 Laplace 变换为

$$\mathcal{L}\{_0D_t^q f(t)\} = s^q F(s) \qquad q \leqslant 0 \tag{9-6}$$

$$\mathcal{L}\{_0D_t^q f(t)\} = s^q F(s) - \sum_{k=0}^{n-1} s^k {}_0D_t^{q-k-1} f(0) \qquad n-1 < q \leqslant n \in N \tag{9-7}$$

由于求 Riemann-Liouville 分数阶微分的 Laplace 变换需要函数的非整数阶微分在 $t=0$ 时的值，所以 Riemann-Liouville 分数阶微分的 Laplace 变换并不好求，但分数阶微分的 Caputo 定义则不存在这一问题。

定义 9-4 Caputo 分数阶微分定义为

$$_0D_t^q f(t) = \begin{cases} \dfrac{1}{\Gamma(m-q)} \displaystyle\int_0^t \frac{f(m)(\tau)\mathrm{d}\tau}{(t-\tau)^{q+1-m}} & m-1 < q < m \\[2mm] \dfrac{\mathrm{d}^m}{\mathrm{d}t^m} f(t) & q = m \end{cases} \tag{9-8}$$

其中，m 是大于 q 的第一个整数。Caputo 分数阶微分的 Laplace 变换为

$$\mathcal{L}\{_0D_t^q f(t)\} = s^q F(s) - \sum_{k=0}^{n-1} s^{q-1-k} f^{(k)}(0) \qquad n-1 < q \leqslant n \in N \tag{9-9}$$

与 Riemann-Liouville 分数阶微分的 Laplace 变换相比，在 Caputo 分数阶微分的 Laplace 变换中，只需要函数的整数阶微分初始值。当算子的初值为 0 时，其 Laplace 变换为

$$\mathcal{L}\{_0D_t^q f(t)\} = s^q F(s) \tag{9-10}$$

Caputo 分数阶微分定义的两个基本性质分别为

$$^*D_{t_0}^q J_{t_0}^q f(t) = f(t) \tag{9-11}$$

$$J_{t_0}^q(^*D_{t_0}^q)f(t) = J_{t_0}^q J_{t_0}^{m-q} D_{t_0}^m f(t) = J_{t_0}^m D_{t_0}^m f(t) = x(t) - \sum_{k=0}^{m-1} x^{(k)}(t_0^+)\frac{(t-t_0)^k}{k!} \tag{9-12}$$

这样,幂函数和常数的 q 阶微分分别为

$$^{*}D_{t_0}^q t^r = \frac{\Gamma(r+1)}{\Gamma(r+1-q)}(t-t_0)^{r-q} \tag{9-13}$$

$$^{*}D_{t_0}^q C = 0 \tag{9-14}$$

整数阶微积分有清晰的几何解释和物理意义,但由于分数阶微积分本身的复杂性,使得对其概念的理解比较困难,导致了其在实际应用中存在一定的障碍。目前的专著和文献也很少有这方面的内容,因此至今分数阶微积分还没有普适的、统一的物理意义和几何解释[25]。

根据分数阶积分的定义易得分数阶积分的物理意义:如果将积分看作对某种量的存储,则分数阶积分是有记忆的存储,近则储之,对过去的则渐渐遗弃。北京大学刘式达教授将分数阶微分描述为"天气与气候之间的桥梁",气候的分数阶微分是天气。正是由于分数阶微分的存在,使得气候较天气的记忆性好[26]。

由分数阶微分的定义式可得如下基本结论:①输入函数的初值以衰减形式加入输出中;②零初值下分数阶微分是卷积分形式。因此,分数阶微分实际上是一个积分,且也具有逐渐遗忘的特性(或时间衰减记忆)。引入 Riemann-Liouville 分数阶微积分的定义,可以简化分数阶导数的计算;引入 Caputo 分数阶微分定义,让拉普拉斯变换更简洁,有利于分数阶微分方程的求解[27]。

9.3 分数阶混沌系统的求解方法

分数阶系统就是由微分阶次为任意实数的微分方程所描述的动力学系统,越来越多的人开始研究分数阶系统,随之而来的就是分数阶系统的求解问题。由于分数阶微积分与过去所有信息都有关,分数阶微积分的求解远比整数阶微积分复杂,需要扎实的数学基础,而且也比较烦琐,因此,仿真方法成为研究分数阶系统的主要手段,人们已从不同分析角度和应用领域提出了分数阶微积分算子的仿真方法[28]-[29]。但针对分数阶混沌系统的仿真研究还较少,所以开展分数阶混沌系统的仿真方法研究具有重要的实际意义。

9.3.1 分数阶混沌系统的频域近似求解方法

从 20 世纪 60 年代以来,人们就致力于分数阶微积分的求解,已有一些求解分数阶微分方程和分数阶系统的方法,如拉普拉斯算法和傅里叶变换法、数值算法等。但这些方法都有一定的缺陷,解析算法虽然精确度高,但公式复杂、计算费时,还常常伴随发散问题。数值算法一般都要求分数导数的阶次在 $0\sim1$,所有这些都限制了它们的进一步应用;目前人们最感兴趣的求解微积分的方法是用整数阶模型去逼近分数阶系统,在求解分数阶系统时,主要是将分数阶近似成整数阶形式,利用整数阶的方法来求解。

分数阶系统的波德图形逼近法主要是采用时域-频域相互转换,而后再在频域中用分段线性近似法来实施计算,该方法有利于工程实现,其思想是通过求解频域中的 $1/s^a$,得

到分数阶积分算子的频域展开式,再将频域形式转化为时域的整数阶状态方程,就可以求得分数阶方程的解[22]。这种逼近是在允许的误差范围内,完全可满足工程的需要。

根据前面微积分的定义,不能直接在时域仿真中做分数阶微分算子的运算。设初始条件为 0,则定义 9-3 的 Riemann-Liouville 的 Laplace 变换为

$$\mathcal{L}\left\{\frac{\mathrm{d}^q f(t)}{\mathrm{d}t^q}\right\} = s^q\, \mathcal{L}\{f(t)\} \tag{9-15}$$

因此,阶数为 q 的分数阶积分算子可在频域内由传递函数 $F(s) = 1/s^q$ 来描述。为了有效地分析分数阶混沌系统的动力学特性,需用标准整数阶算子来逼近分数阶算子(波德图逼近),当然这种逼近是在允许的误差范围内,完全可满足工程的需要。分数阶积分算子可以用函数表示为

$$H(s) = 1/s^\alpha \tag{9-16}$$

这里 $s = \mathrm{j}\omega$ 为复频率,α 为正的分数值,也被称为分数幂。由于该函数在低频时幅度较大,再加上系统多数是多频率的,所以一个多频率的分数阶极值系统可描述为

$$H(s) = \frac{1}{\prod\limits_{i=1}^{n}\left(1 + \dfrac{s}{p_{T_i}}\right)^{\alpha_i}} \quad 0 < \alpha_i < 1;\ i = 1,2,\cdots,n \tag{9-17}$$

这里 $1/p_{T_i}$ 是松弛时间,α_i 是分数幂因子。其中,式(9-16)被称为单分数阶系统的单结构模型,通过单频率的分数阶极值描述,转换函数在频域下可表示为

$$H(s) = \frac{1}{\left(1 + \dfrac{s}{p_T}\right)^\alpha} \tag{9-18}$$

同样,$1/p_T$ 是松弛时间,α 是分数幂因子,且 $0 < \alpha < 1$。

用 $-20\mathrm{dB}$ 的"之"字形线段模拟近似,则可将式(9-18)近似为

$$H(s) = \frac{1}{\left(1 + \dfrac{s}{p_T}\right)^\alpha} \approx \lim_{N \to +\infty} \frac{\prod\limits_{i=0}^{N-1}\left(1 + \dfrac{s}{z_i}\right)}{\prod\limits_{i=0}^{N}\left(1 + \dfrac{s}{p_i}\right)} \tag{9-19}$$

其中,N 表示极值点的个数。由于工程实际中工作频段是有限的,故式(9-19)极限可被限制为 N 个数,则上式可进一步近似为

$$H(s) = \frac{1}{\left(1 + \dfrac{s}{p_T}\right)^\alpha} \approx \frac{\prod\limits_{i=0}^{N-1}\left(1 + \dfrac{s}{z_i}\right)}{\prod\limits_{i=0}^{N}\left(1 + \dfrac{s}{p_i}\right)} \tag{9-20}$$

这样,求分数阶描述函数表达式就转化成求零极点对的问题。假设要控制近似误差不超过 $y\mathrm{dB}$(y 为正值),那么零极点对就可以通过下列过程求得

第一个极点 $p_0 = p_T 10^{y/(20\alpha)}$

第一个零点 $z_0 = p_0 10^{y/(10(1-\alpha))}$

第二个极点 $p_1 = z_0 10^{y/(10\alpha)}$

第二个零点 $z_1 = p_1 10^{y/(10(1-\alpha))}$

$\cdots$

第 N 个零点 $z_{N+1}=p_{N+1}10^{y/(10(1-\alpha))}$

第 $N+1$ 个极点 $p_N=z_{N+1}10^{y/(10(\alpha))}$

这里 p_T 是角频率；p_0 为第一个奇异值，由设定误差 y 决定；p_N 是最后一个奇异值并由 N 来决定。

现在，假设 $a=10^{y/(10(1-\alpha))}$，$b=10^{y/(10\alpha)}$，则由此可得

$$ab=10^{y/(10\alpha(1-\alpha))} \tag{9-21}$$

因而，可以获得零极点的分布值关系如下

$$\frac{z_0}{p_0}=\frac{z_1}{p_1}=\cdots=\frac{z_{N-1}}{p_{N-1}}=a \tag{9-22}$$

$$\frac{p_1}{z_0}=\frac{p_2}{z_1}=\cdots=\frac{p_{N-1}}{z_{N-1}}=b \tag{9-23}$$

$$\frac{z_1}{z_0}=\frac{z_2}{z_1}=\cdots=\frac{z_{N-1}}{z_{N-2}}=ab \tag{9-24}$$

$$\frac{p_1}{p_0}=\frac{p_2}{p_1}=\cdots=\frac{p_N}{p_{N-1}}=ab \tag{9-25}$$

根据以上的关系，在已知 p_0 的情况下，可推得所有的零极点值为

$$p_i=(ab)^i p_0, \quad i=1,2,3,\cdots \tag{9-26}$$

$$z_i=(ab)^i a p_0, \quad i=1,2,3,\cdots \tag{9-27}$$

对于式(9-19)中的 N 可以由下面的推导过程得到。因为系统频率带宽 ω_{max} 有下面约束关系

$$p_{N-1}<\omega_{max}<p_N \tag{9-28}$$

$$(ab)^{N-1}p_0<\omega_{max}<(ab)^N p_0 \tag{9-29}$$

$$(ab)^{N-1}<\frac{\omega_{max}}{p_0}<(ab)^N \tag{9-30}$$

$$(N-1)\log(ab)<\log\left(\frac{\omega_{max}}{p_0}\right)<N\log(ab) \tag{9-31}$$

所以有

$$N-1<\frac{\log\left(\dfrac{\omega_{max}}{p_0}\right)}{\log(ab)}<N \tag{9-32}$$

$$N=\mathrm{int}\left[\frac{\log\left(\dfrac{\omega_{max}}{p_0}\right)}{\log(ab)}\right]+1 \tag{9-33}$$

一般取 $y=2\mathrm{dB}$ 或 $y=3\mathrm{dB}$，$\omega_{max}=0.01\sim100\mathrm{rad/s}$，根据以上各关系式可以得到频域中的 $1/s^\alpha$ 表达式。

表 9-1 给出了 α 从 0.1 到 0.9，近似误差为 2dB 的 $1/s^\alpha$ 的展开式[6]，近似误差为 3dB 的 $1/s^\alpha$ 的展开式零极点表示如表 9-2 所示[7]。频域分析的物理概念清晰，但也存在转换函数的近似逼近只限于有限的分数阶 q 值的局限性，且原系统与近似系统的差别有待深入研究。

表 9-1 α 阶分数阶积分器线性转换函数逼近式(逼近误差 2dB)

α	$1/s^{\alpha}$	转 换 函 数
0.1	$\dfrac{1}{s^{0.1}}$	$\dfrac{220.4s^4+5004s^3+5038s^2+234.5s+0.4840}{s^5+359.8s^4+5742s^3+4247s^2+147.7s+0.2099}$
0.2	$\dfrac{1}{s^{0.2}}$	$\dfrac{60.95s^4+816.9s^3+582.8s^2+23.24s+0.04934}{s^5+134.0s^4+956.5s^3+383.5s^2+8.953s+0.01821}$
0.3	$\dfrac{1}{s^{0.3}}$	$\dfrac{23.76s^4+224.9s^3+129.1s^2+4.733s+0.01052}{s^5+64.51s^4+252.2s^3+63.61s^2+1.104s+0.002267}$
0.4	$\dfrac{1}{s^{0.4}}$	$\dfrac{25.00s^4+558.5s^3+664.2s^2+44.15s+0.1562}{s^5+125.6s^4+840.6s^3+317.2s^2+7.428s+0.02343}$
0.5	$\dfrac{1}{s^{0.5}}$	$\dfrac{15.97s^4+593.2s^3+1080s^2+135.4s+1}{s^5+134.3s^4+1072s^3+543.4s^2+20.10s+0.1259}$
0.6	$\dfrac{1}{s^{0.6}}$	$\dfrac{8.579s^4+255.6s^3+405.3s^2+35.93s+0.1696}{s^5+94.22s^4+472.9s^3+134.8s^2+2.639s+0.009882}$
0.7	$\dfrac{1}{s^{0.7}}$	$\dfrac{5.406s^4+177.6s^3+209.6s^2+9.197s+0.01450}{s^5+88.12s^4+279.2s^3+33.30s^2+1.927s+0.0002276}$
0.8	$\dfrac{1}{s^{0.8}}$	$\dfrac{5.235s^3+1453s^2+5306s+254.9}{s^4+658.1s^3+5700s^2+658.2s+1}$
0.9	$\dfrac{1}{s^{0.9}}$	$\dfrac{1.766s^3+38.27s^2+4.914}{s^3+36.15s^2+7.789s+0.01000}$

表 9-2 α 阶分数阶积分器线性转换函数逼近式(逼近误差 3dB)

α	$1/s^{\alpha}$	转 换 函 数
0.1	$\dfrac{1}{s^{0.1}}$	$\dfrac{1584.8932(s+0.1668)(s+27.83)}{(s+0.1)(s+16.68)(s+2783)}$
0.2	$\dfrac{1}{s^{0.2}}$	$\dfrac{79.4328(s+0.05623)(s+1)(s+17.78)}{(s+0.03162)(s+0.5623)(s+10)(s+177.8)}$
0.3	$\dfrac{1}{s^{0.3}}$	$\dfrac{39.8107(s+0.0416)(s+0.3728)(s+3.34)(s+29.94)}{(s+0.02154)(s+0.1931)(s+1.73)(s+15.51)(s+138.9)}$
0.4	$\dfrac{1}{s^{0.4}}$	$\dfrac{35.4813(s+0.03831)(s+0.261)(s+1.778)(s+12.12)(s+82.54)}{(s+0.01778)(s+0.1212)(s+0.08254)(s+5.623)(s+38.31)(s+261)}$
0.5	$\dfrac{1}{s^{0.5}}$	$\dfrac{15.8489(s+0.03981)(s+0.2512)(s+1.585)(s+10)(s+63.1)}{(s+0.01585)(s+0.1)(s+0.631)(s+3.981)(s+25.12)(s+158.5)}$
0.6	$\dfrac{1}{s^{0.6}}$	$\dfrac{10.7978(s+0.04642)(s+0.3162)(s+2.154)(s+14.68)(s+100)}{(s+0.01468)(s+0.1)(s+0.6813)(s+4.624)(s+31.62)(s+215.4)}$
0.7	$\dfrac{1}{s^{0.7}}$	$\dfrac{9.3633(s+0.06449)(s+0.578)(s+5.179)(s+46.42)(s+416)}{(s+0.01389)(s+0.1245)(s+1.116)(s+10)(s+89.62)(s+803.1)}$
0.8	$\dfrac{1}{s^{0.8}}$	$\dfrac{5.3088(s+0.1334)(s+2.371)(s+42.17)(s+749.9)}{(s+0.01334)(s+0.2371)(s+4.217)(s+74.99)(s+1334)}$
0.9	$\dfrac{1}{s^{0.9}}$	$\dfrac{2.2675(s+1.292)(s+215.4)}{(s+0.01292)(s+2.154)(s+359.4)}$

9.3.2 分数阶混沌系统的时域近似求解方法

1. Adams-Bashforth-Moulton 预估校正法

比较典型的分数阶时域逼近算法是 Adams-Bashforth-Moulton 预估校正方案[13]-[16]，该求解算法过程描述如下。

对于以下微分方程

$$\begin{cases} \dfrac{\mathrm{d}^q x}{\mathrm{d}t^q} = f(t,x) & 0 \leqslant t \leqslant T \\ x^k(0) = x_0^{(k)} & k = 0,1,2,\cdots,\lceil q \rceil - 1 \end{cases} \tag{9-34}$$

可等价于 Volterra 积分方程

$$x(t) = \sum_{k=0}^{n-1} x_0^{(k)} \frac{t^k}{k!} + \frac{1}{\Gamma(q)} \int_0^t (t-\tau)^{q-1} f(\tau,x(t)) \mathrm{d}\tau \tag{9-35}$$

显然，上式右边两部分相加之和完全决定于初始值。一个典型的状态，即 $0 < q < 1$，此时的 Volterra 方程具有弱奇异性。在文献[13]-[16]中，设计出了式(9-35)的预测校正方案，该方案可看成是一步 Adams-Moulton 算法的类似算法。

令 $h = T/N, t_j = jh(j = 0,1,2,\cdots,N)$，其中，$T$ 是求解此积分方程的积分上限，则式(9-35)的校正公式为

$$x_h(t_{n+1}) = \sum_{k=0}^{\lceil q \rceil - 1} x_0^{(k)} \frac{t_{n+1}^k}{k!} + \frac{h^q}{\Gamma(q+2)} f(t_{n+1}, x_h^p(t_{n+1})) + \frac{h^q}{\Gamma(q+2)} \sum_{j=0}^{n} a_{j,n+1} f(t_j, x_h(t_j)) \tag{9-36}$$

这里

$$a_{j,n+1} = \begin{cases} n^{q+1} - (n-q)(n+1)^q & j = 0 \\ (n-j-2)^{q+1} + (n-j)^{q+1} - 2(n-j+1)^{q+1} & 1 \leqslant j \leqslant n \end{cases} \tag{9-37}$$

使用一步 Adams-Bashforth 规则代替一步 Adams-Moulton 规则，预估项 $x_h^p(t_{n+1})$ 由式(9-38)给出

$$x_h^p(t_{n+1}) = \sum_{k=0}^{n-1} x_0^{(k)} \frac{t_{n+1}^k}{k!} + \frac{1}{\Gamma(q)} \sum_{j=0}^{n} b_{j,n+1} f(t_j, x_h(t_j)) \tag{9-38}$$

其中

$$b_{j,n+1} = \frac{h^q}{q} ((n-j+1)^q - (n-j)^q) \quad 0 \leqslant j \leqslant n \tag{9-39}$$

分数阶 Adams-Bashforth-Moulton 方法的基本算法如式(9-36)、式(9-38)所示，其中加权系数 $a_{j,n+1}$、$b_{j,n+1}$ 分别如式(9-37)、式(9-39)所示。该方法的估计误差为 $e = \max_{i=0,1,\cdots,N} |x(t_j) - x_h(t_j)| = o(h^p)$，其中 $p = \min(2, 1+q)$。虽然分数阶时域分析算法的计算较频域法复杂，但微分算子的阶数可以更小地计算步长变化，更有利于完整地反映分数阶系统的动力学特性。

2. Adomian 求解算法

Adomian 分解算法是最新提出的适合分数阶系统求解的时域逼近算法[30]，该算法

是一种优秀的能够处理线性和非线性问题的时域求解算法,它不需要进行离散化和大量的计算机内存,且能够提供高精度、收敛快的近似数值解。文献[31,32]利用 Adomian 分解法得到了分数阶 Chen 系统和分数阶 Rössler 系统的数值解,表明了算法的有效性。

对于给定的分数阶混沌系统 $^*D_{t_0}^q \boldsymbol{x}(t)=f(\boldsymbol{x}(t))+\boldsymbol{g}(t)$,其中 $\boldsymbol{x}(t)=[x_1(t), x_2(t),\cdots,$ $x_n(t)]^T$ 为给定的函数变量,对于自治系统,$\boldsymbol{g}(t)=[g_1(t),g_2(t),\cdots,g_n(t)]^T$ 为常量,而 f 表示包含线性和非线性部分函数式。由下式将系统分为三部分

$$\begin{cases} ^*D_{t_0}^q \boldsymbol{x}(t)=L\boldsymbol{x}(t)+N\boldsymbol{x}(t)+\boldsymbol{g}(t) \\ \boldsymbol{x}(k)(t_0^+)=\boldsymbol{b}_k \quad k=0,1,\cdots,m-1 \\ m\in N \quad m-1<q\leqslant m \end{cases} \tag{9-40}$$

其中 $^*D_{t_0}^q$ 为 q 阶 Caputo 微分算子,L 为系统函数的线性部分,N 为系统函数的非线性部分,$\boldsymbol{b}_k$ 为初始值。在方程两边应用 $J_{t_0}^q$ 后可得

$$\boldsymbol{x}=J_{t_0}^q L\boldsymbol{x}+J_{t_0}^q N\boldsymbol{x}+J_{t_0}^q \boldsymbol{g}+\Phi \tag{9-41}$$

其中,$\Phi=\sum_{k=0}^{m-1} \boldsymbol{b}_k \dfrac{(t-t_0)^k}{k!}$ 是满足系统的初值条件。根据 Adomian 分解算法原理,方程的解可表示为 $\boldsymbol{x}=\sum_{i=0}^{+\infty} \boldsymbol{x}^i$。将非线性项按下式进行分解

$$\begin{cases} A_j^i=\dfrac{1}{i!}\left[\dfrac{\mathrm{d}^i}{\mathrm{d}\lambda^i}N(v_j^i(\lambda))\right]_{\lambda=0} \\ v_j^i(\lambda)=\sum_{k=0}^i (\lambda)^k x_j^k \end{cases} \tag{9-42}$$

其中,$i=0,1,\cdots$;$j=1,2,\cdots,n$,则非线性项可以表示为

$$N\boldsymbol{x}=\sum_{i=0}^{+\infty} \boldsymbol{A}^i(\boldsymbol{x}^0,\boldsymbol{x}^1,\cdots,\boldsymbol{x}^i) \tag{9-43}$$

即方程的解为

$$\boldsymbol{x}=\sum_{i=0}^{+\infty} \boldsymbol{x}^i=J_{t_0}^q L\sum_{i=0}^{+\infty} \boldsymbol{x}^i+J_{t_0}^q \sum_{i=0}^{+\infty} \boldsymbol{A}^i+J_{t_0}^q \boldsymbol{g}+\Phi \tag{9-44}$$

其迭代关系为

$$\begin{cases} \boldsymbol{x}^0=J_{t_0}^q \boldsymbol{g}+\Phi \\ \boldsymbol{x}^1=J_{t_0}^q L\boldsymbol{x}^0+J_{t_0}^q \boldsymbol{A}^0(\boldsymbol{x}^0) \\ \boldsymbol{x}^2=J_{t_0}^q L\boldsymbol{x}^1+J_{t_0}^q \boldsymbol{A}^1(\boldsymbol{x}^0,\boldsymbol{x}^1) \\ \cdots \\ \boldsymbol{x}^i=J_{t_0}^q L\boldsymbol{x}^{i-1}+J_{t_0}^q \boldsymbol{A}^{i-1}(\boldsymbol{x}^0,\boldsymbol{x}^1,\cdots,\boldsymbol{x}^{i-1}) \\ \cdots \end{cases} \tag{9-45}$$

下面以分数阶简化 Lorenz 系统为例,阐述该算法的正确运用。

分数阶简化 Lorenz 系统只含一个系统参数 c,其分数阶微分方程为[33]

$$\begin{cases} ^*D_{t_0}^q x_1=10(x_2-x_1) \\ ^*D_{t_0}^q x_2=(24-4c)x_1-x_1 x_3+cx_2 \\ ^*D_{t_0}^q x_3=x_1 x_2-8x_3/3 \end{cases} \tag{9-46}$$

对系统中的线性项和非线性项进行分解可得

$$\begin{bmatrix} L_{x_1} \\ L_{x_2} \\ L_{x_3} \end{bmatrix} = \begin{bmatrix} 10(x_2 - x_1) \\ (24 - 4c)x_1 + cx_2 \\ -8x_3/3 \end{bmatrix}, \quad \begin{bmatrix} N_{x_1} \\ N_{x_2} \\ N_{x_3} \end{bmatrix} = \begin{bmatrix} 0 \\ -x_1 x_3 \\ x_1 x_2 \end{bmatrix}, \quad \begin{bmatrix} g_1 \\ g_2 \\ g_3 \end{bmatrix} = \begin{bmatrix} 0 \\ 0 \\ 0 \end{bmatrix} \tag{9-47}$$

根据式(9-42),对非线性项进行分解,并截取前 7 项,可得[34]

$$\begin{cases} A_2^0 = -x_1^0 x_3^0 \\ A_2^1 = -x_1^1 x_3^0 - x_1^0 x_3^1 \\ A_2^3 = -x_1^2 x_3^0 - x_1^1 x_3^1 - x_1^0 x_3^2 \\ A_2^4 = -x_1^3 x_3^0 - x_1^2 x_3^1 - x_1^2 x_3^2 - x_1^0 x_3^3 \\ A_2^5 = -x_1^5 x_3^0 - x_1^4 x_3^1 - x_1^1 x_3^4 - x_1^3 x_3^2 - x_1^2 x_3^3 - x_1^0 x_3^5 \end{cases} \tag{9-48}$$

$$\begin{cases} A_3^0 = x_1^0 x_2^0 \\ A_3^1 = x_1^1 x_2^0 + x_1^0 x_2^1 \\ A_3^3 = x_1^2 x_2^0 + x_1^1 x_2^1 + x_1^0 x_2^2 \\ A_3^4 = x_1^3 x_2^0 + x_1^2 x_2^1 + x_1^2 x_2^2 + x_1^0 x_2^3 \\ A_3^5 = x_1^5 x_2^0 + x_1^4 x_2^1 + x_1^1 x_2^4 + x_1^3 x_2^2 + x_1^2 x_2^3 + x_1^0 x_2^5 \end{cases} \tag{9-49}$$

根据给出的初始条件,即有

$$\begin{cases} x_1^0 = x_1(t_0) \\ x_2^0 = x_2(t_0) \\ x_3^0 = x_3(t_0) \end{cases} \tag{9-50}$$

令 $c_1^0 = x_1^0$、$c_2^0 = x_2^0$、$c_3^0 = x_3^0$,即 $\boldsymbol{c}^0 = [c_1^0, c_2^0, c_3^0]$。根据式(9-45)中 $\boldsymbol{x}^1 = J_{t_0}^q L \boldsymbol{x}^0 + J_{t_0}^q \boldsymbol{A}^0$ 和分数阶微积分性质可得

$$\begin{cases} x_1^1 = 10(c_2^0 - c_1^0) \dfrac{(t - t_0)^q}{\Gamma(q+1)} \\ x_2^1 = [(24 - 4c)c_1^0 + c \cdot c_2^0 - c_1^0 c_3^0] \dfrac{(t - t_0)^q}{\Gamma(q+1)} \\ x_3^1 = \left(-\dfrac{8}{3} c_1^0 + c_1^0 c_2^0 \right) \dfrac{(t - t_0)^q}{\Gamma(q+1)} \end{cases} \tag{9-51}$$

将系数赋值给对应变量,即令 $c_1^1 = 10(c_2^0 - c_1^0)$,$c_2^1 = (24 - 4c)c_1^0 + c \cdot c_2^0 + c_4^0 - c_1^0 c_3^0$,$c_3^1 = -(8/3)c_1^0 + c_1^0 c_2^0$,可得 $\boldsymbol{x}^1 = \boldsymbol{c}^1 (t - t_0)^q / \Gamma(q+1)$。可见只要求出每项对应的系数即可,根据式(9-45)中的推导关系,性质和非线性项分解式,可推得 $\boldsymbol{x}$ 其他 5 项的系数分别为

$$\begin{cases} c_1^2 = 10(c_2^1 - c_1^1) \\ c_2^2 = (24 - 4c)c_1^1 + c \cdot c_2^1 - c_1^1 c_3^0 - c_1^0 c_3^1 \\ c_3^2 = -\dfrac{8}{3} c_1^1 + c_1^1 c_2^0 + c_1^0 c_2^1 \end{cases} \tag{9-52}$$

$$\begin{cases} c_1^3 = 10(c_2^2 - c_1^2) \\ c_2^3 = (24 - 4c)c_1^2 + c \cdot c_2^2 - c_1^2 c_3^0 - c_1^1 c_3^1 \dfrac{\Gamma(2q+1)}{\Gamma^2(q+1)} - c_1^0 c_3^2 \\ c_3^3 = -\dfrac{8}{3} c_1^2 + c_1^2 c_2^0 + c_1^1 c_2^1 \dfrac{\Gamma(2q+1)}{\Gamma^2(q+1)} + c_1^0 c_2^2 \end{cases} \tag{9-53}$$

$$
\begin{cases}
c_1^4 = 10(c_2^3 - c_1^3) \\
c_2^4 = (24 - 4c)c_1^3 + c \cdot c_2^3 - c_1^3 c_3^0 - (c_1^2 c_3^1 + c_1^1 c_3^2)\dfrac{\Gamma(3q+1)}{\Gamma(q+1)\Gamma(2q+1)} - c_1^0 c_3^3 \\
c_3^4 = -\dfrac{8}{3}c_1^3 + c_1^3 c_2^0 + (c_1^1 c_2^2 + c_1^2 c_2^1)\dfrac{\Gamma(3q+1)}{\Gamma(q+1)\Gamma(2q+1)} + c_1^0 c_2^3
\end{cases} \tag{9-54}
$$

$$
\begin{cases}
c_1^5 = 10(c_2^4 - c_1^4) \\
c_2^5 = (24 - 4c)c_1^4 + c \cdot c_2^4 - c_1^4 c_3^0 - (c_1^3 c_3^1 + c_1^1 c_3^3)\dfrac{\Gamma(4q+1)}{\Gamma(q+1)\Gamma(3q+1)} - \\
\qquad c_1^2 c_3^2 \dfrac{\Gamma(4q+1)}{\Gamma^2(2q+1)} - c_1^0 c_3^4 \\
c_3^5 = -\dfrac{8}{3}c_1^4 + c_1^4 c_2^0 + (c_1^1 c_2^3 + c_1^3 c_2^1)\dfrac{\Gamma(4q+1)}{\Gamma(q+1)\Gamma(3q+1)} + c_1^2 c_2^2 \dfrac{\Gamma(4q+1)}{\Gamma^2(2q+1)} + c_1^0 c_2^4
\end{cases}
$$
$$\tag{9-55}$$

$$
\begin{cases}
c_1^6 = 10(c_2^5 - c_1^5) \\
c_2^6 = (24 - 4c)c_1^5 + c \cdot c_2^5 - c_1^5 c_3^0 - (c_1^4 c_3^1 + c_1^1 c_3^4)\dfrac{\Gamma(5q+1)}{\Gamma(q+1)\Gamma(4q+1)} - \\
\qquad (c_1^2 c_3^3 + c_1^3 c_3^2)\dfrac{\Gamma(5q+1)}{\Gamma(2q+1)\Gamma(3q+1)} - c_1^0 c_3^5 \\
c_3^6 = -\dfrac{8}{3}c_1^5 + c_1^5 c_2^0 + (c_1^1 c_2^4 + c_1^4 c_2^1)\dfrac{\Gamma(5q+1)}{\Gamma(q+1)\Gamma(4q+1)} + \\
\qquad (c_1^2 c_2^3 + c_1^3 c_2^2)\dfrac{\Gamma(5q+1)}{\Gamma(2q+1)\Gamma(3q+1)} + c_1^0 c_2^5
\end{cases} \tag{9-56}
$$

此时,系统方程的解可表示为

$$
\tilde{x}_j(t) = c_j^0 + c_j^1 \frac{(t-t_0)^q}{\Gamma(q+1)} + c_j^2 \frac{(t-t_0)^{2q}}{\Gamma(2q+1)} + c_j^3 \frac{(t-t_0)^{3q}}{\Gamma(3q+1)} +
$$
$$
c_j^4 \frac{(t-t_0)^{4q}}{\Gamma(4q+1)} + c_j^5 \frac{(t-t_0)^{5q}}{\Gamma(5q+1)} + c_j^6 \frac{(t-t_0)^{6q}}{\Gamma(6q+1)} \tag{9-57}
$$

其中 $j=1,2,3$。这样就可以得到系统变量的解析解,在实际计算中,应当将时间段 $[t_0,t]$ 分成较小的时间段 $[t_k,t_{k+1}]$,在每一小段时间上以 t_k 为 t_0,得到对应 t_{k+1} 时刻的值,以此类推。图 9-1 为采用式(9-57)仿真得到的分数阶简化 Lorenz 系统吸引子相图,其中最小时间段长度为 0.01s,初值为 $[0.1\ 0.2\ 0.3]$,参数 $c=5$,阶数 $q=0.98$。

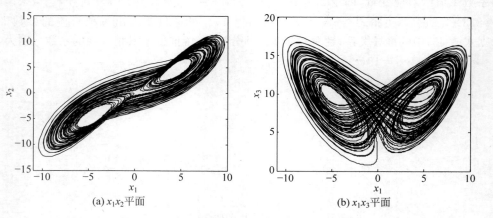

(a) $x_1 x_2$ 平面　　　　　(b) $x_1 x_3$ 平面

图 9-1　分数阶简化 Lorenz 系统的吸引子相图

9.4 分数阶混沌系统仿真方法

9.4.1 分数阶混沌系统动态仿真方法

动态仿真分析就是运用动态模型来表示状态随时间变化,通过分析其变量的实时演化,进而分析系统的动力学特性。该方法可以直接动态地观察仿真结果,也可以将仿真数据输出来进行定量分析,具有直观、灵活的特点。该方法是基于分数阶微积分算子的频域分析方法,在 MATLAB/Simulink 中通过采用 State-space(状态空间)模块来设计分数阶系统仿真模型。State-space 模块是对输入输出变量的一种状态空间描述模块,其数学表示为

$$\begin{cases} \dot{x} = Ax + Bu \\ y = Cx + Du \end{cases} \tag{9-58}$$

其中,x 是状态向量,u 是输入向量,y 是输出向量,A、B、C、D 是系数矩阵。显然该模块接收一个输入并且产生一个输出。系数矩阵 A、B、C、D 中的具体参数是与传递函数中的参数一一对应的,可由 TF2SS 转换函数通过计算得到。

动态仿真步骤如下[35]:

(1)根据分数阶混沌系统的微分方程,确定需要的功能模块,并根据方程把模块连接起来,构建仿真系统。

(2)仿真参数设置,包括系统运行参数(如系统运行时间、积分步长、容许误差、积分算法等)设置和功能模块运行参数(如积分初值、信号幅度、频率等)设置。

(3)设置观测模块,用于输出数据或观测仿真系统的运行情况。

(4)对仿真系统的输出波形、输出数据进行分析,比较仿真结果是否与模型的理论分析结果一致,否则对模型与参数进行检查和修正。

在动态仿真过程中,可采用示波器 Scope 模块实时动态显示输出信号,也可使用 XYgraph 模块观察系统的平面相图。在相空间中收敛运动对应于平衡点,周期运动对应于闭合曲线,混沌运动对应于一定区域内随机分离的永不封闭的轨迹(奇怪吸引子),所以可根据 XYgraph 模块输出的相图来定性地判断系统是否是混沌的。Out 模块能自动将结果保存到工作空间中,因而可利用命令 yout(·)函数将工作空间中储存的数据输出,利用输出数据来画出系统的功率谱曲线和计算系统最大 Lyapunov 指数,能更全面地分析系统的动力学特性。

对 State-space 的设置是实现分数阶混沌系统动态仿真的关键。该模块的属性对话框中参数 A、B、C、D 由分数阶系统的阶数决定,可通过调用 $[A, B, C, D]$ = TF2SS(NUM, DEN)(其中 NUM 表示分子项系数矩阵,DEN 表示分母项系数矩阵),或者 $[A, B, C, D]$ = ZP2SS(Z, P, K)(其中 Z 表示传递函数的零点矩阵,P 表示极点矩阵,K 表示系数)来获取各矩阵元素。

如 $q = 0.95$ 时,分数阶积分算子的传递函数可表示为[36]

$$H(s) = \frac{1}{s^{0.95}} \approx \frac{1.2831s^2 + 18.6004s + 2.0833}{s^3 + 18.4738s^2 + 2.6547s + 0.003} \tag{9-59}$$

对于式(9-59)，函数 TF2SS 的调用格式为$[\boldsymbol{A},\boldsymbol{B},\boldsymbol{C},\boldsymbol{D}]=$TF2SS$([1.2831,18.6004,$ $2.0833],[1,18.4738,2.6547,0.003])$，则其返回值为

$$\boldsymbol{A}=\begin{bmatrix} -18.4738 & -2.6547 & -0.003 \\ 1 & 0 & 0 \\ 0 & 1 & 0 \end{bmatrix}, \quad \boldsymbol{B}=\begin{bmatrix} 1 \\ 0 \\ 0 \end{bmatrix},$$

$$\boldsymbol{C}=[1.2831,18.6004,2.0833140], \quad \boldsymbol{D}=\boldsymbol{0}$$

下面以非耗散 Lorenz 系统为例进行说明，整数阶非耗散 Lorenz 系统方程为

$$\begin{cases} \dot{x}=-x-y \\ \dot{y}=-xz \\ \dot{z}=xy+R \end{cases} \tag{9-60}$$

其中，R 为系统参数，当 $R\in(0,5)$ 时，系统是混沌的。以分数阶微分代替整数阶微分可得到对应的分数阶非耗散 Lorenz 系统为

$$\begin{cases} \dfrac{\mathrm{d}^{\alpha}x}{\mathrm{d}t^{\alpha}}=-x-y \\[2mm] \dfrac{\mathrm{d}^{\beta}y}{\mathrm{d}t^{\beta}}=-xz \\[2mm] \dfrac{\mathrm{d}^{\gamma}z}{\mathrm{d}t^{\gamma}}=xy+R \end{cases} \tag{9-61}$$

其中，$0<\alpha,\beta,\gamma\leqslant1$ 为分数阶大小。构建系统的动态仿真模型如图 9-2 所示，并设置系统的初值为 $[0.3782,0.6748,2.8831]$，设 $\alpha=\beta=\gamma=0.95$，仿真时间为 200s，采用 ODE45 微分方程求解器，得 2.85 阶非耗散 Lorenz 系统在 xz 平面的奇怪吸引子如图 9-3 所示。

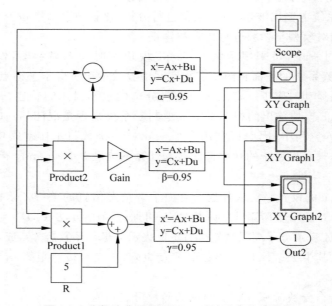

图 9-2　分数阶非耗散 Lorenz 系统动态仿真模型

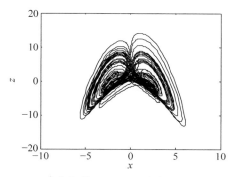

图 9-3　2.85 阶非耗散 Lorenz 系统在 xz 平面的吸引子

9.4.2　分数阶混沌系统电路仿真方法

在分数阶系统的 EWB 仿真电路设计中,最关键的就是分数阶积分算子电路设计。由于阶数为 q 的分数积分算子可在频域中由传递函数 $F(s)=1/s^q$ 描述,可用如图 9-4 所示的单元电路来实现 $1/s^q$ 的展开式[22]。通过选用乘法器来实现分数阶系统的非线性部分,即可构造出分数阶系统等效电路。

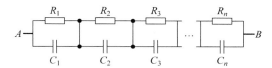

图 9-4　分数阶积分算子 $1/s^q$ 的等效电路

图 9-4 中 A 与 B 之间的等效电路的系统函数表示为

$$H(s)=\frac{R_1}{sR_1C_1+1}+\frac{R_2}{sR_2C_2+1}+\frac{R_3}{sR_3C_3+1}+\cdots+\frac{R_n}{sR_nC_n+1} \tag{9-62}$$

其中,n 为 q 从 0.1 到 0.9 的 $1/s^q$ 展开式分母中 s 的最高阶,例如当 $q=0.95$ 时,$n=3$。由式(9-62)可得

$$F(s)=\frac{R_1}{sR_1C_1+1}+\frac{R_2}{sR_2C_2+1}+\frac{R_3}{sR_3C_3+1} \tag{9-63}$$

将式(9-63)和式(9-59)进行比较,即可计算出 $q=0.95$ 时,$R_1=15.1\text{k}\Omega$,$R_2=1.51\text{M}\Omega$,$R_3=692.9\text{M}\Omega$,$C_1=3.616\mu\text{F}$,$C_2=4.602\mu\text{F}$,$C_3=1.267\mu\text{F}$。文献[22]中的表 1 和表 2 分别算出了文献[7]表 1 和表 2 中与 $1/s^q$ 对应的电阻电容值,现重列如表 9-3 和表 9-4 所示。

表 9-3　α 阶分数阶积分器单元电路中的电阻值

$\dfrac{1}{s^\alpha}$	$R_1/\text{M}\Omega$	$R_2/\text{M}\Omega$	$R_3/\text{M}\Omega$	$R_4/\text{M}\Omega$	$R_5/\text{M}\Omega$	$R_6/\text{M}\Omega$
$\dfrac{1}{s^{0.1}}$	0.636	0.3815	0.5672			
$\dfrac{1}{s^{0.2}}$	1.130	0.6070	0.3500	0.425	0.2498	

$\dfrac{1}{s^{\alpha}}$	$R_1/\text{M}\Omega$	$R_2/\text{M}\Omega$	$R_3/\text{M}\Omega$	$R_4/\text{M}\Omega$	$R_5/\text{M}\Omega$	$R_6/\text{M}\Omega$
$\dfrac{1}{s^{0.3}}$	2.050	0.9380	0.4830	0.262	0.1430	0.106
$\dfrac{1}{s^{0.4}}$	3.744	1.3920	0.6310	0.294	0.1230	0.068
$\dfrac{1}{s^{0.5}}$	6.824	1.9440	0.7440	0.296	0.0754	0.030
$\dfrac{1}{s^{0.6}}$	12.330	2.4480	0.7380	0.233	0.0754	0.006
$\dfrac{1}{s^{0.7}}$	21.900	2.6000	0.5260	0.113	0.0246	
$\dfrac{1}{s^{0.8}}$	37.850	1.7540	0.1700	0.017	0.0018	
$\dfrac{1}{s^{0.9}}$	62.840	0.2500	0.0025			

表 9-4 α 阶分数阶单元电路中的电容值

$\dfrac{1}{s^{\alpha}}$	$C_1/\mu\text{F}$	$C_2/\mu\text{F}$	$C_3/\mu\text{F}$	$C_4/\mu\text{F}$	$C_5/\mu\text{F}$	$C_6/\mu\text{F}$
$\dfrac{1}{s^{0.1}}$	15.720	0.1572	0.0006335			
$\dfrac{1}{s^{0.2}}$	27.990	2.9300	0.285	0.0132		
$\dfrac{1}{s^{0.3}}$	22.640	5.5200	1.200	0.2460	0.029	
$\dfrac{1}{s^{0.4}}$	15.020	5.9260	1.920	0.6050	0.183	0.036
$\dfrac{1}{s^{0.5}}$	9.246	5.1450	2.129	0.8480	0.324	0.925
$\dfrac{1}{s^{0.6}}$	5.527	4.0850	1.990	0.9260	0.420	0.156
$\dfrac{1}{s^{0.7}}$	3.284	3.1390	1.700	0.8860	0.454	0.207
$\dfrac{1}{s^{0.8}}$	1.980	2.4000	1.390	0.7800	0.420	
$\dfrac{1}{s^{0.9}}$	1.232	1.8400	1.100			

分数阶非耗散 Lorenz 系统仿真电路如图 9-5 所示,图中各电阻值分别为 $R_1=R_2=R_3=R_4=R_7=10\text{k}\Omega$,$R_6=R_8=R_9=100\text{k}\Omega$,$R_5=R_{10}=1\text{M}\Omega$,fraction 为封装后的 0.95 阶积分算子单元电路[37]。当 $R=5$ 时,2.85 阶的非耗散 Lorenz 系统在 xz 平面的吸引子如图 9-6 所示,显然与动态仿真结果(图 9-3)一致。

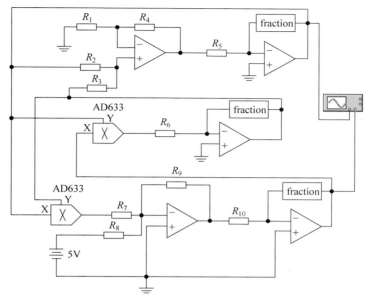

图 9-5 2.85 阶非耗散 Lorenz 系统电路仿真模型

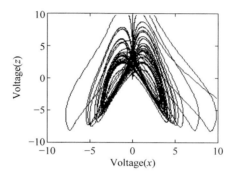

图 9-6 基于电路仿真的 2.85 阶非耗散 Lorenz 系统在 xz 平面的吸引子

9.4.3 分数阶混沌系统数值仿真方法

　　数值仿真法主要是将分数阶系统的数学模型转换为适合在数字计算机上处理的递推计算形式,其优点是能够解决用解析方法难以解决的十分复杂的问题。其基本步骤为[38]:

　　(1) 建立分数阶系统的数学模型。

　　(2) 根据该模型的特点选择合适的计算机软件作为仿真工具,并用计算机语言将数学模型编写成计算程序。

　　(3) 运行程序,求得系统的数值解。

　　(4) 利用得到的系统变量的数值解,开展动力学特性分析,如计算 Lyapunov 指数、分数维等。

　　根据 Adams-Bashforth-Moulton 时域分析方法中得到的求解公式,可得分数阶非耗散 Lorenz 系统的计算公式为

$$
\begin{cases}
x_{n+1} = x_0 + \dfrac{h^\alpha}{\Gamma(\alpha+2)} \left\{ [-y_{n+1}^p - x_{n+1}^p] + \displaystyle\sum_{j=0}^n a_{1,j,n+1}(-y_j - x_j) \right\} \\[3mm]
y_{n+1} = y_0 + \dfrac{h^\beta}{\Gamma(\beta+2)} \left[(-x_{n+1}^p z_{n+1}^p) + \displaystyle\sum_{j=0}^n a_{2,j,n+1}(-x_j z_j) \right] \\[3mm]
z_{n+1} = z_0 + \dfrac{h^\gamma}{\Gamma(\gamma+2)} \left\{ [x_{n+1}^p y_{n+1}^p + R] + \displaystyle\sum_{j=0}^n a_{3,j,n+1}(x_j y_j + R) \right\}
\end{cases}
\tag{9-64}
$$

其中

$$
\begin{cases}
x_{n+1}^p = x_0 + \dfrac{1}{\Gamma(\alpha)} \displaystyle\sum_{j=0}^n b_{1,j,n+1}(-y_j - x_j) \\[3mm]
y_{n+1}^p = y_0 + \dfrac{1}{\Gamma(\beta)} \displaystyle\sum_{j=0}^n b_{2,j,n+1}(-x_j z_j) \\[3mm]
z_{n+1}^p = z_0 + \dfrac{1}{\Gamma(\gamma)} \displaystyle\sum_{j=0}^n b_{3,j,n+1}(x_j y_j + R)
\end{cases}
\tag{9-65}
$$

$$
\begin{cases}
b_{1,j,n+1} = \dfrac{h^\alpha}{\alpha}((n-j+1)^\alpha - (n-j)^\alpha) & 0 \leqslant j \leqslant n \\[3mm]
b_{2,j,n+1} = \dfrac{h^\beta}{\beta}((n-j+1)^\beta - (n-j)^\beta) & 0 \leqslant j \leqslant n \\[3mm]
b_{3,j,n+1} = \dfrac{h^\gamma}{\gamma}((n-j+1)^\gamma - (n-j)^\gamma) & 0 \leqslant j \leqslant n
\end{cases}
\tag{9-66}
$$

$$
\begin{cases}
a_{1,j,n+1} = \begin{cases} n^\alpha - (n-\alpha)(n+1)^\alpha & j = 0 \\ (n-j+2)^{\alpha+1} + (n-j)^{\alpha+1} - 2(n-j+1)^{\alpha+1} & 1 \leqslant j \leqslant n \end{cases} \\[4mm]
a_{2,j,n+1} = \begin{cases} n^\beta - (n-\beta)(n+1)^\beta & j = 0 \\ (n-j+2)^{\beta+1} + (n-j)^{\beta+1} - 2(n-j+1)^{\beta+1} & 1 \leqslant j \leqslant n \end{cases} \\[4mm]
a_{3,j,n+1} = \begin{cases} n^\gamma - (n-\gamma)(n+1)^\gamma & j = 0 \\ (n-j+2)^{\gamma+1} + (n-j)^{\gamma+1} - 2(n-j+1)^{\gamma+1} & 1 \leqslant j \leqslant n \end{cases}
\end{cases}
\tag{9-67}
$$

在 MATLAB 仿真平台上,设 $\alpha=\beta=\gamma=0.95, R=5, h=0.01, T=200$,设计分数阶系统的计算程序,可得 2.85 阶非耗散 Lorenz 系统在 xz 平面的混沌吸引子如图 9-7 所示,显然与动态仿真结果(图 9-3)、电路仿真结果(图 9-6)一致。

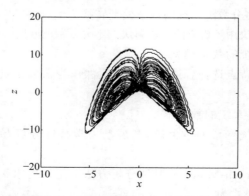

图 9-7　基于数值仿真的 2.85 阶非耗散 Lorenz 系统在 xz 平面的混沌吸引子

9.4.4　仿真方法对比与特点分析

（1）动态仿真、电路仿真和基于预估-校正算法的数值仿真对比。前面分析的三种仿真方法各有优势和不足，从分析方法、分数阶变化、结果输出和仿真速度等方面进行比较，其特点总结如表 9-5 所示。动态仿真方法通过 Simulink 提供的丰富的功能块，可以迅速地创建动态系统模型，而不需要书写一行代码。在比较复杂的分数阶非线性系统仿真时，该方法比较简单、直观，但由于 q 值只能取有限值而受到局限。电路仿真具有和动态仿真相似的特点，但由于电路仿真更能真实地反映工程实际系统，对分数阶系统的应用具有更重要的意义。数值仿真必须通过编写程序代码，将仿真模型输入计算机，相对前两种方法较复杂，且仿真速度较慢，得不到变量演化的动态输出过程，只有最终输出结果，但该方法的优点体现在分数阶的 q 值可连续变化，这对研究分数阶系统的混沌特性是至关重要的。

表 9-5　仿真方法特点比较

仿真类型	分析方法	分数阶 q 变化	结果显示	仿真速度
动态仿真	频域	有限值	动态	快
电路仿真	频域	有限值	动态	快
数值仿真	时域	无限值	静态	慢

（2）Adomian 分解算法和预估-校正算法的对比，二者均属于时域分析算法。Adomian 分解算法和预估-校正算法的时间复杂度和空间复杂度对比如表 9-6 所示。可见 Adomian 算法在时间复杂度和空间复杂度两方面都优于预估-校正算法。表 9-6 中后 3 行为求解分数阶简化 Lorenz 系统时，为得到不同长度序列所需要的时间（计算机 CPU 频率不同，计算结果会有差异，这里所用的计算机参数为 Intel Dual E2180 2.0GHz）。可见，预估-校正算法所需时间增长幅度比 Adomian 算法快得多。对比 Adomian 算法和预估-校正算法，可见在求解分数阶混沌系统时，Adomian 算法是更好的选择。

表 9-6　分数阶混沌数值求解算法性能对比

复杂度	Adomian 算法	预估-校正算法
时间复杂度	$O(n)$，快	$O(n^2)$，慢
空间复杂度	$O(1)$，小	$O(n)$，大
$N=1000$	0.9701s	2.0154s
$N=2000$	1.8403s	7.7051s
$N=5000$	4.5162s	51.3995s

本节系统地研究了分数阶混沌系统的三种仿真方法，针对不同的仿真方法，分别阐述了分数阶混沌系统仿真模型的设计方法以及仿真步骤，并通过在 MATLAB/

Simulink、EWB 仿真平台上对分数阶非耗散混沌系统进行仿真,说明了不同仿真分析方法的有效性,这些仿真方法对于研究分数阶混沌系统的动力学特性、同步与控制有着重要意义。

9.5 基于频域法的分数阶统一系统动力学特性分析

近年来,将分数阶微分算子引入动力学系统中,分析分数阶混沌系统的动力学特性已经成为研究热点。基于 MATALAB/Simulink 仿真平台,下面采用分数阶系统的动态仿真方法分析分数阶统一系统的动力学特性。

9.5.1 分数阶统一混沌系统模型

2002 年,吕金虎、陈关荣等人提出一个新的混沌系统[39],该系统将 Lorenz 吸引子和 Chen 吸引子连接起来,而 Lü 系统也是它的一个特例,故称其为统一混沌系统(简称统一系统)[40],其数学模型为

$$\begin{cases} \dot{x} = (25a + 10)(y - x) \\ \dot{y} = (28 - 35a)x - xz + (29a - 1)y \\ \dot{z} = xy - \dfrac{a+8}{3}z \end{cases} \tag{9-68}$$

其中,a 为系统参数,当 $a \in [0,1]$ 时,系统处于混沌状态,该系统代表了一族混沌系统。当 $a \in [0,0.8)$ 时,统一系统属于广义 Lorenz 系统;当 $a = 0.8$ 时,统一系统属于广义 Lü 系统;当 $a \in (0.8,1]$ 时,统一系统属于广义 Chen 系统。所以统一混沌系统具有连接 Lorenz 系统和 Chen 系统的重要作用,而且是单参数连续混沌系统,即只用一个参数 a 就可以控制整个系统,当 a 由零逐渐增加到 1 时,系统也由广义 Lorenz 系统逐渐过渡到广义的 Chen 系统,不同参数下的统一混沌系统在 xz 平面的混沌吸引子如图 9-8 所示。

将分数阶微分算子替换统一混沌系统中的整数阶微分算子,则分数阶统一混沌系统方程为

$$\begin{cases} \dfrac{\mathrm{d}^{\alpha} x}{\mathrm{d} t^{\alpha}} = (25a + 10)(y - x) \\ \dfrac{\mathrm{d}^{\beta} y}{\mathrm{d} t^{\beta}} = (28 - 35a)x - xz + (29a - 1)y \\ \dfrac{\mathrm{d}^{\gamma} z}{\mathrm{d} t^{\gamma}} = xy - \dfrac{a+8}{3}z \end{cases} \tag{9-69}$$

这里,α、β、γ 是分数,参数 $a \in [0,1]$。不同的变量 x、y、z 可以有不同的阶数,即 α、β、γ 可以是不同的。鉴于阶数不同和阶数相同在原理上是一样的,这里采用 $0 < \alpha = \beta = \gamma = q \leqslant 1$ 来对分数阶统一系统进行分析。

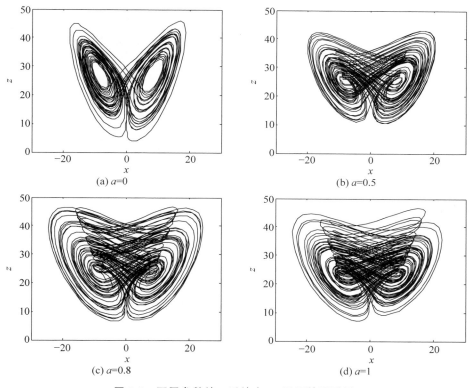

图 9-8 不同参数统一系统在 xz 平面的吸引子

9.5.2 分数阶统一混沌系统的动态仿真

以 Simulink 为平台对分数阶统一系统进行动态仿真分析。

1. 仿真模型建立

以参数 $a=1$ 的统一混沌系统为例,则方程式(9-69)变为

$$\begin{cases} \dfrac{\mathrm{d}^q x}{\mathrm{d} t^q} = 35(y-x) \\[2ex] \dfrac{\mathrm{d}^q y}{\mathrm{d} t^q} = -7x - xz + 28y \\[2ex] \dfrac{\mathrm{d}^q z}{\mathrm{d} t^q} = xy - 3z \end{cases} \tag{9-70}$$

由系统方程式(9-70)可知,建立分数阶系统仿真模型需要以下模块:State-space 模块,用于分数阶微分算子;Gain 模块,用于定义常数增益;Sum 模块,用于求和或求差;Product 模块,用于求积。在 Simulink 仿真平台上,使用库浏览器,将需要的模块从模块库中复制到编辑窗口中,按式(9-70)所示的系统方程把模块连接起来,如图 9-9 所示。

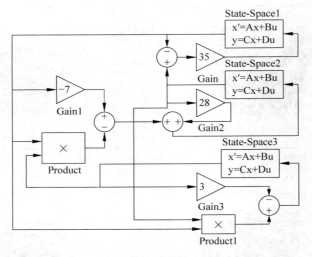

图 9-9　分数阶统一系统仿真模型($a=1$)

2. 仿真参数设置

参数设置包括仿真环境配置和系统模块的参数设置,在创建模型之后,需要对仿真环境和参数进行配置,在模型窗口中选择 Simulation: Simulation Parameters 菜单项,弹出仿真配置对话框,即可修改仿真配置,几乎所有的模块都可以进行属性设置的对话框。用鼠标双击模块,或者选中一个模块,单击 Edit: BLOCK Propertied,Simulink 将打开一个模块的基本属性对话框。在该对话框中,用户可以对模块的基本属性进行设置。

State-space 模块的参数 A、B、C、D 的值由系统的阶数来设置,通过设置 initial condition 来设置系统的初值;其他参数为系统默认值。

用 TF2SS 函数计算 State-space 模块中的 A、B、C、D 值。TF2SS 函数的语法格式为

$$[A,B,C,D] = TF2SS(NUM,DEN) \tag{9-71}$$

其中,NUM 为系统函数的分子系数,DEN 为系统函数的分母系数。例如,当 $q=0.9$ 时,由表 9-2 可知,微分算子 $1/s^{0.9}$ 的逼近函数为

$$\frac{1}{s^{0.9}} = \frac{1.766s^3 + 38.27s^2 + 4.914}{s^3 + 36.15s^2 + 7.789s + 0.01000} \tag{9-72}$$

根据式(9-71),TF2SS 计算函数式为

$$[A,B,C,D] = TF2SS([1.766\ 38.27\ 4.914],[1\ 36.15\ 7.789\ 0.01000]) \tag{9-73}$$

用 MATLAB 计算返回值如下

$$\boldsymbol{A} = \begin{bmatrix} -36.15 & -7.789 & -0.01 \\ 1 & 0 & 0 \\ 0 & 1 & 0 \end{bmatrix}, \quad \boldsymbol{B} = \begin{bmatrix} 1 \\ 0 \\ 0 \end{bmatrix}, \quad \boldsymbol{C} = [1.766\ 38.27\ 4.914], \quad \boldsymbol{D} = 0$$

将系统的初值设为(0.1,0.1,0.1),仿真时间为 30s,采用 ODE45 微分方程求解器进行求解。

9.5.3　参数固定时分数阶统一系统的动力学特性

建立好仿真模型,设置好参数之后,即可进行仿真,根据仿真结果来分析分数阶统一混沌系统的动力学特性。在分析系统的动力学特性时,一般可以通过直接观测法,计算系统的最大 Lyapunov 指数和分析系统的功率谱来分析系统是否产生混沌。这里从这三个方面对分数阶统一系统进行分析。

分数阶统一系统的方程如式(9-70)所示,下面分别对 $q=0.1\sim1$,参数或阶数变化,步长 0.1 的情况进行分析。

1.　直接观测法分析

根据直接观测法,在相空间中周期运动对应于闭合曲线,混沌运动对应于一定区域内随机分离的永不封闭的轨迹(奇异吸引子),所以,如果对分数阶混沌系统进行仿真,画出系统的时间序列图和系统相图,就可以直观地确定分数阶系统是否是混沌的。

根据分数阶统一系统方程建立模型,可以采用示波器 Scope 模块和 XYgraph 模块直接观测仿真结果,进而分析分数阶统一混沌系统是否是混沌的。

取 $q=0.1\sim1$,步长 0.1,基于 MATLAB/Simulink 仿真平台,对于不同的分数阶阶数 q,仿真时间为 40s,得 x-z 相平面轨迹如图 9-10 所示。

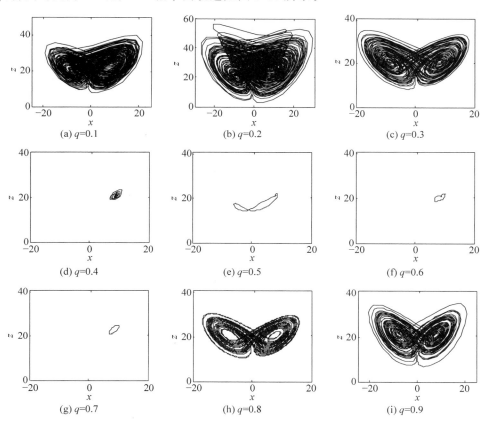

图 9-10　不同阶数时分数阶统一系统 xz 平面相图

由图 9-10 可见,当 $q=0.1\sim0.3$ 和 $q=0.8\sim1$ 时,相空间变量存在随机分离状态,即混沌吸引子,说明系统处于混沌状态;当 $q=0.4\sim0.7$ 时,相图曲线最后收敛于一点,说明系统处于周期状态。故通过直接观测系统时域图和相图可知,当 $q=0.1\sim0.3$ 时,系统处于混沌状态;当 $q=0.4\sim0.7$ 时,系统处于周期状态;当 $q=0.8\sim1$ 时,系统又出现混沌,可见系统是分段出现混沌的。

2. 系统功率谱分析

采用 2.2 节功率谱密度分析方法对分数阶统一系统进行功率谱分析,一个信号的时域描述和频域描述是一一对应的,功率谱分析能够提供信号的频域信息,从功率谱分析可以观察到系统是否具有混沌特征。对于周期运动,功率谱为离散谱;对于混沌运动,功率谱则为连续谱,所以可以通过绘出分数阶系统产生的信号的功率谱图来判断系统是否为混沌系统。

自相关函数与功率谱是一对傅里叶变换对,所以可以通过自相关函数的傅里叶变换来计算信号的功率谱密度。基于 MATLAB 计算分数阶数 $q=0.1\sim1$ 时系统的归一化的功率谱密度如图 9-11 所示。

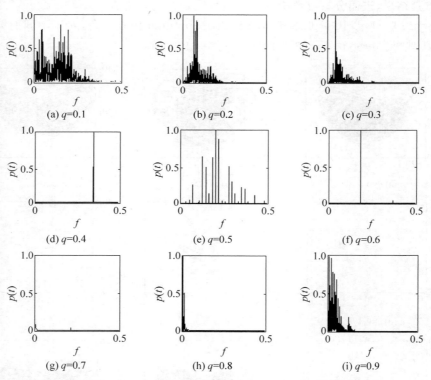

图 9-11　不同阶数时统一系统的归一化功率谱密度变化曲线

由图 9-11 可见,当 $q=0.8\sim1$, $q=0.1\sim0.3$ 时,功率谱为连续谱,说明系统处于混沌状态;当 $q=0.4\sim0.7$ 时,功率谱为离散谱,说明系统处于周期状态。故通过分析系统的功率谱可知,系统是分段出现混沌的,该结论与相图观测法的结果相吻合。

3. 最大 Lyapunov 指数分析

Lyapunov 特性指数是衡量系统动力学特性的一个重要指标,它表征了系统变量在相空间中相邻轨道间收敛或发散的平均指数率。最大 Lyapunov 指数还是判断系统是否为混沌的一个重要参数,只要最大的李雅谱诺夫指数大于零,就可以肯定混沌的存在,故可以通过计算系统的最大 Lyapunov 指数来判断系统是否是混沌的。

这里采用文献[41]提出的 Wolf 方法,计算分数阶数 $q=0.1\sim1$,步长为 0.1 时的分数阶统一系统的最大 Lyapunov 指数,结果如表 9-7 所示。当 $q=0.8\sim1$,$q=0.1\sim0.3$ 时,最大 Lyapunov 指数大于 0,即系统处于混沌状态;当 $q=0.4\sim0.7$ 时,最大 Lyapunov 指数等于 0,即系统处于周期状态。故通过计算系统的最大 Lyapunov 指数可知,分数阶统一系统是分段出现混沌的[42]。

表 9-7　$a=1$ 时不同阶数的统一系统的最大 Lyapunov 指数

分数阶数 q	系统总阶数	最大 LE
0.1	0.3	0.2180
0.2	0.6	0.1616
0.3	0.9	0.1249
0.4	1.2	-0.0050
0.5	1.5	-1.4618
0.6	1.8	-0.0032
0.7	2.1	-0.0078
0.8	2.4	0.0199
0.9	2.7	0.0756
1	3	0.0263

9.5.4　参数变化时分数阶统一系统的动力学特性分析

1. 参数、阶数变化时的动力学特性

前面分析了参数固定($a=1$)时的分数阶统一系统的混沌特性,用上述分析方法对参数 $a=0\sim1$,步长为 0.1 时的分数阶统一系统的动力学特性进行分析,阶数 q 的变化仍然是在 $0.1\sim1$,步长为 0.1 的情况下进行仿真研究,分析不同参数时的分数阶统一系统的动力学状态如表 9-8 所示,值得指出的是,当 $q=1$ 时,即系统为整数阶统一系统,参数 a 在 $0\sim1$ 变化时,系统总是混沌的。由表 9-8 可见,当 $a=0$ 时,系统随着阶数变化由混沌变为不混沌,$q=1$ 时混沌,$0<q\leqslant0.9$ 时不混沌;当 $a=0.1\sim0.3$ 时,$q=1$ 混沌,$0.2\leqslant q\leqslant0.9$ 时不混沌,而 $q=0.1$ 时又出现混沌;$a=0.4\sim0.7$ 时,$q=1$ 混沌,$0.4\leqslant q\leqslant0.9$ 不混沌,$0.1\leqslant q\leqslant0.3$ 又出现混沌;当 $a=0.8\sim1$ 时,$0.8\leqslant q<1$ 混沌,$0.4\leqslant q\leqslant0.7$ 不混沌,$0.1\leqslant q\leqslant0.3$ 混沌。

可见,分数阶统一混沌系统的动力学状态与分数阶统一系统的参数有关,也与分数微分阶数大小有关。当参数不变时,系统随着分数阶数变化是分段呈现混沌的;当阶数

不变时,系统随着参数增大也可能会由不混沌变为混沌状态;此外,还发现,随着参数增大,系统出现混沌的系统阶数范围在扩大,而出现不混沌的阶数范围在减小。

表 9-8　不同参数和分数阶时统一系统的动力学状态

参数 a	分数阶数 q	最大 LE	动力学状态
0	$0 < q \leqslant 0.9$	$[-341.0837 \quad -0.0459]$	非混沌
	$q = 1$	0.0521	混沌
$0.1 \leqslant a \leqslant 0.3$	$q = 0.1$	$[0.1418 \quad 0.0605]$	混沌
	$0.2 \leqslant q \leqslant 0.9$	$[-339.9469 \quad -0.0005]$	非混沌
	$q = 1$	$[0.0730 \quad 0.0886]$	混沌
$0.4 \leqslant a \leqslant 0.7$	$0.1 \leqslant q \leqslant 0.3$	$[0.2250 \quad 0.0694]$	混沌
	$0.4 \leqslant q \leqslant 0.9$	$[-331.3635 \quad -0.0085]$	非混沌
	$q = 1$	$[0.0509 \quad 0.0742]$	混沌
$0.8 \leqslant a \leqslant 1$	$0.1 \leqslant q \leqslant 0.3$	$[0.1206 \quad 0.0686]$	混沌
	$0.4 \leqslant q \leqslant 0.7$	$[-330.7911 \quad -0.0028]$	非混沌
	$0.8 \leqslant q \leqslant 1$	$[0.0104 \quad 0.0756]$	混沌

2. 参数变化、阶数不变时系统通向混沌的道路

以 $q = 0.3$ 为例,讨论参数 $a = 0 \sim 1$,初始条件为 $(-4.7508, -7.3886, 12.3605)$ 时,分数阶系统进入混沌的过程,系统在 x-z 平面的投影相图如图 9-12 所示。经数值仿真分析可知,当系统参数 a 较小时,系统收敛于平衡点(如图 9-12(a)、(b)、(c)所示),但随着 a 的增加,状态变量趋于平衡点的演化时间越来越长(如图 9-12(d)、(e)所示),当 a 继续增大到某一数值,如 $a = 0.49$ 时,系统达到一吸引盆的边界,此时系统经边界转折点分岔而进入混沌(如图 9-12(f)所示)。要指出的是,如果要精确分析分数阶系统进入混沌的道路,必须经过复杂的数学分析和计算。

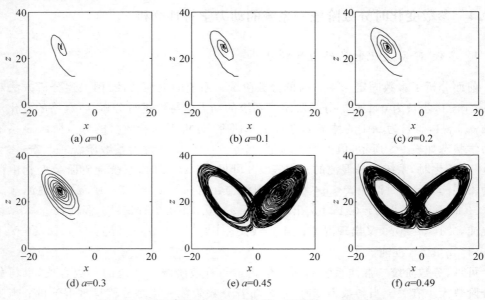

图 9-12　不同参数时 $q = 0.3$ 的统一系统的 xz 平面相图

以上从观测系统相图、计算功率谱密度和最大 Lyapunov 指数三个方面,详细分析了分数阶统一系统的动力学特性,找出了分数阶统一系统随系统参数和系统阶数变化而分段出现混沌状态的规律。参数固定,阶数变化时,随着分数阶数降低系统从混沌变为不混沌最后又会出现混沌这样一个复杂规律。例如,$a=1$ 时,当 $q=0.1\sim0.3$ 时,系统处于混沌状态;当 $q=0.4\sim0.7$ 时,系统处于周期状态;当 $q=0.8\sim1$ 时,系统又出现混沌。阶数不变,参数变化时,随着参数增大可能会由不混沌变为混沌状态。如 $q=0.3$ 阶时,系统先为不动点(平衡点),随着 a 的增加,系统出现极限环和倍周期分叉,然后吸引子演化成完整吸引子的一半,最后,出现完整的吸引子,进入混沌状态。

9.6　基于时域法的分数阶非耗散 Lorenz 系统的动力学特性

9.6.1　分数阶非耗散 Lorenz 系统模型

非耗散 Lorenz 系统的数学模型为

$$\begin{cases} \dot{x} = -y - x \\ \dot{y} = -xz \\ \dot{z} = xy + R \end{cases} \tag{9-74}$$

其中 R 是系统参数,当 $R \in (0,5)$ 时,系统式(9-74)存在平衡点 $(x^*, y^*, z^*) = (\pm\sqrt{R}, \mp\sqrt{R}, 0)$,且系统的特征值满足方程 $\lambda^3 + \lambda^2 + R\lambda + 2R = 0$。当 $R = 3.4693$ 时,非耗散 Lorenz 系统的混沌吸引子如图 9-13(a)所示,其最大的 Kaplan-Yorke 分数维为 $2.23542^{[43]}$。相应地,分数阶非耗散 Lorenz 系统方程为

$$\begin{cases} \dfrac{d^\alpha x}{dt^\alpha} = -y - x \\[2mm] \dfrac{d^\beta y}{dt^\beta} = -xz \\[2mm] \dfrac{d^\gamma z}{dt^\gamma} = xy + R \end{cases} \tag{9-75}$$

其中 α,β,γ 是分数阶,且 $0 < \alpha, \beta, \gamma \leqslant 1$。当 $\alpha = \beta = \gamma = 0.95$,$R = 3.4693$ 时,非耗散 Lorenz 系统的混沌吸引子如图 9-13(b)所示。

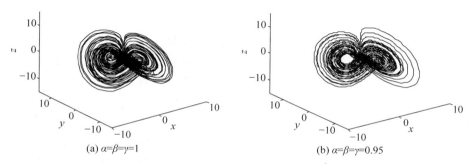

(a) $\alpha=\beta=\gamma=1$　　　　　　　　(b) $\alpha=\beta=\gamma=0.95$

图 9-13　$R=3.4693$ 时非耗散 Lorenz 系统的混沌吸引子

根据前面讨论的分数阶系统时域求解算法,可得分数阶非耗散 Lorenz 系统迭代计算方程如式(9-64)所示,下面详细分析其动力学特性。

9.6.2 分数阶非耗散 Lorenz 系统的混沌特性

在动态仿真过程中,可以通过直观地观察系统的分岔图来初步判断系统的混沌特性,但更准确的做法是通过计算系统的最大 Lyapunov 指数,在这里我们采用 Wolf 算法[40]计算该系统的最大 Lyapunov 指数。设 $\alpha=\beta=\gamma=q$,控制参数变化时分数阶非耗散系统的有效混沌范围如图 9-14 所示。显然,系统存在极限环、混沌和收敛三种不同的动力学状态。如果整数阶系统是混沌的,则对应的分数阶系统的混沌范围将随系统控制参数的增加而缓慢减小;如果整数阶系统是极限环,则对应的分数阶系统可以产生混沌,但分数阶系统的混沌范围随系统控制参数的增加而减小。当 $R=8$ 时,分数阶非耗散 Lorenz 系统的最大 Lyapunov 指数如图 9-15 所示。可见,在这个值上,其混沌变化特性与图 9-14 中混沌范围的结果是一致的。

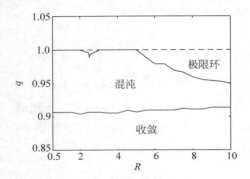

图 9-14　分数阶非耗散系统的混沌范围

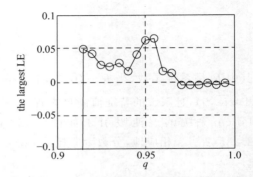

图 9-15　$R=8$ 时分数阶非耗散系统的最大 LE

9.6.3 系统控制参数 R 不同时的分岔特性分析

设分数阶参数 $\alpha=\beta=\gamma=0.95$,而使系统控制参数 R 在 0.5～11 变化,分数阶非耗散 Lorenz 系统的初值分别为 $x(0)=-0.0249,y(0)=-0.1563,z(0)=0.9441$,取 R 的步长为 0.01,仿真时间为 140s,得到分数阶系统分岔图如图 9-16 所示。可见,当分数阶非耗散系统的阶数是 2.85 时,随着 R 的变化,系统呈现具有一个周期窗口的混沌态。当控制参数 R 从 11 开始减小时,分数阶系统通过倍周期分岔而进入混沌,其过程如图 9-17(a)所示(R 的步长为 0.005)。为了更清楚地观察其动力学行为,将周期窗口扩展,如图 9-17(b)所示(R 的步长为 0.005)。显然,当 $R\cong5.57$ 时,系统存在内部危机(interior crisis)分岔;当 $R\cong6.02$ 时,系统存在跳跃分岔(flip bifurcation);当 $R\cong6.55$ 时,系统出现切线分岔(tangent bifurcation)。出现内部危机(interior crisis)分岔时,混沌吸引子在其吸引盆内与一个不稳定周期轨道或极限环发生碰撞,当碰撞发生时,吸引子突然增大,但仍然保持有界。发生切线分岔时,一个鞍点和一个稳定的结点相互结合与分离,产生一个具有混沌周期与固定振荡周期的轨道[44]。同样的行为发生在 Logistic 映射的周期窗口里，包括大窗口里的小窗口[45]，同样，在该周期窗口，也观察到了经倍周期分岔而进入混沌的道路。

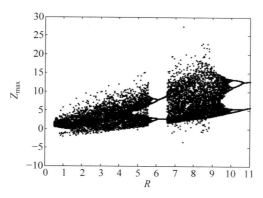

图 9-16　$q=0.95$ 时分数阶非扩散 Lorenz 系统随 R 变化的分岔图

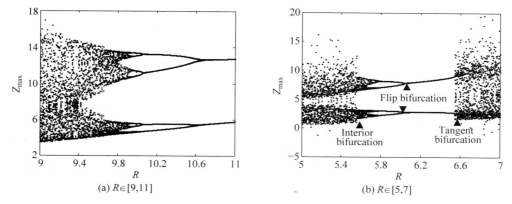

图 9-17　$q=0.95$ 时分数阶非耗散 Lorenz 在 R 变化时周期窗口的分岔图

9.6.4　分数阶阶数不同时的分岔特性

固定系统控制参数 $R=8$，设 $\alpha=\beta=\gamma=q$，并让 q 由 0.9 变到 1，分数阶非耗散 Lorenz 系统的初始状态和仿真时间与 8.6.3 节相同，但 R 的计算步长变为 0.0005，此时得到的系统分岔图如图 9-18 所示。图中显示了当分数阶非耗散系统分数阶减小时通向混沌的道路，有趣的是，当 $q<0.912$ 时，系统出现了混沌过渡状态（chaotic transient）。图 9-19(a) 显示了 $q=0.911$ 时系统的状态空间轨道，系统从开始演化一段时间后，突然转向振荡模式，并衰减收敛至右边的平衡点。变量 $z(t)$ 的时域波形如图 9-19(b) 所示，也显示了系统变量最终收敛至平衡点的过程，平均地，经过约 70 次振荡后，混沌行为转变为阻尼衰减状态。当 $q<q_0\approx0.912$ 大一点时，混沌行为将会保持更长的时间，类似的现象在标准的 Lorenz 系统中也观察到了[46]。图 9-20(a) 显示了分数阶系统经倍周期分岔而进

入混沌的过程,图中 q 的步长为 0.0002,q 在 $0.92\sim0.962$ 的范围内,系统是混沌的。当分数阶小于 0.92 时,该分数阶系统收敛至固定点。为了能更清楚地观察周期窗口内系统的动力学行为,将周期窗口进行扩展如图 9-20(b)所示,此时 q 的步长为 0.0001,可见,在该周期窗口里,系统也呈现了三种分岔,即切线分岔、跳跃分岔和内部危机分岔,所以像系统的控制参数一样,系统的分数阶参数也是一种分岔参数。

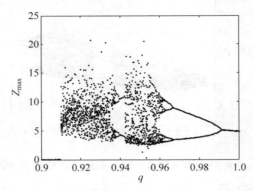

图 9-18 $R=8$ 时分数阶非耗散系统随分数阶 q 变化的分岔图

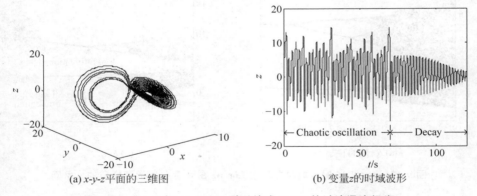

(a) x-y-z 平面的三维图   (b) 变量 z 的时域波形

图 9-19 $R=8$ 和 $q=0.911$ 时系统式(9-75)的过渡混沌行为

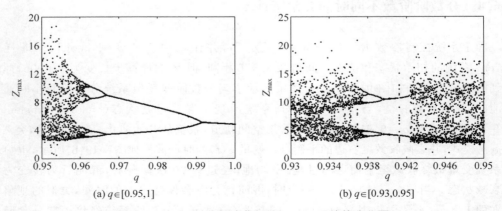

(a) $q\in[0.95,1]$ (b) $q\in[0.93,0.95]$

图 9-20 $R=8$ 时分数阶非耗散 Lorenz 系统的分岔图

9.6.5 方程微分阶数不同时的分岔特性

（1）设 $\beta=\gamma=1$，$R=8$，并让 α 变化，取 α 的步长为 0.002，对 $\alpha\in[0.4,1]$ 的系统进行数值仿真，其分岔图如图 9-21(a)所示，可见，当 $\alpha\in[0.43,0.94)$ 时，分数系统是混沌的，当 $\alpha\in(0.484,0.503)$ 时，分数阶系统呈现周期窗口，如图 9-21(b)所示，此时 α 的计算步长为 0.0002。当 α 从 0.4 开始增加或从 1 开始减少时，都可以观察到系统经倍周期分岔而进入混沌的现象。

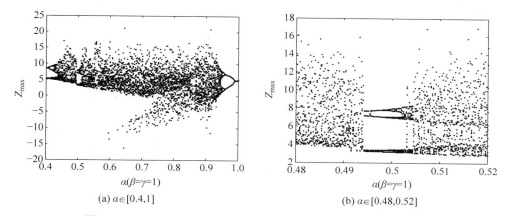

(a) $\alpha\in[0.4,1]$ (b) $\alpha\in[0.48,0.52]$

图 9-21 $\beta=\gamma=1$ 时分数阶非耗散 Lorenz 系统随 α 变化的分岔图

（2）设 $\alpha=\gamma=1$，$R=8$ 时，并让 β 变化，取 β 的步长为 0.001，对 $\beta\in[0.75,1]$ 的系统进行数值仿真，其分岔图如图 9-22 所示。可见当 β 从 1 开始减少时，系统经倍周期分岔而进入混沌，当 β 小于 0.8 时，系统收敛至平衡点。这样，分数阶非耗散 Lorenz 混沌系统的最小阶数为 2.8。

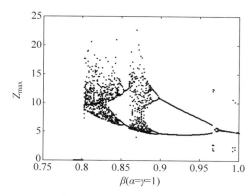

图 9-22 $\alpha=\gamma=1$ 时分数阶非耗散 Lorenz 系统随 β 变化的分岔图

（3）设 $\alpha=\beta=1$，$R=8$ 时，并让 γ 变化，取 γ 的步长为 0.001，对 $\gamma\in[0.8,1]$ 的系统进行数值仿真，其分岔图如图 9-23(a)所示，与前面两种情况相比，具有类似的动力学特性，即经倍周期分岔而进入混沌，最后在 $\gamma=0.816$ 时收敛至平衡点，但分数阶系统的混沌范围更小。周期窗口的动力学行为与(2)相似,如图 9-23(b)所示,此时 γ 的计算步长为 0.0002。

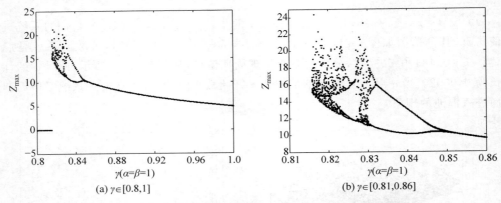

(a) $\gamma \in [0.8,1]$ (b) $\gamma \in [0.81,0.86]$

图 9-23　$\alpha=\beta=1$ 时分数阶非耗散 Lorenz 系统随 γ 变化的分岔图

  本节采用数值仿真方法研究了分数阶非耗散 Lorenz 系统随系统控制参数和系统阶数而变化的分岔、混沌等动力学特性,当系统控制参数和系统阶数变化时,观察到一些典型的分岔,如倍周期分岔、跳跃分岔、切线分岔和内部危机分岔等。在分数阶系统中也观察到了像固定点、周期运动、过渡混沌态和混沌态等复杂的动力学行为,为分数阶混沌系统的实际应用研究奠定了理论和仿真基础。

思考题

  (1) 分数阶混沌系统与整数阶混沌系统有哪些区别与联系?

  (2) 哪种分数阶混沌系统的求解算法最优? 为什么?

  (3) 分数阶混沌系统的动力学特性分析方法有哪些?

  (4) 比较分数阶混沌系统的不同仿真方法的本质特征。

  (5) 选择一个整数阶混沌系统,分析其分数阶情况下的动力学特性。

参考文献

[1] Hilfer R. Applications of fractional calculus in physics [M]. New Jersey: World Scientific, 2001.

[2] Mandelbort B B. The Fractal Geometry of Nature [M]. New York: Freeman, 1983.

[3] Grigorenko I, Grigorenko E. Chaotic dynamics of the fractional Lorenz system[J]. Physical Review Letter, 2003, 91(3): 034101.

[4] Arena P, Caponetto R, Fortuna L, et al. Chaos in fractional order Duffing system [C]. Proceedings of the European Conference on Circuit Theory and Design. (ECCTD, 97), Budapest. Hungary, September 1997, pp. 1258-1272.

[5] Ge Z M, Ou C Y. Chaos in a fractional order modified Duffing system [J]. Chaos, Solitons & Fractals, 2007, 34(2): 262-291.

[6] Hartley T T, Lorenzo C F, Qammer H K. Chaos in a fractional order Chua's system [J]. IEEE

Trans. Circuits & Syst. I, 1995, 42(8): 485-490.

[7] Ahmad W M, Sprott J C. Chaos in fractional-order autonomous nonlinear system [J]. Chaos, Solitons & Fractals, 2003, 16: 338-351.

[8] Li C G, Chen G R. Chaos and hyperchaos in the fractional-order Rössler equations [J]. Physica A, 2004, 341: 55-61.

[9] Sun K H, Sprott J C. Dynamics of a simplified Lorenz system [J]. International Journal of Bifurcation and Chaos, 2009, 19(4): 1357-1366.

[10] Podlubny I. Fractional differential equations [M]. New York: Academic Press, 1999.

[11] Li C P, Deng W H. Remarks on fractional derivatives [J]. Applied Mathematics and Computation, 2007, 187: 777-784.

[12] Charef A, Sun H H. Fractal system as represented by singularity function [J]. IEEE Transactions on Automatic Control, 1992, 37(9): 1465-1470.

[13] Diethelm K. An algorithm for the numerical solution of differential equations of fractional order [J]. Elec. Trans. Numer. Anal. 1997, 5: 1-6.

[14] Diethelm K, Ford N J, Freed A D. A predictor-corrector approach for the numerical solution of fractional differential equations [J]. Nonlinear Dynamics, 2002, 29: 3-22.

[15] Diethelm K, Ford N J. Analysis of fractional differential equations [J]. J. Math. Anal. Appl. 2002, 265: 228-248.

[16] Diethelm K, Freed A D. The FracPECE subroutine for the numerical solution of differential equations of fractional order [C]. In Heinzel, S Plesser, T (eds.) "Forschung und wissenschaftliches Rechnen 1998", pp: 57-71, Göttingen: Gesellschaft für wissenschaftliche Datenverarbeitung 1999.

[17] Ahmad W. Hyperchaos in fractional order nonlinear systems [J]. Chaos, Solitons & Fractals, 2005, 26: 1458-1465.

[18] Pecora L M, Carroll T L. Synchronization in chaotic systems [J]. Physical Review Letters, 1990, 64(8): 821-824.

[19] Pecora L M, Carroll T L. Driving systems with chaotic signals [J]. Physics Review A, 1991, 44(4): 2374-2383.

[20] Arman K B, Kia F, Naser P, et al. A chaotic secure communication scheme using fractional chaotic systems based on an extended fractional Kalman filter [J]. Communications in Nonlinear Science and Numerical Simulation, 2009, 14: 863-879.

[21] Bohannan G W, Hurst S K, Spangler L. Electrical component with fractional order impedance [P]. 2006, No. PCT/US2006/008821.

[22] 王发强, 刘崇新. 分数阶临界混沌系统及电路实验的研究[J]. 物理学报, 2006, 55(8): 3922-3927.

[23] 刘崇新. 一个超混沌系统及其分数阶电路仿真实验[J]. 物理学报, 2007, 56(12): 6865-6873.

[24] 陈向荣, 刘崇新, 王发强, 等. 分数阶 Liu 混沌系统及其电路实验的研究与控制[J]. 物理学报, 2008, 57(3): 1416-1422.

[25] 朱呈祥, 邹云. 分数阶控制研究综述[J]. 控制与决策, 2009, 24(2): 161-169.

[26] 刘式达, 时少英, 刘式适, 等. 天气和气候之间的桥梁-分数阶导数[J]. 气象科技, 2007, 35(1): 15-19.

[27] 赵春娜, 李英顺, 陆涛. 分数阶系统分析与设计[M]. 北京: 国防工业出版社, 2011.

[28] 王振滨, 曹广益. 分数微积分的两种系统建模方法[J]. 系统仿真学报, 2004, 16(4): 810-812.

[29] 赵春娜, 张祥德, 孙艳蕊. 成比例分数阶系统的仿真研究[J]. 系统仿真学报, 2008, 20(15): 3948-3950.

[30] Adomian G. A new approach to nonlinear partial differential equations [J]. J. Math. Anal. Appl. 1984，102：420-434.

[31] Cafagna D，Grassi G. Bifurcation and chaos in the fractional-order Chen system via a time-domain approach [J]. Int. J. Bifur. Chaos，2008，18：1845-1863.

[32] Cafagna D，Grassi G. Hyperchaos in the fractional-order Rössler system with lowest-order [J]. Int. J. Bifur. Chaos，2009，19(1)：338-347.

[33] Sun K，Wang X，Sprott J C. Bifurcations and chaos in fractional-order simplified Lorenz system [J]. Int. J. Bifur. Chaos，2010，20(4)：1208-1219.

[34] 贺少波,孙克辉,王会海.分数阶混沌系统的 Adomian 分解法求解及其复杂性分析[J].物理学报，2014，63(3)：030502.

[35] 孙克辉,任健,尚芳.分数阶混沌系统的动态仿真方法研究[J].计算机仿真，2008，25(6)：312-314.

[36] Li C G，Chen G R. Chaos and hyperchaos in the fractional order Rössler equations [J]. Physica A，2006，27：685-688.

[37] 孙克辉,杨静利,丘水生.分数阶混沌系统的电路仿真与实现[J].计算机仿真，2011，28(2)：117-119.

[38] 孙克辉,杨静利,丘水生.分数阶混沌系统的仿真方法研究[J].系统仿真学报，2011，23(11)：2361-2365，2370.

[39] Lü J H，Chen G R，Cheng D，Celikovsky S. Bridge the gap between the Lorenz and the Chen systems[J]. Int J of Bifurcation and Chaos，2002，12(12)：2917-2926.

[40] 陈关荣,吕金虎.Lorenz 系统族的动力学分析、控制与同步[M].北京：科学出版社，2006.

[41] Wolf A，Swift J B，Swinney H L，et al. Determining Lyapunov exponents from a time series [J]. Physica D，1985，16：285-317.

[42] 孙克辉,任健,丘水生.分数阶统一系统的混沌动力学特性分析[J].华南理工大学学报（自然科学版），2008，36(8)：6-10.

[43] Sun Kehui，J C Sprott. Bifurcations of fractional-order diffusionless Lorenz system [J]. Electronic Journal of Theoretical Physics，2009，6(22)：123-134.

[44] Pomeau Y，Manneville P. Intermittent transition to turbulence in dissipative dynamical systems[J]. Comm. in Math Phys. 1980，74，188-197.

[45] Sprott J C. Chaos and Time-Series Analysis [M]. New York：Oxford University Press，2003.

[46] Yorke J A，Yorke E D. Metastable chaos：the transition to sustained chaotic behavior in the Lorenz model [J]. J of Statis. Phys. 1979，21(3)，263-276.

研究混沌系统的长远目标是混沌在各学科领域的应用,信息安全、系统控制、系统优化等。要开展混沌理论的应用研究,就必须解决混沌系统的硬件设计与实现问题,包括混沌模拟电路和混沌数字电路的设计与实现。本章将重点讨论混沌系统的仿真与硬件实现问题,为混沌系统的实际应用奠定实验和硬件基础。

10.1 混沌系统的动态仿真

10.1.1 Simulink 动态仿真步骤

Simulink 动态仿真步骤如图 10-1 所示,包括建立数学模型、构建仿真系统、设置仿真参数、设置观察窗口、仿真结果分析和修正模型与参数等步骤[1]。下面详细说明。

图 10-1　MATLAB/Simulink 仿真步骤图

(1) 建立数学模型。对混沌系统进行仿真的关键是正确建立系统的仿真模型,根据混沌系统的方程,将整个系统简化到源系统,确定总的系统功能,并将各部分功能模块化,找出各部分之间的关系,画出系统流程框图模型。随着系统模块和系统复杂性的增加,模型也会不断增多,为了减少模型窗口中模块的个数,可以对功能相同的模块进行分组,然后采用把各分组分别组成子系统 Subsystem 的办法使复杂问题简化。如在观察两同步误差信号($|e| = \sqrt{(x_2 - x_1)^2 + (y_2 - y_1)^2 + (z_2 - z_1)^2}$)随时间演化的情况时,要构建如图 10-2(a)所示的模块,可将该功能模块封装成如图 10-2(b)所示的子系统,使仿真系统结构简化而清晰。

(2) 构建仿真系统。根据建立的数学模型,从 Simulink 模型库中,将所需要的单元功能模块拖到编辑窗口中,按系统模型把模块连接起来,构建混沌仿真系统。

(3) 设置仿真参数。仿真参数设置是仿真过程的重要一环,它直接影响仿真所用时间和仿真结果。参数设置包括运行系统参数设置(如系统运行时间、积分步长、容许误差、积分算法等)和功能模块运行参数(如积分初值、信号幅度、频率等)。前者在Simulink 菜单中的 Parameter 子菜单中进行,而后者只需双击模块后,在弹出的窗口中填写即可。

(4) 设置观察窗口。在系统模型的关键点处设置观测模块,用于观测仿真系统的运行情况,以便及时调整参数、分析结果,常用的观测模块有示波器(Scope)、XYgraph、Display 和 To workspace 等模块。

(5) 仿真结果分析与模型或参数修正。对仿真系统的输出波形、输出数据进行分析,比较仿真结果是否与模型理论分析结果一致。一般地,很难一次成功。影响仿真结果的因素很多,首先检查仿真系统是否与理论模型一致或参数设置是否有误,若通过检查和修改仿真参数仍不能得到令人满意的仿真结果,则需要考虑仿真模型是否正确。可以修改模型后再仿真,直至结果令人满意为止。

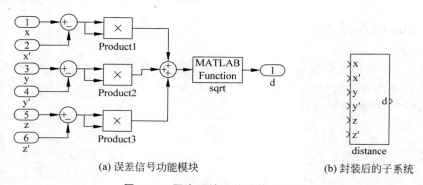

(a) 误差信号功能模块 (b) 封装后的子系统

图 10-2　同步系统误差计算子模块

10.1.2　仿真结果分析与性能改善

把仿真结果(图形)输出到 Word 文档是观察仿真输出结果的重要方式,首先要将输出信号写入返回变量中,即将 Sink 库中的 Out 模块连到输出端,选中 Workspace I/O 选项卡中的变量时间(Time)和输出(Output)复选框,设置相应的时间变量(tout)和输出变量(yout),运行仿真。然后在 Command 窗口中运行 MATLAB 画图命令(plot(tout,yout)),再用图形(Figure)窗口的 Edit 菜单中的 Copy Figure 子菜单将仿真图复制到粘贴板中,并将其粘贴到画图软件窗口中;选中仿真图形,再次使用复制命令,最后将图形粘贴到 Word 文档中;为了提高分辨率,一般应将仿真图经过图形处理软件处理后再粘贴到文档中。

注意仿真时间与仿真所用时间是不同的概念,仿真时间是指参数设置中定义的仿真结束时间(Stop time)与仿真开始时间(Start time)之差,仿真所用时间是指运行一个仿真实际所需时间。一般来说二者并不相等,运行一个仿真所需的时间取决于很多因素,包括模型的复杂性、最大和最小步长、计算机性能等。

至于常见的仿真所用时间太长问题,可能有以下几种原因:仿真步长和容许误差过小,直接影响仿真时间;当模型中含有 MATLAB Fcn 模块时,仿真每进行一步就要 MATLAB 解释程序,会大大降低仿真速度,因此最好使用软件固有的 Fcn 模块;模型中包含用 M 文件编写的 S-函数,M 文件 S-函数同样会使 Simulink 在每个仿真时间调用 MATLAB 解释器,可用 C-mex 函数或建立等价的子系统来替代。

10.2 混沌系统的电路仿真

电路仿真实验方法就是用电子线路图来模拟混沌系统,通过分析实验结果来研究混沌系统特性的一种方法。如采用基于 Multisim 软件平台设计混沌系统的电路。

Multisim 虚拟了一个可以对模拟电子电路进行模拟仿真的工作平台,具有较完善的元器件模型库和常用的分析仪器;能进行电子线路的设计,并能对电子线路进行分析,能将设计好的电路文件直接输出到常用的一些电子电路排版软件,如 Protel 等,排出印刷电路板图,为电路设计提供方便。对混沌系统进行电路实验分析主要步骤如图 10-3 所示[1]。

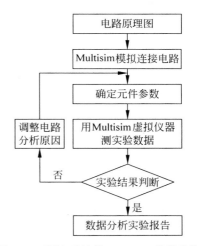

图 10-3 混沌系统的 Multisim 仿真步骤

(1) 根据混沌系统,设计混沌系统 Multisim 仿真电路图。

(2) 在 Multisim 元器件的窗口中选择所要用到的元器件,并连接起来。

(3) 确定元件参数,包括元器件的标号及其参数值。

(4) 用 Multisim 虚拟仪器观察实验结果、分析数据、比较结果是否与理论分析一致,否则调整电路。

10.3 混沌模拟电路设计

10.3.1 混沌模拟电路设计步骤

混沌电路设计主要有个性化设计、模块化设计和改进型模块化设计三种方法。个性化设计的优点是电路的元器件数量最少,但是需要很强的先验知识和电路设计技巧。模块化设计是基于无量纲状态方程,具有普适性和通用性,但是需要较多的元器件。改进型模块化设计是在模块化设计的基础上,将状态微分方程与实际电路的状态微分方程比较,确定系统的全部参数,可以使元器件的数量达到最少。混沌电路模块化设计流程图如图 10-4 所示,首先基于无量纲混沌状态方程,计算得出相图,从而确定各状态变量的取值范围;若变量范围过大,超出元器件的动态变化范围,则进行比例压缩变换,将所有变量缩小 N 倍;若变量在允许范围内,则不需进行压缩变换;接下来对变量进行微积分及时间尺度变换,然后进行 Multisim 电路仿真;最后就是电路的设计与硬件实现。

电路设计过程主要分为五步:

(1) 变量比例压缩变换。由于常用电源电压为 $\pm15\mathrm{V}$,可知运放的线性动态范围为 $\pm13.5\mathrm{V}$,根据仿真图看变量范围是否超出,若超出则应进行相应的比例压缩变换;若未超出则不需要。

(2) 作时间尺度变换。

(3) 作微积分转换。

(4) 将方程进行标准化处理,以适应电路中采用的反相加法比例运算器。

(5) 根据标准积分方程得到相应的模块化电路设计结果。

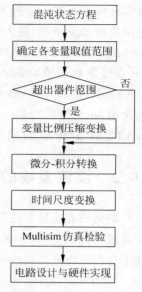

图 10-4　混沌电路模块化设计流程图

10.3.2　混沌电路模块化设计

混沌电路模块化设计主要是基于无量纲方程,设计对应的混沌电路,一般原理实现框图如图 10-5 所示[2]。电路一般由四个模块组成,即非线性函数、反相加法比例运算器、反向积分器、反相器,非线性函数有乘法函数、绝对值函数等,后面三个模块则主要依靠运放搭建电路来实现。

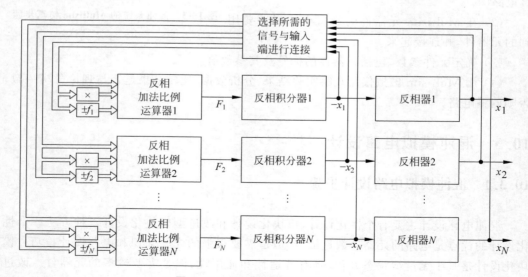

图 10-5　混沌电路模块化实现框图

10.3.3 混沌电路的基本组成及元器件选型

一般地,混沌电路中包含非线性单元电路和线性单元电路,常用的非线性单元电路有模拟乘法器、蔡氏二极管电路、绝对值运算电路和指数运算电路等。基于 OA 器件的常用线性基本单元电路如图 10-6 所示,各个单元电路的输入输出表达式如下:

(1) 反向比例放大器 $v_o = -\dfrac{R_2}{R_1}v_i$,见图 10-6(a)。

(2) 反向加法器 $v_o = -\left(\dfrac{R_3}{R_1}v_{i1} + \dfrac{R_3}{R_2}v_{i2}\right)$,见图 10-6(b)。

(3) 减法器 $v_o = \dfrac{R_2}{R_1}(v_{i2} - v_{i1})$,见图 10-6(c)。

(4) 同向比例放大器 $v_o = \dfrac{R_1 + R_2}{R_1}v_i$,见图 10-6(d)。

(5) 反向微分器 $v_o = -RC\dfrac{\mathrm{d}v_i}{\mathrm{d}t}$,见图 10-6(e)。

(6) 反向积分器 $v_o = -\dfrac{1}{RC}\displaystyle\int v_i \mathrm{d}t$,见图 10-6(f)。

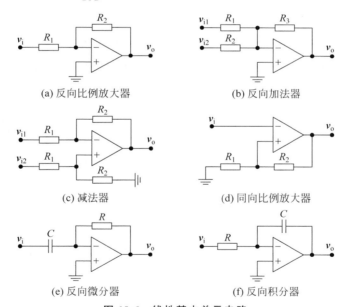

(a) 反向比例放大器   (b) 反向加法器

(c) 减法器   (d) 同向比例放大器

(e) 反向微分器   (f) 反向积分器

图 10-6　线性基本单元电路

现以简化 Lorenz 系统为研究对象,对模块化设计过程进行详细说明。简化 Lorenz 系统的数学模型为[3]

$$\begin{cases} \dot{x} = 10(y - x) \\ \dot{y} = -xz + (24 - 4c)x + cy \\ \dot{z} = xy - 8z/3 \end{cases} \tag{10-1}$$

其中,c 是系统参数,当参数 $c \in [-1.59, 7.75]$ 时,系统出现混沌态。

（1）取 $c=5$，由数值仿真可知系统所有状态变量都超出了器件动态范围，故需对系统变量作适当的比例变换。令 $x'=0.25x$，$y'=0.25y$，$z'=0.25z$，系统式(10-1)变为

$$\begin{cases} \dot{x}'=10(y'-x') \\ \dot{y}'=-4x'z'+4x'+5y' \\ \dot{z}'=4x'y'-8z'/3 \end{cases} \tag{10-2}$$

（2）对系统式(10-2)作时间尺度变换，将方程中的 t 变为 $\tau_0 t'$，其中 τ_0 为时间尺度变换因子，设 $\tau_0=1/(R_0C_0)$，得

$$\begin{cases} \dot{x}'=\dfrac{1}{R_0C_0}10(y'-x') \\[2mm] \dot{y}'=\dfrac{1}{R_0C_0}(-4x'z'+4x'+5y') \\[2mm] \dot{z}'=\dfrac{1}{R_0C_0}(4x'y'-8z'/3) \end{cases} \tag{10-3}$$

（3）作微分积分转换及标准化处理，系统变为

$$\begin{cases} x'=-\displaystyle\int\dfrac{1}{R_0C_0}10((-y')+x')\mathrm{d}t' \\[2mm] y'=-\displaystyle\int\dfrac{1}{R_0C_0}(4x'z'+4(-x')+5(-y'))\mathrm{d}t' \\[2mm] z'=-\displaystyle\int\dfrac{1}{R_0C_0}(-4x'y'+8z'/3)\mathrm{d}t' \end{cases} \tag{10-4}$$

（4）根据系统式(10-4)的数学模型可知，需要的基本电路组成单元分别为反相器、反相加法器、积分器及乘法器，因此设计出相应电路如图 10-7 所示。

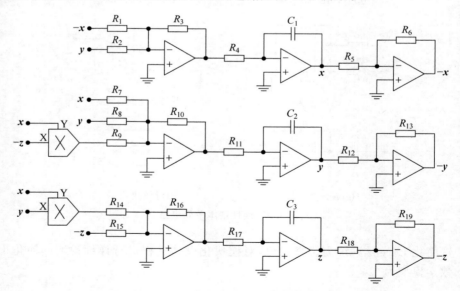

图 10-7　简化 Lorenz 系统电路原理图

图 10-7 中，x、y、z 分别表示输出端点对地的电压值，根据电路理论知识，可以得到该电路状态方程为

$$\begin{cases} \dot{x} = \dfrac{1}{R_4 C_1}\left(\dfrac{R_3}{R_2}y - \dfrac{R_3}{R_1}x\right) \\[3mm] \dot{y} = \dfrac{1}{R_{11} C_2}\left(-\dfrac{R_{10}}{R_9}0.1xz + \dfrac{R_{10}}{R_7}x + \dfrac{R_{10}}{R_8}y\right) \\[3mm] \dot{z} = \dfrac{1}{R_{17} C_3}\left(\dfrac{R_{16}}{R_{14}}0.1xy - \dfrac{R_{16}}{R_{15}}z\right) \end{cases} \tag{10-5}$$

比较方程式(10-4)与式(10-5),得到各元器件的取值为 $R_i=10\mathrm{k\Omega}$ ($i=1,2,4,5,6,$ $11,12,13,17,18,19$),$R_j=100\mathrm{k\Omega}$ ($j=3,10,16$),$R_7=20\mathrm{k\Omega}$,$R_8=25\mathrm{k\Omega}$,$R_9=R_{14}=$ $2.5\mathrm{k\Omega}$,$R_{15}=37.5\mathrm{k\Omega}$,$C_i=100\mathrm{nF}$ ($i=1,2,3$)。

10.4　混沌电路的改进型模块化设计

混沌电路模块化设计十分直观,电路参数计算简单,便于调试,但是存在元器件数量多的缺点。改进型模块化设计元器件数量少,精度高于规范型混沌电路,其基本单元电路通用模块如图 10-8 所示。这里以多涡卷 Jerk 系统为例,对改进型模块化设计方法进行详细说明。

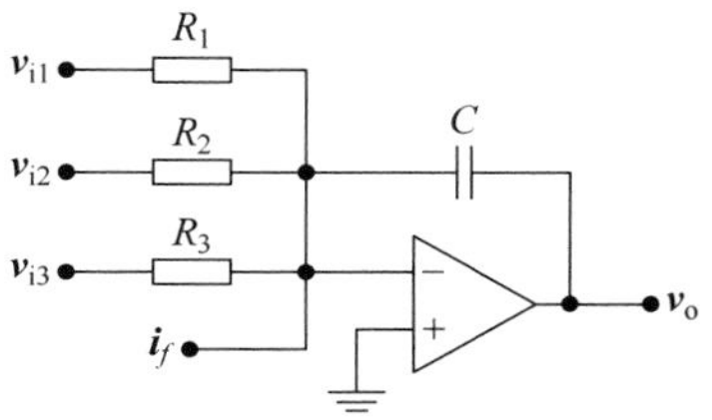

多涡卷 Jerk 系统的状态方程为[4]

$$\begin{cases} \dot{x} = y \\ \dot{y} = z \\ \dot{z} = -x - y - \alpha z + f(x) \end{cases} \tag{10-6}$$

图 10-8　改进型模块化设计基本单元电路通用模块

当参数 $\alpha=0.6$,$f(x)=\mathrm{sgn}(x)+\mathrm{sgn}(x+2)+\mathrm{sgn}(x-2)$,系统式(10-6)可产生 4 涡卷混沌吸引子。根据系统的数值仿真结果可知,系统变量取值未超出有源器件的动态范围,故无须作变量比例变换。

对系统式(10-6)作时间尺度变换,令 $t=\tau_0 t'$,$\tau_0=10000$,得

$$\begin{cases} \dfrac{\mathrm{d}x}{\mathrm{d}t'} = 10000y \\[3mm] \dfrac{\mathrm{d}y}{\mathrm{d}t'} = 10000z \\[3mm] \dfrac{\mathrm{d}z}{\mathrm{d}t'} = -10000x - 10000y - 6000z + 10000f(x) \end{cases} \tag{10-7}$$

系统式(10-7)需要的电路单元分别为基本单元电路通用模块、反相器模块及非线性电路模块,下面分别使用运算放大器(operational amplifier,OA)器件及电流传输器(current conveyor,CC)对系统进行电路设计。

10.4.1　基于 OA 器件的多涡卷 Jerk 电路设计

基于 OA 器件的 4 涡卷 Jerk 电路如图 10-9 所示。图 10-9 中,x、y、z 分别表示输出端点对地的电压值,子电路 $f(x)$ 的输出电流值为 $i(x)=-\mathrm{sgn}(x-2)/R_{x1}-\mathrm{sgn}(x)/$

$R_{x2}-\mathrm{sgn}(x+2)/R_{x3}$,根据电路理论知识,可得该电路的状态方程为

$$
\begin{cases}
\dot{x} = \dfrac{1}{R_1 C_1} y \\[2mm]
\dot{y} = \dfrac{1}{R_2 C_2} z \\[2mm]
\dot{z} = -\dfrac{1}{C_3}\left(\dfrac{x}{R_5} + \dfrac{y}{R_6} + \dfrac{z}{R_7} + i(x)\right)
\end{cases}
\tag{10-8}
$$

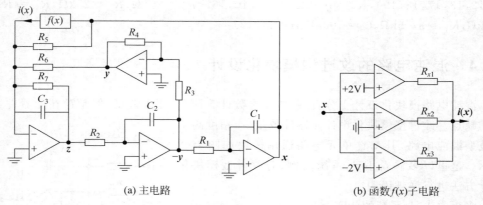

(a) 主电路　　　　　　　　　　　　(b) 函数 $f(x)$ 子电路

图 10-9　基于 OA 器件的多涡卷 Jerk 电路图

比较方程式(10-7)与式(10-8),得到各元器件的取值为 $R_i = 10\mathrm{k}\Omega(i=1,2,3,4,5,6)$, $R_{xi} = 135\mathrm{k}\Omega(i=1,2,3)$, $R_7 = 16.7\mathrm{k}\Omega$, $C_j = 10\mathrm{nF}(j=1,2,3)$。根据电路原理图 10-9 在电子工作平台上进行仿真,仿真结果如图 10-10 所示。

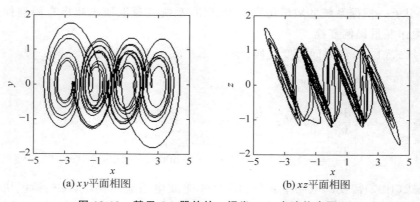

(a) xy 平面相图　　　　　　　　　　(b) xz 平面相图

图 10-10　基于 OA 器件的 4 涡卷 Jerk 电路仿真图

10.4.2　基于 CC 器件的多涡卷 Jerk 电路设计

电流传输器(CC)是电流模式电路中的常用有源器件,具有通用性强、精度高、外接器件少、良好的高频特性等特点,已被广泛应用于有源滤波器、模拟信号处理等方面。在所

有电流传输器中,第二代电流传输器(CCⅡ)的应用很普遍,其电路符号如图 10-11 所示。端口特性为 $i_y = 0$;$V_x = V_y$;$i_z = \pm i_x$。$i_z = i_x$ 时为同相第二代电流传输器(CCⅡ+),$i_z = -i_x$ 时为反相第二代电流传输器(CCⅡ−)。CCⅡ+可用一个 AD844 器件实现,CCⅡ−可用两个 AD844 器件级联实现,实现电路如图 10-12 所示。

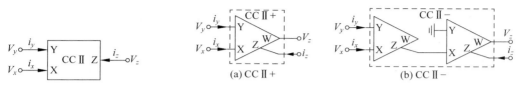

图 10-11　CCⅡ的电路符号　　　　图 10-12　CCⅡ的实现电路

基于 CCⅡ+的常用线性基本单元电路如图 10-13 所示,各个单元电路输入输出表达式如下[5]:图 10-13(a)为同向比例放大器,$v_o = \dfrac{R_2}{R_1} v_i$;图(b)为反向比例放大器,$v_o = -\dfrac{R_2}{R_1} v_i$;图(c)为反向微分器,$v_o = -RC\dfrac{\mathrm{d}v_i}{\mathrm{d}t}$;图(d)为反向加法器,$v_o = -\left(\dfrac{R_3}{R_1} v_{i1} + \dfrac{R_3}{R_2} v_{i2}\right)$;图(e)为反向积分器,$v_o = -\dfrac{1}{RC}\displaystyle\int v_i \mathrm{d}t$;图(f)为同向积分器,$v_o = \dfrac{1}{RC}\displaystyle\int v_i \mathrm{d}t$。

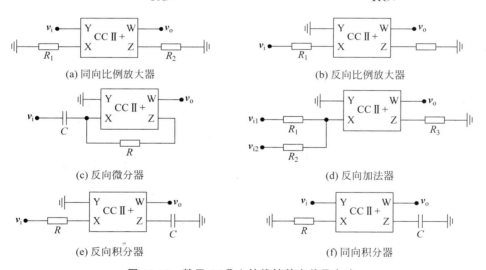

(a) 同向比例放大器　　　　　　　　　　(b) 反向比例放大器

(c) 反向微分器　　　　　　　　　　　　(d) 反向加法器

(e) 反向积分器　　　　　　　　　　　　(f) 同向积分器

图 10-13　基于 CCⅡ+的线性基本单元电路

根据上述单元电路图及系统式(10-7)的数学模型,设计基于 CCⅡ器件的 4 涡卷 Jerk 电路如图 10-14 所示。

非线性函数 $f(x)$ 为阶梯函数,图 10-14(b)中的 N_1 网络可实现一个饱和函数,若干个网络并联实现饱和函数序列,若满足 R_b/R_a 足够大,饱和函数序列可无限接近阶梯函数,得到输出电流 $i(x) = -[\mathrm{sgn}(x-2) + \mathrm{sgn}(x) + \mathrm{sgn}(x+2)]/R_{wx}$,根据电路理论知识,该电路的状态方程为

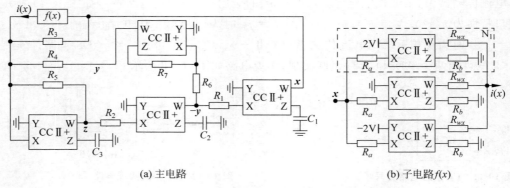

(a) 主电路   (b) 子电路 $f(x)$

图 10-14   基于 CCⅡ 器件的 4 涡卷 Jerk 电路图

$$\begin{cases} \dot{x} = \dfrac{1}{R_1 C_1} y \\[2mm] \dot{y} = \dfrac{1}{R_2 C_2} z \\[2mm] \dot{z} = -\dfrac{1}{C_3} \left(\dfrac{x}{R_3} + \dfrac{y}{R_4} + \dfrac{z}{R_5} + i(x) \right) \end{cases} \tag{10-9}$$

比较方程式(10-7)与式(10-9),计算得各元器件的取值为 $R_i = 10\text{k}\Omega(i=1,2,3,4,6)$, $R_5 = 16.7\text{k}\Omega, R_7 = 20\text{k}\Omega, R_{wx} = 102\text{k}\Omega, R_a = 470\Omega, R_b = 1\text{M}\Omega, C_j = 10\text{nF}(j=1,2,3)$。根据电路原理图 10-14 在电子工作平台上进行仿真,仿真结果如图 10-15 所示。

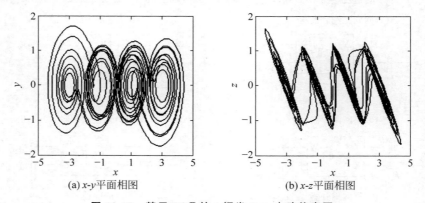

(a) x-y 平面相图   (b) x-z 平面相图

图 10-15   基于 CCⅡ 的 4 涡卷 Jerk 电路仿真图

10.4.3   多涡卷 Jerk 电路实现

根据图 10-9 和图 10-14 电路原理图,分别设计了基于 OA 器件和 CC 器件的 4 涡卷 Jerk 模拟电路,通过示波器观察的相图如图 10-16 所示,分别与图 10-10 和图 10-15 比较,可见实际电路实验相图与电路仿真相图一致,表明了电路设计的正确性和 4 涡卷 Jerk 系统的物理可实现性。

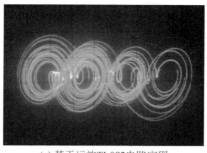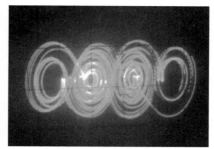

(a) 基于运放TL082电路实现   (b) 基于电路传输器AD844电路实现

图 10-16   示波器观察到的 Oxy 平面相图

10.5   混沌系统的 DSP 设计与实现

混沌系统的硬件实现是混沌系统应用于工程实践的一个关键问题,随着微电子和数字信号处理技术的发展,混沌系统的数字电路实现技术成为了研究热点[7,8]。相对于模拟器件,DSP(digital signal processor)以数字器件特有的稳定性、可重复性、可大规模集成,尤其是可编程性和易于实现的特点,给数字信号处理的发展带来巨大的机遇,使得信号处理的手段更加灵活,功能更加强大,其应用领域已经拓展到航空、航天、雷达、声纳、通信、家用电器等各个领域,成为电子系统的核心。用 DSP 作为混沌信号产生器,产生机理与模拟电路有着很大的区别。电阻等分立电子元件组成的模拟系统对温度变化等特别敏感,但 DSP 系统受到温度等外界环境对元件参数精度的影响却很小,只要 DSP 的精度相同,并且采用相同的数据类型和算法,在一定的温度变化范围内混沌信号源得到的结果是一致的,这在模拟电路设计中是很难实现的。此外,随着 DSP 运算速度的不断提高,能够实时处理的带宽也大大增加,数字信号处理器必将被广泛应用于混沌系统的应用领域。

这里,将基于典型的 TMS320F2812 DSP 芯片,分别以整数阶简化 Lorenz 系统、分数阶简化 Lorenz 系统和离散混沌系统为例,研究混沌系统的 DSP 实现问题。

10.5.1   混沌系统的 DSP 实验平台

实现混沌系统的 DSP 硬件平台框图如图 10-17 所示,其中 D/A 转换器选用 16 位双通道 DAC8552 芯片,接口芯片采用 MAX3232,其引脚分布如图 10-18 所示。

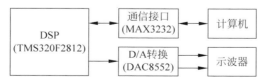

图 10-17   基于 DSP 的混沌系统的硬件框图

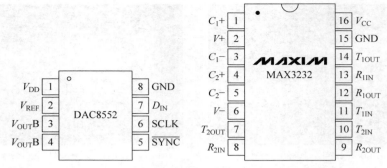

图 10-18　芯片 DAC8552 与 MAX3232 引脚分布图

DSP 芯片可以根据系统要求,选择定点型或浮点型;其主频会影响运算的速度,进而影响混沌序列的产生速度,数据总线的宽度对产生的混沌序列的数值精度有影响,另外需要考虑 DSP 芯片的外设接口,最好方便与系统其他部分对接;这里选择 TMS320F2812 定点型 32 位 DSP 芯片,主频最高可达 150MHz,具有丰富的外设,详细介绍可以参考相关资料及其数据手册。通信接口一般采用 UART 串行接口,将产生的混沌序列准确实时地传输到计算机,便于进一步分析。D/A 转换部分把 DSP 计算产生的混沌序列转换成模拟信号,这样可以在示波器上观察吸引子相图;所以要求 D/A 转换部分具有同步输出的双通道转换功能,还要具有足够快的转换速度和足够高的转换精度。DSP 对 DAC8552 操作的命令字如图 10-19 所示,其中 DB15～DB0 为被转换的数字信号。

第一步　写入 A 数据缓冲器的 24 位数

Res	Res	LDB	LDA	DC	Buffer Select	PD1	PD0	DB15	—	DB1	DB0
0	0	0	0	×	0	0	0	D15	—	D1	D0

第二步　写入 B 数据缓冲器的 24 位数

Res	Res	LDB	LDA	DC	Buffer Select	PD1	PD0	DB15	—	DB1	DB0
0	0	1	1	×	1	0	0	D15	—	D1	D0

图 10-19　DAC8552 双通道同步输出的控制字

DSP 的集成开发环境一般采用 CCS(code composer studio),CCS 具有多个版本,这里采用 CCS 4.2,具体内容可以参考相关资料。基于 DSP 的混沌系统实验平台如图 10-20 所示。

图 10-21 为基于 DSP 实现混沌系统的软件流程图。DSP 初始化包括时钟频率的设定、相关接口的初始化等;不同的混沌系统具有不同的系统参数,另外,迭代步长、迭代次数、迭代初始值等也需要确定;根据不同的算法可以得到迭代计算公式;每次迭代计算的结果都进行压栈保存,作为下次迭代计算的初始值;如果数据输出到 D/A 和输出到 PC 需要进行相应的数据处理,如图 10-22 和图 10-23 所示。

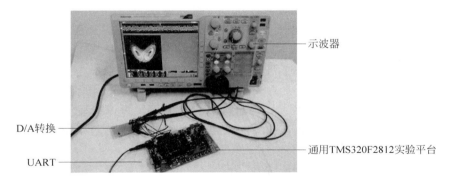

图 10-20　基于 DSP 的混沌系统实验平台

- 示波器
- D/A转换
- UART
- 通用TMS320F2812实验平台

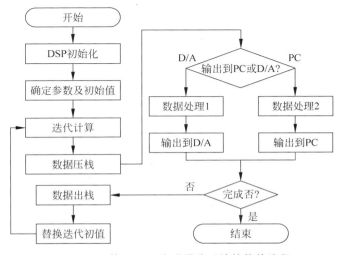

图 10-21　基于 DSP 实现混沌系统的软件流程

图 10-22　数据处理 1　　　　**图 10-23　数据处理 2**

　　（1）数据处理 1。首先，当产生的混沌序列为负值时，导致 DSP 计算得到的二进制数为有符号数，即二进制数的最高位为 1，所以为了正确的 D/A 转换，需要将所有输出的混沌序列数值加上足够大的正数，相当于对系统输出进行了坐标平移。DAC8552 为 16 位

D/A 转换器,其转换的数字量必须是 $0\sim 65535$ 的正整数,而 DSP 产生的混沌序列值绝大部分为小数,所以接下来需要通过乘以某一正整数将序列值进行等比例放大,使数字量尽量分布在整个转换量程内。

(2)数据处理 2。同样,先将序列值变为正数,为了便于计算机显示和处理,需要将产生的混沌序列值的每位都转换成 ASCII 码,即每位十进制数加 48,再逐位传输给计算机,且每个完整的序列之间使用逗号(ASCII 为 0x2C)分开;可以选择保留小数点后的数据长度;在计算机上进行分析时,可以将混沌序列值还原成经过 DSP 计算得到的序列值。

下面分别以整数阶简化 Lorenz 系统、分数阶简化 Lorenz 系统和离散混沌系统为例,进行 DSP 实现。

10.5.2　整数阶混沌系统的 DSP 实现

下面以整数阶简化 Lorenz 系统为例,阐述基于四阶 Runge-Kutta 求解算法的混沌系统的 DSP 实现,简化 Lorenz 系统方程为

$$
\begin{cases}
\dot{x} = 10(y - x) \\
\dot{y} = (24 - 4c)x - xz + cy \\
\dot{z} = xy - 8z/3
\end{cases}
\tag{10-10}
$$

其中,c 为系统可调参数,当 $c \in [-1.59, 7.75]$ 时,系统大部分为混沌状态。根据四阶 Runge-Kutta 求解上述微分方程,得到解的形式为

$$
\begin{cases}
x_{n+1} = x_n + (K_{11} + 2K_{12} + 2K_{13} + K_{14})/6 \\
y_{n+1} = y_n + (K_{21} + 2K_{22} + 2K_{23} + K_{24})/6 \\
z_{n+1} = z_n + (K_{31} + 2K_{32} + 2K_{33} + K_{34})/6
\end{cases}
\tag{10-11}
$$

其中各递归参数表示为

$$
\begin{cases}
K_{11} = 10[(y_n - x_n)]T \\
K_{21} = [(24 - 4c)x_n - x_n z_n + cy_n]T \\
K_{31} = [x_n y_n - 8z_n/3]T
\end{cases}
\tag{10-12}
$$

$$
\begin{cases}
K_{12} = 10[(y_n + 0.5K_{21}) - (x_n + 0.5K_{11})]T \\
K_{22} = [(24 - 4c)(x_n + 0.5K_{11}) - (x_n + 0.5K_{11})(z_n + 0.5K_{31}) + c(y_n + 0.5K_{21})]T \\
K_{32} = [(x_n + 0.5K_{11})(y_n + 0.5K_{21}) - 8(z_n + 0.5K_{31})/3]T
\end{cases}
\tag{10-13}
$$

$$
\begin{cases}
K_{13} = 10[(y_n + 0.5K_{22}) - (x_n + 0.5K_{12})]T \\
K_{23} = [(24 - 4c)(x_n + 0.5K_{12}) - (x_n + 0.5K_{12})(z_n + 0.5K_{32}) + c(y_n + 0.5K_{22})]T \\
K_{33} = [(x_n + 0.5K_{12})(y_n + 0.5K_{22}) - 8(z_n + 0.5K_{32})/3]T
\end{cases}
\tag{10-14}
$$

$$
\begin{cases}
K_{14} = 10[(y_n + K_{23}) - (x_n + K_{13})]T \\
K_{24} = [(24 - 4c)(x_n + K_{13}) - (x_n + K_{13})(z_n + K_{33}) + c(y_n + K_{23})]T \\
K_{34} = [(x_n + K_{13})(y_n + K_{23}) - 8(z_n + K_{33})/3]T
\end{cases}
\tag{10-15}
$$

式中，T 为迭代步长。根据式（10-11）～式（10-15），进行编程，随机取初始值为 $x=0.1$，$y=0.2$，$z=0.3$，参数 $c=5$，迭代步长 $T=0.01$，则在图 10-20 的硬件平台上观察的吸引子相图如图 10-24 所示。将 DSP 产生的混沌序列小数点后取 4 位，截取第 10001～20000 共 10000 个序列值传输到计算机，绘制吸引子相图，如图 10-25 所示。

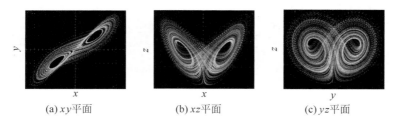

(a) xy 平面   (b) xz 平面   (c) yz 平面

图 10-24 通过示波器观察的基于 DSP 的整数阶简化 Lorenz 系统的吸引子相图

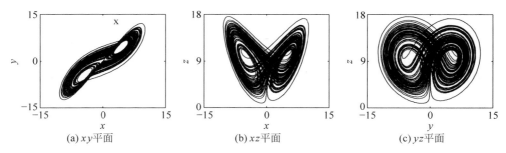

(a) xy 平面   (b) xz 平面   (c) yz 平面

图 10-25 基于 DSP 的整数阶简化 Lorenz 系统的传输到计算机后的吸引子相图

10.5.3 分数阶混沌系统的 DSP 实现

除了迭代算法的不同外，基于 DSP 的分数阶混沌系统的实现与整数阶系统的 DSP 实现类似，这里以分数阶简化 Lorenz 系统为例进行阐述。分数阶简化 Lorenz 系统方程为[9]

$$\begin{cases} {}^{*}D_{t0}^{q}x = 10(y-x) \\ {}^{*}D_{t0}^{q}y = (24-4c)x - xz + cy \\ {}^{*}D_{t0}^{q}z = xy - 8z/3 \end{cases} \tag{10-16}$$

其中，q 为分数阶微分方程的阶数，c 为系统参数，选取合适的 q 和 c 值，系统处于混沌状态。根据 Adomian 分解算法可以求解该分数阶微分方程，截取前 7 项得到解的形式为[10]

$$\begin{cases} C_{10} = x_m \\ C_{20} = y_m \\ C_{30} = z_m \end{cases} \tag{10-17}$$

$$\begin{cases} C_{11} = 10(C_{20} - C_{10}) \\ C_{21} = (24-4c)C_{10} + cC_{20} - C_{10}C_{30} \\ C_{31} = -\dfrac{8}{3}C_{30} + C_{10}C_{20} \end{cases} \tag{10-18}$$

$$
\begin{cases}
C_{12} = 10(C_{21} - C_{11}) \\
C_{22} = (24 - 4c)C_{11} + cC_{21} - C_{11}C_{30} - C_{10}C_{31} \\
C_{32} = -\dfrac{8}{3}C_{31} + C_{11}C_{20} + C_{10}C_{21}
\end{cases}
\tag{10-19}
$$

$$
\begin{cases}
C_{13} = 10(C_{22} - C_{12}) \\
C_{23} = (24 - 4c)C_{12} + cC_{22} - C_{12}C_{30} - C_{11}C_{31}\dfrac{\Gamma(2q+1)}{\Gamma^2(q+1)} - C_{10}C_{32} \\
C_{33} = -\dfrac{8}{3}C_{32} + C_{12}C_{20} + C_{11}C_{21}\dfrac{\Gamma(2q+1)}{\Gamma^2(q+1)} + C_{10}C_{22}
\end{cases}
\tag{10-20}
$$

$$
\begin{cases}
C_{14} = 10(C_{23} - C_{13}) \\
C_{24} = (24 - 4c)C_{13} + cC_{23} - C_{13}C_{30} - (C_{12}C_{31} + C_{11}C_{32})\dfrac{\Gamma(3q+1)}{\Gamma(q+1)\Gamma(2q+1)} - C_{10}C_{33} \\
C_{34} = -\dfrac{8}{3}C_{33} + C_{13}C_{20} + (C_{12}C_{21} + C_{11}C_{22})\dfrac{\Gamma(3q+1)}{\Gamma(q+1)\Gamma(2q+1)} + C_{10}C_{23}
\end{cases}
\tag{10-21}
$$

$$
\begin{cases}
C_{15} = 10(C_{24} - C_{14}) \\
C_{25} = (24 - 4c)C_{14} + cC_{24} - C_{14}C_{30} - (C_{13}C_{31} + C_{11}C_{33})\dfrac{\Gamma(4q+1)}{\Gamma(q+1)\Gamma(3q+1)} - \\
\qquad\quad C_{12}C_{32}\dfrac{\Gamma(4q+1)}{\Gamma^2(2q+1)} - C_{10}C_{34} \\
C_{35} = -\dfrac{8}{3}C_{34} + C_{14}C_{20} + (C_{13}C_{21} + C_{11}C_{23})\dfrac{\Gamma(4q+1)}{\Gamma(q+1)\Gamma(3q+1)} + \\
\qquad\quad C_{12}C_{22}\dfrac{\Gamma(4q+1)}{\Gamma^2(2q+1)} + C_{10}C_{24}
\end{cases}
\tag{10-22}
$$

$$
\begin{cases}
C_{16} = 10(C_{25} - C_{15}) \\
C_{26} = (24 - 4c)C_{15} + cC_{25} - C_{15}C_{30} - (C_{14}C_{31} + C_{11}C_{34})\dfrac{\Gamma(5q+1)}{\Gamma(q+1)\Gamma(4q+1)} - \\
\qquad\quad (C_{13}C_{32} + C_{12}C_{33})\dfrac{\Gamma(5q+1)}{\Gamma(2q+1)\Gamma(3q+1)} - C_{10}C_{35} \\
C_{36} = -\dfrac{8}{3}C_{35} + C_{15}C_{20} + (C_{14}C_{21} + C_{11}C_{24})\dfrac{\Gamma(5q+1)}{\Gamma(q+1)\Gamma(4q+1)} + \\
\qquad\quad (C_{13}C_{22} + C_{12}C_{23})\dfrac{\Gamma(5q+1)}{\Gamma(2q+1)\Gamma(3q+1)} + C_{10}C_{25}
\end{cases}
\tag{10-23}
$$

$$
\begin{bmatrix} x_{m+1} \\ y_{m+1} \\ z_{m+1} \end{bmatrix} =
\begin{bmatrix}
C_{10} & C_{11} & C_{12} & C_{13} & C_{14} & C_{15} & C_{16} \\
C_{20} & C_{21} & C_{22} & C_{23} & C_{24} & C_{25} & C_{26} \\
C_{30} & C_{31} & C_{32} & C_{33} & C_{34} & C_{35} & C_{36}
\end{bmatrix}
$$
$$
\begin{bmatrix} 1 & \dfrac{h^q}{\Gamma(q+1)} & \dfrac{h^{2q}}{\Gamma(2q+1)} & \dfrac{h^{3q}}{\Gamma(3q+1)} & \dfrac{h^{4q}}{\Gamma(4q+1)} & \dfrac{h^{5q}}{\Gamma(5q+1)} & \dfrac{h^{6q}}{\Gamma(6q+1)} \end{bmatrix}^{\mathrm{T}}
\tag{10-24}
$$

以上各式中 h 为迭代步长，$\Gamma(\cdot)$ 为 Gamma 函数，通过上述计算过程可以发现在迭代过程中，h 和 q 确定后，$\Gamma(\cdot)$ 和 h^{nq} 是不变的，所以为了提高计算速度，在迭代计算之前将所有相关的 $\Gamma(\cdot)$ 和 h^{nq} 先计算完成，迭代计算中作为常数。随机取初始值为 $x_0 = 0.1$，

$y_0=0.2, z_0=0.3$，参数 $c=5, q=0.9$，迭代步长 $h=0.01$，则在图 10-20 的硬件平台上观察的吸引子相图，如图 10-26 所示。将 DSP 产生的混沌序列小数点后取 4 位，截取第 10001～20000 共 10000 个序列值传输到计算机，绘制其吸引子相图，如图 10-27 所示。

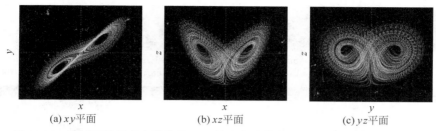

(a) xy 平面   (b) xz 平面   (c) yz 平面

图 10-26 通过示波器观察的基于 DSP 的分数阶简化 Lorenz 系统的吸引子相图

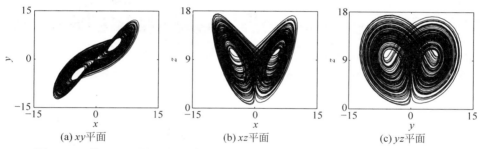

(a) xy 平面   (b) xz 平面   (c) yz 平面

图 10-27 基于 DSP 的分数阶简化 Lorenz 系统的传输到计算机后的吸引子相图

10.5.4 离散混沌系统的 DSP 实现

离散混沌系统一般用迭代式表示，基于 DSP 平台实现离散混沌系统较方便、快捷，即直接实现迭代计算即可。这里介绍基于 DSP 平台实现基于二维正弦腔离散混沌系统和网格正弦腔混沌映射[11]，分别为式(10-25)和式(10-26)，选定参数，在 DSP 平台实现的吸引子相图如图 10-28 所示，对应 MATLAB 仿真结果如图 10-29 所示，对比可以发现，由示波器捕捉到的二维正弦腔离散混沌映射和网格正弦腔混沌映射的吸引子相图与计算机模拟仿真结果相一致。因此，在数字电路中实现了正弦腔离散混沌映射。

$$\begin{cases} x(n+1)=a\sin[\omega y(n)+\varphi]\cos\{c\cos^{-1}[x(n)]\} \\ y(n+1)=a\sin[\omega x(n+1)+\varphi]\cos\{c\cos^{-1}[y(n)]\} \end{cases} \tag{10-25}$$

$$\begin{cases} x(n+1)=a\sin[\omega y(n)+\varphi]\cos\{c\cos^{-1}[x(n)]\} \\ y(n+1)=a\sin[\omega x(n+1)+\varphi]\cos\{c\cos^{-1}[y(n)]\}+f[x(n)] \end{cases} \tag{10-26}$$

其中，$f[x(n)]$ 为

$$\begin{cases} f(x)=a\sum_{n=1}^{N}\left(\text{sgn}\left(\dfrac{N}{a}x+(2n-1)\right)+\text{sgn}\left(\dfrac{N}{a}x-(2n-1)\right)\right), & N=\text{odd} \\ f(x)=a\sum_{n=1}^{N}\left(\text{sgn}\left(\dfrac{N}{a}x-2n\right)+\text{sgn}\left(\dfrac{N}{a}x+2n\right)\right)+a\times\text{sgn}\left(\dfrac{N}{a}x\right), & N=\text{even} \end{cases}$$

$$\tag{10-27}$$

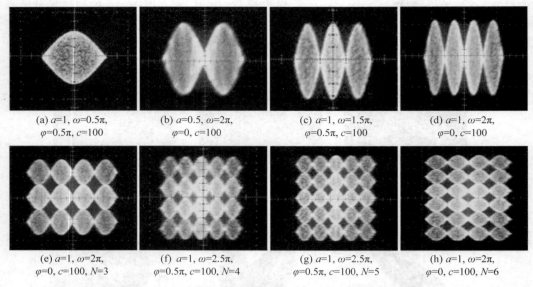

(a) $a=1$, $\omega=0.5\pi$, $\varphi=0.5\pi$, $c=100$

(b) $a=0.5$, $\omega=2\pi$, $\varphi=0$, $c=100$

(c) $a=1$, $\omega=1.5\pi$, $\varphi=0.5\pi$, $c=100$

(d) $a=1$, $\omega=2\pi$, $\varphi=0$, $c=100$

(e) $a=1$, $\omega=2\pi$, $\varphi=0$, $c=100$, $N=3$

(f) $a=1$, $\omega=2.5\pi$, $\varphi=0.5\pi$, $c=100$, $N=4$

(g) $a=1$, $\omega=2.5\pi$, $\varphi=0.5\pi$, $c=100$, $N=5$

(h) $a=1$, $\omega=2\pi$, $\varphi=0$, $c=100$, $N=6$

图 10-28   示波器观测到的正弦多腔混沌映射的吸引子相图

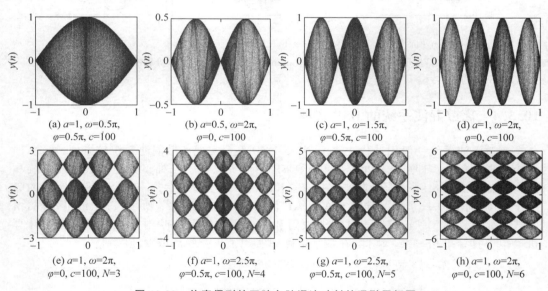

(a) $a=1$, $\omega=0.5\pi$, $\varphi=0.5\pi$, $c=100$

(b) $a=0.5$, $\omega=2\pi$, $\varphi=0$, $c=100$

(c) $a=1$, $\omega=1.5\pi$, $\varphi=0.5\pi$, $c=100$

(d) $a=1$, $\omega=2\pi$, $\varphi=0$, $c=100$

(e) $a=1$, $\omega=2\pi$, $\varphi=0$, $c=100$, $N=3$

(f) $a=1$, $\omega=2.5\pi$, $\varphi=0.5\pi$, $c=100$, $N=4$

(g) $a=1$, $\omega=2.5\pi$, $\varphi=0.5\pi$, $c=100$, $N=5$

(h) $a=1$, $\omega=2\pi$, $\varphi=0$, $c=100$, $N=6$

图 10-29   仿真得到的正弦多腔混沌映射的吸引子相图

10.6   混沌系统的 FPGA 设计与实现

FPGA 系统是基于硬件结构的设计,留给设计者更大的发挥空间,通过合理的设计可以实现很多过程的并行处理,FPGA 正以其较高的性能逐渐在工程实践中普及,当前基于 FPGA 的混沌系统设计与实现也越来越广泛[12-13]。

10.6.1 电路结构的设计与优化

这里采用自顶向下的方法设计基于 FPGA 的分数阶简化 Lorenz 系统,在顶层按功能划分模块,并规划各模块之间的关系和协调工作方式,在底层使用 Verilog 硬件描述语言实现各模块的功能,设计的电路框图如图 10-30 所示。

图 10-30　基于 FPGA 实现分数阶简化 Lorenz 系统的电路框图

根据 Adomian 分解算法求得分数阶简化 Lorenz 系统迭代式(10-17)～式(10-24),仍然定义 $g_1 = h^q/\Gamma(q+1)$,$g_2 = h^{2q}/\Gamma(2q+1)$,$g_3 = h^{3q}/\Gamma(3q+1)$,$g_4 = \Gamma(2q+1)/\Gamma^2(q+1)$;确定 q 和 h 后,可以在计算机上计算 g_1、g_2、g_3、g_4,然后和参数 c 及初始值 $[x_0, y_0, z_0]$ 一起通过串口发送到 FPGA。FPGA 中分数阶简化 Lorenz 系统每次迭代产生的混沌序列也可以通过串口发送到计算机,可以对实现结果进一步分析和测试。为了通过示波器观察混沌吸引子,需要将产生的混沌序列转换成定点数,再通过 SPI 接口输入 D/A 转换单元。

FPGA 的顶层设计原理图如图 10-31 所示。分数阶混沌信号发生器(fractional-order chaotic oscillator)每次迭代输出一组分数阶混沌序列;浮点/定点转换单元(floating-fixed convertion)将每次产生的分数阶混沌序列转换为定点数;串口负责与计算机通信;SPI 接口把需要转换的数字量输出到 D/A 转换器。各模块之间通过状态控制信号协调工作,clk,rst 信号保证各个子模块及整个系统的时钟和复位信号同步,clko 和 fg 为状态控制信号,Data[255…0]包括 8 个 32 位浮点数(初始值 $x0, y0, z0$,参数 c 和 g_1, g_2, g_3, g_4)。当串口从计算机接收到 Data[255…0]后,clkout 使 $cc = 0$,然后分数阶混沌信号发生器读取 Data[255…0]并开始迭代计算。迭代计算过程中,当分数阶混沌发生器完成一次迭代后,将得到的混沌序列通过 Data[255…0]反向通过串口发送到计算

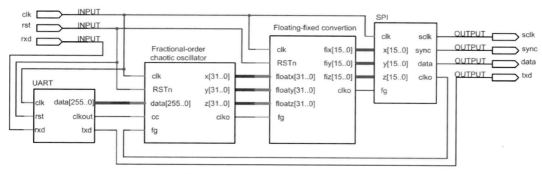

图 10-31　FPGA 的顶层设计原理图

机。同时,通过分数阶混沌发生器的 clko 使浮点/定点转换单元的 fg＝0,从而开始浮点/定点转换,将生成的 32 位浮点数 floatx[31…0],floaty[31…0],floatz[31…0]转换为适合 DAC8552 输入的 16 位定点数 flx[15…0],fly[15…0],flz[15…0]。转换完成后浮点/定点转换单元的 clko 再使 SPI 接口单元的 fg＝0,然后数据输出到 DAC8552,在示波器上观察混沌吸引子。同时 SPI 接口的 clko＝0,启动分数阶混沌发生器进行下次迭代计算。

10.6.2　分数阶简化 Lorenz 系统混沌信号发生器的设计

在图 10-31 中,分数阶混沌信号发生器是系统的核心。其内部结构如图 10-32 所示。分数阶混沌发生器由三部分组成:浮点数乘法器(floating-point multiplier),浮点数加法器(floating-point adder)和分数阶混沌运算控制器(controller)。根据迭代式中计算的过程,分数阶混沌运算控制器的工作流程如图 10-33 所示。clkj,clkc,clko 和 fg 都是控制信号。clkj＝0 用来选择浮点数加法器对两个输入数据 $A[31…0]$ 和 $B[31…0]$ 做浮点数加法运算,clkc＝0,则选择浮点数乘法器对两个输入数据 $A[31…0]$ 和 $B[31…0]$ 进行浮点数乘法运算。运算单元完成计算后,通过各自的 clko 使 fgs＝0 或 fgs1＝0,从而通知控制器从运算单元中读取计算结果 Result[31…0]。根据迭代方程的计算情况,直到本次迭代结束,得到分数阶混沌序列 $x[31…0]$,$y[31…0]$,$z[31…0]$,同时它们也作为下次迭代的初始值。

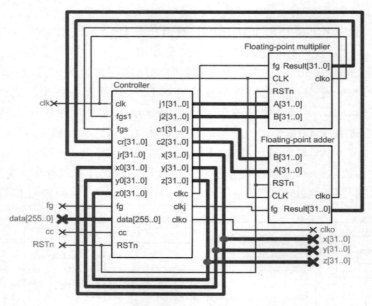

图 10-32　分数阶混沌发生器的内部设计原理图

一般 FPGA 厂家会在开发环境中提供浮点数乘法和加法运算 IP 核,可以直接调用。对于较复杂的混沌系统,为了增加运算速度,可以增加浮点数乘法和加法运算单元,或者增加其他运算单元。

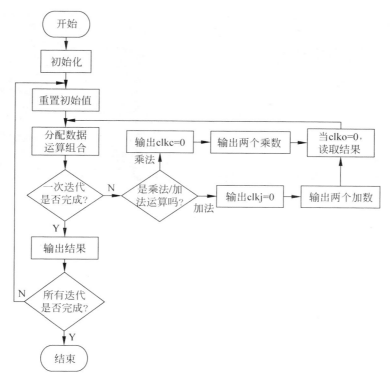

图 10-33　分数阶混沌运算控制器工作原理

10.6.3　实验结果与分析

为了使混沌序列值的数据格式适合 DAC8552 的数据长度，将计算得到的混沌序列值映射到 $[0,2^{16}-1]$ 内的正整数，设计思路和方法与 DSP 中的方法相同。系统中的接口设计不存在困难，可以参阅相关技术资料[14]。另外，与计算机串口及 DAC8552 连接的接口与 DSP 类似，此处不再赘述。最后得到的 FPGA 实现分数阶混沌系统的实验系统如图 10-34 所示。

令 $h=0.01$，初始值 $[x_0,y_0,z_0]=[0.1,0.2,0.3]$，使用 Altera Cyclone 系列的 FPGA 芯片 EP1C6Q240，实现分数阶简化 Lorenz 系统。通过示波器观测的吸引子以及将数据传输到计算机后绘制的吸引子相图分别如图 10-35 和图 10-36 所示。

图 10-34　FPGA 实现的分数阶简化
Lorenz 系统平台

(a) $q=0.9$, $c=5$ (b) $q=0.8$, $c=7.5$

图 10-35 FPGA 实现的分数阶简化 Lorenz 系统的吸引子相图（示波器显示）

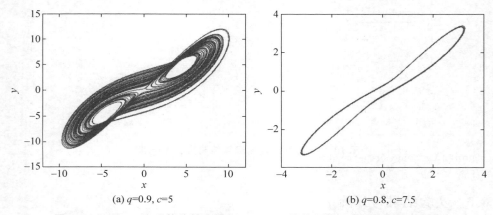

(a) $q=0.9$, $c=5$ (b) $q=0.8$, $c=7.5$

图 10-36 FPGA 实现的分数阶简化 Lorenz 系统的吸引子相图（计算机仿真）

使用 Quartus Ⅱ 对系统进行综合测试，得到占用 FPGA 资源情况的相关参数及所能达到的最大时钟频率如表 10-1 所示。对于整数阶简化 Lorenz 系统，一般采用四阶 Runge-Kutta(RK4)法求解。为了比较，在同等条件下，采用同样的结构，基于 RK4 使用 FPGA 实现整数阶简化 Lorenz 系统，综合测试后的各项参数也列在表 10-1 中。通过比较发现，基于 Adomian(AMD)分解算法求解的分数阶简化 Lorenz 系统占用较少的 FPGA 资源，并且速度也更快。

表 10-1 分数阶系统与整数阶系统在 FPGA 平台实现情况对比

混沌发生器	总寄存器数（占用系统资源百分比）	总逻辑器件数（占用系统资源百分比）	总 LABs（占用系统资源百分比）	最大时钟频率/MHz	每次迭代需时钟周期数/个
ADM 分解法求解分数阶系统	1519(12%)	6009(50%)	653(54%)	51.12	900
RK4 求解整数阶系统	1782(14%)	6057(50%)	849(70%)	51.06	1006

本章采用方法描述和实例验证方法，研究了混沌系统的仿真与电路设计技术，包括混沌系统的动态仿真和电路仿真、混沌系统的模拟电路实现和数字电路实现技术，为混沌系统的应用研究奠定了实验基础。

思考题

(1) 采用不同的仿真方法对某一个混沌系统进行研究，并比较其结果。

(2) 基于 OA 器件和基于 CC 器件构建的混沌系统有何异同？产生的混沌信号有何区别？

(3) 混沌系统的数字电路实现对微分方程的求解算法有何要求？

(4) 混沌系统的 DSP 实现是否存在有限精度效应，怎么克服？

(5) 设计并实现一个混沌系统电路。

参考文献

[1] 孙克辉，杨静利，丘水生.分数阶混沌系统的仿真方法研究[J].系统仿真学报，2011，23(11)：2361-2365，2370.

[2] 杨静利.简化 Lorenz 系统的电路设计与实现研究[D].中南大学，2011.

[3] Sun K H，Sprott J C. Dynamics of a simplified Lorenz system [J]. International Journal of Bifurcation and Chaos，2009，19(4)：1357-1366.

[4] Sprott J C. Some simple chaotic jerk functions [J]. Am. J. Phys.，1997，65(6)：537-543.

[5] 左婷，孙克辉，艾星星，等.基于同相第二代电流传输器的网格多涡卷混沌电路研究[J].物理学报，2014，63(8)：080501-1-9.

[6] Merah L，Ali-Pacha A，Said N H，et al. Design and FPGA implementation of Lorenz chaotic system for information security issues [J]. Applied Mathematical Sciences，2013，7(5)：237-246.

[7] Xu X，Yu S，Xu L. Chaotic digital image encryption and its hardware implementation based on DSP technology[J]. Electronic Science and Technology，2011，24(3)：1-5.

[8] 禹思敏.混沌系统与混沌电路——原理、设计及其在通信中的应用[M].西安：西安电子科技大学出版社，2011.

[9] Sun K H，Wang X，Sprott J C. Bifurcations and chaos in fractional-order simplified Lorenz system [J]. International Journal of Bifurcation and Chaos，2010，20(4)：1209-1219.

[10] 贺少波，孙克辉，王会海.分数阶混沌系统的 Adomian 分解法求解及其复杂性分析[J].物理学报，2014，63(3)：030502.

[11] Xiao Yan，Sun Kehui，Yu Mengyao，et al. Dynamics of a New Multi-Cavity Hyperchaotic Map and Its DSP Implementation [J]. International Journal of Bifurcation and Chaos，2019，29(14)：1950194.

[12] Yu F，Li L，He B，et al. Design and FPGA implementation of a pseudorandom number generator based on a four-wing memristive hyperchaotic system and Bernoulli map [J]. IEEE Access，2019，7：181884-181898.

[13] Garcia-Bosque M，Adrián Pérez-Resa，Carlos Sánchez-Azqueta，et al. Chaos-Based Bitwise Dynamical Pseudorandom Number Generator On FPGA [J]. IEEE Transactions on Instrumentation and Measurement，2019，68(1)：291-293.

[14] 任爱锋，张志刚.FPGA 与 SOPC 设计教程——DE2-115 实践[M].2 版.西安：西安电子科技大学出版社，2018.

附录 A 混沌及其应用研究领域的主要学术期刊

序号	期 刊 名	所属 ESI 学科	影响因子
1	Physical Review Letter	Physics	9.227
2	Communications in Nonlinear Science and Numerical Simulation	Physics	3.967
3	Chaos，Solitons and Fractals	Physics	3.064
4	Chaos	Physics	2.643
5	Physical Review E	Physics	2.353
6	Physics Letters A	Physics	2.087
7	European Physical Journal Plus	Physics	2.612
8	Physica A：Statistical Mechanics and its Applications	Physics	2.500
9	Physica Scripta	Physics	2.151
10	Physica D-Nonlinear Phenomena	Physics	1.810
11	Chinese Physics B	Physics	1.469
12	Chinese Physics Letters	Physics	1.066
13	物理学报	Physics	0.644
14	International Journal of Bifurcation and Chaos	Mathematics	2.145
15	Nonlinear Analysis-Modelling and Control	Mathematics	2.339
16	IEEE Transactions on Industrial Electronics	Engineering	7.305
17	IEEE Transactions on Circuits and Systems I/II	Engineering	3.934/3.250
18	Nonlinear Dynamics	Engineering	4.604
19	Signal Processing	Engineering	4.086
20	Optics and Lasers in Engineering	Engineering	4.059
21	Information Science	Computer science	5.524

附录 B 混沌特性分析 MATLAB 源程序

本附录以简化 Lorenz 系统为例给出混沌系统的 MATLAB 仿真程序。首先给出整数阶系统分析方法,包括采用 Runge-Kutta 算法和 Euler 算法求解系统、相图绘制、Lyapunov 指数谱绘制、分岔图绘制、Poincare 截面绘制和 0-1 测试方法。然后针对分数阶系统,给出频域算法求解方法(基于 Simulink 仿真方法)、预估-校正算法求解算法程序和 Adomian 分解求解算法程序,这里还会给出 C_0 算法复杂度分析代码以及利用其绘制复杂度混沌图的程序代码。最后给出了分数阶混沌系统同步算法的 MATLAB 实现程序,供读者参考。读者可以根据需要修改相关代码以适应自己的系统分析需要。

文档中带有 function 的为函数,读者需要在一个独立的 m 文件中输入并保存,以便需要时调用。采用函数设计程序属于模块化设计思想,有利于提高编程效率。

B.1 简化 Lorenz 系统模型

简化 Lorenz 系统的方程为

$$\begin{cases} \dot{x} = 10(y-x) \\ \dot{y} = (24-4c)x - xz + cy \\ \dot{z} = xy - 8z/3 \end{cases} \tag{B-1}$$

其中,c 为系统参数,当参数 $c \in [-1.59 \ 7.75]$ 时,系统处于混沌态。

分数阶简化 Lorenz 系统方程为

$$\begin{cases} {}^*D_{t0}^q x = 10(y-x) \\ {}^*D_{t0}^q y = (24-4c)x - xz + cy \\ {}^*D_{t0}^q z = xy - 8z/3 \end{cases} \tag{B-2}$$

此时,系统具有两个参数,阶数 q 和系统控制参数 c。

B.2 整数阶简化 Lorenz 系统特性分析程序

B.2.1 采用 MATLAB 自带 Runge-Kutta 工具箱仿真代码

首先,根据系统方程(B-1)编写系统的函数。

```
function f = chao_SimpleLorenz(t,y)
global c
f = zeros(3,1);
```

```
f(1) = 10 * (y(2) - y(1));
f(2) = (24 - 4 * c) * y(1) + c * y(2) - y(1) * y(3);
f(3) = y(1) * y(2) - 8/3 * y(3);
```

在 MATLAB 窗口中运行以下代码,就可以得到如图 B-1 所示的吸引子相图。

```
clc
clear
global c
c = 2;
[T, Y] = ode45(@chao_SimpleLorenz, 0: 0.01: 500, [1 2 3 ]);
figure
plot(Y(30000: end, 1), Y(30000: end, 3))
xlim([ - 15 15])
xlabel('\itx')
ylabel('\itz')
```

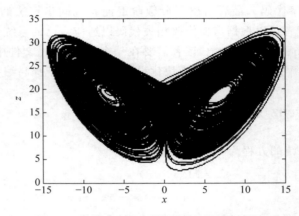

图 B-1　简化 Lorenz 系统吸引子相图(ode45)

B.2.2　采用 Euler 和 Runge-Kutta 算法求解

在实际应用中,如 DSP 或 FPGA 数字电路实现中需要个人根据数值求解算法编写相关代码求解,而不能使用 MATLAB 自带工具箱程序。基于 Euler 算法和 Runge-Kutta 算法具有较好的应用价值,这里给出它们的求解程序代码。

1. 基于 Euler 算法的数值求解程序代码

```
function [x y z] = EulerSolve(c, x0, h, N)
% c 为系统参数; x0 为初值; h 为时间迭代步长; N 为总的迭代步数
x = zeros(1, N);
y = zeros(1, N);
z = zeros(1, N);
x(1) = x0(1) + h * (10 * (x0(2) - x0(1)));
y(1) = x0(2) + h * ((24 - 4 * c) * x0(1) - x0(1) * x0(3) + c * x0(2));
```

```matlab
z(1) = x0(3) + h * (x0(1) * x0(2) - (8/3) * x0(3));
for i = 2 : N
    x(i) = x(i - 1) + h * (10 * (y(i - 1) - x(i - 1)));
    y(i) = y(i - 1) + h * ((24 - 4 * c) * x(i - 1) - x(i - 1) * z(i - 1) + c * y(i - 1));
    z(i) = z(i - 1) + h * (x(i - 1) * y(i - 1) - (8/3) * z(i - 1));
end
```

在 MATLAB 窗口运行以下程序代码,可以得到与图 B-1 一致的相图。

```matlab
[x y z] = EulerSolve (2, [1 2 3], 0.01, 20000);
plot(x(10000 : end), z(10000 : end))
xlabel('\itx')
ylabel('\itz')
```

2. 基于四阶 Runge-Kutta 算法的数值求解算法程序代码

```matlab
function [x y z] = RungeSolve(c, xin, h, N)
% c 为系统参数; x0 为初值; h 为时间迭代步长; N 为总的迭代步数
x = zeros(1, N);
y = zeros(1, N);
z = zeros(1, N);
x0 = xin(1); y0 = xin(2); z0 = xin(3);

k11 = 10 * ( - x0 + y0);
k21 = (24 - 4 * c) * x0 - x0 * z0 + c * y0;
k31 = x0 * y0 - (8/3) * z0;

k12 = 10 * ( - (x0 + 0.5 * h * k11) + (y0 + 0.5 * h * k21));
k22 = (24 - 4 * c) * (x0 + 0.5 * h * k11) - (x0 + 0.5 * h * k11) * (z0 + 0.5 * h * k31) + c * (y0 + 0.5 * h * k21);
k32 = (x0 + 0.5 * h * k11) * (y0 + 0.5 * h * k21) - (8/3) * (z0 + 0.5 * h * k31);

k13 = 10 * ( - (x0 + 0.5 * h * k12) + (y0 + 0.5 * h * k22));
k23 = (24 - 4 * c) * (x0 + 0.5 * h * k12) - (x0 + 0.5 * h * k12) * (z0 + 0.5 * h * k32) + c * (y0 + 0.5 * h * k22);
k33 = (x0 + 0.5 * h * k12) * (y0 + 0.5 * h * k22) - (8/3) * (z0 + 0.5 * h * k32);

k14 = 10 * ( - (x0 + h * k13) + (y0 + h * k23));
k24 = (24 - 4 * c) * (x0 + h * k13) - (x0 + h * k13) * (z0 + h * k33) + c * (y0 + h * k23);
k34 = (x0 + h * k13) * (y0 + h * k23) - (8/3) * (z0 + h * k33);

x0 = x0 + h * (k11 + 2 * k12 + 2 * k13 + k14)/6;
y0 = y0 + h * (k21 + 2 * k22 + 2 * k23 + k24)/6;
z0 = z0 + h * (k31 + 2 * k32 + 2 * k33 + k34)/6;
x(1) = x0; y(1) = y0; z(1) = z0;
for i = 2 : N
    k11 = 10 * ( - x0 + y0);
    k21 = (24 - 4 * c) * x0 - x0 * z0 + c * y0;
    k31 = x0 * y0 - (8/3) * z0;
```

```
    k12 = 10 * ( - (x0 + 0.5 * h * k11) + (y0 + 0.5 * h * k21));
    k22 = (24 - 4 * c) * (x0 + 0.5 * h * k11) - (x0 + 0.5 * h * k11) * (z0 + 0.5 * h * k31) + c * (y0
+ 0.5 * h * k21);
    k32 = (x0 + 0.5 * h * k11) * (y0 + 0.5 * h * k21) - (8/3) * (z0 + 0.5 * h * k31);

    k13 = 10 * ( - (x0 + 0.5 * h * k12) + (y0 + 0.5 * h * k22));
    k23 = (24 - 4 * c) * (x0 + 0.5 * h * k12) - (x0 + 0.5 * h * k12) * (z0 + 0.5 * h * k32) + c * (y0
+ 0.5 * h * k22);
    k33 = (x0 + 0.5 * h * k12) * (y0 + 0.5 * h * k22) - (8/3) * (z0 + 0.5 * h * k32);

    k14 = 10 * ( - (x0 + h * k13) + (y0 + h * k23));
    k24 = (24 - 4 * c) * (x0 + h * k13) - (x0 + h * k13) * (z0 + h * k33) + c * (y0 + h * k23);
    k34 = (x0 + h * k13) * (y0 + h * k23) - (8/3) * (z0 + h * k33);

    x0 = x0 + h * (k11 + 2 * k12 + 2 * k13 + k14)/6;
    y0 = y0 + h * (k21 + 2 * k22 + 2 * k23 + k24)/6;
    z0 = z0 + h * (k31 + 2 * k32 + 2 * k33 + k34)/6;
    x(i) = x0; y(i) = y0; z(i) = z0;
end
```

在 MATLAB 窗口运行以下代码,可得到与图 B-1 一致的相图。

```
[x y z] = RungeSolve(2,[1 2 3],0.01,20000);
plot(x(10000: end),z(10000: end))
xlabel('\itx')
ylabel('\itz')
```

B.2.3 Lyapunov 指数谱计算程序

1. 基于 Lyapunov 指数谱计算工具箱

工具箱下载网站为 http://www.math.rsu.ru/mexmat/kvm/matds/。这里不再赘述。下载工具箱后,只要根据简化 Lorenz 系统编写下列函数。

```
function f = SimLorenz_ly(t,X)
global c
x = X(1); y = X(2); z = X(3);
Y = [X(4), X(7), X(10);
     X(5), X(8), X(11);
     X(6), X(9), X(12)];
f = zeros(12,1);
f(1) = 10 * (y - x);
f(2) = - x * z + (24 - 4 * c) * x + c * y;
f(3) = x * y - 8/3 * z;
Jac = [ - 10,10,0;
     24 - 4 * c - z, c, - x;
        y, x, - 8/3];
   f(4: 12) = Jac * Y;
```

就可以计算系统的 Lyapunov 指数谱,新建一个 m 文件,编写代码如下。

```
clc
clear
global c
c = 2;
[T,Res] = lyapunov(3,@SimLorenz_ly,@ode45,0,0.5,500,[ 0.1 0 0.1],5);
Ly = Res(end,: )
```

运行结果为

```
Ly =
    0.8486 0.0014 - 11.5161
```

2. 基于 Euler 法和 QR 分解法的简化 Lorenz 系统的 Lyapunov 指数谱计算程序

```
function ly = oulaJianhua(c)
h = 0.01;
x0 = 1;y0 = 2;z0 = 3;
Q = [1 0 0;0 1 0; 0 0 1];
ly1 = 0;ly2 = 0;ly3 = 0;m = 20000;
I = eye(3);
for i = 1: m
    x1 = x0 + h * (10 * (y0 - x0));
    y1 = y0 + h * ((24 - 4 * c) * x0 - x0 * z0 + c * y0);
    z1 = z0 + h * (x0 * y0 - (8/3) * z0);
    x0 = x1;y0 = y1;z0 = z1;
    J = I + h * [ - 10 10 0; (24 - 4 * c) - z1 c - x1; y1 x1 - 8/3];
    B = J * Q;
    [Q,R] = qr(B);
    ly1 = ly1 + log(abs(R(1,1)));
    ly2 = ly2 + log(abs(R(2,2)));
    ly3 = ly3 + log(abs(R(3,3)));
end
ly = [ly1/(m * h) ly2/(m * h) ly3/(m * h)];
```

在 MATLAB 窗口运行

```
ly = oulaJianhua(c)
```

得到的结果为

```
ly =
    0.9996   - 0.0013   - 11.7466
```

3. 基于 Runge-Kutta 法和 QR 分解法的简化 Lorenz 系统的 LE 谱计算程序

```
function ly = RungeJianhua(c)
h = 0.01;
x0 = 1;y0 = 1;z0 = 2;
Q = eye(3);
ly1 = 0;ly2 = 0;ly3 = 0;m = 50000;
```

```
I = eye(3);
for i = 1 : m
    k11 = 10 * ( - x0 + y0);
    k21 = (24 - 4 * c) * x0 - x0 * z0 + c * y0;
    k31 = x0 * y0 - (8/3) * z0;

    k12 = 10 * ( - (x0 + 0.5 * h * k11) + (y0 + 0.5 * h * k21));
    k22 = (24 - 4 * c) * (x0 + 0.5 * h * k11) - (x0 + 0.5 * h * k11) * (z0 + 0.5 * h * k31) + c * (y0
+ 0.5 * h * k21);
    k32 = (x0 + 0.5 * h * k11) * (y0 + 0.5 * h * k21) - (8/3) * (z0 + 0.5 * h * k31);

    k13 = 10 * ( - (x0 + 0.5 * h * k12) + (y0 + 0.5 * h * k22));
    k23 = (24 - 4 * c) * (x0 + 0.5 * h * k12) - (x0 + 0.5 * h * k12) * (z0 + 0.5 * h * k32) + c * (y0
+ 0.5 * h * k22);
    k33 = (x0 + 0.5 * h * k12) * (y0 + 0.5 * h * k22) - (8/3) * (z0 + 0.5 * h * k32);

    k14 = 10 * ( - (x0 + h * k13) + (y0 + h * k23));
    k24 = (24 - 4 * c) * (x0 + h * k13) - (x0 + h * k13) * (z0 + h * k33) + c * (y0 + h * k23);
    k34 = (x0 + h * k13) * (y0 + h * k23) - (8/3) * (z0 + h * k33);

    x0 = x0 + h * (k11 + 2 * k12 + 2 * k13 + k14)/6;
    y0 = y0 + h * (k21 + 2 * k22 + 2 * k23 + k24)/6;
    z0 = z0 + h * (k31 + 2 * k32 + 2 * k33 + k34)/6;
    J1 = [ - 10 10 0;(24 - 4 * c) - z0 c - x0;y0 x0  - 8/3];
    J2 = [ - 10 10 0;(24 - 4 * c) - (z0 + 0.5 * h * k31) c - (x0 + 0.5 * h * k11);y0 + 0.5 * h * k21
x0 + 0.5 * h * k11  - 8/3]; %
    J3 = [ - 10 10 0; (24 - 4 * c) - (z0 + 0.5 * h * k32) c - (x0 + 0.5 * h * k12); y0 + 0.5 * h *
k22 x0 + 0.5 * h * k12  - 8/3]; %
    J4 = [ - 10 10 0;(24 - 4 * c) - (z0 + h * k33) c - (x0 + h * k13);y0 + h * k23 x0 + h * k13  - 8/3]; %

J = I + h * (J1 + 2 * J2 * (I + 0.5 * h * J1) + 2 * J3 * (I + 0.5 * h * J2 * (I + 0.5 * h * J1)) + J4 *
(I + h * J3 * (I + 0.5 * h * J2 * (I + 0.5 * h * J1)))))/6;
    B = J * Q;
    [Q,R] = qr(B);
    ly1 = ly1 + log(abs(R(1,1)));
    ly2 = ly2 + log(abs(R(2,2)));
    ly3 = ly3 + log(abs(R(3,3)));
end
ly = [ly1/(m * h) ly2/(m * h) ly3/(m * h)];
```

在 MATLAB 窗口运行

```
ly = RungeJianhua(2)
```

可以得到

```
ly =
    0.8620    - 0.0041   - 11.5245
```

4. 系统 Lyapunov 指数谱随参数变化的计算程序

下面给出计算简化 Lorenz 系统 LEs 随系统参数 c 变化时的程序代码,简化 Lorenz

系统的 Lyapunov 指数谱如图 B-2 所示。采用 Lyapunov.m 中的函数。

```
clc
clear
global c
C = -2:0.05:8;
L = length(C);
ly = zeros(3,L);
for i = 1:L
    c = C(i);
    [T,Res] = lyapunov(3,@SimLorenz_ly,@ode45,0,0.5,500,[0.1 0 0.1],5);
    ly(:,i) = Res(end,:);
end
plot(C,ly)
xlabel('\itc')
ylabel('Lyapunov')
```

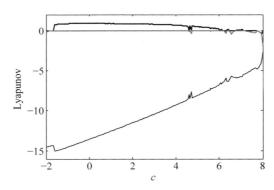

图 B-2 简化 Lorenz 系统 Lyapunov 指数谱图

B.2.4 最大 Lyapunov 指数计算程序

混沌系统的最大 Lyapunov 指数有好几种刻画方式,本程序是其中的一种,使用时必须配合使用函数 f=chao_SimpleLorenz(t,y)。具体代码如下。

```
function Ly = MaxLypunov(cc)
% 简化 Lorenz 系统
global c;
c = cc;
[T,Y] = ode45(@chao_SimpleLorenz,200:0.01:202,[0.1 0.1 0.1]);
lyap = 0;
tao = 2;                    % 时间间隔
x0 = Y(end,:);
y0 = [x0(1) - 3e-2,x0(2) - 4e-2,x0(3) - 5e-2];
d0 = sqrt((y0(1) - x0(1))^2 + (y0(2) - x0(2))^2 + (y0(3) - x0(3))^2);
N = 1000;
d = zeros(1,N);
for i = 1:N
```

```
    [T, Y] = ode45(@chao_SimpleLorenz, 0: 0.01: tao, x0);
    x0 = Y(end, : );
    [T, Y] = ode45(@chao_SimpleLorenz, 0: 0.01: tao, y0);
    y1 = Y(end, : );
    d(i) = sqrt((y1(1) - x0(1))^2 + (y1(2) - x0(2))^2 + (y1(3) - x0(3))^2);
    z = d0/d(i);
    y0 = x0 + (y1 - x0) * z;
    if mod(i, 40) == 0
        lyap1 = lyap;
        lyap = 0;
        for j = 1: i
            lyap = lyap + log(d(i)/d0);
        end
        lyap = lyap/(j * tao);
        if abs(lyap - lyap1) < 0.001
            break;
        end
    end
end
Ly = 0;
for j = 1: i
    Ly = Ly + log(d(i)/d0);
end
Ly = Ly/(j * tao);
```

在 MATLAB 窗口输入

```
Ly = MaxLypunov(2)
```

可以得到

```
Ly =
    0.6559
```

B.2.5　分岔图绘制程序

```
clc
clear
global c
C = -2: 0.025: 8;
L = length(C);
for i = 1: L
    c = C(i);
    [T, Y] = ode45(@chao_SimpleLorenz, 0: 0.01: 200, [1 2 3]);
    data = Y(10000: end, 3);
    for j = 2: (length(data) - 1)
        if data(j) > data(j - 1) && data(j) > data(j + 1)
            plot(c, data(j), '.', 'markersize', 1);
            hold on;
```

```
            if j == 20
                break;
            end
        end
    end
end
xlabel('\itc')
ylabel('\itzmax')
```

可得到如图 B-3 所示的结果，实际分析中，c 变化的步长值可以适当取小一些。

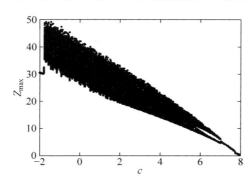

图 B-3　简化 Lorenz 系统分岔图

B. 2. 6　Poincaré 截面绘制程序

简化 Lorenz 系统的 Poincaré 截面相图如图 B-4 所示，程序代码如下：

```
clc
clear
global c
c = 2;
[t,Y] = ode45(@chao_SimpleLorenz,0: 0.01: 500,[1 2 3]);
A = 3;                                           % z
B = 2;                                           % y
D = 1;                                           % x
m = 22;                                          % 截面的值
N = length(Y);
for k = 1: N - 1
    if (Y(k,A)> m&&Y(k + 1,A)< m) || (Y(k,A)< m&&Y(k + 1,A)> m)       % 在 z 轴上取一个平面
        a = (Y(k + 1,A) - Y(k,A))/(t(k + 1) - t(k));   % 选取的截面
        b = (Y(k,A) * t(k + 1) - Y(k + 1,A) * t(k))/(t(k + 1) - t(k)); % t = 0,z 线的截距(坐标)
        c = (Y(k + 1,B) - Y(k,B))/(t(k + 1) - t(k));   % y 线的斜率
        d = (Y(k,B) * t(k + 1) - Y(k + 1,B) * t(k))/(t(k + 1) - t(k)); % t = 0 y 线的截距(坐标)
        e = (Y(k + 1,D) - Y(k,D))/(t(k + 1) - t(k));   % x 线的斜率
        f = (Y(k,D) * t(k + 1) - Y(k + 1,D) * t(k))/(t(k + 1) - t(k)); % t = 0 x 线的截距(坐标)
        g = (m - b)/a;                                 % z = 10 时所需要的时间
        q = e * g + f;                                 % z = 10 时 x 的值
```

```
                p = c * g + d;                              % z = 10 时 y 的值
plot(q,p);hold on;
        end
end
xlabel('y')
ylabel('x')
```

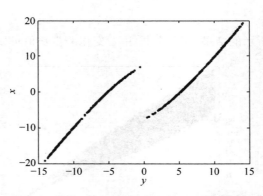

图 B-4   简化 Lorenz 系统的 Poincaré 截面相图

B.2.7   0-1 测试程序

简化 Lorenz 系统 0-1 测试的 p-s 图如图 B-5 所示,程序代码如下:

```
clc
clear
global c
c = 2;
[T,Y] = ode45(@chao_SimpleLorenz,0: 0.01: 1500,[1 2 3]);
xt = Y(10000: end,3);
N = length(xt) − 5;
n = floor(N/15);
th = zeros(1,N + 1);
p = th;
s = p;
o = p;
M = p;
for i = 2: N + 1
    th(i) = c + th(i − 1) + xt(i); %
end
for i = 2: N + 1
    p(i) = p(i − 1) + xt(i) * cos(th(i));
end
for i = 2: N + 1
    s(i) = s(i − 1) + xt(i) * sin(th(i));
```

```
end
plot(p,s)
xlabel('p')
ylabel('s')
```

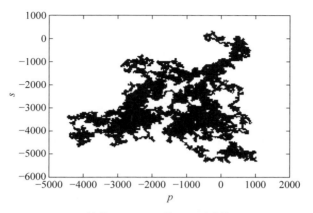

图 B-5　简化 Lorenz 系统 0-1 测试的 p-s 图

B.3　分数阶简化 Lorenz 系统求解程序

分数阶简化 Lorenz 系统相图如图 B-6 所示。

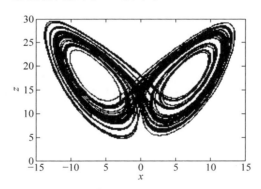

图 B-6　分数阶简化 Lorenz 系统相图（$q=0.98, c=2$）

B.3.1　预估-校正算法求解程序

```
function [x y z] = jianhua(c,q1,q2,q3)
if nargin == 0
    c = 5;
    q1 = 0.98;q2 = 0.98;q3 = 9.98;
end
h = 0.01;                                    % 迭代步长
```

```
N = 5000;                                                %迭代步数
x0 = − 6.7781;y0 = − 8.3059;z0 = 9.2133;                        %系统初值
x0 = 7.7053;y0 = 8.7546;z0 = 10.6567;
M1 = 0;M2 = 0;M3 = 0;
x(N + 1) = [0];y(N + 1) = [0];z(N + 1) = [0];
x1(N + 1) = [0];y1(N + 1) = [0];z1(N + 1) = [0];
x1(1) = x0 + h^q1 * 10 * (y0 − x0)/(gamma(q1) * q1);
y1(1) = y0 + h^q2 * ((24 − 4 * c) * x0 − x0 * z0 + c * y0)/(gamma(q2) * q2);
z1(1) = z0 + h^q3 * (x0 * y0 − 8 * z0/3)/(gamma(q3) * q3);
x(1) = x0 + 10 * h^q1 * (y1(1) − x1(1) + q1 * (y0 − x0))/gamma(q1 + 2);
y(1) = y0 + h^q2 * ((24 − 4 * c) * x1(1) − x1(1) * z1(1) + c * y1(1) + q2 * ((24 − 4 * c) * x0 − x0
 * z0 + c * y0))/gamma(q2 + 2);
z(1) = z0 + h^q3 * (x1(1) * y1(1) − 8 * z1(1)/3 + q3 * (x0 * y0 − 8 * z0/3))/gamma(q3 + 2);
for n = 1 : N
        M1 = (n^(q1 + 1) − (n − q1) * (n + 1)^q1) * 10 * (y0 − x0);
        M2 = (n^(q2 + 1) − (n − q2) * (n + 1)^q2) * ((24 − 4 * c) * x0 − x0 * z0 + c * y0);
        M3 = (n^(q3 + 1) − (n − q3) * (n + 1)^q3) * (x0 * y0 − 8 * z0/3);
        N1 = ((n + 1)^q1 − n^q1) * 10 * (y0 − x0);
        N2 = ((n + 1)^q2 − n^q2) * ((24 − 4 * c) * x0 − x0 * z0 + c * y0);
        N3 = ((n + 1)^q3 − n^q3) * (x0 * y0 − 8 * z0/3);
    for j = 1 : n
M1 = M1 + ((n − j + 2)^(q1 + 1) + (n − j)^(q1 + 1) − 2 * (n − j + 1)^(q1 + 1)) * 10 * (y(j) − x(j));
M2 = M2 + ((n − j + 2)^(q2 + 1) + (n − j)^(q2 + 1) − 2 * (n − j + 1)^(q2 + 1)) * ((24 − 4 * c) * x(j)
 − x(j) * z(j) + c * y(j));
M3 = M3 + ((n − j + 2)^(q3 + 1) + (n − j)^(q3 + 1) − 2 * (n − j + 1)^(q3 + 1)) * (x(j) * y(j) − 8 *
z(j)/3);
        N1 = N1 + ((n − j + 1)^q1 − (n − j)^q1) * 10 * (y(j) − x(j));
        N2 = N2 + ((n − j + 1)^q2 − (n − j)^q2) * ((24 − 4 * c) * x(j) − x(j) * z(j) + c * y(j));
        N3 = N3 + ((n − j + 1)^q3 − (n − j)^q3) * (x(j) * y(j) − 8 * z(j)/3);
    end
        x1(n + 1) = x0 + h^q1 * N1/(gamma(q1) * q1);
        y1(n + 1) = y0 + h^q2 * N2/(gamma(q2) * q2);
        z1(n + 1) = z0 + h^q3 * N3/(gamma(q3) * q3);
        x(n + 1) = x0 + h^q1 * (10 * (y1(n + 1) − x1(n + 1)) + M1)/gamma(q1 + 2);
        y(n + 1) = y0 + h^q2 * ((24 − 4 * c) * x1(n + 1) − x1(n + 1) * z1(n + 1) + c * y1(n + 1) + M2)/
gamma(q2 + 2);
        z(n + 1) = z0 + h^q3 * (x1(n + 1) * y1(n + 1) − 8 * z1(n + 1)/3 + M3)/gamma(q3 + 2);
end
```

在 MATLAB 窗口运行

```
[x y z] = jianhua(2,0.98,0.98,0.98);
plot(x,z)
xlabel('\itx')
ylabel('\itz')
```

B.3.2　基于 FDE12.m 的分数阶混沌系统求解与仿真

DFE12 下载链接为：https://www.mathworks.com/matlabcentral/fileexchange/ 32918-predictor-corrector-pece-method-for-fractional-differential-equations。

具体代码如下：

```
function f = chao_SimpleLorenz(t, y)
global c
f = zeros(3, 1);
f(1) = 10 * (y(2) - y(1));
f(2) = (24 - 4 * c) * y(1) + c * y(2) - y(1) * y(3);
f(3) = y(1) * y(2) - 8/3 * y(3);


function f = SimLorenz_ly(t, X)
global c
x = X(1); y = X(2); z = X(3);
Y = [X(4), X(7), X(10);
     X(5), X(8), X(11);
     X(6), X(9), X(12)];
f = zeros(12, 1);
f(1) = 10 * (y - x);
f(2) = -x * z + (24 - 4 * c) * x + c * y;
f(3) = x * y - 8/3 * z;
 Jac = [-10, 10, 0;
     24 - 4 * c - z, c, -x;
        y,    x,   -8/3];
   f(4:12) = Jac * Y;


function [Texp, Lp] = lya_cu_whyle_FDE12(Dim, fcn_system, fcn_integrator, tstart, stept,
tend, ystart, h, q)
% figure;
% Memory allocation
% 代码源自: Danca, M., & Kuznetsov, N. V. (2018). Matlab Code for Lyapunov Exponents of
Fractional-Order Systems. Int. J. Bifurc. Chaos, 28(5), 1850067.
Num = Dim * (Dim + 1);
nit = round((tend - tstart)/stept);
Lp = zeros(Dim, nit);
y = zeros(Num, 1);
y0 = y;
cum = zeros(Dim, 1);
gsc = cum; znorm = cum;


% Initial values
y(1:Dim) = ystart(:);
i = 1;
while i <= Dim
    y((Dim + 1) * i) = 1.0;
    i = i + 1;
end
t = tstart;
% Main loop
ITERLYAP = 1;
while ITERLYAP <= nit
   lp = zeros(Dim, 1);
     % Solutuion of extended ODE system
     [T, Y] = fcn_integrator(q, fcn_system, t, t + stept, y, h);
```

```
        YY = transpose(Y);
        t = t + stept;
%       disp(y)
        y = YY(size(YY,1),:);
        i = 1;
        while i < = Dim
            j = 1;
            while j < = Dim;
                y0(Dim * i + j) = y(Dim * j + i);
                j = j + 1;
            end;
            i = i + 1;
        end;
%   construct new orthonormal basis by gram - schmidt
        znorm(1) = 0.0;
        j = 1;
        while j < = Dim
            znorm(1) = znorm(1) + y0(Dim * j + 1)^2;
            j = j + 1;
        end;
        znorm(1) = sqrt(znorm(1));
        j = 1;
        while j < = Dim
            y0(Dim * j + 1) = y0(Dim * j + 1)/znorm(1);
            j = j + 1;
        end
        j = 2;
        while j < = Dim
            k = 1;
            while k < = j - 1
                gsc(k) = 0.0;
                l = 1;
                while l < = Dim;
                    gsc(k) = gsc(k) + y0(Dim * l + j) * y0(Dim * l + k);
                    l = l + 1;
                end
                k = k + 1;
            end
            k = 1;
            while k < = Dim
                l = 1;
                while l < = j - 1
                    y0(Dim * k + j) = y0(Dim * k + j) - gsc(l) * y0(Dim * k + l);
                    l = l + 1;
                end
                k = k + 1;
            end;
            znorm(j) = 0.0;
            k = 1;
            while k < = Dim
                znorm(j) = znorm(j) + y0(Dim * k + j)^2;
```

```matlab
                k = k + 1;
            end
            znorm(j) = sqrt(znorm(j));
            k = 1;
            while k < = Dim
                y0(Dim * k + j) = y0(Dim * k + j)/znorm(j);
                k = k + 1;
            end
            j = j + 1;
        end
%       update ruDiming vector magnitudes
        k = 1;
        while k < = Dim;
            cum(k) = cum(k) + log(znorm(k));
            k = k + 1;
        end;
%       normalize exponent
        k = 1;
        while k < = Dim
            lp(k) = cum(k)/(t - tstart);
            k = k + 1;
        end
        % Output modification

        if ITERLYAP == 1
            Lexp = lp;
            Texp = t;
        else
            Lexp = [Lexp; lp];
            Texp = [Texp; t];
        end
        i = 1;
        while i < = Dim
            j = 1;
            while j < = Dim;
                y(Dim * j + i) = y0(Dim * i + j);
                j = j + 1;
            end
            i = i + 1;
        end;
        y = transpose(y);
        Lp( :, ITERLYAP) = lp;
        ITERLYAP = ITERLYAP + 1;
end

clc;clear
global c
c = 5;
q = 0.99;
h  = 0.005;t0 = 0;tfinal = 100 ;
y0 = [1; 1; 1;];
```

```
[t, y] = fde12(q,@chao_SimpleLorenz,t0,tfinal,y0,h);
figure;plot(y(1,1000:8000),y(3,1000:8000),'b');
[Texp,Lp] = lya_cu_whyle_FDE12(3,@SimLorenz_ly,@fde12,0,2,500,y0,h,q);
figure;plot(Texp,Lp)
```

B.3.3 Adomian 分解算法求解程序

```
function dy = SimpleFratral(x0,h,q,c)
dy = zeros(1,3);
b = 8/3;
a = 10;
if q <= 1 && q > 0
    c10 = x0(1);
    c20 = x0(2);
    c30 = x0(3);
end
if q > 1&& q < 2
    c10 = x0(1) + x0(1) * h;
    c20 = x0(2) + x0(2) * h;
    c30 = x0(3) + x0(3) * h;
end
c11 = a * (c20 - c10);
c21 = (24 - 4 * c) * c10 + c * c20 - c10 * c30;
c31 = - b * c30 + c10 * c20;

c12 = a * (c21 - c11);
c22 = (24 - 4 * c) * c11 + c * c21 - c11 * c30 - c10 * c31;
c32 = - b * c31 + c11 * c20 + c10 * c21;

c13 = a * (c22 - c12);
c23 = (24 - 4 * c) * c12 + c * c22 - c12 * c30 - c11 * c31 * (gamma(2 * q + 1)/gamma(q + 1)^2) -
c10 * c32;
c33 = - b * c32 + c12 * c20 + c11 * c21 * (gamma(2 * q + 1)/gamma(q + 1)^2) + c10 * c22;

c14 = a * (c23 - c13);
c24 = (24 - 4 * c) * c13 + c * c23 - c13 * c30 - (c12 * c31 + c11 * c32) * (gamma(3 * q + 1)/(gamma
(q + 1) * gamma(2 * q + 1))) - c10 * c33;
c34 = - b * c33 + c13 * c20 + (c12 * c21 + c11 * c22) * (gamma(3 * q + 1)/(gamma(q + 1) * gamma
(2 * q + 1))) + c10 * c23;

c15 = a * (c24 - c14);
c25 = (24 - 4 * c) * c14 + c * c24 - c14 * c30 - (c13 * c31 + c11 * c33) * (gamma(4 * q + 1)/(gamma
(q + 1) * gamma(3 * q + 1))) - c12 * c32 * (gamma(4 * q + 1)/gamma(2 * q + 1)^2) - c10 * c34;
c35 = - b * c34 + c14 * c20 + (c13 * c21 + c11 * c23) * (gamma(4 * q + 1)/(gamma(q + 1) * gamma
(3 * q + 1))) + c12 * c22 * (gamma(4 * q + 1)/gamma(2 * q + 1)^2) + c10 * c24;

c16 = a * (c25 - c15);
c26 = (24 - 4 * c) * c15 + c * c25 - c15 * c30 - (c14 * c31 + c11 * c34) * (gamma(5 * q + 1)/(gamma
```

```
(q + 1) * gamma(4 * q + 1))) - (c13 * c32 + c12 * c33) * (gamma(5 * q + 1)/gamma(2 * q + 1) * gamma
(3 * q + 1)) - c10 * c35;
c36 = - b * c35 + c15 * c20 + (c14 * c21 + c11 * c24) * (gamma(5 * q + 1)/(gamma(q + 1) * gamma
(4 * q + 1))) + (c13 * c22 + c12 * c23) * (gamma(5 * q + 1)/gamma(2 * q + 1) * gamma(3 * q + 1)) +
c10 * c25;

dy(1) = c10 + c11 * (h^q/gamma(q + 1)) + c12 * h^(2 * q)/gamma(2 * q + 1) + c13 * h^(3 * q)/gamma
(3 * q + 1) + c14 * h^(4 * q)/gamma(4 * q + 1) + c15 * h^(5 * q)/gamma(5 * q + 1) + c16 * h^(6 *
q)/gamma(6 * q + 1);
dy(2) = c20 + c21 * (h^q/gamma(q + 1)) + c22 * h^(2 * q)/gamma(2 * q + 1) + c23 * h^(3 * q)/gamma
(3 * q + 1) + c24 * h^(4 * q)/gamma(4 * q + 1) + c25 * h^(5 * q)/gamma(5 * q + 1) + c26 * h^(6 *
q)/gamma(6 * q + 1);
dy(3) = c30 + c31 * (h^q/gamma(q + 1)) + c32 * h^(2 * q)/gamma(2 * q + 1) + c33 * h^(3 * q)/gamma
(3 * q + 1) + c34 * h^(4 * q)/gamma(4 * q + 1) + c35 * h^(5 * q)/gamma(5 * q + 1) + c36 * h^(6 *
q)/gamma(6 * q + 1);

function [t, y] = FratalSim(h, N, x0, q, c)
y = zeros(3, N);
t = zeros(1, N);
tt = 0;
for i = 1 : N
    t(i) = tt;
    dy = SimpleFratral(x0, h, q, c);
    y(: , i) = dy;
    x0 = dy;
    tt = tt + h;
end
```

在 MATLAB 窗口运行

```
clc
clear
h = 0.01;
c = 5;
N = 10000;
q = 0.95;
x0 = [0.1 0.2 0.3];
[t, y] = FratalSim(h, N, x0, q, c);
plot(y(1, : ), y(3, : ))
xlim([ - 12 12])
xlabel('\itx')
ylabel('\itz')
```

即可得到系统的吸引子相图(与图 B-6 类似)和混沌序列。

B.3.4 混沌系统复杂度和混沌图分析程序

1. C_0 复杂度计算程序

```
function C0 = COFuZadu(x, r)
```

```
% 函数名称：COFuZadu
% 函数功能：计算序列的 C0 复杂度
% 输入参数 x,r; r 为容限度; x 为混沌序列
% 输出参数：C0; C0 为输出的混沌序列复杂度
Y = fft(x);
Gn = mean(abs(Y).^2);
YY = zeros(1,length(x));
for i = 1: length(x)
    if abs(Y(i))^2 > r * Gn
        YY(i) = Y(i);
    end
end
xx = ifft(YY);
Ssum = 0;
for i = 1: length(x)
    Ssum = Ssum + (xx(i) - x(i))^2;
end
C0 = Ssum/sum(x.^2);
```

2. SE 复杂度计算程序

```
function SE = SEShannon(x)
% 函数名称：SEShannon
% 函数功能：计算序列的谱熵复杂度
% 输入参数 x; x 为混沌序列
% 输出参数：SE; SE 为输出的混沌序列复杂度
N = length(x);
flag = 0;
x = x - mean(x);
for i = 1: N
    if x(i) ~ = 0
        flag = 1;
    end
end
if flag == 0
    SE = 0;
    return;
end
Y = fft(x);
Xk = (abs(Y).^2)./N;
Xk = Xk(1: (floor(N/2)));
ptot = sum(Xk);
PK = Xk./ptot;
P = 0;
for i = 1: N/2
    if PK(i) ~ = 0
        P = P - PK(i) * log(PK(i));
    end
end
```

```
se2 = sum(P);
SE = se2/log(N/2);
```

3. 排列熵(PE)算法

```
function P = GetD(x)
% 函数名称:GetD
% 函数功能:计算序列排列模式的统计分布
% x 为向量
d = length(x);
[x1,~] = size(x);
if x1 > 1
    x = x';
end
gg = zeros(1,d);
for i = 1:d
    gg(i) = 10^(d - i);
end
[~, index] = sort(x);
P = gg * index';

function P = Probability(S)
x = tabulate(S);
temp = x(:,2);
index = temp > 0;
P = x(index,3)/100;

function [P,PE] = PEOriginal(x,d)
L = length(x) - d + 1;
P = zeros(1,L);
for i = 1:L
    temp = x(i:i + d - 1);
    P(i) = GetD(temp);
end
P = Probability(P);
PE = - P' * log(P)/log(gamma(d + 1));
```

4. 网络排列熵(NPE)算法

```
function En = NetworkPE(x,d,error)
% x 输入的序列
% d 为嵌入维数
% error 为误差值
if isnan(max(x))
    P = 1;
    return;
end
```

```
L = length(x);
Patter = zeros(1,L - d + 1);
Weight = zeros(1,L - d + 1);
P = 0.00001 * ones(1,L - d + 1);
for i = 1:L - d + 1
    temp = x(i:i + d - 1);
    Patter(i) = GetD(temp);
    flag = mean(temp(2:end - 1)) - mean(temp);
    if flag > = 0
        Weight(i) = (1/d) * sum((temp - mean(temp)).^2);
    else
        Weight(i) = - (1/d) * sum((temp - mean(temp)).^2);
    end
end
for i = 2:L - d + 1
    pat1 = Patter(i);
    wht1 = Weight(i);
    for j = 1:i - 1
        pat2 = Patter(j);
        wht2 = Weight(j);
        if pat2 == pat1 && abs(wht2 - wht1)< = error
            P(j) = P(j) + 1;
            break;
        end
    end
end
P = P./sum(P);
En = ( - 1/log(length(P))) * sum(P. * log(P));
```

5. 复杂度随阶数 q 变化的特性分析程序

```
clc
clear
L = 201;
c = 5;
Q = linspace(0.5,1,L);
C0 = zeros(1,L);
SE = zeros(1,L);
for i = 1: L
    q = Q(i);
    [t,y] = FratalSim(0.01,11000,[1 2 3],q,c);
    temp = y(1,1001: end);
    C0(i) = COFuZadu(temp,15);
    SE(i) = SEShannon(temp);
    disp(i)
end
figure
plot(Q,SE)
```

```
xlabel('q')
ylabel('SE')
figure
plot(Q,C0)
xlabel('q')
ylabel('C0')
```

分数阶简化 Lorenz 系统随阶数 q 变化复杂度图如图 B-7 所示。

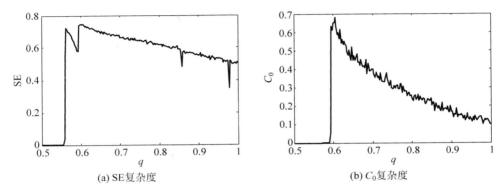

(a) SE复杂度　　　　　　　　　　　(b) C_0复杂度

图 B-7　分数阶简化 Lorenz 系统随阶数 q 变化的复杂度（$c＝2$）

6. 复杂度随参数 c 变化的特性分析程序

```
clc
clear
L = 201;
q = 0.98;
C = linspace( - 2,8,L);
C0 = zeros(1,L);
SE = zeros(1,L);
for i = 1: L
    c = C(i);
    [t,y] = FratalSim(0.01,11000,[1 2 3],q,c);
    temp = y(1,1001: end);
    C0(i) = COFuZadu(temp,15);
    SE(i) = SEShannon(temp);
    disp(i)
end
figure
plot(C,SE)
xlabel('c')
ylabel('SE')
figure
plot(C,C0)
xlabel('c')
ylabel('C0')
```

分数阶简化 Lorenz 系统随参数 c 变化复杂度图如图 B-8 所示。

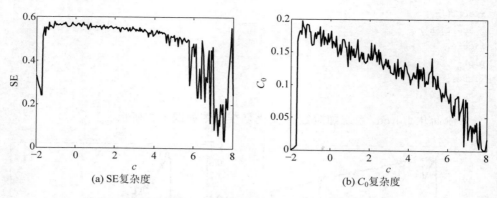

(a) SE复杂度 (b) C_0复杂度

图 B-8　分数阶简化 Lorenz 系统随参数 c 变化复杂度($q = 0.98$)

7. 基于复杂度的混沌图特性分析程序

```
clc
clear
L = 11;
Q = linspace(0.65,1,L);
C = linspace( - 2,8,L);
C0 = zeros(L,L);
SE = zeros(L,L);
for i = 1: L
    q = Q(i);
    for j = 1: L
        c = C(j);
        [t,y] = FratalSim(0.01,12000,[1 2 3],q,c);
        temp = y(1,2001: end);
        C0(i,j) = COFuZadu(temp,15);
        SE(i,j) = SEShannon (temp);
end
disp(i)
end
[X,Y] = meshgrid(C,Q);
figure
colormap(flipud(hot));
contourf(X,Y,SE);
xlabel('c')
ylabel('q')
figure
colormap(flipud(hot));
contourf(X,Y,C0);
xlabel('c')
ylabel('q')
```

分数阶简化 Lorenz 系统的复杂度混沌图如图 B-9 所示。

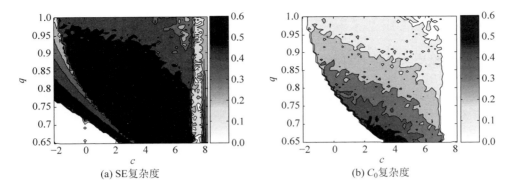

(a) SE复杂度　　　　　　　　　　　(b) C_0复杂度

图 B-9　分数阶简化 Lorenz 系统的复杂度混沌图

值得指出的是,L 值越大,参数平面的网格划分就越多,能够反映出来的细节也就越多,但代码运行时间相对较长,建议至少取 $L=101$。同时,计算复杂度时的序列长度选取也很重要,由于 SE 和 C_0 算法都是基于 FFT 变换,序列需要取长一些,建议至少取 $N=10^4$。作为测试,混沌图这里给出的值为 $L=51$,$N=10^4$。

B.3.5　SALI 测试代码

```
% 相关理论见 2.10 节以及参考文献: He Shaobo, Sun Kehui, Peng Yuexi, et al. Modeling of
discrete fracmemristor and its application[J]. AIP Advances, 2020, 10(1): 015332.
% SALI 核心代码
% Z1、Z2 分别为系统切变量;h 为时间步长值
function [T,S,Ly] = Sail(Z1,Z2,h)
L = length(Z1);
S = zeros(1,L);
T = zeros(1,L);
t = 0;
temp = 0;
Ly = zeros(1,L);
% Zz0 = Z1(:,1);
Ttemp = 1;
ttemp = 0;
for i = 1:L
    Zz1 = Z1(:,i);
    temp1 = Zz1./sqrt(sum(Zz1.^2));
    Zz2 = Z2(:,i);
    temp2 = Zz2./sqrt(sum(Zz2.^2));
    T1 = sqrt(sum((temp1 + temp2).^2));
    T2 = sqrt(sum((temp1 – temp2).^2));
    temp = temp + min([T1,T2]);
    S(i) = min([T1,T2]);
    t = t + h;
    T(i) = t;
    ttemp = ttemp + T2/T1;
```

```
        Ly(i) = temp1' * temp2;
end
```

1. 分数阶连续系统 SALI 函数测试

```
function ff = Simplified_lyap(t,X)
ff = zeros(9,1);
global c
x = X(1); y = X(2); z = X(3);
Z1 = [X(4), X(5), X(6)];
Z2 = [X(7), X(8), X(9)];
ff(1) = 10 * (y - x);
ff(2) = - x * z + (24 - 4 * c) * x + c * y;
ff(3) = x * y - (8/3) * z;
J = [ - 10, 10, 0;
   - z + 24 - 4 * c, c,  - x;
   y,      x,  - 8/3];
ff(4:6) = J * Z1';
ff(7:9) = J * Z2';

% 以下为简化 Lorenz 系统测试代码,在主窗口中运行
clc; clear
global c
c = 5;
y0 = rand(9,1);
h = 0.005; t0 = 0; tfinal = 1000;
q = 0.99;
% q = 0.99;
[t, y1] = fde12(q,@Simplified_lyap,t0,tfinal,y0,h);
Z1 = y1(4:6,3000:end);Z2 = y1(7:9,3000:end);
[T1,S1,ind1] = Sail(Z1,Z2,h);
c = 7.5;
[t, y2] = fde12(q,@Simplified_lyap,t0,tfinal,y0,h);
Z1 = y2(4:6,3000:end);Z2 = y2(7:9,3000:end);
[T2,S2,ind2] = Sail(Z1,Z2,h);
c = 5;
y0 = rand(9,1);
h = 0.005; t0 = 0; tfinal = 200 ;
q = 0.93;
% q = 0.99;
[t, y3] = fde12(q,@Simplified_lyap,t0,tfinal,y0,h);
Z1 = y3(4:6,3000:end);Z2 = y3(7:9,3000:end);
[T3,S3,ind1] = Sail(Z1,Z2,h);
c = 7.5;
[t, y4] = fde12(q,@Simplified_lyap,t0,tfinal,y0,h);
Z1 = y4(4:6,3000:end);Z4 = y4(7:9,3000:end);
[T4,S4,ind2] = Sail(Z1,Z2,h);
figure;
plot3(y1(1,3000:10000),y1(3,3000:10000),y1(2,3000:10000),'r')
xlabel('x');ylabel('y');zlabel('z')
```

```matlab
figure;
plot3(y2(1,3000:10000),y2(3,3000:10000),y2(2,3000:10000),'g')
grid on
figure;
plot3(y3(1,1:10000),y3(3,1:10000),y3(2,1:10000),'b')
grid on
figure;
plot3(y4(1,3000:10000),y4(3,3000:10000),y4(2,3000:10000),'m')
grid on
figure
plot(log10(T1),log10(S1),'r');hold on
plot(log10(T2),log10(S2),'g')
plot(log10(T3),log10(S3),'b')
plot(log10(T4),log10(S4),'m')
xlim([0 2.3])
grid on
```

2. 分数阶离散混沌系统 SALI 函数测试

```matlab
function Y = FraDelayLo(a,b,q1,q2,N)
dot = N;
g1 = zeros(1,dot);
g1(1) = gamma(q1);
for i = 1:dot
    g1(i + 1) = g1(i) * ((i - 1 + q1)/i);
end
g2 = zeros(1,dot);
g2(1) = gamma(q2);
for i = 1:dot
    g2(i + 1) = g2(i) * ((i - 1 + q2)/i);
end
x = zeros(1,dot);
y = x;
x(1) = - 0.298032630970239;
y(1) = 0.200940295645181;
w1 = x;w2 = x;w3 = x;w4 = x;
%  w1 = rand(1,2);
%  w2 = rand(1,2);

w1(1) = 1;w2(1) = 0; w3(1) = 0; w4(1) = 1;
for t = 2:dot
    X1 = zeros(1,t);X2 = X1;Y1 = X1;Y2 = X1;Y = X1;X = X1;
    for j = 2:t
        X(j) = g1(t - j + 1) * (1 + y(j - 1) - a * x(j - 1).^2 - x(j - 1));
        X1(j) = g1(t - j + 1) * (- 2 * a * x(j - 1) * w1(j - 1) + w2(j - 1) - w1(j - 1));
        X2(j) = g1(t - j + 1) * (- 2 * a * x(j - 1) * w3(j - 1) + w4(j - 1) - w3(j - 1));
        Y(j) = g2(t - j + 1) * (b * x(j - 1) - y(j - 1));
        Y1(j) = g2(t - j + 1) * (b * w1(j - 1) - w2(j - 1));
        Y2(j) = g2(t - j + 1) * (b * w3(j - 1) - w4(j - 1));
    end
    x(t) = x(1) + (1/gamma(q1)) * sum(X);
```

```
        y(t) = y(1) + (1/gamma(q2)) * sum(Y);
        w1(t) = 1 + (1/gamma(q1)) * sum(X1);
        w2(t) = 1 + (1/gamma(q1)) * sum(Y1);
        w3(t) = 1 + (1/gamma(q2)) * sum(X2);
        w4(t) = 1 + (1/gamma(q2)) * sum(Y2);
end
Y = [x;y;w1;w2;w3;w4];

% 以下为分数阶离散 hennon 映射系统测试代码,在主窗口中运行
clc;clear
q1 = 0.9;q2 = 0.9;
a = 1.4;b = 0.2;N = 10000;
Y1 = FraDelayLo(a,b,q1,q2,N);
Z1 = Y1(3:4,:);Z2 = Y1(5:6,:);
h = 1;[T1,S1,ind1] = Sail(Z1,Z2,h);
a = 0.8;
Y2 = FraDelayLo(a,b,q1,q2,N);
Z1 = Y2(3:4,:);Z2 = Y2(5:6,:);
[T2,S2,ind2] = Sail(Z1,Z2,h);
q1 = 0.9;q2 = 0.9;
a = 1.1;b = 0.2;
Y3 = FraDelayLo(a,b,q1,q2,N);
Z1 = Y3(3:4,:);Z2 = Y3(5:6,:);
h = 1;[T3,S3,ind1] = Sail(Z1,Z2,h);
a = 0.5;
Y4 = FraDelayLo(a,b,q1,q2,N);
Z1 = Y4(3:4,:);Z2 = Y4(5:6,:);
[T4,S4,ind2] = Sail(Z1,Z2,h);
figure;plot(Y1(1,300:end),Y1(2,300:end),'.r','markersize',3);grid on
figure;plot(Y2(1,300:end),Y2(2,300:end),'*g','markersize',3);grid on
figure;plot(Y3(1,300:end),Y3(2,300:end),'.b','markersize',3);grid on
figure;plot(Y4(1,300:end),Y4(2,300:end),'om','markersize',3);grid on
figure
plot(log(T1),log10(S1),'r');hold on
plot(log(T2),log10(S2),'g')
plot(log(T3),log10(S3),'b');grid on
plot(log(T4),log10(S4),'m')
xlim([0 6])
```

B.4 混沌同步仿真分析

B.4.1 驱动-响应同步

驱动系统

$$\begin{cases} \dot{x} = 10(y - x) \\ \dot{y} = (24 - 4c)x - xz + cy \\ \dot{z} = xy - 8z/3 \end{cases} \tag{B-3}$$

响应系统

$$\begin{cases} \dot{x}_1 = 10(y_1 - x_1) \\ \dot{y}_1 = (24 - 4c)x - xz_1 + cy_1 \\ \dot{z}_1 = xy_1 - 8z_1/3 \end{cases} \tag{B-4}$$

误差系统

$$\begin{cases} \dot{e}_1 = x_1 - x \\ \dot{e}_2 = y_1 - y \\ \dot{e}_3 = z_1 - z \end{cases} \tag{B-5}$$

将驱动系统和响应系统看成是一个大的系统，进行求解时就会很方便，可以采用 MATLAB 自带 Ode45 函数求解。读者还可以先求解驱动系统，将驱动系统序列输入响应系统中，当然这种编程相对复杂一些。

```
function dy = SimplePC(t,y)
% 函数名称：SimplePC
% 函数功能：简化 Lorenz 系统驱动响应同步
global c;
dy = zeros(6,1);
dy(1) = 10 * (y(2) - y(1));
dy(2) = (24 - 4 * c) * y(4) - y(4) * y(3) + c * y(2);
dy(3) = y(4) * y(2) - 8 * y(3)/3;
dy(4) = 10 * (y(5) - y(4));
dy(5) = (24 - 4 * c) * y(4) - y(4) * y(6) + c * y(5);
dy(6) = y(4) * y(5) - 8 * y(6)/3;
```

设置 $c = -1$，系统的初值为 $[5, 8, -10]$，响应系统的初值为 $[5, -5, 20]$，在 MATLAB 程序窗口运行下列代码。

```
clc
clear
global c
c = -1;
[T,Y] = ode45(@SimplePC,0: 0.01: 15,[5, -5, 20, 15, 8, -10 ]);
figure
plot(T,Y(:,1) - Y(:,4))
xlabel('t')
ylabel('e1')
figure
plot(T,Y(:,2) - Y(:,5))
xlabel('t')
ylabel('e2')
figure
plot(T,Y(:,3) - Y(:,6))
xlabel('t')
ylabel('e3')
```

简化 Lorenz 系统同步误差曲线如图 B-10 所示。

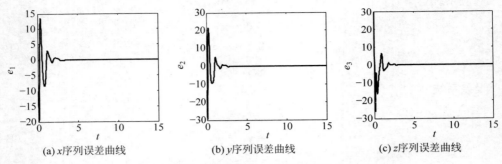

(a) x 序列误差曲线　　　　(b) y 序列误差曲线　　　　(c) z 序列误差曲线

图 B-10　简化 Lorenz 系统同步误差曲线

B.4.2　耦合同步

驱动系统

$$\begin{cases} \dot{x} = 10(y - x) \\ \dot{y} = (24 - 4c)x - xz + cy \\ \dot{z} = xy - 8z/3 \end{cases} \tag{B-6}$$

响应系统

$$\begin{cases} \dot{x}_1 = 10(y_1 - x_1) + k_1(x - x_1) \\ \dot{y}_1 = (24 - 4c)x_1 - x_1 z_1 + cy_1 + k_2(y - y_1) \\ \dot{z}_1 = x_1 y_1 - 8z_1/3 + k_3(z - z_1) \end{cases} \tag{B-7}$$

误差系统

$$\begin{cases} \dot{e}_1 = x_1 - x \\ \dot{e}_2 = y_1 - y \\ \dot{e}_3 = z_1 - z \end{cases} \tag{B-8}$$

```
function dy = SimpleOH(t,y)
% 函数名称: SimpleOH   % 函数功能: 简化 Lorenz 系统耦合同步
global c;
global k1;
global k2;
global k3;
dy = zeros(6,1);
dy(1) = 10 * (y(2) - y(1)) + k1 * (y(4) - y(1));
dy(2) = (24 - 4 * c) * y(1) - y(1) * y(3) + c * y(2) + k2 * (y(5) - y(2));
dy(3) = y(1) * y(2) - 8 * y(3)/3 + k3 * (y(6) - y(3));
dy(4) = 10 * (y(5) - y(4));
dy(5) = (24 - 4 * c) * y(4) - y(4) * y(6) + c * y(5);
dy(6) = y(4) * y(5) - 8 * y(6)/3;
```

设置 $c = 2, k_1 = 4, k_2 = 2, k_3 = 3$，原系统的初值为 $[4\ 5\ 6]$，耦合系统的初值为 $[1\ 2\ 3]$，

在 MATLAB 程序窗口中运行下列代码。

```
clc
clear
global c
global k1
global k2
global k3
c = 2;
k1 = 4;k2 = 2;k3 = 3;
[T,Y] = ode45(@SimpleOH,0: 0.01: 15,[1 2 3 4 5 6 ]);
figure
plot(T,Y(: ,1) − Y(: ,4))
xlabel('t')
ylabel('e1')
figure
plot(T,Y(: ,2) − Y(: ,5))
xlabel('t')
ylabel('e2')
figure
plot(T,Y(: ,3) − Y(: ,6))
xlabel('t')
ylabel('e3')
```

其结果如图 B-11 所示。

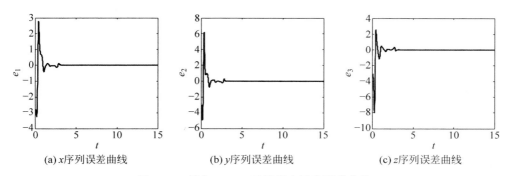

(a) x 序列误差曲线　　　　(b) y 序列误差曲线　　　　(c) z 序列误差曲线

图 B-11　简化 Lorenz 系统耦合同步误差曲线

B.4.3　追踪同步

由

$$\begin{cases} \dot{x} = 10(y - x) + u_1 \\ \dot{y} = (24 - 4c)x - xz + cy + u_2 \\ \dot{z} = xy - 8z/3 + u_3 \end{cases} \tag{B-9}$$

设计控制器为

$$\begin{cases} u_1 = \dot{r}_1 + r_1 - 10y + 9x \\ u_2 = \dot{r}_2 + r_2 - (24 - 4c)x + xz - (c+1)y \\ u_3 = \dot{r}_3 + r_3 - xy + 5z/3 \end{cases} \tag{B-10}$$

其中,r_1、r_2、r_3 为系统待追踪的信号。

下面令简化 Lorenz 系统三维分别追踪 sin 曲线、常数曲线和超混沌 Lorenz 系统 x 序列。

$$\begin{cases} r_1 = \sin t \\ r_2 = 4 \\ r_3 = x_1 \end{cases} \quad \begin{cases} \dot{r}_1 = \cos t \\ \dot{r}_2 = 0 \\ \dot{r}_3 = 10(y_1 - x_1) \end{cases} \tag{B-11}$$

$$\begin{cases} \dot{x}_1 = 10(y_1 - x_1) \\ \dot{y}_1 = 28x_1 - x_1 z_1 + y_1 - w_1 \\ \dot{z}_1 = x_1 y_1 - 8z_1/3 \\ \dot{w}_1 = k y_1 z_1 \end{cases} \tag{B-12}$$

```
clc; clear
L = 10000;
c = 2; h = 0.001;
k = 0.21;
y0 = [1 2 1];
yy0 = [5 6 7 8];
data = zeros(3, L);
T = zeros(1, L);
R1 = zeros(1, L);
R2 = zeros(1, L);
R3 = zeros(1, L);
t = 0;
for i = 1: L
    t = t + h;
    yy0(1) = yy0(1) + h * (10 * (yy0(2) - yy0(1)));
    yy0(2) = yy0(2) + h * ( - yy0(1) * yy0(3) + 28 * yy0(1) + yy0(2) - yy0(4));
    yy0(3) = yy0(3) + h * (yy0(1) * yy0(2) - 8/3 * yy0(3));
    yy0(4) = yy0(4) + h * (k * yy0(2) * yy0(3));

    r1 = sin(t); dr1 = cos(t);
    r2 = 4; dr2 = 0;
    r3 = yy0(1); dr3 = 10 * (yy0(2) - yy0(1));

    u1 = dr1 + r1 - 10 * y0(2) + 9 * y0(1);
    u2 = dr2 + r2 - (24 - 4 * c) * y0(1) + y0(1) * y0(3) - (c + 1) * y0(2);
    u3 = dr3 + r3 - y0(1) * y0(2) + 5 * y0(3)/3;

y0(1) = y0(1) + h * (10 * (y0(2) - y0(1)) + u1);
    y0(2) = y0(2) + h * ((24 - 4 * c) * y0(1) - y0(1) * y0(3) + c * y0(2) + u2);
    y0(3) = y0(3) + h * (y0(1) * y0(2) - 8 * y0(3)/3 + u3);
```

```
        data(1,i) = y0(1);data(2,i) = y0(2);data(3,i) = y0(3);
        T(i) = t;
        R1(i) = r1;
        R2(i) = r2;
        R3(i) = r3;
    end
figure
    plot(T,R1,'-.')
    hold on
    plot(T,data(1,:),'--')
    hold off
    legend('r1','x')
    xlabel('t')
    ylabel('r1,x')
figure
    plot(T,R2,'-.')
    hold on
    plot(T,data(2,:),'--')
    hold off
    legend('r2','x')
    xlabel('t')
    ylabel('r2,x')
figure
    plot(T,R3,'-.')
    hold on
    plot(T,data(3,:),'--')
    hold off
    legend('r3','x')
    xlabel('t')
    ylabel('r3,x')
```

结果如图 B-12 所示，当然读者还可以绘制追踪误差图。

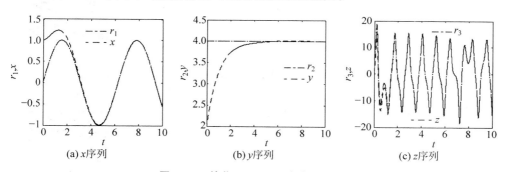

(a)x序列　　　　　　(b)y序列　　　　　　(c)z序列

图 **B-12**　简化 Lorenz 系统追踪曲线

图书资源支持

感谢您一直以来对清华大学出版社图书的支持和爱护。为了配合本书的使用，本书提供配套的资源，有需求的读者请扫描下方的"书圈"微信公众号二维码，在图书专区下载，也可以拨打电话或发送电子邮件咨询。

如果您在使用本书的过程中遇到了什么问题，或者有相关图书出版计划，也请您发邮件告诉我们，以便我们更好地为您服务。

我们的联系方式：

地　　址：北京市海淀区双清路学研大厦 A 座 701

邮　　编：100084

电　　话：010-83470236　　010-83470237

资源下载：http://www.tup.com.cn

客服邮箱：tupjsj@vip.163.com

QQ：2301891038（请写明您的单位和姓名）

用微信扫一扫右边的二维码，即可关注清华大学出版社公众号。

教学资源·教学样书·新书信息

人工智能科学与技术
人工智能|电子通信|自动控制

资料下载·样书申请

书圈